陆学艺全集

北京市陆学艺社会学发展基金会　编

第 10 卷

社会科学文献出版社
SOCIAL SCIENCES ACADEMIC PRESS (CHINA)

城镇化与社会建设和管理

2013.5.10

党的十八大明确指出"建设中国特色社会主义，总依据是社会主义初级阶段，总布局是五位一体，总任务是实现社会主义现代化和中华民族伟大复兴。"……

《城镇化与社会建设和社会管理》原稿第一页

華旗飯店
VICTORIES HOTEL

2010.7.25

中国道路与社会发展

1990年第一次召开会议。利名都按生提议要每年开一次学术年会。学会领导会接受了这个提议。从1991年开始，每年开一次。因住为网络以现代议事全给名和北大各种情况去研究起大。原来会1000人，现在达到800多，这表明村们北大学的队位在社事住之下，就证一问已以以来专业参加人们的关注。

今年的会义还之中国道路、社会发展。

现在国内国外都说中国以验，中国路怎。中国模式的改革化义，都在谈的中国的以验。中国道路之一种按比，也有学术中国未来治势的会内山。以此以一个反映出中国故事及个体大任然。

我以为人说，可以从各方向讲读中国未来。以以谈多知，中国也以以经验好了读，这些成信应义（以让客看到）的者。不以说未来要了，成给名先毛比，小持力也很大，今年把这些时候当方方，到国人知到们给给这步。

地址：中国哈尔滨市红旗大街301号 邮编：150090 电话：86-451-81868888 传真：86-451-88026666
Address:No.301 Hong Qi Street, Harbin, China Post Code:150090 Tel:86-451-81868888 Fax:86-451-88026666

《中国道路与社会发展》原稿第一页

2010.11.1全国第六次人口普查登记，全国城镇常住人口达到49.7%，2011年的三月份，城镇人口超过50%，这是中国城市化发展史上具有里程碑意义的一年。人口上中国进入了以城市社会为主的新成长阶段。

有如下几个基本判断。

一、以此认为中国进入了城市社会的时代。我们在60年代上划12区清河的时候，老师讲什么叫城市社会，当时课本上是这样定义的，一国的人口大多居住中，人口大多居住在城区而这么多居住，就可以认为这个社会发生了城市化。实践证明，这个定义已不全面的。今天如果我们应该说这个期数一个国家认定已不是以城市社会，应该有三个条件。一、在这个国家里大多数居住中，二、三产业的比重超过50%，二、从事二三产业的就业劳动力人口比重超过50%，三、在这个国家的总人口中城镇居住人口比重超过50%。以此来衡量，早在国上个世纪四年之初是低于这都这已经超过50%。1997年，中国二三产业的就业劳动力超过50%。由此我种表明，中国城镇化发展由初级阶段发展时期进入二业化，2011年城镇化率也超过50%，这标志着中国进入了以城市化国家的行列。这已有十分重要的历史意义。

二、2011年，中国的城镇人口比重超过50%，这标志着几千年来农业

《中国进入了以城市社会为主的新成长阶段》原稿第一页

第 10 卷　社会建设续论
（2008 ~ 2013）

本卷收录了陆学艺先生在 2008～2013 年间撰写和发表的关于社会建设方面的学术论文、调研报告、演讲、发言摘要、书序及学术书信。2008 年，陆学艺正式提出了自己的社会建设理论框架，积极开展社会建设和社会管理的理论研究与政策研究，并组织队伍推动社会建设作为社会学的一个新的分支学科的建设和发展，主编出版了《当代中国社会建设》。这方面的代表性成果有：《关于社会建设的理论和实践》《社会建设基本内涵与北京社会建设》《新阶段社会建设的核心任务：调整社会结构》《中国未来 30 年的主题是社会建设》《当代中国社会结构与社会建设》《中国进入社会建设的新阶段》《当代中国社会建设研究》《社会建设时代已经来临》《社会管理是一门学问》等。在生命的最后几年，他积极主张社会建设的目标就是实现社会现代化。陆学艺关于社会现代化研究的代表作有：《社会建设就是建设社会现代化》《中国未来 30 年的主要任务是建设社会现代化》等。

本卷目录

社会建设的理论与实践

关于社会建设的理论和实践…………………………………………………… 3

关于重点推进社会建设的几点建议 ………………………………………… 21

社会建设基本内涵与北京社会建设 ………………………………………… 30

新阶段社会建设的核心任务：调整社会结构 ……………………………… 76

中国未来 30 年的主题是社会建设…………………………………………… 92

社会建设的理论与实践 ……………………………………………………… 96

关于加强社会建设及其他若干问题的意见和建议………………………… 103

关于成立国家社会建设委员会的建议……………………………………… 109

当代中国社会结构与社会建设……………………………………………… 111

关于当代中国社会结构与社会建设的演讲………………………………… 129

社会建设研究院要为推进北京市社会建设做出贡献……………………… 139

社会建设是北京建设世界城市、首善之区的重要组成部分……………… 142

目前形势和社会建设、社会管理…………………………………………… 146

讲协调：以人为本 平衡发展……………………………………………… 162

关于目前形势和社会建设、社会管理的演讲……………………………… 165

中国进入社会建设的新阶段………………………………………………… 185

对成都社会建设的若干思考与建议………………………………………… 200

抓好社会建设，治"转型病" ……………………………………………… 205

我们抓社会建设抓得晚了…………………………………………………… 209

以社会建设为战略重点……………………………………………………… 215

我国社会建设的主要任务及未来的发展趋势……………………………… 224

搞好社会建设，要先进行社会体制改革………………………………… 231

社会建设论纲……………………………………………………………… 235

社会现代化的一个"活样本"…………………………………………… 239

新时期的战略任务是推进社会建设……………………………………… 248

社会体制改革要先行……………………………………………………… 263

从"四位一体"到"五位一体"……………………………………… 266

对社会建设地位的新审视………………………………………………… 272

应尽快进入以社会建设为重点的新阶段………………………………… 275

当代中国社会建设的目标与任务………………………………………… 279

当代中国社会建设研究…………………………………………………… 296

社会建设时代已经来临…………………………………………………… 332

城镇化与社会建设和社会管理…………………………………………… 340

民生与社会事业建设

平均数掩盖了很多问题…………………………………………………… 345

"上学难""上学贵"是特殊阶段的特殊问题………………………… 348

转型时期农村社会管理和扶贫开发……………………………………… 350

城乡义务教育均等化改革的成都实践…………………………………… 357

提高农民的健康水平是提高我国人口素质的关键……………………… 361

值得各级领导干部认真研读的一个研究报告
　　——向扶贫开发实践地区领导干部推荐一个好报告……………… 364

社区与社会组织建设

志愿者工作是功在当代、利在千秋的大事业…………………………… 369

如何促进志愿者队伍建设………………………………………………… 374

构建和谐社会，就要加强社会建设和社会工作………………………… 377

社区党建与社区自治的整合是社区理论建设上的一个有益的探索…… 379

社会形势与社会发展

中国的社会转型和体制转轨变革深具中国特色………………………… 387

中国道路与社会发展 ……………………………………… 389
当前的经济社会形势 ……………………………………… 392
中国进入了以城市社会为主的新成长阶段 ………………… 396

社会管理与社会政策

对《努力加强和创新社会管理》讲稿的几点建议 ………… 401
加强和创新社会管理具有重大战略意义
　　——访中国社会学会名誉会长陆学艺 ………………… 407
加强社会建设与社会管理势在必行 ………………………… 412
社会管理是一门学问 ……………………………………… 415
加强社会管理，等于强化管理权力吗？
　　——关于"提高社会管理科学化水平"的问与答 ……… 419
一部理论联系实际的研究力作
　　——评《加强和创新社会管理讲座》 ………………… 420
信访工作将在社会管理创新中大有作为 …………………… 422
加强城市社会建设和社会管理刻不容缓
　　——访著名社会学家陆学艺教授 …………………… 426
一套为推动信访工作高层次专业人才培养而编写的好教材 ……… 434
前馈控制：人类有史以来的梦想
　　——《社会管理的前馈控制》评介 ………………… 438

社会现代化

社会建设上不去就不是现代化 ……………………………… 443
社会建设到底建什么 ……………………………………… 445
社会建设就是建设社会现代化 ……………………………… 446
大力推进社会现代化建设 ………………………………… 454
中国未来30年的主要任务是建设社会现代化 ……………… 457
加强社会建设　实现社会现代化 …………………………… 466
分阶段推进社会现代化建设 ………………………………… 470

社会建设的理论与实践

关于社会建设的理论和实践[*]

十六大以来，我们党领导全国人民继续进行中国特色社会主义建设实践，在理论方面，也不断探索创新，提出了科学发展观、构建社会主义和谐社会等重大战略思想，提出了"以人为本""社会建设"等一系列新概念、新理论，使中国特色社会主义理论体系不断发展和完善。本文就社会建设的理论价值和实践意义，谈几点看法。

一 社会建设理论的提出和形成

2004年党的十六届四中全会有两个重大的理论贡献，一是提出了构建社会主义和谐社会这个非常重要的战略思想，其一经提出就得到全国上下广大干部和群众的强烈关注和认同，成为与全面小康社会、社会主义现代化社会同样重要的战略目标。现在，构建社会主义和谐社会已经贯彻落实到社会主义现代化建设实践中，起到了精神变物质的巨大作用。二是提出了社会建设这个很重要的新概念，适应了我们国家工业化、城市化发展新阶段的需要，对正在进行的各项社会组织、社会结构、社会秩序、社会事业等方面的建设，给出了一个明晰的概括，明确叫做社会建设，从而使上述诸方面工作的地位得到了提高，理论上有了依据，建设目标更加明确，

---

[*] 本文原载于《国家行政学院学报》2008年第2期，发表时间：2008年3月20日。该文初稿写于2008年1月18日至2月10日，原题为《提出"社会建设"概念的重大理论价值和实践意义》，发表时改为现题。人大复印报刊资料《社会学》2008年第7期全文转载，《中国社会科学文摘》2008年第7期转摘，题为《社会建设的含义和主要内容》。该文还被收录于文集《社会建设论》（陆学艺著，北京：社会科学文献出版社，2012年3月），《中国社会结构与社会建设》（陆学艺著，北京：中国社会科学出版社，2013年8月）。越南社会科学院哲学研究所主办的刊物《哲学》2008年第12期刊载了该文的越南文版，题目与中文版相同。——编者注

未来前景也更加清晰。所以，社会建设这个新概念的提出，使中国社会主义建设的总体布局，由原来的经济建设、政治建设、文化建设的三位一体，变为包括了社会建设在内的四位一体新格局。党的十七大报告则明确把社会建设单辟一节，与经济、政治、文化建设并列为四位一体。十七大还把四位一体的布局写进了新修改的党章总纲里。大会秘书处负责人就《中国共产党章程（修正案）》答记者问时指出："党的十六大以来，党中央提出了深入贯彻落实科学发展观、构建社会主义和谐社会等重大战略任务，从而使中国特色社会主义事业总体布局由经济建设、政治建设、文化建设三位一体扩展为经济建设、政治建设、文化建设、社会建设四位一体。这体现了我们党对共产党执政规律、社会主义建设规律、人类社会发展规律认识的深化。"[1] 由此可见，提出"社会建设"这个新概念具有重要意义。

十六届四中全会提出的构建社会主义和谐社会与社会建设，就两者关系来说，实质上前者是战略目标，后者是重要手段——社会主义和谐社会要通过经济建设、社会建设、政治建设、文化建设等方面的建设来实现。

在这里，和谐社会中的社会与社会建设中的社会，虽然是同一个词，但含义不同。"社会"是一个多义词，有三种含义：第一种是大社会概念，这里的社会，就等于是国家整体。如毛泽东在《新民主主义论》中说：我们的目的，"在于建设一个中华民族的新社会和新国家。在这个新社会和新国家中，不但有新政治、新经济，而且有新文化。"[2] 第二种是二分法，例如我们制定的五年计划叫做第 N 个国民经济和社会发展计划。把经济发展之外的领域都归为社会发展。通常讲的经济、社会要协调发展，这个社会就是二分法意义上的，是中社会概念。第三种含义是专属意义上的社会，是小社会，是与经济、政治、文化、科技等并论的社会，如四位一体中的社会建设。社会主义和谐社会中的"社会"是大社会，是第一种意义上的社会；社会建设中的"社会"是小社会，是第三种含义的社会。对此，我们在理解、使用"社会"这个概念时，要做出区分。

社会主义建设的总体布局由经济建设、政治建设、文化建设三位一体扩展为包括社会建设在内的四位一体，既反映了当今中国社会已经发生了深刻变化的客观实际，也反映了我们对于这种经济社会结构深刻变化有了

---

① 《中国共产党第十七次全国代表大会秘书处负责人就十七大通过的〈中国共产党章程（修正案）〉答新华社记者问》，《中国共产党第十七次全国代表大会文件汇编》，北京：人民出版社，2007 年 10 月，第 100 页。

② 《毛泽东选集》第 2 卷，北京：人民出版社，1991 年 6 月第 2 版，第 663 页。

新的概括，有了突破性的新的认识。毛泽东同志在 1940 年撰写的《新民主主义论》一书，最早把中国的建设分为政治、经济、文化三个方面。他说道："新民主主义的政治、新民主主义的经济和新民主主义的文化相结合，这就是新民主主义共和国，这就是名副其实的中华民国，这就是我们要造成的新中国。"① 那时的中国，还是半殖民地半封建的农业社会，小农经济是汪洋大海，农民占 90% 以上。在这样的背景下，在构想未来时勾勒出政治、经济、文化三大领域，是符合中国国情的。新中国成立以后，我们在谋划社会主义建设总体布局时，还常以经济建设、政治建设、文化建设为架构。1982 年制定第六个五年计划时，增加了社会发展的内容，从此以后的五年计划，都冠名为国民经济与社会发展第 N 个五年计划。又过了 20 年，党的十六大报告还是以经济体制改革与建设、政治体制改革与建设、文化体制改革与建设的三位一体作为基本布局，但在讲到 2020 年实现全面小康社会的目标时，指出要达到"使经济更加发展、民主更加健全、科教更加进步、文化更加繁荣、社会更加和谐、人民生活更加殷实"②，加进了"社会更加和谐"一项。这一变化所反映的是，改革开放二十多年后，中国的经济社会已经发生了深刻的转变，国家总体上已经从农业社会转变为工业社会，已经从乡村社会转变为城市社会，这种转型对经济社会建设提出了新的要求。生产力极大提高，经济结构深刻变化，要求社会结构变化与之相协调；经济高速发展，要求社会事业发展与之相配合；人民物质生活水平的极大提高，要求社会安定有序。所以，十六大提出的"社会更加和谐"，反映了生产力发展的要求，反映了我们党对社会主义现代化建设规律的新认识。此后不久，十六届四中全会提出构建社会主义和谐社会与社会建设的新概念，十六届六中全会专门就构建社会主义和谐社会若干重大问题做出决定，十七大则进一步指出要加快推进以改善民生为重点的社会建设。几年来，关于构建社会主义和谐社会、关于社会建设的理论正在逐步形成，成为中国特色社会主义理论体系中的一个重要组成部分，这是一项新的理论成就。

十六大以来所提出的社会和谐、和谐社会、构建社会主义和谐社会、建设和谐社会、社会建设等一系列新名词、新概念、新理论，反映了我国

① 《毛泽东选集》第 2 卷，北京：人民出版社，1991 年 6 月第 2 版，第 709 页。

② 江泽民：《全民建设小康社会，开创中国特色社会主义事业新局面——在中国共产党第十六次全国代表大会上的报告》，《中国共产党第十六次全国代表大会文件汇编》，北京：人民出版社，2002 年 11 月，第 18 页。

社会主义现代化建设事业发展的新阶段的要求和特点。就我个人的理解，在这一连串新名词、新概念、新理论中，"社会建设"应是最关键、最重要的。因为社会和谐要通过"社会建设"来达到，构建社会主义和谐社会要通过长期的"社会建设"等方面的建设来实现。

社会建设这个新概念，实际上在 20 世纪头十年和 30 年代的中国政界与学界都曾经提出过。1919 年孙中山先生将他 1917 年撰写的《社会建设（民权初步）》收入《建国方略》中，构成了他关于国家建设基本构想内容的重要组成部分。在《社会建设（民权初步）》中，孙中山表达了他的"社会建设"思想，即"教国民行民权"[①]。1934 年著名社会学家孙本文先生在其撰写的《社会学原理》一书的最后一章中专门写了一节"社会建设与社会指导"，一开篇就给"社会建设"下了个定义："依社会环境的需要与人民的愿望而从事的各种社会事业，谓之社会建设。社会建设之范围甚广，举凡关于人类共同生活及其安宁幸福等各种事业，皆属之。有时此等事业，属于改革性质，就固有之文物制度而加以革新。有时属于创造性质，系就外界传入，或社会发明之文物制度，而为之创建。无论创建或改革，要之，皆为社会上建设之事业。"[②] 孙本文还创办过一本杂志，刊名就叫《社会建设》。孙中山和孙本文先生提出的社会建设虽然含义各有侧重，不尽相同，但都饱含着他们对国家与中华民族的美好愿望和理想。只是，在多灾多难的旧中国，这个好的思想与概念，没有得到应有的传播和应用。

1949 年中华人民共和国成立，但不久中国社会学因故被取消，社会建设这个重要的概念也就没有得到应有的传承和诠释。在十六届四中全会提出社会建设概念以后，很多人感到陌生。我查了《汉语大词典》《辞海》《辞源》，也查了《中国大百科全书·社会学》，查了 20 世纪 80 年代以来出版的各种社会学教科书……都没有找到"社会建设"这个词条。我请教过几位资深的经济学家，他们告诉我，在西方经济学的词汇里面，没有"经济建设"这个概念，只有经济发展、经济增长等意义相近的概念，"经济建设"这个词是从苏联计划经济体制来的。首先有经济计划，也就是国家制定了经济发展蓝图，然后组织力量，实施这个计划，把蓝图变为现实，这就是经济建设。关于社会建设，我们也可以作类似的理解。

---

① 孙文：《建国方略之三：社会建设（民权初步）·自序》，《孙中山选集》（上卷），北京：人民出版社，1956 年 11 月，第 340～341 页。

② 孙本文：《社会学原理》下册，上海：商务印书馆，1935 年 5 月，第 643 页。

社会建设是指社会主体根据社会需要，有目的、有计划、有组织地进行的改善民生和推进社会进步的社会行为与过程。社会建设的内涵很广，主要有两大方面：一是实体建设，诸如社区建设、社会组织建设、社会事业建设、社会环境建设等；二是制度建设，诸如社会结构的调整与构建、社会流动机制建设、社会利益关系协调机制建设、社会保障体制建设、社会安全体制建设、社会管理体制建设等。社会实体建设提供公共产品和公共服务，社会制度建设则使社会更加有序与和谐。

从社会建设如此丰富的内涵看，十六届四中全会不仅提出了社会建设这个新概念，而且提出了社会建设新理论。对此，几年来，学界、政界已经作了多方面的阐述，社会建设新理论正在形成之中。随着实践的深入，社会建设理论将逐步完善，也会像经济建设理论、政治建设理论、文化建设理论一样，成为中国特色社会主义理论体系中的一个重要组成部分。

二　社会建设的含义和主要内容

其实，中国的社会建设实践一直在进行着。新中国成立以后，我们在大规模进行经济建设的同时，也展开了大规模的社会建设，只是过去我们没有用社会建设这个概念去指称它，而把它分别归到经济建设、政治建设、文化建设的名下。改革开放以后，我们把社会领域的建设都称为社会发展。其实，社会建设和社会发展是两个概念，有相同的方面，也有不同的方面。这两者的异同，表现在以下几个方面。

其一，社会发展是指社会由简单到复杂、由初级到高级、由旧质到新质的有规律的变化过程，是不以人的意志为转移的客观过程。而社会建设则是在历史的某一阶段，根据社会的需要，由社会主体有目的、有计划、有组织地进行的社会领域的各项建设，是一个有意识、有目标的主观能动过程。

其二，社会发展是由诸多主客观因素交互作用以后形成的客观结果和趋势，正如马克思说的，是一个自然历史过程，这个过程可以说几乎是无主体的。而社会建设是由确定主体进行的社会行动。这个主体主要是政府，也可以是社会组织，也可以是民众个人。

其三，社会发展是人们不能按照自己的意愿控制的客观进程，虽然有宏观前景的趋向，但目标并不具体。而社会建设则是人们有目的、有计划、有组织地进行的一项项具体的建设，目的性很强，目标很明确，而且是可以量度、可以控制的。

当然，社会发展与社会建设是内在统一的，社会建设要有利于社会发展，必须遵循社会发展的规律，而社会发展则在很大程度上是通过人们主观能动进行的各项建设来推进的。

因此，社会建设概念的含义应是：从社会所处的发展阶段的实际出发，顺应社会发展的趋势，遵循社会发展的规律，有组织、有目的、有计划地动员各种社会力量，在社会领域从事的各项建设。其中，社会建设的主体，主要是政府、社会组织与民众等；社会建设的原则，是公平和公正；社会建设的目标，是实现社会和谐和社会进步；社会建设的保证，是社会安全运行，包括社会安全阀的构建；社会建设的动员机制，是建立协调各阶层利益的机制，充分动员民众参与社会建设；社会建设的重要手段，是社会管理，主要是对社会运行进行科学管理，保证社会良性运行。因此，社会建设是一项庞大的系统工程。有人以为，社会建设就是科学、教育、文化、体育、卫生等社会事业的建设，这显然是把社会建设的含义理解窄了，作为中国特色社会主义建设总体布局四位一体中的社会建设，其含义和内容要宽广、深刻得多。下面，就社会建设中的几个主要方面分别加以说明。

（一）社会结构的调整与构建

一个国家，最重要、最基本的是经济结构和社会结构。这两个结构要协调，相辅相成，互为表里。没有经济的发展和经济结构的调整，社会建设不可能实现，现代社会结构不可能形成；反过来，社会建设与现代社会结构的形成又有力地支撑起经济的进一步发展。但是经济发展不等于社会建设与现代社会结构的调整会自发地实现，而是有赖于社会主体有目的、有计划地进行各方面的建设来推动。

现在，我们国家的经济结构已经从前工业化时期的经济结构（也就是传统的农业经济时代下的农业占的比重很大，工业、商业、服务业占的比重都很小）转变为工业化中期的经济结构。2006 年我国的国内生产总值构成是第一产业占 11.7%，第二产业占 48.9%，第三产业占 39.4%。但是我国的社会结构还处于工业化初期阶段。2006 年我国人口的城乡结构是 56.1∶43.9；就业结构中农业劳动力占 42.6%，非农就业的劳动力占 57.4%，其中第二产业劳动力占 25.2%，第三产业劳动力占 32.2%。[①] 社会结构中的核

---

① 国家统计局编《中国统计年鉴 2007》，北京：中国统计出版社，2007 年 9 月，第 58、107、130 页。

心结构是社会阶层结构，社会阶层结构的标志性指标是社会中间阶层（或称中产阶层）的比重。据我们课题组的调查分析，2006 年中国的社会中间阶层约占 22%，离工业化国家应有的两头小、中间大的"橄榄型"的社会阶层结构形态差距还很大。总体分析，当今中国的经济结构已经是工业化中期阶段的结构，而社会结构还处于工业化初期阶段，存在着经济结构与社会结构的矛盾，这是当今中国产生诸多经济社会矛盾问题的结构性根源。要解决这些社会矛盾和问题、构建社会主义和谐社会，一个很重要的任务就是继续深化改革，创新社会政策，构建与经济结构相适应、相协调的社会结构。

（二）社会流动机制建设

社会流动是指社会成员从一种社会地位转移到另一种社会地位的社会现象，通常有垂直流动（社会地位上升或下降）和水平流动（社会地位基本相同）。在农业社会，个人的社会地位主要由先赋性因素决定，而且世代相替，如"士之子常为士，农之子常为农，工之子常为工，商之子常为商"[1]。这种社会被称为封闭型社会。在工业社会，随着社会化大生产不断拓展，产业结构不断向高层次演变，社会分工发达，职业结构渐趋高级化，不断创造出新的社会岗位，需要社会流动加快。只有通过社会流动，新的社会岗位才会有人去充实，才能实现人力资源的合理配置。个人通过学习和努力奋斗，可以实现上升流动，达到获得更高层次的社会岗位的愿望，个人的社会地位主要由后致性因素决定，这种社会被称为开放型社会。

改革开放 30 年来，随着经济发展，工业化、城市化的推进，中国已经从一个基本封闭的社会转变为基本开放的社会，社会流动渠道多元化，社会流动频率加快，亿万群众通过努力奋斗，实现向上流动的愿望，涌现出诸如私营企业主、个体工商户、经理、自由职业者、农民工等一些新的社会阶层和社会群体，产业工人、科技人员、国家与社会管理者等社会阶层的队伍扩大了，农业劳动者阶层的规模缩小了。整个国家正在形成合理、开放的现代化社会阶层结构，以后致性规则为主的现代社会流动机制也正在形成。但是计划经济时期形成的户籍、就业、人事等体制还没有得到根本性的改革，还在限制着社会流动的顺畅进行，致使该扩大的阶层（如社

---

① （春秋）管仲：《管子·小匡》，参见管仲撰、吴文涛、张善良编著《管子》，北京：燕山出版社，1995 年 8 月，第 180～182 页。

会中间阶层）大不起来，该缩小的阶层（如农业劳动者阶层）小不下去，阻止社会结构正向演化。所以，通过改革和创新，构建社会流动新体制，是社会建设的一项重要任务。

（三）社会组织建设

工业化、城市化的现代社会是一个高度组织化的社会，社会成员都分属于这样那样的社会组织，许多人同时是多个社会组织的成员。中国原来是个农业社会，小农经济自给自足，社会组织很不发达，有人形容是"一盘散沙"。1949 年新中国成立后，国家实行计划经济体制，在城市的企事业单位和机关实行单位制，在农村实行政社合一的人民公社体制，从而把全国人民组织起来了。改革开放后，单位制式微，"单位人"成了"社会人"；农村人民公社解散，改为乡镇政府和村民自治组织，绝大多数农民回到一家一户的生产生活状况，很多村几年也开不起一个群众会。当今中国，客观上需要在新的条件下，用新的形式，把群众组织起来。党的十六届六中全会的文件指出："健全社会组织，增强服务社会功能。坚持培育发展和管理监督并重，完善培育扶持和依法管理社会组织的政策，发挥各类社会组织提供服务、反映诉求、规范行为的作用。发展和规范律师、公证、会计、资产评估等机构，鼓励社会力量在教育、科技、文化、卫生、体育、社会福利等领域兴办民办非企业单位。发挥行业协会、学会、商会等社会团体的社会功能，为经济社会发展服务。"① 这里讲的社会组织，指的是民间社会组织、社团组织。这类社会组织在工业化国家是很多的，发挥着提供社会公益服务和社会福利服务的功能，弥补了政府和市场的不足，在有些方面还起到了政府和市场不能起的作用。

由于各种原因，我国现在的民间社会组织、社会团体还很少。据统计，到 2006 年 9 月底，全国共有社会团体 174841 个，民办非企业单位 151430 个，基金会 1057 个，共计 327328 个，每万人不到 2.5 个（美国为 52 个，法国为 110 个，阿根廷为 25 个），远远不能适应经济社会发展的需要，不能满足广大人民群众的要求，这对促进经济社会协调发展、加强社会管理、推进社会主义和谐社会建设是很不利的。这就需要我们按照十六届六中全会的精神，培育和支持各类民间社会组织、社会团体发展。

① 《中共中央关于构建社会主义和谐社会若干重大问题的决定》，北京：人民出版社，2006 年 10 月，第 27 页。

（四） 社会阶层利益关系协调机制建设

当前，我国的社会结构已经发生了深刻变迁，社会利益关系也随之发生了深刻变化。社会利益主体多元化，利益要求多样化，利益关系复杂化。在目前的经济发展水平下，不同社会阶层的利益要求，很难都能得到充分实现，难免会产生这样或那样的社会矛盾和社会冲突。建设协调社会阶层利益关系的机制，统筹协调各社会阶层的利益关系，使各社会阶层能够共建、共享、共赢，形成各得其所、和谐相处的局面，这是一项重大的任务。

统筹协调社会阶层利益关系的机制，应包含以下三个方面：一是要建立科学合理的阶层、群体、个人的利益诉求表达机制，拓宽民意民求的表达渠道，使社情民意能够畅通上达。要改革创新领导干部和上级机关深入基层开展调研的方式和惯例，使领导干部和上级机关能及时、正确地了解真实的下情和民间疾苦。

二是要建立新形势下的劳资之间、干群之间、阶层之间、群体之间的平等对话协商机制。在工业社会，最重要、最普遍的社会关系是劳资关系。中国的改革开放已经进行了三十年，由于多种原因，劳资关系现在还不和谐，工人处于弱势地位，已占产业工人阶层多数的农民工处于非常弱势的地位，基本权益长期得不到应有的保护，引发出很多社会矛盾。2007 年颁布、2008 年 1 月 1 日起生效的新《劳动合同法》是有利于农民工维权的，但遭到资方的抵制，个别大型企业公然带头玩花样、图规避，势单力孤的农民工个人如何抵御？历史的经验是要建立政府、资方、劳方三方代表平等对话协商的机制，要有谈判对话的平台，工人、农民工要有组织，要有代表，否则即使有了像《劳动合同法》这样的好法，也难以维护弱者的权益。

三是要创新社会矛盾和社会问题排查调处的工作制度。大中城市应该有专门的机构和人员，密切关注本地各主要阶层、群体最关心、最直接、最现实的利益关系的变化情况，做出分析和判断，及时出台政策，采取措施，统筹协调好各方面的利益关系，从根本上缓解和减少社会矛盾和冲突。

（五） 社会事业建设

新中国成立后，我们一般把教育、卫生、科研、文化、艺术、体育机构称为社会事业单位，把社会事业单位与经济领域的企业单位并称为企事业单位。社会事业同广大人民群众的生产生活密切相关，关系到每个家庭和个人的福祉与前途。因为教育、医疗、文化等事业面对的是全体民众，所以在国外也称公共服务或公共产品。改革开放以来，我国的科、教、文、卫、体各项事业都有了很大发展，城乡居民在衣、食、住、行等各个方面都有了很大的改善。毋庸讳言的是，20 世纪 90 年代中期以来，一些地区和有些部门把以经济建设为中心曲解到"唯一"的地步，致使科技、教育、卫生等社会事业发展相对滞后了，出现了诸如就业难、上学难、看病难、住房难的问题。党的十七大专门做出了"加快推进以改善民生为重点的社会建设"的决策，非常正确，顺应了广大人民群众改善生活的要求，也有利于调整社会结构，有利于经济社会协调发展，促进社会和谐。现在的问题是，因为社会事业建设方面（如教育、科研、医疗卫生）欠账太多，同客观需求差距太大，要真正做到"学有所教、劳有所得、病有所医、老有所养、住有所居"[①]，还有很多工作要做。所以必须按照十六届六中全会和十七大的决定，把社会建设工作放到突出重要的位置上来。

推进社会事业建设要像经济建设一样，必须进行社会事业体制改革。现行社会事业体制基本上是计划经济时期形成的，是与计划经济体制相适应的。改革开放以来，虽然也进行过一些改革，但多数是各个领域自身的改革，有些取得了一定的成效，有些改革并不成功（如 20 世纪 90 年代的医疗卫生产业化改革）。总体来说，社会事业体制，还没有按照社会主义市场经济体制的要求，改革调整过来，与社会主义市场经济还不相适应。我国的科技、教育、文化、体育、医疗卫生等社会事业领域至今还是主要由国家包揽和承担一切的管理体制，客观上既不能满足社会日益多元化的需要，国家事实上也没有这个能力，而且效率不高，必须像实行经济体制改革一样，进行社会事业体制的改革。

（六）社会保障制度建设

社会保障制度是现代国家经济社会基本制度的重要组成部分，是工业社会的稳定器、安全网。同传统的农业社会不同，现代化的工业社会除了仍会遇到旱涝、风暴、地震等自然灾害的侵袭外，还会遇到经济危机、战争、核泄漏、瘟疫、社会动乱等社会风险。公民个人也会遇到失业、伤残、

---

① 胡锦涛：《高举中国特色社会主义伟大旗帜　为夺取全面建设小康社会新胜利而奋斗——在中国共产党第十七次全国代表大会上的报告》，《中国共产党第十七次全国代表大会文件汇编》，北京：人民出版社，2007 年 10 月，第 36 页。

疾病、年老、贫困等个人和家庭难以应对的困难。所以必须建立与本国国情相适应的社会保障体制，保证国家的长治久安，使个人在遇到困难时能获得救助和服务。

中国的社会保障制度是在仿照苏联的社会保障制度的基础上逐步建立起来的。20 世纪 80 年代中期以后，开始进行改革。20 世纪 90 年代，随着社会主义市场经济的发展，适应城镇国有和集体所有制企业改革的需要，逐步建立了"社会统筹和个人账户相结合"的社会保障体制。十六大以后，在农村逐步建立新型农村合作医疗制度和农村最低生活保障制度。应该说，现行的社会保障制度还很不健全，社会保障的覆盖面小，保障基金严重不足，社会统筹层次低，城乡差距很大，地区间差距也很大，这与经济发展和广大居民的迫切需要很不适应。十七大提出要"加快建立覆盖城乡居民的社会保障体系，保障人民基本生活"①的目标，这个任务是很重很艰巨的。如何建设一个符合中国国情、适应经济发展需要、标准合理、运行健全、管理有效、适应人民群众的要求、维护社会公平、化解社会矛盾、保证国家社会稳定的社会保障制度，是亟须抓紧解决的问题。

（七）社区建设

这里讲的社区，主要是指基层政权、基层组织治理形式。人民公社解体以后，公社改为乡镇，大队变为行政村，生产队变为村民小组，三级治理的组织架构未变。20 世纪 80 年代以后，农村实行村民自治，民主选举、民主决策、民主管理、民主监督，不少地区搞得有声有色。虽然各地参差不齐，有些地区的基层组织几近瘫痪，但 9 亿农民是有组织的。现在基层组织治理问题，主要是在城区。20 世纪 80 年代中期以后，城镇化发展很快。1978 年我国只有 220 个城市 11994 万城镇人口；2006 年各类城市数量达到 662 个，城镇人口增加到 57706 万人，②其中有城市户口的共 36548 万人，无本市户口的常住人口为 21158 万人。28 年间，城镇人口增加 45712 万人，有城市户口的人口增加 24554 万人。几亿人住进城市来了，但是多数是无组织的，只有公安系统有个统计数。

目前像北京、上海、天津等大城市，市以下设区、县，区、县以下设

---

① 《中国共产党第十七次全国代表大会文件汇编》，北京：人民出版社，2007 年 10 月，第 38 页。

② 国家统计局编《中国统计摘要 2007》，北京：中国统计出版社，2007 年 5 月，第 1、39 页。

街道、乡镇，街道以下设居民委员会，也称社区委员会（上海把街道称为社区，把居委会称为小区）。在北京，20 世纪 90 年代以前的居委会是没有脱产干部的，也没有党组织。近几年由街道办事处向居委会派出脱产干部（事业单位编制），建立党组织，管辖数千居民，正在逐步把居民组织起来。有很多大中城市，由于各种原因，在城区中有很多城中村，街道办事处以下，既有居民委员会，也有村民委员会。像深圳、东莞等城市，实有居民已超过 1000 万人了，但相应的基层组织还未建立起来。深圳有个布吉镇（2004 年改为布吉街道办事处），有 110 万居民，实际已是大城市的规模，但仍是街道办事处的架构，只有 80 名干部编制，下面有居委会（社区），也有村委会。① 在这样的条件下，要进行社会建设和有效的社会管理，实在是为难。

全国两千多个县（市）的县（市）政府所在地，在 20 世纪 80 年代一般只有几千人，多则也只有上万人、几万人，多数是通过城关镇，同管理农村一样管理的。随着经济的发展，现在有很多县（市）城区，已形成几万人、十几万人乃至二十多万、三十多万人的规模了，街道、大马路、高楼大厦、楼堂馆所等设施也建起来了，但是基层的组织、社区都没有相应建设起来，很多还是由城关镇兼管，还是农村式的管理。这可以说是社会矛盾多发、社会治安状况不佳的主要原因，这种状况亟须改变，要通过社区建设，把城市基层组织建设完善起来。

（八）社会安全体制建设

国家要长治久安，人民要安居乐业，必须搞好社会安全体制建设。任何社会都不可能没有社会矛盾，现代工业社会是开放的多元社会，相对于农业社会，社会矛盾更多、更复杂。维护国家安全、保护人民权益、化解社会矛盾、预防惩治犯罪、维护公平正义、促进社会全面进步，是社会安全体制的主要任务。我们已经建立了一个社会安全体系，创造了诸如群防群治、专群结合、综合治理等做法，是比较有效的。但是，在实现社会转型、经济体制转轨的现阶段，单靠增加警力、安装更多的摄像头等办法是不能从根本上解决问题的。在社会利益矛盾凸显、社会冲突多发的背景下，如何做好维护国家稳定、保护人民权益的工作，特别是要在完成这个新任务的同时，积极探索适应社会主义市场经济体制的要求，建设起一个中国

---

① 根据作者领衔的"当代中国社会结构变迁研究"课题组 2007 年广东调查资料。

特色的社会安全体制，是我们面临的新任务。

（九）社会管理机制建设

社会管理是政府和社会组织通过行政、法律等各种形式对社会生活的各个领域、各个环节进行组织、指导、规划、服务、协调控制、监督，以保证社会正常有序、安全地运行，实现社会和谐、全面进步的目标。改革开放以来，经济社会各领域都发生了很大变化，原来城乡社会治理的格局已经不能适应，要求我们深入研究社会管理规律，更新社会管理观念，创新社会管理的体制机制，修正和制定社会政策与法规，整合社会管理资源，加强社会管理。

十六届四中全会提出要建立"党委领导、政府负责、社会协同、公众参与的社会管理格局"①，这个指导方针是符合客观实际的，各地正在贯彻落实。从近几年社会管理的实践看，在创新社会管理体制机制方面，有几个问题值得重视，那就是：如何使政府的调控作用顺应社会发展规律运行的方向（像经济调控要顺应价值规律一样）？如何使政府调控机制同社会协调机制相结合？如何使政府行政功能与社会自治功能相结合？如何使政府调节的力量同社会民间组织的自我调节力量相结合，逐步形成与社会主义市场经济体制相协调的社会管理体制机制的新体系？

三　像抓经济建设一样，抓好社会建设

党的十六届六中全会提出要把构建社会主义和谐社会摆在更加突出的地位，党的十七大又进一步提出加快推进以改善民生为重点的社会建设，这是党中央从经济社会发展全局出发，审时度势做出的重大战略决策。当前我国面临的发展机遇前所未有，面对的挑战也前所未有。就国内来说，经济建设这么快地取得这么好的成就，是许多人没有预料到的；而在经济大好形势下，出现了这么多的社会矛盾和社会问题，也是许多人没有想到的。党的十六大提出了促进社会更加和谐的目标，十六届三中全会根据"五个不协调"提出"五个统筹兼顾"，十六届四中全会提出加强党的执政能力建设，其中包括加强构建社会主义和谐社会的能力，十六届六中全会进一步做出了构建社会主义和谐社会的决定，这些都得到了广大干部和群

---

① 《中共中央关于加强党的执政能力建设的决定》，北京：人民出版社，2004年9月，第25页。

众的广泛认同和拥护。

从社会学的视角来看，进行社会主义现代化建设一定要遵循经济社会协调发展的规律。首先，经济发展是社会发展的基础，经济要优先发展；其次，经济要持续发展，一定要有科学技术、文化教育的进步，要有社会建设作为支撑，要有和谐、稳定的社会环境作为保证，否则经济发展不可持续；再次，经济发展的目的是满足人们的物质文化需要，实现人的全面发展，因此，经济发展的最终目标是服务和服从于人的发展，可以说经济发展是手段，社会发展才是最终目的。

前一阶段，有些地区把经济发展作为唯一的目标，搞 GDP 挂帅，牺牲了其他方面的发展，社会发展、社会建设及社会体制改革明显滞后。① 当前中国社会的主要矛盾是经济社会不协调：经济结构已经达到工业化中期阶段的水平，社会结构还是工业化初期阶段的水平，这种结构性的矛盾是产生今天诸多矛盾的主要原因。中央提出构建社会主义和谐社会，更加注重社会建设，就是要解决好这个主要矛盾。

构建社会主义和谐社会是贯穿中国特色社会主义事业全过程的长期历史任务，为此，要把和谐社会建设摆在更加突出的地位，要改变目前社会发展、社会建设滞后于经济发展与经济建设的状况，使经济社会协调发展。如何抓好社会主义和谐社会建设呢？现成的经验，就是要像抓经济建设那样，抓好社会建设！要把社会建设作为社会主义建设总体布局中的重要内容去对待，去抓好抓实。

第一，要更加注重社会建设。在一定意义上也可以说是补课，过去疏漏落下的，现在要抓紧时间补上去。要深入贯彻落实科学发展观，继续解放思想，实事求是，提高对构建社会主义和谐社会的重要性、紧迫性的认识，真正把和谐社会建设放到议事日程上，摆到突出位置上，改变经济建设孤军独进的状态，真正从思想上树立起经济社会要协调发展的全局意识。

第二，要抓发展。这是执政兴国的第一要务，也是和谐社会建设的内在要求。改革发展中出现的问题都是发展中的问题，需要通过发展来加以解决，特别是当前诸如教育、医疗、住房、社会保障等民生问题从根本上都是源于社会建设滞后，因此唯有发展才是解决问题之道。但是，发展必

---

① 此处原文有"如上所述"4 字。但此前内容并无"当前中国社会的主要矛盾是经济社会不协调"的表述，且《社会建设论》等文集收录此文时亦无这几个字，故依据《社会建设论》等文集删除这 4 个字。——编者注

须是包含社会发展在内的全面发展，不能仅仅是经济发展，是经济与社会协调发展，是全面、协调、可持续的发展。

第三，要继续坚持改革开放。十七大明确指出："必须在经济发展的基础上，更加注重社会建设，着力保障和改善民生，推进社会体制改革，扩大公共服务，完善社会管理，促进社会公平正义"①。我国的社会体制，包括社会事业体制，近年来也进行过一些改革，有些改革取得了一定的成效，有些则并不成功，更多的社会体制改革还没有破题，整个社会体制还带有很浓的计划经济时期的色彩，还没有按社会主义市场经济体制的要求根本改变过来，在经济社会运行中，两种体制并行的矛盾很大，社会成本很高。诸如城乡二元结构的体制、户口制度、就业人事制度、社会保障制度以及教育、医疗卫生制度等都需要改革，社会体制不改革，社会建设就不能顺利进行，因此，必须"推进体制改革"，为社会建设顺利进行开道。当然，在现阶段进行社会体制改革，难度很大，阻力也很大，会牵涉不少社会阶层、社会群体的切身利益，这实际上又是一场革命，必须精心策划，周密安排，采取自上而下、自下而上相结合的办法进行。好在我们已经有了进行经济体制改革并取得伟大成功的经验做基础，社会体制改革也一定会成功。

总结中国 50 多年来的社会主义建设实践，可以看到，在计划经济体制下，政府管得太多，既包揽了经济事务，也包揽了社会事务，而计划经济时期 20 多年的实践却向我们证明，政府包打天下是行不通的。改革开放以来，通过经济体制改革，放手让老百姓去干，政府管得少了，国民经济却大跨步地前进了。社会事务更复杂，我们也要像经济改革一样进行社会体制的改革，如果能够放手让老百姓去干，放手让社会团体、民间组织去干，社会建设也一定会取得成功的。

第四，社会建设要有组织领导，从组织上落实。我们搞经济建设，曾经成立了计委、经委、基建委和若干经济部门，还有中央财经领导小组，统筹、规划、组织、协调、控制、监督、领导指挥经济建设有序有效地进行，虽然也产生过这样或那样的问题，但总体上是成功的。近 60 年来国家建设的一条基本经验就是，提出的任何一项战略任务，必须在组织上落实，要有组织、有人去贯彻执行，才能实现，如果只停留在文件上、会议上，

---

① 《中国共产党第十七次全国代表大会文件汇编》，北京：人民出版社，2007 年 10 月，第 36 页。

那只能是一纸空文，正反两方面的经验都可以说明这点。计划生育工作的成功，就是最好的例证。社会建设要取得成功，也必须有组织保证。

2007 年，北京在市委系统建立了社会工作委员会，在政府系统建立社会建设工作办公室，两块牌子，一套人马，合署办公，下设规划、项目、社会组织、社区建设、党建、社工人才队伍建设 6 个处，55 个编制，把民政局、计生委等有关部局部分处室的职能、编制、人员成建制地划过来，领导、组织、协调全市的社会建设工作。2008 年，北京市还将在各区、县建立相应的机构。这个做法很值得借鉴。

第五，社会建设要有相当的投入。首先要有领导和人员的投入。十六届六中全会的《中共中央关于构建社会主义和谐社会若干重大问题的决定》（以下简称《决定》）指出："各级党委要把和谐社会建设放在全局工作的突出位置，把握方向，制定政策，整合力量，营造环境，切实担负起领导责任""坚持正确的用人导向，选好配强领导班子，注重培养选拔熟悉社会建设和管理的优秀干部""建设宏大的社会工作人才队伍，造就一支结构合理、素质优良的社会工作人才队伍，是构建社会主义和谐社会的迫切需要"。① 在经济建设过程中，我们培养选拔造就了一支很大的经济工作者队伍。要把中国的社会建设搞好，同样需要造就一支大规模的社会工作者队伍。现在这支队伍还很小，而且分散在各个领域，还没有形成合力，没有形成组织优势。应该按照十六届六中全会《决定》的精神，通过建立相应的机构，把社会工作方面的人员、人才队伍组织起来，并在实践中逐步扩大，培养造就有相当规模的社会工作者队伍，把社会建设的事情办好。

其次要有财力和物力投入。曾经有一种观点认为，经济建设投资是挣钱的，社会建设投资是花钱的。在相当长的时间里，一些地区和部门把财力的主要部分乃至绝大部分投到经济建设上，有的甚至削减必要的社会事业开支，牺牲社会事业的发展，造成经济社会发展不平衡、不协调的状况。实践证明，这种观点是不正确的。十六大以来，国家加大了对社会事业、社会建设的投入，情况正在好转，但因为欠账太多，加上国民收入分配格局还未调整过来，在已经形成的路径依赖影响下，有钱还是习惯于投往经济建设方面，这不应当是市场经济国家的行为。经济建设投入问题应该主要通过市场去解决。据联合国开发计划署《2004 年人类发展报告——当今

---

① 《中共中央关于构建社会主义和谐社会若干重大问题的决定》，北京：人民出版社，2006 年 10 月，第 35、36、38 页。

多样化世界中的文化自由》的数据，在 2001 年前后，瑞典、丹麦、法国、德国和古巴等国家用于教育、卫生保健的公共支出占 GDP 的比重为 13% ~ 15%，加拿大、美国、英国、澳大利亚、日本等国家为 10% ~ 12%，而中国只有 4.5%，还不如巴西、泰国和印度。① 近几年，国家增加了对教育、医疗卫生的投入，但差距还很大。十六届六中全会《决定》指出："完善公共财政制度，逐步实现基本公共服务均等化。健全公共财政体制，调整财政收支结构，把更多财政资金投向公共服务领域，加大财政在教育、卫生、文化、就业再就业服务、社会保障、生态环境、公共基础设施、社会治安方面的投入。"② 应该按照《决定》的这一精神，真正加大对社会建设的投入，把社会事业、公共服务搞得更好，减少社会矛盾，降低社会成本，这样做对经济发展反而是有利的。

第六，强化社会建设在国家发展战略中的重要地位。这里还想提出两点具体建议。其一，建议把中国特色社会主义事业总体布局四位一体排序中的社会建设由第四位摆到第二位，调整为经济建设、社会建设、政治建设、文化建设。现在，在社会主义现代化建设四位一体的总体布局中，是按经济建设、政治建设、文化建设、社会建设的顺序排列的。这是因为经济建设、政治建设、文化建设三位一体的总体布局沿用多年，习以为常了，社会建设是十六届四中全会提出后才加进去的，把社会建设排在了最后。但是按社会主义现代化建设的逻辑顺序，经济建设达到一定水平之后，应该重点进行社会建设，然后是政治建设、文化建设。从社会主义现代化建设的实践看，改革开放以来，我们一直把工作重点放到经济建设这个中心上。十六届六中全会根据全局发展的要求，提出把构建社会主义和谐社会放到更加突出的位置上，要更加注重社会建设。2000 年前后，学术界有个议论，认为前 20 年是中国经济学繁荣做贡献的时期，后 20 年应该是中国社会学发展的黄金时期，再 20 年则是政治学做贡献的时期。这个说法有一定道理。总之，使中国特色社会主义事业总体布局中四位一体排序中的社会建设由第四位进到第二位，调整为经济建设、社会建设、政治建设、文化建设，是很有必要的。

---

① 根据联合国开发计划署组织编写的《2004 年人类发展报告——当今多样化世界中的文化自由》，北京：中国财政经济出版社，2004 年 1 月，第 156 ~ 159、第 172 ~ 175 页的数据整理计算。

② 《中共中央关于构建社会主义和谐社会若干重大问题的决定》，北京：人民出版社，2006 年 10 月，第 18 ~ 19 页。

　　其二，建议中共中央、国务院在每年召开经济工作会议前后召开一次社会建设工作会议，或者把社会建设工作的内容纳入经济工作会议中，把会议名称改为全国经济社会工作会议。第一次全国经济工作会议自 1993 年召开以后，到现在已经持续开了 15 次。每到年终，由中共中央、国务院主要负责同志主持召开一次高级别干部参加的经济工作会议，分析形势，总结工作，确定第二年经济工作的指导方针、主要任务、总体要求和工作重点，这对于统一各地各级干部认识、明确任务、集中力量搞建设很有必要。实践证明，这是一种很好、很有意义的会议形式和工作方法。现在构建社会主义和谐社会、进行社会建设的任务突出了，解决经济社会发展不平衡不协调矛盾的时代要求更为迫切了。况且，提出社会建设任务的时间还不长，不少人对社会建设还不像经济建设那样熟悉。所以，每年召开一次社会建设工作会议，总结经验，提出下一年度的主要任务、工作重点和指导方针，对于加快社会建设，推动科学发展，促进社会和谐，都是很有意义的。

关于重点推进社会建设的几点建议[*]

  前面 5 位经济学家，都讲了经济方面的问题，我换个角度，讲讲构建社会主义和谐社会和社会建设的问题。我们来了这几天，看了一些材料，广东的形势是很好的。近几年，在北京的学术会上讨论形势问题时，常常讲到有两个想不到。第一个想不到，就是改革开放 30 年来，中国的经济发展得这么快，30 年翻了三番多。广东翻了 5.4 番，没有想到变化这么快。第二个想不到是说在 20 世纪 80 年代，搞改革开放的时候，比较贫困，有很多困难问题，主要是穷，主要是经济问题。那个时候设想，把经济搞上去了，这些问题就都解决了。现在经济发展比原来想的还好，但社会问题不是少了，而是多了，这在当时也没有想到。

  "端起碗来吃饭，放下筷子骂娘"，而且越是经济发达的地方老百姓的意见越大。所以也有人在会上说，现在的形势是两头冒尖。经济上是冒了尖，社会方面也是冒尖，或者说经济方面报喜，社会方面报忧。就目前来说，我们的经济形势还是很好的，今年农业大丰收，粮食产量将达到历史最高水平，但是社会方面的问题就比较多。经济这条腿长，社会这条腿短。广东也是面临这个大的问题，经济和社会不协调的矛盾可以说是目前的主要矛盾。以下主要讲三个问题。

一　广东发展面临的挑战与问题

  第一，经济发展了，经济结构调整了，但社会结构还没有相应调整。

---

  * 本文源自陆学艺《社会建设论》，社会科学文献出版社，2012 年 3 月，第 97~104 页。该文系陆学艺于 2008 年 9 月 11 日在广东黄华华省长召开的专家座谈会上的发言。本文涉及的相关地区农村经济社会数据源自作者调查过程中获得的资料。——编者注

广东面临的挑战和问题，跟全国基本上是相同的。就全国来说，我们现在的经济结构已经处于工业化的中期阶段。广东可以说已经是工业化中后期了。但就全国来说，我们的社会结构中的就业结构，2007 年在农业就业的劳动力占 40.8%；城乡结构中，城镇化率只有 44.9%。我们课题组根据 2005 年全国人口 1% 抽样调查的材料做了一个全国和广东省的社会分层的分析（见表 1），从阶层结构来看，中国的中产阶层比例大致在 23% 左右，广东高一点，是 30% 左右。从这几个数字来看，全国的社会结构还处于工业社会的初级阶段。一个是工业化的中期阶段的经济结构，另一个是工业化初期阶段的社会结构，这就产生了结构性的矛盾。社会要和谐，这两个结构应该是一致的。我们现在产生的诸多经济、社会矛盾，主要的根源是这两个最重要、最基本的结构不合理。

表 1　全国和广东省 2005 年的社会阶层结构状况　（占总人口的百分比）

单位：%

十大阶层	全国	广东
国家与社会管理者阶层	2.3	2.0
经理人员阶层	2.6	5.1
私营企业主阶层	1.3	2.9
专业技术人员阶层	6.3	7.1
办事人员阶层	7.0	5.4
个体工商户阶层	9.5	9.9
商业服务业人员阶层	10.1	11.2
产业工人阶层	14.7	28.2
农业劳动者阶层	40.3	24.2
城乡失业半失业者阶层	5.9	4.0

注：根据《中国统计年鉴 2006》2005 年全国人口 1% 抽样调查数据和《广东年鉴 2006》相关数据推算。

第二，中国的经济建设取得了举世瞩目的巨大成就，社会建设也取得了很大成就，但比较而言，后者相对滞后了。就社会事业来说，30 年来，教育、科技、医疗、文化等都有了很大发展，但与经济发展相比，是滞后的。有一些地方，为了发展经济，牺牲了农村、牺牲了环境、牺牲了科教文卫这些社会事业，所以总的来说还是滞后的。我是 1956 年到的北京，正是第一个、第二个五年计划建设时期，资金很紧缺，但是在那个阶段，有按比例发展的指导思想，现在北京建的朝阳医院、海淀医院、宣武医院等十多所大医院，都是 20 世纪 50 ~ 60 年代建的。从 1978 年到现在，北京的人口从 700 多万到现在已经超过 1500 万了，但三甲医院基本上没有再建，只是原有的规模扩大了，但总的没有按比例增加，所以看病能不难吗？再说学校建设，我看了一些材料，像广东，经济总量已经是全国第一了，社会建设方面也做出了很大的成绩，从材料看，1978 年的时候，广东在校大学生只有 3.07 万人，现在已经超过 100 万了，增长很多了，但是如果和常住人口比，这个比例还低于全国的平均水平。如果按照户籍人口算，和全国基本持平。现在的社会事业体制，客观上有一个大问题，我们的教育、医疗等社会事业，各地都是按照户籍人口来建的，但外来人口也会生病，孩子也要上学，这使得外来人口输入地看病难、上学难的问题更加突出了。医疗问题也好，教育问题也好，关乎民生的社会事业比起经济发展来，是滞后的。

第三，经济发展了，财富大量增加，但公正合理的分配制度没有适时建立，积累消费比不合理，城乡之间、地区之间、各阶层之间分配不合理。蛋糕做大了，没有建立相应的公平合理的分蛋糕的规则。财富大量增加了，但是我们的分配机制、规则搞的不是很好。所以现在城乡差距、地区差距、贫富之间的差距扩大了。2002 年开十六大的时候已经提出要遏制、改变这种状况，为此国家花了很大的力气，投入了很大的力量，但这个趋势还是没改过来，三大差距还是在扩大，很多矛盾也是由这里引起的。

第四，经济体制改革了，经济管理体制逐步建立，但社会管理跟不上，社会秩序不正常，社会治安状况亟待改善。一个现代化社会，既要有现代化的经济建设，也要有现代化的社会建设，还要有现代化的社会管理。我们现在不少城市，高楼大厦建了，大马路也修了，基础设施很好了，但管理跟不上。现在不少地方社会秩序失常，社会治安不好，一些地方讲，老百姓乐业了，但不安居。比如说在城市里光靠增加铁栅栏、摄像头，用来解决治安问题是不行的。

第五，经济体制改革了，并正在继续完善，而社会管理体制的改革却滞后了。我们整个经济体制改革了，经济发展了，但社会管理体制，包括社会事业管理体制，改了一些，有些基本上还没改。比如我们社科院、科学院、学校、医院等事业单位的管理体制，基本上还没有改过来。如果按市场经济要求，改革好了，科、教、文、卫、体这些事业单位的潜力还很大。

二　广东已进入经济社会协调发展的新阶段

广东已经到了经济社会协调发展的阶段。从社会学的观点来看，一个国家或地区要实现现代化，最重要的是经济要繁荣，社会要全面进步，两者相辅相成，互为条件，缺一不可，偏重偏轻都不成，经济社会必须协调发展。就经济社会两者关系来说，第一，经济是基础，经济为社会发展提供物质条件，所以必须确定经济要优先发展的原则；第二，经济要持续发展，需要科技、教育、文化等方面的发展作支撑，经济发展不可能单兵独进；第三，经济发展要有和谐、稳定的社会环境，经济发展形成的物质财富要有合理的分配机制，要有健全的社会保障体制；第四，经济发展的根本目的，是满足人们日益增长的物质文化需要，实现人的全面发展。所以，经济社会必须协调发展。

从一个国家或地区实现现代化的全过程看，经济发展和社会发展两者的关系，是随着生产力水平的变化而变化的，大致可以分为三个阶段。第一个阶段解决温饱问题，是以经济建设为主解决温饱问题的阶段。第二个阶段是经济社会并重、经济社会协调发展的阶段。第三个阶段，比如说人均 GDP 达到 2 万或者 3 万美元，应该以社会发展为主，以满足人的全面发展为主。此时，经济发展将服从、服务于社会发展，就到了实现社会全面进步的阶段。

对于全国来说，特别是对广东来说，已经进入经济和社会并重、经济社会协调发展阶段。十六届六中全会的《决定》指出，要"把构建社会主义和谐社会摆在更加突出的地位"①。解决前面讲的不平衡的问题。党的十七大报告中指出要"加快推进以改善民生为重点的社会建设"。②

关于社会建设，本身是一个新概念，同时也是一个新理论。原来我们都是讲经济建设、政治建设、文化建设。从十六届四中全会以后，我们把"三位一体"改为"四位一体"，而且写入了十七大新修改的党章中，从这里，我们可以体会到社会建设的重要了。现在有些同志认为社会建设就是关于改善民生的社会事业的建设，就是科教文卫等的建设。这是把社会建

---

① 《中共中央关于构建社会主义和谐社会若干重大问题的决定》，北京：人民出版社，2006 年 10 月，第 3 页。

② 《中国共产党第十七次全国代表大会文件汇编》，北京：人民出版社，2007 年 10 月，第 36 页。

设的含义理解偏了、狭了。从社会建设这个概念和理论来说，作为社会主义现代化事业总体布局"四位一体"的重要组成部分的社会建设，其含义的内容，是很宽、很深刻的。关于社会建设，应该包括以下几个方面。

第一，社会结构的建设。现在我们的社会结构还处在工业化的初期阶段，同已经是工业化中期阶段的经济结构不相适应。应该花比较大的力气来调整和构建一个新的社会结构，要形成一个与经济结构相协调的现代社会应有的社会结构。像广东这样经济发达的省，今后应重点抓好社会结构的构建和调整，例如要通过社会政策，使中产阶层成长起来。根据我们推算，现在广东的中产阶层只占30%左右，所以至少还要提高10个百分点甚至更高一点的水平。

第二，关于社会组织的建设。这几年经济结构、经济建设搞得好，经济组织已经不仅是以原来公有制为主的那些经济组织了，而是产生了大批私营、个体、股份制、外资等经济组织。特别是广东这些地方，比全国总体的水平要高，从《广东年鉴》提供的数据看，广东的私营企业、个体工商户、外资企业等经济组织要比全国的平均数高出一倍多。但我们的社会组织，在全国来说还是很落后的。这里提供一个数据，2006年，全国共有社会团体、民办非企业单位等社会组织353249个[①]，每万人还不到2.5个（英国52个，法国110个，阿根廷25个）。根据《广东年鉴》，广东省的经济组织有329.9万个，每万人有355个，已经是较高的水平了。但民间社团和民办非企业单位（主要是学校）等社会组织，共计20916个，每万人2.25个，低于全国平均水平。所以广东的经济组织已经超过了全国的平均水平，但是广东的社会组织还是很少的，这是一个问题。

第三，关于社区建设。原来的城市居民，大部分被组织在单位里面，农民被组织在人民公社的生产队里面，现在搞市场经济，这些原有的组织就散了。现在的基层组织，农村也好，城市社区也好，还没有按社会主义市场经济要求相应地组织起来。据我调查，大中城市多数已经建立了社区，居民委员会建立了，有些地方还没有，农村更是这样，在一些中西部地区还是散的。特别是在市县一级，本来在县政府所在地，一般只有一个城关镇，城镇居民是用农村的办法来管理的。现在有些城关镇，已经发展到几万人，甚至是十几万人，但是我们没有相应地建立街道和居民委员会，建立社区管理的组织，体制上还没有改过来。社会管理很混乱，产生了诸多

① 国家统计局编《中国统计年鉴2007》，北京：中国统计出版社，2007年9月，第898页。

社会矛盾和社会问题。

第四，关于社会事业的建设，也就是科、教、文、卫、体、社会保障等方面的建设。30 年来，我们做了大量工作，取得了很大成绩。但是，我们现在经济发展的水平，和人民群众的要求，还有很大差距。这几年，看病难、上学难、住房难的呼声很高。十七大报告讲，要达到"学有所教、劳有所得、病有所医、老有所养、住有所居"① 的目标，还有很多工作要做。在这方面，我们的任务还很重。

第五，社会安全体制建设。市场化以后，社会利益主体多元化，社会矛盾多元化，社会矛盾突出了，但是我们的社会管理、安全体系这一套还没有按照市场经济的要求建立起来。

第六，社会管理体制的建设。经济建设到了一个比较高的水平，我们的道路、通信、房子、基础设施等方面的建设，都有了很大的发展。可以说：硬件建设都很好，但软件建设还不行。国外有个学者讲，现代化的管理就是数字管理。由于各种原因，我们国家现在连一些基本的数据都弄不清楚。到现在都说不清楚，我们到底有多少人，第五次全国人口普查，动员了几百万人，花了几十亿元，但是调查下来，中国到底有多少人，他们都分布在什么地方，说不清楚，后来是用加权来解决的。到广东看了资料，2006 年全省的户籍人口数是 8048 万，常住人口是 9304 万，实际管理人口至今已经有 1 亿多了。去年我到深圳去调查，这个数字是这样的，户籍人口282 万，常住人口 827 万，《深圳特区报》上说实际管理人口 1200 万，还有一个数是深圳的几个学者根据 2006 年深圳市喝掉的水、吃掉的盐、吃掉的粮食计算的，实际人口已超过 1500 万。这样一种状况，怎么进行社会规划？如何搞好社会管理？还有很多工作要做。

三　加快推进社会建设的几点建议

关于加快推进社会建设，讲几点建议。

第一，要像抓经济建设那样，重点抓好社会建设。过去 30 年，广东在经济建设上一直走在前头，成绩卓著，富有经验，今后还要继续抓好，但如何落实"把构建社会主义和谐社会摆在更加突出的地位"？重点推进社会

---

① 《中国共产党第十七次全国代表大会文件汇编》，北京：人民出版社，2007 年 10 月，第36 页。

建设，是新的历史任务，各地正在实践。广东有条件也有必要把社会建设搞好，继续发挥排头兵的作用。关键的一条，是要继续解放思想，提高对于实现科学发展、社会和谐的认识，真正把社会建设放到议事日程上，摆到突出的位置上，坚持抓下去，改变经济这条腿长、社会这条腿短的窘境，使经济社会协调发展。

第二，要继续坚持改革开放。广东经济成就辉煌的基本经验是始终坚持改革开放不动摇，敢干敢闯，"杀出一条血路"，才有了龙头老大的位置。要把社会建设的事办好，关键还要靠改革开放。我国的社会体制，包括社会管理体制，已经进行了一些改革，现在看，有些已取得了一定的成效，有些则并不成功，很多还没有破题。这里顺便讲一下"三农"问题。据我们研究，"三农"问题长期解决不好，也是结构问题、体制问题未解决好。上午周教授也讲了一些。2007 年，全国的 GDP 里，农业占 11.3%，但在农业就业的劳动力占 40.8%，然后是占总人口 55% 的农民去分这 11.3% 的份额①，农民怎么能不穷？广东 2006 年的 GDP 里面，农业占 5.5%，就业人口中农业劳动力占 27%，农业人口还占 40%，所以广东的城乡差距也很大。不改变这种结构，不改革城乡体制，"三农"问题就解决不好。我们现在的整个社会体制，计划经济体制的色彩还很浓，还没有按社会主义市场经济体制的要求改过来。可以这样说：经济已经基本上按社会主义市场经济的要求改过来了，社会体制、社会管理体制基本上还没有适应社会主义市场经济体制的要求，两种体制并行的矛盾很大，成本很高，人民群众意见很多。抓好社会建设，第一位的任务是要抓改革开放。在这方面广东积累了丰富的成功经验，可以起到排头兵的先锋作用。

第三，社会建设要有强有力的组织领导，从组织上落实。我国 60 年来建设成功的一条基本经验是，提出任何一项重要的战略任务，都必须在组织上落实。要有组织、有人去贯彻执行才能实现，光靠领导讲话、发文件指示是不行的。计划生育这件天大的难事，办成功了。重要的一条是从中央到地方都建立了计生组织。社会建设这件大事要办好，必须有现实的组织保证。北京市得风气之先，已于 2007 年在市委成立了社会工作委员会，市政府成立了社会建设工作办公室，两块牌子，一套人马，55 人的编制，6个处，合署办公，2008 年又在各区、县建立了相应的机构。这个做法值得

① 国家统计局编《中国统计摘要 2008》，北京：中国统计出版社，2008 年 5 月，第 21、38、44 页。

借鉴。

第四，社会建设要有投入。首先也是最重要的要有领导、干部和人员的投入。十六届六中全会的《决定》提出"建设宏大的社会工作人才队伍，造就一支结构合理、素质优良的社会工作人才队伍，是构建和谐社会的迫切需要"。在经济建设中，我们培养了一支宏大的经济工作人才队伍，要把社会建设搞好，也必须有这样一支队伍。当然也要有相应的财力、物力投入。在广东，财力、物力投入应该不成问题。主要是要有领导的投入，人才、人员的投入，要把社会建设放到重要的位置上。

第五，要提高社会建设在国家和地区发展战略中的地位。有两点具体建议：其一，在中国特色社会主义建设"四位一体"总体布局的排序中，由现在的经济建设、政治建设、文化建设、社会建设，调整为经济建设、社会建设、政治建设、文化建设。原来是按提出的时间先后顺序排的，应该按社会主义现代化建设实践的逻辑顺序排，经济建设达到一定水平以后，应该重点进行社会建设。其二，中央和省（自治区、直辖市）每年冬天开一次经济工作会议，这是一种很好、很有必要的会议形式和工作方法。现在构建社会主义和谐社会、进行社会建设的任务突出了，建议每年召开一次社会建设工作会议，或者把经济工作会议改为经济、社会工作会议。把社会建设的工作，真正摆到议事日程上，经过若干年的努力，使经济社会协调发展。

（黄华华省长插话）：我请教一个问题，现在提出城乡基本公共服务均等化，这个均等化怎么理解？根据世界的经验，到了什么程度，才能实现均等化？就是人均 GDP 到底发展到什么时候，它才能实现均等化？

陆学艺：现在咱们的城乡差距太大，还说不上城乡一体化，现在看，城乡基本公共服务均等化，还不知道哪一年能实现。原因是在我们以前的计划经济体制里面，农村农民的社会保障这一块是没有的。所以农村的公共服务也好，社会保障也好，同城市是不同的。原来在计划经济里只是要农民提供粮食、提供棉花，这是有的，但是对农民的公共服务，在原来的计划体制里，基本没有。农村的学校、卫生等，基本都是农民自己办的，最多是民办公助。改革开放后好多了，特别是近几年，在农村办了不少提供公共服务的事。现在讲城乡一体，讲城乡基本公共服务均等化，这还只是一个目标。主要是个体制问题，改革是先从安徽农村搞包产到户起家的，也就是先改体制，然后才有后来各方面的大发展。但是 1987 年以后基本上不再提农村第二次改革了，到现在农村的体制基本上还没有改多少，可是城市改了以后，现在城市这一块已经是社会主义市场经济体制了，农村让我看，基本上还不是。这几年，国家很重视农村问题的解决，投入了很大的力量，好多了。但是关于户口、土地、财政等体制问题还没有解决。所以你讲的那个城乡公共服务均等化还是个遥远的将来。只是有这个设想了。黄省长你肯定知道，2005 年讲的那个新农村建设，各地都搞了一些样板和典型。但这些供参观、宣传的新农村建设的样板，或者说已经富起来的"新农村"，都是不搞农业的。所以关于农村什么时候能够搞到城乡一体化，实现城乡基本公共服务均等化，那可能真是得若干年以后！

社会建设基本内涵与北京社会建设[*]

　　建设中国特色社会主义，实现社会主义现代化，是当代中国发展的根本诉求。中华人民共和国成立以来，围绕实现社会主义现代化，中国共产党领导全国人民开创了中国特色社会主义道路。当前，中国特色社会主义事业正在不断推进，理论认识正在不断深化，社会主义现代化建设方兴未艾，成就斐然。

　　社会主义现代化是全面的现代化，中国特色社会主义事业是全面发展的事业。中华人民共和国成立以来，特别是改革开放三十年以来，我们在取得经济建设的巨大成就的同时，社会、政治和文化等领域的建设也取得了显著的成绩。然而，相对于经济建设成就而言，其他领域的建设则明显滞后，尤其是在社会领域。经济社会发展不协调已经成为当前我国社会主义建设事业的突出问题，也是造成诸多社会矛盾与问题的根源。进入 21 世纪以来，协调经济社会发展成为我们党自觉的行动：2002 年，党的十六大提出"社会要更加和谐"的重要认识；2003 年党的十六届三中全会提出了"以人为本，全面、协调、可持续发展"的科学发展观；2004 年党的十六届四中全会提出了"加强社会建设，构建社会主义和谐社会"的重大战略；2006 年党的十六届六中全会就"社会主义和谐社会"做出了重大决定；2007 年党的十七大报告就"社会建设"进行了重要的阐述。由此，社会建设从提出到彰显，被摆在了突出的理论与实践的位置。这表明，中国特色社会主义事业建设的实践与认识进入了一个新的阶段。

　　在协调经济社会发展、构建社会主义和谐社会的认识中，社会建设是

　　＊　本文源自《北京社会建设 60 年》（陆学艺主编，北京：科学出版社，2008 年 10 月），第 3～
　　　　29 页，本文系该书的导论部分，作者：陆学艺、邹农俭、胡建国。本文标题为本书编者根
　　　　据导论内容拟定。——编者注

一个重要的概念与理论命题，加强对社会建设的理论与实践研究，具有重要意义。胡锦涛同志指出："做好任何一项工作都离不开理论指导。与社会主义经济、政治、文化建设一样，我们对社会主义社会建设的理论研究和实践探索还有大量工作要做，因而尤其需要在实践的基础上加强理论研究。要加强马克思列宁主义、毛泽东思想、邓小平理论和'三个代表'重要思想关于社会主义社会建设理论的研究，并用来指导我们构建社会主义和谐社会的各项工作。"①

尽管现代意义上的社会建设是最近几年才正式提出的，但社会建设范畴内的许多领域长期以来一直在建设着。一些地区的社会建设实践已经走在了全国的前面，对这些地区的社会建设进行全面总结，具有重要的理论与实践意义。过去，近六十年间北京的社会建设取得了显著的进步，使得北京的经济社会协调发展程度远远高于全国平均水平。总结北京遵循社会发展规律的普适经验，对于社会建设理论研究具有重要意义，对于其他地区的社会建设实践也具有重要的启示与借鉴作用。

一　社会建设：和谐社会之道

（一）社会建设的含义及特征

1. 社会建设的含义

进入 21 世纪以来，我们党审时度势，提出了构建社会主义和谐社会的重大战略，同时提出了"社会建设"这一重要概念和理论命题。"社会建设"是一个颇具中国特色的概念，在西方学术话语中找不到相对应的提法，但是，"社会建设"理念及相关理论分散于若干理论和知识体系之中，如政治学、经济学等学科，尤其是社会学中包含了十分丰富的社会建设思想。"社会建设"理念提出以来，国内学术界给予了关注与重视。关于社会建设的含义有不同的看法，大体有广义论、中义论和狭义论三种代表性的观点。概括而言，广义的社会建设是指整体的社会建设，包括经济、政治、文化和社会等诸多领域；中义的社会建设是指与经济建设相并列；而狭义的社会建设侧重于与经济、政治、文化相并列的社会领域的建设。

————————

① 胡锦涛：《加强调查研究和理论研究，着力提高构建社会主义和谐社会的本领》，《人民日报》2005 年 2 月 23 日第 1 版。

要对社会建设做出准确的定义,对"社会"概念的理解是关键。"社会"概念按照研究重点和使用语境不同,可以分为三个不同层次。第一层次是整体视角的"大社会"概念,是与自然界相对的,包括国家范围内人类生活的各个领域。第二层次是二分法的"中社会"概念,是与经济领域相对的其他领域,如"国民经济和社会发展计划""经济社会协调发展"中的"社会"概念即属此类。第三层次是专属意义的"小社会"概念,是多分法下与经济、政治、文化等并列的概念。从我国经济社会发展新阶段的要求出发,对于中国特色社会主义事业"四位一体"总体布局中的"社会建设"的"社会"的理解,应当更多地基于"小社会"的特别指称,这更有利于我们准确把握社会建设的时代意义。因此,我们认为,社会建设应是指从社会所处的发展阶段出发,遵循社会发展的客观规律,有目的、有组织、有计划地动员各种力量,在社会领域从事的重在改善民生、促进社会和谐的社会活动和过程。

2. 社会建设的特征

社会建设的含义体现了社会建设的基本特征。具体而言,社会建设具有专属性、主体性、规律性与功能性特征。

第一,专属性。社会建设不等同于一个国家的全部建设事业,不是对经济建设、政治建设、文化建设的总体概括或统领。就今天而言,我们提出的社会建设,是指进入工业社会、城市社会以后需要的社会领域的各项建设。所以,社会建设具有专属性,这是我们理解社会建设含义的首要特征,对于把握"社会建设要建什么"、明确社会建设的具体领域,具有根本指导意义。

第二,主体性。社会建设不是一个自发的历史进程和客观的社会变迁,而是人类有意识地改造社会的活动和进程。需要指出的是,社会建设并非现代社会所特有,农业社会亦有之。当然,在农业社会,国家即社会,社会即国家,社会之事即国家之事。因此,国家是民生改善、社会秩序调控的最重要主体。自工业革命以来,随着工业化、城市化的进程加快,公民社会的兴起,国家与社会逐渐分离。在民生改善、社会秩序调控方面,国家之外的社会组织和民众参与发挥着越来越重要的作用。在国家、社会组织与民众等社会建设主体关系方面,国家是基本主导,社会组织是中坚力量,而民众是社会建设的群众基础,三者相互配合,共同推动社会建设开展。

第三,规律性。社会建设是从所处的社会发展阶段出发,遵循社会发展的客观规律，有目的、有组织、有计划进行的实践活动。遵循社会发展客观规律，是社会建设促进社会发展的前提。人类社会由低级向高级的不断发展，是历史的必然趋势。在这一过程中，生产力决定生产关系，生产关系反作用于生产力；经济基础决定上层建筑，上层建筑反作用于经济基础，是社会发展的基本规律。社会建设只有遵循这一规律，适时调整生产关系与上层建筑，才能起到推进社会发展的作用。具体到今天我们党提出的社会建设而言，同样应遵循这一规律。中华人民共和国成立以后，特别是改革开放以后，社会生产力取得了新发展，经济基础发生了新变化。生产关系与上层建筑如何适时做出调整，以适应这种新发展、新变化的需要，是经济建设和社会建设都应遵循的客观规律，也是促进中国特色社会主义事业发展的关键。

第四，功能性。在整个社会发展变迁中，社会建设是与经济建设、政治建设、文化建设相并列的子系统，有着自身的功能定位。如果说经济建设的功能是提高效率和发展生产力，政治建设的功能是推进民主和完善法制，文化建设的功能是促进文明和文化繁荣，那么，社会建设的功能则是遵循公平正义的导向，改善民生和调控社会秩序。具体到今天的中国特色社会主义事业而言，社会建设的功能目标就是实现社会的民主法治、公平正义、诚信友爱、充满活力、安定有序、人与自然和谐相处，从而达到社会和谐。

3. 社会建设与中国特色社会主义事业

中华人民共和国成立以后，我们在进行大规模经济建设的同时，也展开了大规模的社会建设，只是过去我们没有用社会建设这个概念去指称它，而把它分别归到经济建设、政治建设、文化建设的名下。改革开放以后，我们把社会领域的建设，都称为社会发展。其实，社会建设和社会发展是两个概念，有相同的方面，也有不同的方面。总体来看，社会发展是目标，是统领，而社会建设是手段，是路径；社会发展与社会建设是内在统一的，社会建设要有利于社会发展，必须遵循社会发展的规律，而社会发展则在很大程度上是通过人们主观能动性进行的各项建设来推进的。

当代中国的社会发展就是发展中国特色社会主义事业，社会建设是中国特色社会主义事业总体布局的有机组成部分。社会建设与中国特色社会主义事业是手段与目标的关系——通过经济建设、社会建设、政治建设和文化建设，建设中国特色社会主义事业。

在中国特色社会主义事业总体布局中，社会建设与经济建设、政治建设和文化建设相互关联，相辅相成。其中，经济建设是基础。我国的社会生产力仍不发达，经济建设的中心地位不可动摇，在总体布局中居于首位。在经济建设和经济发展达到一定阶段后，社会建设逐步彰显。按照现代化建设的一般规律，经济建设达到一定水平之后，应该是重点进行社会建设，然后是政治建设、文化建设。从社会建设方面来看，这是构建社会主义和谐社会的战略目标的需要。长期以来，社会建设受到忽视，理论研究不够，建设实践不足，需要在显著的位置加以强调。党的十六届六中全会做出的《中共中央关于构建社会主义和谐社会若干重大问题的决定》（以下简称《决定》）也指出，应当"把构建社会主义和谐社会摆在更加突出的地位"。[1] 总体来看，经济建设、社会建设、政治建设与文化建设是中国特色社会主义事业"四位一体"总体布局的有机组成部分。而就社会建设与其他三者的关系而言，没有经济建设的发展，社会建设缺乏必需的物质基础；没有政治建设的进步，社会建设缺乏切实的民主保障；没有文化建设的成就，社会建设缺乏所需的精神支撑。反过来，通过社会建设，实现社会和谐，发展成果人民共建共享，又能够为经济建设、政治建设和文化建设提供强有力的支撑与推动力。因此，脱离经济建设、政治建设和文化建设的社会建设是不存在的，而经济建设、政治建设和文化建设也离不开社会建设。特别是在当前我国经济社会发展不协调造成诸多矛盾和问题的背景下，社会建设对于推进中国特色社会主义事业的理论与实践意义更加突出。

（二）社会建设提出的时代背景

1. "社会建设"概念的世纪演绎

需要指出的是，"社会建设"这一概念早在 20 世纪初便被提出。1917 年孙中山撰写了《建国方略之三：社会建设（民权初步）》，表达了他的"社会建设"思想，即"教国民行民权"。[2] 1934 年著名社会学家孙本文先生撰写的《社会学原理》一书中，也提出了"社会建设"这一概念，他认为："依社会环境的需要与人民的愿望而从事的各种社会事业，谓之社会建设。社会建设之范围甚广，举凡关于人类共同生活及其安宁幸福等各种事

---

[1] 《中共中央关于构建社会主义和谐社会若干重大问题的决定》，北京：人民出版社，2006 年 10 月，第 3 页。

[2] 孙中山：《建国方略之三：社会建设（民权初步）·自序》，《孙中山选集》（上卷），北京：人民出版社，1956 年 11 月，第 340～341 页。

业，皆属之。"① 孙中山和孙本文先生提出的社会建设含义各有侧重，不尽相同，与我们今天提出的社会建设也显然有着差异，但都包含着他们对国家与中华民族的美好愿望与理想。只是，在多灾多难的旧中国，这个好的思想与概念，没有引起重视和得到应有的传播与应用。

20 世纪 40 年代，随着新民主主义革命的胜利推进，以毛泽东为代表的中国共产党人关于未来新中国建设的思考也不断深化。1940 年毛泽东在《新民主主义论》一文中提出："新民主主义的政治、新民主主义的经济和新民主主义的文化相结合，这就是新民主主义共和国，这就是名副其实的中华民国，这就是我们要造成的新中国。"② 中华人民共和国成立以后的一个相当长的时期，对于我国社会主义建设，也主要分为政治、经济、文化三个方面进行。直到 1982 年制定第 6 个五年计划时，增加了社会发展的内容，此后的五年计划都冠名为"国民经济与社会发展第 N 个五年计划"。到了 2002 年，党的十六大报告在讲到 2020 年实现全面小康社会的目标时，提出要达到"经济更加发展、民主更加健全、科教更加进步、文化更加繁荣、社会更加和谐、人民生活更加殷实"③，加进了"社会更加和谐"一项。2004 年党的十六届四中全会提出"构建社会主义和谐社会"与"社会建设"的新概念，2006 年党的十六届六中全会专门为"构建社会主义和谐社会若干重大问题"做出决定，而 2007 年党的十七大则进一步指出要加快推进以改善民生为重点的社会建设。社会建设与经济建设、政治建设、文化建设一起，成为中国特色社会主义事业总体布局的重要组成部分。

从 20 世纪初期"社会建设"概念的提出，到这一重要思想的一度沉寂，再到 21 世纪初期的重新提及，社会建设经历了一个世纪的演绎，体现了社会变迁的客观规律和时代发展的必然。在这一过程中，社会建设的内涵也发生了根本的转变。当前，社会建设成为我们党坚持中国特色社会主义道路、用发展着的马克思主义和科学发展观指导新的社会实践的重大成果，体现了我们党对共产党执政规律、社会主义建设规律、人类社会发展规律认识的深化。社会建设的新的时代内涵对于今天建设中国特色社会主义事业有着重大的理论与实践意义。

① 孙本文：《社会学原理》下册，上海：商务印书馆，1935 年 5 月，第 643 页。

② 《毛泽东选集》第 2 卷，北京：人民出版社，1991 年 6 月，第 709 页。

③ 江泽民：《全民建设小康社会，开创中国特色社会主义事业新局面——在中国共产党第十六次全国代表大会上的报告》，《中国共产党第十六次全国代表大会文件汇编》，北京：人民出版社，2002 年 11 月，第 18 页。

2. 社会建设的提出是实现社会主义和谐社会之道

中华人民共和国成立以来，特别是改革开放以来所取得的经济社会发展成就举世瞩目，人民生活水平显著提高，综合国力显著提高，社会主义现代化事业显著进步。2007 年，国内生产总值（GDP）达到 24.66 万亿元，约合 3.38 万亿美元，跃居世界第四，人均 18724 元，折合 2565 美元，比 1978 年增加了 10 多倍，翻了三番还多。2006 年外贸进出口总额 1.76 万亿美元，居世界第三。2007 年外汇储备达 1.53 万亿美元，居世界第一。[①] 一个长期贫穷落后的 13 亿人口大国，连续 28 年保持年均 9.7% 的经济增长速度，而且增长势头不减，这不能不说是世界经济史上的奇迹！可以说，经济建设取得如此突出的成就出乎很多人的预料。

但是，在经济建设取得突出成就的同时，社会问题的不断出现也超出了人们的意料。过去曾经认为，我们的问题和困难主要是经济落后造成的，经济发展了问题也就解决了。然而，现实并非如此。今天，虽然通过经济建设实现了经济的巨大发展，但是新的社会分工带来的利益分化与冲突，日益成为影响社会秩序的突出问题。正如党的十七大报告所指出的，经济增长的资源环境代价过大；城乡和区域、经济和社会发展仍然不平衡；农业稳定发展和农民持续增收难度加大；劳动就业、社会保障、收入分配、教育卫生、居民住房、安全生产、司法和社会治安等方面关系群众切身利益的问题仍然较多，部分低收入群众生活比较困难，等等。这些问题的背后折射的是我国社会发展滞后于经济发展、社会建设滞后于经济建设，这是导致今天诸多社会问题的关键所在。

造成经济社会不协调发展的原因，既有历史的客观必然性，也有主观认识的原因。从客观必然性来看，经济社会发展不协调在发展初期是不可避免的问题。由于我国的社会主义事业是在生产力水平落后的基础上开展的，因此，以经济建设为中心，大力发展生产力，摆脱生产力落后的局面，一直都是我国社会主义建设的中心任务。实践也证明，在生产力不发达的条件下，如果偏离了这一中心任务，经济社会发展必然会停滞不前甚至倒退。因此，在发展的初级阶段，相对于其他建设，经济建设必然要优先有较快的发展。但是经济建设与其他建设不是零和的关系，而是相互促进，相辅相成。从主观认识来看，长期以来，我们在认识上不同程度地唯经济

---

① 参见国家统计局编《中国统计年鉴 2008》，北京：中国统计出版社，2008 年 9 月，第 37、707、761 页。

建设为中心，形成了唯 GDP 增长的观念。过于关注经济建设，忽视甚至牺牲了其他方面的建设与投入。经济建设不等于不要其他建设，如果忽视了其他领域的建设，经济建设必然也不可持续。当前，经济社会发展的不协调所导致的诸多矛盾与问题，已经证明了这一点。

当前，我国经济社会发展进入了一个关键的历史时期。在从人均 GDP 1000 美元向 3000 美元跨越的历史进程中，经济体制深刻变革，社会结构深刻变动，利益格局深刻调整，思想观念深刻变化。这种空前的社会变革，给我国的发展进步带来巨大活力，也必然带来这样那样的矛盾和问题。许多国家的发展进程表明，在这个关键的发展时期，如果政策把握得当，就能推动经济社会协调发展，顺利实现工业化和现代化；反之，就会出现经济与社会发展脱节，导致各种社会差距扩大，社会矛盾加剧，经济社会发展徘徊不前，甚至出现社会动荡和倒退。因此，我们党审时度势，提出了构建社会主义和谐社会的重大战略和社会建设的重要概念与思想。

在和谐社会与社会建设的关系上，前者是中国特色社会主义事业的目标，后者则是实现目标的途径与手段。具体而言，就是我们要通过社会建设，使社会主义民主法制更加完善，依法治国基本方略得到全面落实，人民的权益得到切实尊重和保障；城乡、区域发展差距扩大的趋势逐步扭转，合理的收入分配格局基本形成，家庭财产普遍增加，人民过上更加富足的生活；社会就业比较充分，覆盖城乡居民的社会保障体系基本建立；基本公共服务体系更加完备，政府管理和服务水平有较大提高；全民族的思想道德素质、科学文化素质和健康素质明显提高，良好道德风尚、和谐人际关系进一步形成；全社会创造活力显著增强，创新型国家基本建成；社会管理体系更加完善，社会秩序良好；资源利用效率显著提高，生态环境明显好转；实现全面建设小康社会的目标，努力形成全体人民各尽其能、各得其所而又和谐相处的局面。因此，社会建设彰显是构建社会主义和谐社会根本之道。

3. 社会建设的提出是科学发展观的具体体现

发展是指人类从传统社会向现代化转变或变迁，发展观是人们关于发展的基本观点和主张。坚持以人为本，全面、协调、可持续发展的科学发展观，是发展中国特色社会主义必须坚持和贯彻的重大战略思想。在科学发展观的指导下，我们党提出的社会建设所包含的丰富内容正是科学发展观的具体体现。

首先，社会建设体现了科学发展观以人为本的思想。改革开放以来，我国在实现经济巨大发展的同时，人民生活水平也得到了显著的提高。但是在劳动就业、社会保障、收入分配、教育卫生、居民住房、社会治安等关系人民群众切身利益方面的问题仍然较多。对此，加快推进以改善民生为重点的社会建设，所体现的正是科学发展观的主旨。正如党的十七大报告所指出的，"社会建设与人民幸福安康息息相关，必须在经济发展的基础上，更加注重社会建设，着力保障和改善民生，推进社会体制改革，扩大公共服务，完善社会管理，促进社会公平正义，努力使全体人民学有所教、劳有所得、病有所医、老有所养、住有所居，推动建设和谐社会"①。

其次，社会建设反映了科学发展观全面协调发展的要求。全面推进经济建设、社会建设、政治建设、文化建设，促进现代化建设各个环节、各个方面相互协调，促进生产关系与生产力、上层建筑与经济基础相协调，是科学发展观的根本要求。长期以来，我国坚持以经济建设为中心，实现了经济的巨大发展，但是与此同时，社会建设、政治建设、文化建设则显得相对滞后，在社会领域也造成了诸多的问题，影响到人民生活水平的持续提高，也影响到经济社会的全面协调发展。对此，在科学发展观提出之后，我们党提出社会建设，并把社会建设放在特别重要的位置给予重视，这体现的正是科学发展观遵循全面协调发展的要求。

再次，社会建设体现了科学发展观统筹兼顾的要求。正确认识和妥善处理中国特色社会主义事业中的重大关系，统筹城乡发展、区域发展、经济社会发展、人与自然和谐发展，要总揽全局、统筹规划，又要抓住牵动全局的主要工作、事关群众利益的突出问题，着力推进、重点突破，这是科学发展观的重要内容。对此，党的十七大报告提出："和谐社会要靠全社会共同建设。我们要紧紧依靠人民，调动一切积极因素，努力形成社会和谐人人有责、和谐社会人人共享的生动局面。"② 这其中，要解决学有所教、劳有所得、病有所医、老有所养、住有所居等当前关键问题。对此，优先发展教育，实施扩大就业的发展战略，深化收入分配制度改革，加快建立覆盖城乡居民的社会保障体系，建立基本医疗卫生制度。这些与科学发展观统筹兼顾的发展理念相一致。

可以说，正是在科学发展观的指导下，社会建设才得以提出和不断彰

① 胡锦涛：《高举中国特色社会主义伟大旗帜　为夺取全面建设小康社会新胜利而奋斗——在中国共产党第十七次全国代表大会上的报告》，《中国共产党第十七次全国代表大会文件汇编》，人民出版社，2007 年，第 36 页。
② 《中国共产党第十七次全国代表大会文件汇编》，人民出版社，2007 年 10 月，第 40 页。

显，中国特色社会主义事业由"三位一体"布局发展为"四位一体"的布局，正是科学发展的具体体现。

4. 社会建设的提出是社会发展客观规律的反映

如果说社会建设在微观层面是和谐社会之道、在中观层面是科学发展观的具体体现的话，那么，我们站在整个社会发展变迁的宏观层面来看，社会建设则彰显了社会发展的一般规律。

一般来看，在一个国家或地区发展的不同阶段，发展的主要任务与道路模式会呈现出差异。在经济社会发展的初级阶段，生产力水平低，劳动产品少，解决人们的温饱问题、满足人们的基本物质生活需求，成为经济社会发展的主要任务，因此这一阶段以经济发展为主导，基本路径是工业化。在经济社会发展的中级阶段，生产力落后的状况得到较大改善，工业化初步实现，温饱问题得到基本解决，社会剩余产品增多，人们对物质生活以外的精神文化需求和全面发展的需求越来越迫切，同时经济发展本身也对科技、教育、社会环境提出了更高的要求，并且也为社会发展创造了条件，于是社会发展加快，经济社会协调发展成为这个阶段的主要任务。在经济社会发展的高级阶段，经济实现高度发展以后，社会发展内容日益丰富，人们对社会全面发展也提出了越来越高的需求，虽然经济发展依然是基础，但是经济发展将服务于社会发展并以促进社会全面发展为目标，社会发展成为主导。①

总体来看，一个国家或地区在不同时期面临的发展任务不同，发展的重心与建设内容也应当随之相应调整，以适应不同发展阶段的要求。其中，在经济发展的同时，适时跟进社会建设与其他建设是一个调整主题。基于这一发展规律，我们可以看出，社会建设在中国特色社会主义事业总体布局中的提出，充分反映了历史发展的必然性与合理性。正如前文所述，中华人民共和国成立以来的一个很长时期，对于中国社会主义事业的布局，主要是以经济建设为中心展开的。这是近代以来中国的经济发展水平所决定的。近代以来，中国长期处于以小农经济为主的半殖民地半封建社会，工业没有得到充分发展。因此，中华人民共和国成立以后，围绕着工业化的实现，经济建设被摆到了突出的位置，在这一过程中曾经偏离过经济建设这一中心任务，结果导致经济社会发展受到破坏，这也充分表明以经济建设为中心的客观性与必然性。改革开放以后，随着经济建设为中心任务

———————————

① 参见陆学艺《中国社会发展新思维》，《江西师范大学学报》2004年第1期，第4页。

的重新确定，经济实现了巨大发展，生产力得到极大的解放，国家综合实力显著增强，人民生活水平得到明显提高，工业化水平也由初期向中期转变。这表明，中国特色社会主义事业已经进入新的发展阶段，要求实现更加全面、协调、可持续的发展。与此同时，由于我们长期以来在追求经济发展的过程中，对社会发展重视不够，使得社会发展明显滞后，经济社会发展不协调已经影响到中国特色社会主义事业的整体推进。因此，党的十六大以来，社会建设被提出并日益彰显。虽然在此之前，我们也有社会建设内容的具体实践，但是由于经济社会发展还没有达到较高的水平，社会建设不可能被摆到如此重要的位置。也正是在经济得到较大发展的基础上，社会建设才被赋予了时代发展的内涵与意义，这体现的正是经济社会协调发展的一般规律。

（三）社会建设的理论体系

作为中国特色社会主义事业总体布局之一的社会建设，不仅仅是个概念，更是一个指导实践的理论。作为理论，社会建设必然有着内在的命题及由此展开的理论体系。从社会建设提出的时代背景与应有内涵来看，构建社会主义和谐社会是社会建设的理论命题及实现目标。由此，社会建设理论体系应包括建设什么、由谁建设、如何建设等基本内容。

1. 社会建设的目标

构建社会主义和谐社会，这是社会建设理论命题所赋予的根本目标。社会主义和谐社会应是构成社会的各个部分、各种要素处于一种相互协调的状态。按照这样的标准来衡量，社会主义和谐社会，应当是社会结构合理、社会利益关系得到有效协调、社会管理体制不断创新和健全、稳定有序的社会。具体说，就是一种民主法治、公平正义、诚信友爱、充满活力、安定有序、人与自然和谐相处的社会。我们所要开展的社会建设应围绕这一基本目标展开。对此，前文已展开充分的探讨，在此不再展开论述。

2. 社会建设的原则

要实现社会和谐这一社会建设的目标，离不开建设原则的指导。一般来看，社会发展所要解决的两大基本原则是效率与公平。改革开放以来，如果说经济建设通过市场化已经较好地解决了效率的问题，那么社会建设所要解决的问题则是社会公平与正义。因为，社会公平与正义是社会和谐的基本条件。追求社会公平与正义是人类共同的理想。但是，公平与正义不仅仅是一种价值追求与伦理要求，更是一种实践要求，是具体的而不是抽象的。首先，要求保障每一个社会成员平等的国民待遇或公民待遇，使他们能够获得最基本的生存权和发展权，这是现代社会中社会公平与正义的基本含义。其次，要求缩小贫富差别，要求加大政府二次分配和社会政策的调节力度，形成一个共同富裕的社会。如果说经济建设的指导原则是效率优先、兼顾公平的话，那么社会建设的指导原则是公平优先、兼顾效率。再次，健全社会保障制度，特别是将社会弱势群体的利益纳入有效保护的制度范畴内，形成一个全体社会成员普遍享受发展成果的社会。

要实现社会建设的公平与正义，制度建设是重点，因为"制度是社会公平正义的根本保证"。对此，十六届六中全会通过的《中共中央关于构建社会主义和谐社会若干重大问题的决定》对于公平与正义的制度建设提出了六个方面的任务：第一，要完善民主权利保障制度，巩固人民当家作主的政治地位；第二，完善法律制度，夯实社会和谐的法治基础；第三，完善司法体制机制，加强社会和谐的司法保障；第四，完善公共财政制度，逐步实现基本公共服务均等化；第五，完善收入分配制度，规范收入分配秩序；第六，完善社会保障制度，保障群众基本生活。[①]

总之，公平与正义作为社会建设的指导原则，要求在社会建设的具体实践中，在调控社会结构、制定社会政策以及进行社会管理时，充分体现这一原则。

3. 社会建设的主体

社会建设主体，就是由谁来进行社会建设。社会建设是有意识的社会行动，社会建设要实现目标，离不开具体的建设主体。因此，在回答"社会建设基于什么样的指导原则建设什么"的问题之后，我们要思考"社会建设由谁来建设"的问题。党的十六届六中全会对"和谐社会建设"的主体进行了表述："必须坚持在党的领导下全社会共同建设。"[②] 这里突出了执政党领导和社会共建。党的十七大报告进一步明确要形成"党委领导、政府负责、社会协同、公众参与的社会管理格局"[③]。也就是说，社会建设的主体主要包括政府、社会组织与公众。

① 《中共中央关于构建社会主义和谐社会若干重大问题的决定》，北京：人民出版社，2006年10月，第16~21页。

② 《中共中央关于构建社会主义和谐社会若干重大问题的决定》，北京：人民出版社，2006年10月，第8页。

③ 《中国共产党第十七次全国代表大会文件汇编》，北京：人民出版社，2007年10月，第39页。

政府在社会建设中的主要作用：一是通过国民收入的再分配提供必要的公共服务；二是为社会建设提供维护社会公平正义的制度安排。民间社会组织主要是动员社会力量和社会资本，通过非营利、非政府性质的三次分配推动社会建设，弥补"市场失灵"和"政府失灵"的双重缺陷。社会公众主要是通过主动参与社会福利和社会事业推动社会建设。

社会组织的兴起与壮大是现代社会发展的必然趋势。社会组织是一个社会的血脉，社会组织数量的多寡，是衡量一个国家社会化程度的重要标志，参与社会组织的多寡也成为衡量个人社会地位的尺度。如前所述，现代社会建设内容越来越广泛，任务越来越复杂，单凭政府力量已经无法兼顾，社会组织在社会建设中发挥着越来越重要的作用。因此，加强社会建设，提高公民的社会参与度，需要大力培育和发展社会组织，为公民参与社会事务的管理提供有效渠道。目前我国社会组织发育相对滞后，并且大多具有政府背景，独立性不强。数量少，力量弱，是当前我国社会组织发展的状况。这在一定程度上影响了社会组织在社会建设中发挥应有作用。因此，必须进一步培育和发展社会组织，增强其服务社会功能。对此，党的十六届六中全会的《决定》提出："坚持培育发展和管理监督并重，完善培育扶持和依法管理社会组织的政策，发挥各类社会组织提供服务、反映诉求、规范行为的作用。发展和规范律师、公证、会计、资产评估等机构，鼓励社会力量在教育、科技、文化、卫生、体育、社会福利等领域兴办民办非企业单位。发挥行业协会、学会、商会等社会团体的社会功能，为经济社会发展服务。发展和规范各类基金会，促进公益事业发展。引导各类社会组织加强自身建设，提高自律性和诚信度。"① 总之，促进社会组织健康发展，促进其社会参与，将为社会建设提供重要的推动力量。

公众是社会建设的群体基础。公众对于社会建设事业的参与，一方面是通过加入各类社会组织来实现，另一方面在社会组织不发达的条件下，更多地需要政府直接领导、组织和动员。

总之，政府、社会组织与公众是社会建设的基本主体，三者密切联系，良性互动，对于社会建设的开展具有重要的意义。

4. 社会建设的内容

社会建设的内容包括哪些方面，即社会建设的具体实践维度是什么，

① 《中共中央关于构建社会主义和谐社会若干重大问题的决定》，北京：人民出版社，2006年10月，第27页。

这是推动社会建设实践开展的重要问题。根据社会发展和社会进步的一般规律，社会建设的内容至少包括以下四个方面。

社会结构调整一个社会应有两副基本骨架：一是经济结构，二是社会结构。一个充满发展活力的国家或地区，必然都有着合理、健康和协调的经济结构与社会结构。经济结构与社会结构相辅相成，没有经济的发展，合理的社会结构不可能实现；但是经济发展不一定使社会结构自发地趋于合理，后者的调整有赖于社会建设的推动。因此，社会结构的调整，应是社会建设的基本内容。社会结构中最基本的结构包括人口结构、家庭结构、就业结构、阶层结构以及城乡结构等。人口结构包括年龄结构、性别结构、素质结构等，人口结构状况对于经济社会发展有着根本的影响。人口结构合理，意味着社会劳动力供给充足。家庭结构包括家庭规模、家庭功能、家庭形式等。家庭结构的变化对于经济社会发展的意义十分重大。如传统家庭养老功能在弱化，这意味着社会化的养老保障必然要强化，以适应家庭结构的变化。就业结构主要指劳动力在产业结构中的分布。与产业结构相适应，适时地调整就业结构，对于推进城市化、加强城市管理有着积极的意义。阶层结构是社会的基本结构，现代社会阶层结构必然是中间阶层所主导的。培育中间阶层主导的合理的社会阶层结构，对于社会秩序的稳定与经济社会发展的意义已经为实践所证明。城乡结构回答的是城乡协调问题，这对于缩小城乡差别、实现城乡一体化有着积极的意义。总之，社会结构是社会的基本构成要素，调整社会结构是社会建设的基本内容。

加强社会机制建设，提高社会管理水平，实现社会良性运行，是实现社会建设目标与任务的必然要求。对此，创新社会管理体制，整合社会管理资源，提高社会管理水平，健全"党委领导、政府负责、社会协同、公众参与"的社会管理格局，是开展社会建设的重要保障。社会管理的途径除了社会组织建设之外，还应包括社区建设、社会利益协调机制、社会安全网、社会治安综合治理等方面。社区建设对于完善社会基层服务和社会管理网络有着重要的意义，是政府依法行政和居民依法自治、良性互动的重要途径，也是加强流动人口服务和管理、促进流动人口同当地居民和睦相处的重要渠道。社会利益协调机制是妥善处理社会矛盾的重要保障。现代社会中人们利益诉求多元化，形成科学有效的利益协调机制、诉求表达机制、矛盾调处机制、权益保障机制，对于协调和整合社会关系有着重要的意义。社会安全网的重点是建立反应灵敏、协调有序、运转高效、社会预警、社会动员的社会应急管理机制，提高公众的参与度和自救能力，有效应对自然灾害、事故灾难、公共卫生事件和社会安全事件。

社会事业主要包括科技、教育、文化、卫生、体育、环保等各项事业。社会事业的发展与进步，是社会建设的重要内容。一方面，不断满足人们日益增长的物质文化需要，实现社会共建共享，不仅仅是社会建设公平与正义原则的需要，也是以人为本科学发展的内在要求；另一方面，社会事业的发展，对于社会结构的调整有着重要的意义。如科技、教育、文化、卫生、体育、环保事业的发展，对于促进人口素质提高，进而对于促进劳动力的产业转换，实现就业结构的优化，再进而对于现代社会阶层结构的培育，都有着极其重要的意义。因此，着重推进以改善民生为重点的各项社会事业的发展，是社会建设的重要内容。

人民生活水平提高不仅仅体现为收入水平的提高，还包括文化生活需求的满足，生活环境质量的提高，公共产品的充分供给，社会保障的有力覆盖。在加强社会建设、提高人民生活水平方面，要不断提高人民消费水平，改善居住质量，加强社会治安治理，让人民群众充分享受科技、教育、文化、卫生、体育事业进步提供的丰富的公共产品与服务。总之，人民生活水平提高不仅仅是经济建设的出发点，也是社会建设的出发点和落脚点。

二　北京社会建设成就与进程

（一）北京社会建设的成就

中华人民共和国成立以后，北京的经济社会发生了历史性变化。六十年来，北京的行政区域面积从 700 多平方公里扩大到 16410 平方公里，人口也不断增加，已经成为一个现代化的城市。在这一过程中，北京的经济发展取得了巨大成就。2007 年，北京的 GDP 从 1952 年的 7.9 亿元增长到 9006 亿元，按可比价格计算约增长 283 倍；同期人均 GDP 由 170 元（约合 113 美元）增至 56044 元（约合 7370 美元），按可比价格计算大约增长 99 倍。经济结构完成了由农业占较大比重（22.2∶38.7∶39.1，1952 年）向第三产业居于主导地位（1.1∶27.5∶71.4，2007 年）的转变，并日益向高级化演进。[①] 在经济

---

① 北京市统计局编《北京统计年鉴·2007》，北京市统计局网站，http://tjj.beijing.gov.cn/nj/main/2008-ch/content/mV1_0101.htm；北京市统计局编《北京 50 年》，北京：中国统计出版社，1999 年 8 月，第 30~31 页；《北京市 2007 年国民经济和社会发展统计公报》，北京市统计局网站，http://tjj.beijing.gov.cn/nj/main/2008-ch/index.htm。

发展的基础上，北京的社会发展与社会建设也取得了显著成就。

1. 现代社会结构已经形成

通过国家的政策性干预和经济发展导致的社会变迁，北京逐步实现了由传统社会结构向现代社会结构的转型（见表1）。从人口年龄结构来看，北京市已经进入老龄化社会（11.2%，2006年），同时劳动年龄人口比例（79%，2005年）提高；人口素质结构得到较大改善，2005年的文盲率不到4%，每十万人受高等教育人口达到24435人，居于全国首位。从家庭结构来看，家庭规模日益缩小，核心家庭成为主导性的家庭模式。就业结构方面，北京的三次产业就业结构从1949年的71.8∶10.6∶17.6调整为2006年的6.6∶24.5∶68.9，形成日益巩固的"三、二、一"现代就业结构。从城乡结构来看，尽管城乡二元结构依然存在，但是计划经济时期尖锐的城乡对立结构逐步弱化，城乡一体化进程进一步加快；另一方面，城乡收入差距却有继续扩大的趋势。社会阶层结构发生了根本变迁，传统社会阶层逐步分化，新的社会阶层出现，中间阶层不断壮大，2005年所占比例达37.7%，现代社会阶层结构已经形成（见图1）；公平、开放、后致性为主的现代社会流动机制也逐步建立。作为历史演进结果，北京现代社会结构的形成是经济社会发展的产物；同时，作为社会稳定的结构性力量，现代社会结构为北京的经济社会发展和社会建设奠定了坚实基础。

2. 社会体制机制不断创新

北京在改革社会管理体制、协调社会利益关系、完善社会运行机制方面进行了不懈努力。北京主要通过历次政府机构改革，实现国家、市场、社会关系的良性调整，确立了政府向社会释放部分权能的改革取向，建立了以社区为基础、社会组织为载体、社会工作队伍为保障的社会公共治理体制。积极探索社会建设的组织领导体系，率先在全国组建了负责社会建设协调和整体规划工作的专门机构。城市基层社会管理体制方面，计划体制下的"单位制"逐步解体，对基层政权性质的街居制进行了改革，在新的经济社会条件下探索了以城市社区建设为基础的基层社会管理模式。鼓励和支持各类民间社会组织的发展，更加注重发挥社会组织在社会建设中的作用。加强社会工作，努力培育和壮大社会工作者队伍。努力探索人事制度改革，加强人力资源管理，全面推进人才发展战略，为社会建设提供强大的智力支撑和制度保障。加强社会保障机制建设，实现从传统保障体制向现代社会保障体制的转变，城镇社会保险、社会救助和社会福利体系逐步完善，新型农村社会保障制度改革取得重大进展，初步形成了覆盖城乡居民的社会保障制度框架。

表 1　相关年份北京社会结构指标

指标	年份							
	1952	1956	1965	1978	1992	2002	2006
常住人口（万人）	261.8（a）	402.5（a）	787.1（a）	871.5（a）	1102.0（c）	1423.2	1581.0
65 岁及以上人口（%）	3.7	3.2	4.2	5.5（b1）	8.0（c）	8.4（b2）	11.2（c）
三次产业就业结构（%）	71.8∶10.6∶17.6（d1）	—	42.6∶25.2∶32.2（d2）	28.4∶40.1∶31.6	13.0∶43.3∶43.7	10.0∶34.6∶55.4	6.6∶24.5∶68.9
城乡人口比例（%）	78.1∶21.9	78.1∶21.9	57.7∶42.3	55∶45	74.3∶25.7	78.6∶21.4	84.3∶15.7

注：a 为户籍统计数；b1 为 1979 年数据；b2 为 2000 年数据；c 根据人口变动情况调查数据计算，其他根据全市人口数计算；d1 为 1949 年数据；d2 为 1963 年数据。

资料来源：1. 北京市统计局编《北京 50 年》，北京：中国统计出版社，1999 年 8 月。
2. 北京市统计局编《北京统计年鉴 2003》，北京：中国统计出版社，2003 年 6 月。
3. 北京市统计局编《北京统计年鉴 2007》，北京：中国统计出版社，2007 年 7 月。

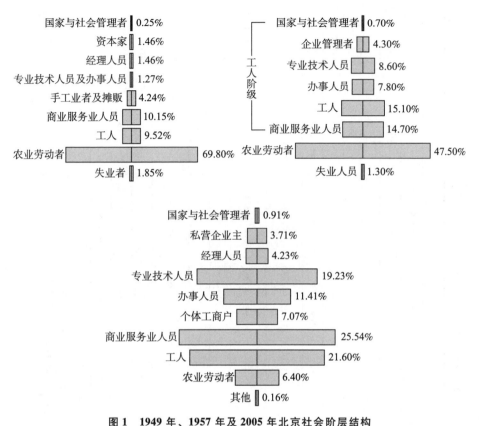

图 1　1949 年、1957 年及 2005 年北京社会阶层结构

3. 社会事业建设成就斐然

北京的社会事业建设投入大幅增加，2006 年一般预算地方财政支出中用于科学、教育、文化、卫生等社会事业的支出达 312.6 亿元，占 24.1%，而 1949 年该项投入仅 0.07 亿元。科技事业取得长足进步，2006 年北京的中央和地方科研机构共 265 个，从事科技活动的人员达 63945 人，申请专利 26555 件。教育事业名列全国前茅，2006 年北京共有各类学校 3751 所，在校学生 291 万人，专任教师 19 万人，成为全国教育最发达的地区；高等教育更是领先于全国，1949 年北京全市高校仅有 13 所、在校学生 1.5 万人、专任教师 2217 人，2006 年北京普通高等学校达 82 所，在校学生 55 万人，专任教师 6.5 万人（见表 2）。北京的文化事业始终保持在全国的领先地位，传统历史文化受到保护，现代公共文化设施先进，文艺演出事业繁荣，大众传媒等文化产业发达。卫生事业不断改革发展，据多项指标测算位居全国前列，接近发达国家水平，公共卫生、社区卫生服务体系基本建立，医药

表 2　相关年份北京社会事业建设情况

指标	年份						
	1949	1956	1965	1978	1992	2002	2006
科研机构数（个）	65	203	—	—	416	263	265
科研机构科研经费支出（亿元）	—	—	—	—	53.53	109.28	144.80
专利申请受理量（件）	—	—	—	—	6316	13842	26555
各类学校数（高校数）（个）	3125（13）	4099（31）	6598（55）	10934（35）	8052（67）	4447（62）	3751（82）
在校学生人数（高校在校学生人数）（万人）	38.23（1.52）	97.23（7.67）	179.42（11.14）	233.75（4.86）	219.43（14.00）	229.49（39.86）	291.02（55.47）
专任教师数（高校专任教师数）（万人）	1.21（0.22）	3.87（1.14）	8.94（2.36）	12.61（2.06）	15.04（3.46）	18.68（3.48）	19.14（6.45）
公共图书馆数（个）	3	9	—	18	23	26	25
艺术剧团数（个）	—	—	—	42（1980年）	43	36	33
医疗机构数（医院、卫生院数）（个）	61（45）	911（61）	2824（122）	3263（389）	4868（535）	4998（647）	4878（705）
每千人拥有医师数（人）	1.00	1.56	1.54	3.35	5.10	4.18	4.44
每千人拥有医院床位（张）	1.37	2.78	3.06	3.11	5.73	6.46	6.77
体育场馆数（个）	19（1950年）	61（1955年）	110	165	780（1990年）	4176	6122

资料来源：1. 北京市统计局编《北京 50 年》，北京：中国统计出版社，1999 年 8 月。

2. 北京市统计局编《北京统计年鉴 2003》，北京：中国统计出版社，2003 年 6 月。

3. 北京市统计局编《北京统计年鉴 2007》，北京：中国统计出版社，2007 年 7 月。

卫生体制改革逐步深入。体育事业进一步繁荣，公共体育设施建设发展迅速，群众体育获得较快发展，竞技体育实现新飞跃，成功申办 2008 年奥运会。环保事业建设全面展开，实施可持续发展战略，建设资源节约型、环境友好型社会，环保投资总量居于全国先进水平，环境综合防治取得成效，经济增长和消费方式逐步调整，民间环保组织日渐活跃，公众环保意识明显增强。

4. 人民生活水平显著提高

经过六十年的经济社会发展，北京人民的生活水平得到显著提高（见表 3）。城乡居民收入大幅提高，2006 年北京城市居民人均可支配收入达 19978 元，农村居民人均纯收入 8620 元，按可比价格计算，分别是 1978 年 365 元、225 元的 8.4 倍和 11.5 倍；1956 年两项收入分别仅为 220 元和 136 元（按当年价格计算）。居民消费水平和结构发生巨大变化，2006 年城乡居民人均消费支出分别为 14825 元和 6061 元，1952 年城乡居民人均消费支出仅为 250 元和 69 元（按当年价格计算）；2006 年城乡居民家庭恩格尔系数为 30.8% 和 32.0%，分别比 1978 年下降 27.9 个百分点和 31.2 个百分点。城镇居民得到充分就业保障，2006 年全市城镇登记失业率为 1.98%，失业人员再就业率多年保持在 60% 以上。居民居住状况有了较大改善，城乡居民人均住宅使用面积分别达到了 20 平方米和 39.1 平方米。城市公共交通建设发展迅速，2006 年公共交通运营线路长达 1.86 万公里，轨道交通长达 114 公里，市民公交出行比例达到 34.5%。社会治安总体良好，社会秩序基本稳定，综合治理成效显著，首都社会保持了长期稳态运行。

表 3　相关年份北京人民生活情况

指标	年份						
	1952	1956	1965	1978	1992	2002	2006
城市居民人均可支配收入（元）	—	220.08	252.00	365.40	2363.68	12463.90	19978.00
城市居民家庭恩格尔系数（%）	—	—	—	58.70	52.80	33.80	30.80
农村居民人均纯收入（元）	—	136.15	141.75*	224.80	1568.84	5880.10	8620.00
农村居民家庭恩格尔系数（%）	—	—	—	63.20	48.70	33.00	32.00
城市居民人均居住面积（平方米）	4.49	3.76	3.68	4.55	8.31	18.20	20.00
道路总里程（公里）	347	826	1076	2078	3189	5444	25377
公交运营线路（条）	19	36	80	119	262	592	624

* 为 1964 年数据。

资料来源：1. 北京市统计局编《北京 50 年》，北京：中国统计出版社，1999 年 8 月。

2. 北京市统计局编《北京统计年鉴 2003》，北京：中国统计出版社，2003 年 6 月。

3. 北京市统计局编《北京统计年鉴 2007》，北京：中国统计出版社，2007 年 7 月。

（二）北京社会建设的进程

一个社会的发展是包括经济、社会、政治、文化等领域的全面发展。中华人民共和国成立以后，在相当长的历史时期内，社会主义事业的总体布局是按照经济建设、政治建设和文化建设"三位一体"展开的，没有专门提及社会建设，但是全国一直进行着社会建设的生动实践。在全国社会主义社会建设的宏观背景下，北京社会建设方面的工作也逐步展开。由于特殊的首都地位，北京的社会建设探索鲜明地体现出国家社会建设实践的历史特征。

从总体上看，北京社会建设六十年的实践大致可以分为以下三个阶段。第一阶段：改革开放以前，社会建设的初步探索阶段。其中，1949～1956年的北京社会建设重在迅速恢复国民经济，满足人民最低生活需要；1957～1965 年，北京初步探索社会建设的各项制度，社会事业建设获得初步繁荣；1966～1976 年"文化大革命"时期，北京社会建设遭受逆向的、破坏性的打击。第二阶段：改革开放以后至党的十六大召开以前，以经济建设为中心，社会建设事业进行全面改革的阶段。其间，以 1992 年市场经济体制的确立为标志，北京的社会建设受到市场化的深刻影响。第三阶段：党的十六大以来，社会建设理论提出和逐步形成，北京社会建设全面开展的历史新阶段。

1. 改革开放以前社会建设的实践

从中华人民共和国成立到改革开放以前的近三十年，中国的社会制度发生了根本性变化。通过"一化三改"（国家工业化，对农业、手工业、资本主义工商业的社会主义改造），中国的社会形态由新民主主义社会变为社会主义社会，计划经济成为居于主导地位的经济制度。国家在经济建设方面实行高度的中央集权，经济管理实行有计划、按比例管理；在政治方面强调"以阶级斗争为纲"，频繁的政治运动成为社会生活的重要内容，并在"文化大革命"中发展到极致。作为经济和政治体制的反映，北京的社会建设不可避免地带有深刻的时代烙印。

社会主义改造时期的社会建设（1949～1956 年） 从 1949 年北京解放和中华人民共和国成立到 1956 年社会主义制度确立，是我国从新民主主义社会向社会主义社会过渡的时期。在这期间，我国在经济建设方面开展了国家工业化，在社会制度方面进行了对农业、手工业和资本主义工商业的社会主义改造。这一时期，社会制度的深刻变革，对北京的社会建设产生了广泛影响。

社会结构方面，社会阶层结构发生了重大变化。1949年，随着中国从半殖民地半封建社会走向新民主主义社会，大地主、大资产阶级和买办阶级作为旧的统治阶级被推翻，工人阶级、农民阶级、民族资产阶级、小资产阶级和手工业者成为新中国的阶级基础。在社会主义改造过程中，民族资产阶级、小资产阶级和手工业者逐渐向自食其力的劳动者和工人阶级转化，"两大阶级、一大阶层"的社会阶级阶层结构处于形成过程中。其他社会结构方面：由于行政区划调整等原因，北京人口总量1956年较1949年增加了近一倍，年龄结构方面，老年人口所占比重低于4%，老龄化社会远未到来；文盲率在30%以上，人口素质结构较差。家庭结构方面，以传统的扩大家庭和主干家庭为主，家庭规模较大。就业结构方面，1949年农业从业人员的比重达71.8%，第二、第三产业的就业人员比重均较低，属于典型的农业社会的就业结构。此后就业结构有所调整，第二、第三产业的就业比重增加，第一产业就业比重降低（1963年第一产业就业人员所占比重仍达42.6%）①。

这一时期，北京的社会事业获得了初步发展。科研教育事业方面，1956年市属以上科研机构达到了65个，中科院、政务院各部门科研机构和在京高校科研机构陆续建立。北京各类学校由1949年的3125所发展到1956年的4099所，在校学生从38.23万人增加到97.23万人，高等学校由解放初期的13所发展到31所，在校大学生达7.67万人，比1949年增加了4倍②。文化事业方面，对戏曲等文艺形式进行了革新，发展了话剧、儿童剧等艺术形式，创作了一批为社会主义服务的文学、文艺作品。卫生事业方面，1953~1956年卫生事业费年均递增接近15%；新建改建了一批综合医院和专科医院，建立了大量保健、检验、防疫站（所），1956年全市医疗卫生机构发展到911个，其中医院61家，每万人拥有医师15.6个、医院床位27.8张。③ 体育事业方面，体育被赋予前所未有的政治地位，1950年成立了中华全国体育总会北京市分会，1953年成立北京市体育运动委员会，各区县也成立了相应的机构，竞技体育和群众体育事业蓬勃发展。

经过国民经济的稳定和迅速恢复，北京的人民生活水平有了一定程度

---

① 北京市统计局编《北京50年》，北京：中国统计出版社，1999年8月，第71页。
② 北京市统计局编《北京50年》，北京：中国统计出版社，1999年8月，第303~309页。
③ 北京市统计局编《北京50年》，北京：中国统计出版社，1999年8月，第329~330页。

的提高，基本满足了温饱需要。解放前，北京满目疮痍，经济衰落、市场萧条、物价上涨、物资匮乏，人民生活仅维持在最低生存线上。解放后，北京市政府采取措施恢复和发展生产，保证基本生活用品的供应，稳定物价，安排就业，在较短的时期内，迅速恢复了经济，基本解决了温饱问题，人民生活得到了初步改善。

社会主义建设高潮中的社会建设（1957～1965 年） 随着社会主义制度的确立，全国迅速掀起了建设社会主义的高潮。总体上来看，这一时期北京的社会建设通过政治和行政动员，以中央集权的计划形式配置社会建设资源，注重社会公平，重点发展了一些首都急需的社会事业，取得了一定的成就。但是，这一时期的北京社会建设又是一个极其波折的过程。经济发展水平的制约，加之社会形态的剧烈变化、频繁的政治运动影响着北京社会建设的开展。

第一，社会结构进一步调整。北京的总人口由 1956 年的 402.5 万人增至 1965 年的 787.1 万人[①]。人口年龄结构方面，少儿人口比重快速增长，劳动年龄人口比重大幅下降。人口素质结构方面，文盲人口数量减少，文盲率降低，但接受高等教育的人口比例仍然不高。就业结构方面，第一、第二、第三产业就业结构调整为 42.6：25.2：32.2（1963 年）[②]，第一产业就业比重降低，第二、三产业的就业比重均有所提高；随着"一化三改"的完成，北京的就业所有制结构由解放初期的全民所有制、合作制、个体所有制与公私合营并存的就业结构转变为单一的公有制就业结构。城乡结构方面，主要受"户籍制"的影响，1958 年以后逐步形成城乡分割的二元社会结构。"户籍制"将所有社会成员分为城市户口和农村户口，根据户籍享受不同的且具有较大差别的待遇，这种城乡差别延续至今。作为社会结构的基本内核，北京的社会阶层结构发生了重大变化。1956 年以后，资本家、手工业者被改造为自食其力的劳动者，国家与社会管理者、工人、专业技术人员等阶层迅速扩大，并逐步形成"两大阶级、一大阶层"的稳态结构，直到 1978 年后才开始有新的变动。社会流动方面，受计划体制下"户籍制"、"单位制"和"身份制"等的限制，社会流动机制受阻，社会流动基本处于凝固状态。

第二，社会体制建设呈现出高度的计划性和政治性。计划作为一种资

---

① 北京市统计局编《北京 50 年》，北京：中国统计出版社，1999 年 8 月，第 49 页。

② 北京市统计局编《北京 50 年》，北京：中国统计出版社，1999 年 8 月，第 71 页。

源配置模式，在社会主义经济建设初期曾经发挥了重要作用。从北京社会建设的实践来看，政府运用计划手段开展社会建设动员和配置社会建设资源，也取得了重要成就。这一时期，北京的社会建设和管理职能高度集中于政府，政府部门是社会建设的唯一主体，社会建设的投入资金绝大部分由中央和北京市政府财政承担。社会建设的动员方式是通过发布行政命令，实行自上而下的指令性和指导性计划。这样的社会建设动员方式，对于在有限的经济条件下集中资源发展社会迫切需要的社会事业，具有一定的优势。计划经济时期，城市"单位制"作为一种集政治管理、经济分配和生活保障功能为一体的特殊组织形式，成为政府实现社会管理和控制的主要手段，北京的国家机关和企事业单位承担了大部分社会管理和社会建设职能。社会保障机制方面，同样由于计划体制下的"身份制"，形成了城市与农村相区别、机关事业单位职工与企业单位职工相区别的多套社会保障体系。

这一时期，北京的社会建设还具有强烈的政治色彩。社会主义制度的确立，使中国的社会形态发生了嬗变，社会主义作为一项前所未有的社会制度在中国进行了开创性的实验。由于社会主义中国当时所处的复杂的国际环境，社会主义制度相对于资本主义制度的优越性成为迫切需要证明的重要命题。北京作为首都，自然地成为中国向资本主义世界展示社会主义优越性的窗口。因此，北京的社会建设在很大程度上从意识形态方面进行考虑。计划体制时期，从社会建设的组织和动员机制来说，政治动员是最强大、最有效的动员力量，每一项社会建设都是作为政治任务进行部署的，每一项具体的社会建设成就都被赋予强烈的政治意义。

第三，社会事业初步繁荣。1957年以后，随着全国社会主义建设高潮的迅速兴起，北京的科学、教育、文化、卫生、体育等社会事业也进入了一个初步繁荣的历史时期。这一时期，北京的社会事业建设是通过政府的指令性干预，有计划、按比例地开展的，计划手段在特定的历史时期对于促进社会事业建设发挥了重要作用。

科技事业加快发展。1956年，中央发出向现代科学进军的号召，北京的科学技术事业得到较快发展。1958年北京市科学技术委员会和北京市科学技术协会相继诞生，加强了对科技工作的领导。北京地区各类科研机构从1956年的65个发展到1966年的203个，数学、物理、化学、考古学等自然科学领域取得了突破性进展，哲学社会科学的研究也取得了重要成果。

教育事业突飞猛进。这一时期，北京的基础教育突出公平价值观，使广大人民群众普遍获得受教育的权利，基础教育规模不断扩大。1965 年北京共有中小学 6455 所，是 1956 年 4034 所的 1.6 倍；中小学在校学生 162.81 万人，是 1956 年的 1.9 倍。高等教育方面，北京贯彻"优先发展高等教育"政策，1965 年北京共有高校 55 所，占全国高校总数的 12.67%，其中全国重点院校 25 所，占全国重点院校总数的 36%；在校学生数 11.14 万人，占全国高校在校生总数的 20.86%；专任教师总数 2.36 万人，占全国专任教师总数的 17.08%。① 其间，北京高等教育事业经过三次改革，形成了由政府直接管理的办学体制。"文化大革命"前，北京已基本形成了以中央部属院校为骨干、学科众多、门类齐全、实力雄厚的高等教育格局，奠定了高等教育在全国的中心地位。

文化事业初步繁荣。20 世纪 50 年代中期至 60 年代中期，在"二为方向"和"双百方针"的指导下，北京的文化事业得到进一步发展。新建和改建了一批文化场所，成立了大批文艺团体，文艺事业达到了相当规模，初步形成具有首都特色的文艺事业格局。在"推陈出新"的方针指导下，北京继承和发扬优秀传统文艺，创作了大量反映时代特征的新文艺作品，宣传社会主义价值观念。北京现存的以文化馆、图书馆和博物馆为主的公益性文化设施也大部分建成于 20 世纪 50~60 年代。同时，报纸、出版、广播、电影等大众传媒事业也有较快发展。

卫生事业发展迅速。1957 年，北京市医疗卫生机构发展到 1135 个，病床 17462 张②。1958~1962 年的经济困难时期，北京市卫生事业费的年均增速也高达 8.55%。1965 年，毛泽东发出"把医疗卫生工作的重点放到农村去"的号召，极大地促进了农村医疗卫生事业的发展。1965 年全市农村医疗机构达到 124 个，床位 1309 张，卫生技术人员 2215 人③。

第四，人民生活总体水平波动性缓慢提高。这一时期，在低工资、高就业的政策下，北京城镇居民收入和消费缓慢增长，人民生活总体水平有一定提高，但是期间也有所下滑。1958~1962 年，由于天灾人祸，北京城乡居民生活陷入非常困难时期，居民消费水平比 1957 年有所下降。居民住房方面，计划体制下城市居民住房实行实物分配制，由于人口激增、住房建设滞后等因素，北京的住房一度短缺，1965 年北京人均居住面积为 3.68

---

① 北京市统计局编《北京 50 年》，北京：中国统计出版社，1999 年 8 月，第 303~309 页。
② 北京市统计局编《北京 50 年》，北京：中国统计出版社，1999 年 8 月，第 330 页。
③ 陆学艺主编《北京社会建设 60 年》，北京：科学出版社，2008 年 10 月，第 573 页。

平方米，低于 1949 年人均居住面积 4.75 平方米的水平。社会治安方面，北京建立了"群防群治"的社会治安系统，20 世纪 50 年代初期至"文化大革命"前，北京的社会治安进入一段黄金时期。

"文化大革命"期间的社会建设（1966～1976 年） "文化大革命"给中国的经济社会发展带来了不可估量的损失，也使北京的社会建设遭受了几乎是覆灭性的打击。作为全国的政治中心，在当时特殊的政治气候下，北京正常的社会秩序和社会运行机制遭到破坏，社会建设失去了稳定的组织和制度基础。教育、文化、科技、体育、城市卫生等社会事业遭受了惨重损失。教育方面，首都高等学校数量萎缩，1976 年全市高校仅 26 所，比"文化大革命"前（55 所，1965 年）减少了一半以上；高考制度被破坏，1976 年高校在校学生人数锐减至 4.6 万人，不及 1965 年 11.14 万人的 1/2①；正常的教学秩序被打乱，教育教学质量严重下降。文化领域，批判所谓的"修正主义文艺黑线"，文艺、文化工作者和文艺、文化产品遭到批判和否定，文艺事业受到严重摧残。科技方面，北京各级科技管理机构一度被撤销或停止工作，科研机构遭受下放地方、迁出北京或被撤销的命运，科技领导干部几乎都被戴上"走资派"或"反革命修正主义分子"的帽子，部分科技人员下放劳动，许多著名科学家被定为"资产阶级反动学术权威"，受到批判甚至被迫害致死，科技工作遭到严重破坏。体育方面，北京体育管理机构 1967 年被造反派夺权，陷入混乱瘫痪状态，1968 年北京市体委及所属单位被实行军事接管；全市有领导、有组织的体育活动全面停滞，许多优秀运动员和教练员受到打击，竞技体育水平下降，群众体育也陷入低潮。卫生方面，卫生事业处于停滞或倒退状态。1966～1975 年北京用于卫生基本建设的投资仅 2294.5 万元，不及 1949～1965 年的 1/3。由于大批医院和医护人员外迁，城区卫生机构从 1966 年的 2688 个减少到 1970 年的 1846 个，床位和卫生技术人员均为负增长，床位减少 6.7%，卫生技术人员减少 4.4%②。由于特殊的政治原因，"文化大革命"期间北京的农村医疗卫生事业获得了难得的发展机遇。这一时期，北京在农村建立了比较系统的"三级"医疗预防网络，为农村培养了大批赤脚医生和基层医疗工作人员，创造性地建立了农村合作医疗制度，为此后很长一段时期内农村卫生事业的发展奠定了基础。1976 年北京农村医疗机构增至 277 个，医院床位 4210

---

① 北京市统计局编《北京 50 年》，北京：中国统计出版社，1999 年 8 月，第 303～308 页。

② 北京市统计局编《北京 50 年》，北京：中国统计出版社，1999 年 8 月，第 330 页。

张，卫生技术人员 7499 人，分别是 1965 年的 2.2 倍、3.2 倍和 3.4 倍。

2. 改革开放后至党的十六大召开以前社会建设的变革

改革开放以后，党和国家的工作重心从"以阶级斗争为纲"转移到"以经济建设为中心"，在经济建设方面放弃了计划经济体制，逐步确立了社会主义市场经济体制。与建立社会主义市场经济体制的探索过程同步，这一时期北京的社会建设也以市场化变革为核心内容，在社会结构、社会体制和社会事业方面进行了调整和改革。

现代社会结构逐步形成　改革开放以后，北京人口结构的变化主要表现为人口增长从高出生、低死亡、高增长率转型为低出生、低死亡、低增长率，人口年龄结构迅速转型，2006 年 65 岁及以上老龄人口比例达到 11.2%，进入典型的老龄化社会。受计划生育政策、生育观念和外来常住人口的大量增加等因素的影响，劳动年龄人口的相对规模仍比较大，2006 年劳动年龄人口占比为 78.8%。人口素质得到较大提高，文盲率低于 4%，2005 年每十万人口拥有的接受高等教育的人数达到 24435 人。随着人口结构的变化，北京的家庭结构日益核心化，扩大家庭和主干家庭日益减少，核心家庭成为占主导地位的家庭结构。

北京的城乡结构也发生了变化，城乡人口比例由 1978 年的 55∶45 改变为 2006 年的 84.3∶15.7[①]，城乡居民收入差距总体上呈现扩大趋势，从 1978 年的 1.63 倍扩大到 2007 年的 2.3 倍。随着工业化和城市化的推进、经济结构的升级以及就业政策的市场化改革，北京的就业结构逐步升级，第一、第二、第三产业就业结构从 1978 年的 28.3∶40.1∶31.6 转变为 2006 年的 6.6∶24.5∶68.9，第一、第二产业的就业人口比重降低，第三产业的就业人口大幅度提高[②]。就业的所有制结构方面，1992 年以前城镇就业人口中公有制单位就业人口占绝对比重，1992 年达 94.6%；1992 年以后其他所有制经济的就业人口比重开始提高，2006 年达到 47.56%[③]。

随着政治、经济体制改革的推进，北京的社会阶层结构发生重大变化。2005 年农业劳动者阶层和产业工人阶层所占比例分别减少到 7.1% 和

---

① 北京市统计局编《北京统计年鉴 2007》，北京市统计局网站，http://tjj. beijing. gov. cn/nj/main/2007/content/mV1_0301. htm。

② 北京市统计局编《北京统计年鉴 2007》，北京市统计局网站，http://tjj. beijing. gov. cn/nj/main/2007/content/mV14_0314. htm。

③ 北京市统计局编《北京统计年鉴 2007》，北京市统计局网站，http://tjj. beijing. gov. cn/nj/main/2007/content/mV15_0315. htm。

22.9%；国家与社会管理者、私营企业主以及经理人员阶层的比例达到了8.85%；中间阶层已经比较充分的发育起来，占比已经达到37.71%。[①] 北京总体上已经呈现出明显的现代社会阶层结构特征，现代社会阶层结构已经确立。作为社会阶层结构调整的重要渠道，体现社会公正、以后致性为主的社会流动机制也基本形成，并不断促进北京现代社会阶层结构的形成。

社会管理体制和运行机制改革取得新进展 改革开放以后，北京加快了社会管理体制改革，调整了政府职能，在党委领导和政府负责下，更加注重社会组织和社区自治在社会管理格局中的作用。三十年来，北京的基层社会管理体制发生了深刻变化。20世纪90年代中期，城市中的"单位"体制解体，基层街居制向功能复合化转变，承担了很多社会管理职能。20世纪90年代初，北京开始社区建设，到2006年底全市共建立社区2514个，社区逐渐成为进行社会管理的平台，以社区为基础的新型社会管理体系正在形成。北京的民间社会组织也逐渐兴起，2006年北京民政部门登记的民间组织数达到5744个，[②] 民间社会组织的发展，在提供社会服务、满足社会需求方面发挥了积极作用。随着社会发展和社会问题的凸显，社会工作也逐渐受到重视，社会工作通过帮助社会弱势群体、解决社会问题，在社会建设中发挥着重要作用。在社会保障机制方面，改革开放后北京的城镇社会保障制度从计划体制下的国家、单位保障制转变为现代的统账结合保障模式。新的保障机制体现了市场体制的公平性原则，是国家、单位和个人在应对现代社会风险中有效的责任共担机制。

市场经济体制下社会事业体制的改革进入重要时期 这一时期，是对计划体制下社会事业建设中的弊端进行改革探索的重要时期。在计划体制下，权力过度集中于政府，政府在社会建设的人力、财力、物力方面承担着不堪重负的职责。同时，由于计划体制的固有弊端，往往使政府的价值取向而不是社会的需求成为制定社会建设计划的依据，政府价值判断与社会需求的错位抑制了社会建设需求的实现。因此，在探索市场经济体制的过程中，北京的社会建设资源配置方式也逐渐摆脱计划体制，按照市场体制的基本方向进行了社会事业体制的改革。改革的主要思路是，与政府机构改革和职能改革同步，重新厘定国家与市场、社会之间的关系，改革事业单位管理体制，向市场和社会让渡一部分社会建设职能。

---

① 陆学艺主编《北京社会建设60年》，北京：科学出版社，2008年10月，第169页。
② 陆学艺主编《北京社会建设60年》，北京：科学出版社，2008年10月，第232～236页。

　　北京教育事业改革主要体现为对高等教育体制的改革。1985 年中央做出教育体制改革的决定，扩大高等学校的办学自主权。北京高等教育事业改革的路径是权力下放、政府放权，高校在招生制度、分配制度、办学模式方面拥有一定的自主权。1992 年以后，北京高等教育体制的改革以体制、机制、结构改革为重点，建立政府教育行政部门统筹规划、宏观管理，政府举办为主、社会各界共同参与、公办和民办并举，各类学校面向社会、依法自主办学的管理体制、办学体制和运行机制，高等教育向社会化和市场化迈进。1999 年，北京作出《关于深化教育改革全面推进素质教育的决定》，高等院校的招生规模空前扩大，全年共招生 95018 人，比 1998 年扩招 53%。此后高校招生规模持续扩大，2006 年普通高校招生人数达到 154969 人①，是 1998 年招生人数的 2.5 倍。2006 年北京的高等教育毛入学率为 55.5%②，已经进入高等教育的普及化阶段。高校扩招在取得巨大成就的同时，也引发了一系列的问题，如财政教育经费负担加重，高等教育收费的提高形成"上学贵"的问题；部分高校片面追求招生数量，教学质量受到影响；等等。

　　医疗卫生事业改革。1984 年北京探索了医疗卫生体制改革，包括医疗卫生机构实行"综合目标责任制"；预防保健实行有偿服务与无偿服务相结合；推进公费医疗管理制度改革，采取与医疗单位、职工单位和职工个人"三挂钩"办法。1996 年以后，北京全面推进医疗卫生体制改革，主要围绕卫生体制、医疗保障体制和医药流通体制改革展开。卫生体制改革包括划分营利性和非营利性医疗机构、鼓励医疗机构合作组建医院集团、大力开展社区卫生服务等。医疗保障体制改革主要是建立社会统筹与个人账户相结合的医疗保险制度。医药流通体制改革主要是推行医药费"总量控制、结构调整"，控制医院医药费总额和增幅，实行医药分开核算、分别管理，切断医疗机构与药品营销机构的直接利益联系；加强药品价格监督管理，药品价格实行政府定价和市场调节价。医疗卫生体制的改革基本上采取了把医院推向市场的做法，政府对于医疗卫生事业的投入减少，政府的责任没有得到强调。医疗卫生领域的改革逐渐暴露出一些问题，主要是城市弱势群体缺乏基本的医疗保障、医疗费用上涨过快、人民群众"看病难、看

---

① 北京市统计局编《北京统计年鉴 2007》，北京市统计局网站，http：//tjj. beijing. gov. cn/nj/main/2007/content/mV2_1701 - 1. htm。

② 北京市统计局编《北京统计年鉴 2007》，北京市统计局网站，http：//tjj. beijing. gov. cn/nj/main/2007/content/mV23_1720. htm。

病贵"问题比较突出等, 亟待进行新一轮的医疗卫生体制改革。

科技、文化、体育等其他社会事业也进行了适应市场经济体制的改革。总体上来说, 北京社会事业体制的改革没有简单地采取唯市场化取向, 计划体制时期社会建设的一些措施方式, 在改革开放后仍然得到延承。在基础教育事业、基础和理论科研事业、群众文化事业、群众体育事业等方面, 政府仍然担负着重要的责任, 中央和地方财政投入一直是这些社会事业建设的主要资金来源。

城乡居民生活水平向全面小康迈进 改革开放以来的三十年, 北京在总体上实现了又好又快发展, 人民生活水平显著提高。1978 年以后, 城乡居民收入和消费水平快速提高, 温饱问题在较短时期内得到解决; 1997 年北京城镇居民生活达到小康水平; 2001 年北京人均 GDP 突破 3000 美元, 2007 年进一步突破 7000 美元, 达到富裕水平。城镇居民住房政策进行了改革, 1998 年下半年停止住房实物分配, 全面实行住房分配货币化, 同时建立、完善经济适用住房制度、住房公积金制度和廉租房制度等多层次的城镇住房保障体系。随着住房的市场化改革, 商品房数量增加, 2006 年城镇居民人均住宅使用面积达到 20 平方米①。住房的市场化改革也造成商品房价格畸高, 保障性住房不能满足中低收入阶层的需求等问题。消费结构中, 发展型、享受型支出比重上升, 2006 年城乡居民人均交通通信和文教娱乐支出占消费总支出的比重分别达到 31.6% 和 26.6%, 全市私人汽车保有量达 181 万辆, 其中私人轿车 121 万辆。经测算, "十五" 期间, 北京市和谐社会总指数呈现稳定上升趋势, 2005 年为 116.25 (以 2000 年为 100)。在北京市国民幸福感调查中, 70.2% 的被调查者对实现和谐社会充满信心, 表明多数市民对于未来生活与社会发展持乐观态度。

3. 党的十六大以来社会建设的强化

党的十六大以来, 中国社会主义市场经济体制日趋完善, 综合国力大幅度提高, 人民生活显著改善, 社会政治长期保持稳定。同时, 我国进入了改革发展的关键时期, 经济体制深刻变革, 社会结构深刻变动, 利益格局深刻调整, 思想观念深刻变化。这种空前的社会变革, 给中国的发展进步带来巨大活力, 也带来了一系列矛盾和问题。中国共产党在总结中华人民共和国成立以来, 特别是改革开放以来社会建设实践正反两方面经验的

---

① 北京市统计局编《北京统计年鉴 2007》, 北京市统计局网站, http://tjj.beijing.gov.cn/nj/main/2007/content/mV1_0701.htm。

基础上，提出了社会建设的概念和理论体系。

社会建设进入理论指导下的自觉实践阶段　党的十六大后提出的科学发展观是社会建设的理论基础，社会建设理论直接地属于科学发展观体系。科学发展观，第一要义是发展，核心是以人为本，基本要求是全面、协调、可持续，根本方法是统筹兼顾。其中"以人为本""全面协调""统筹兼顾"等直接地指向和谐社会和社会建设。党的十六大以来，在科学发展观和社会建设理论的指导下，北京各级政府的工作中，社会建设与经济建设、政治建设和文化建设一起被提到了更加突出的位置。北京加强了对社会建设的组织领导，提高了社会建设的整体规划性，加大了对社会公益性项目的财政投入。北京的社会建设进入了自觉的、有组织、有规划的全面推进的新时期。

社会建设的组织体制进行了制度创新　为加强社会建设的规划，2007年年底北京整合社会建设职能部门，北京市委、市政府分别成立了社会工作委员会和社会建设工作办公室，其基本职责有六项：一是制定规划，按照中央方针和市委市政府要求，制定全市社会建设的发展规划，研究提出相关政策；二是协调工作，根据全市社会建设规划，统筹协调、宏观指导社会建设工作；三是负责社区党建和"两新"组织党建工作；四是负责社区建设总体规划、综合研究、宏观指导、统筹协调工作；五是负责社会组织建设、管理服务的协调工作；六是负责社会工作队伍建设和社会志愿者队伍建设的综合协调工作。工作的着力点主要有：研究制定首都社会建设的总体规划，统筹推动社会建设任务的分解落实和督促检查；加强基层基础工作和城市社区建设；积极培育各类社会组织；加强"两新"组织党的建设、社会志愿者队伍和社会工作者队伍建设；加强社会建设的薄弱环节。北京各区、县也将建立相应的机构。社会建设组织协调机构的建立，将使北京的社会建设进入全面推进、重点突破、有序建设的新阶段。

社会事业体制改革的过度市场化倾向受到反思　在特定的历史阶段，计划体制和市场体制对于社会事业建设都起到了一定的促进作用。然而，这两种体制分别存在"政府失灵"和"市场失灵"缺陷。市场化的主要缺陷是难以解决社会公平问题。如北京的医疗卫生事业改革取得了一定成效，但是医疗卫生事业的市场化改革也导致医疗费用上涨过快，造成"看病难、看病贵"的问题。对于这项改革，有两种截然相反的观点：一种观点认为医疗卫生改革基本成功，调动了医疗机构和医务人员的积极性，医疗卫生资源增长较快，医疗服务条件明显改善。另一种观点认为改革基本不成功，理由是政府的职能弱化，医疗卫生事业投入少，医疗服务的市场化和商业化倾向严重，公平性、可获得性下降，医疗机构趋利行为严重，医药费用快速攀升，居民卫生费用负担沉重。其他社会事业的市场化改革同样存在类似的问题。社会事业是惠及全体社会成员的事业，公平性和公益性应当是其首要原则。社会事业体制的过度市场化对公平性和公益性的背离是问题的症结所在。社会事业体制改革究竟如何进行，怎样在效率与公平之间找到结合点，是北京社会事业体制的改革进入一个反思过程需要认真考虑的问题。

社会建设进一步突出以改善民生为重点 这一时期北京的社会建设，按照和谐社会建设的战略目标，重点解决人民群众最关心、最直接、最现实的民生问题。就业是最大的民生问题，2002～2007年全市增加就业人口263万人，登记失业率始终控制在2.3%以内。[①] 社会保障方面，实施农村社会养老保险、新型农村合作医疗和农村最低生活保障制度，逐步建立了农村社会保障体系，2005年全市参加新型农村合作医疗的人数为249万，参合率达到81%[②]；建立城镇社会保障体系，城镇基本养老、基本医疗、失业保险覆盖率达到92%以上，建立生育保险、城镇居民"一老一小"大病医疗保险制度，农民工参加工伤和大病医疗保险人数分别达到190万人和166万人。教育方面，建立和完善义务教育经费保障机制，提高公用经费定额标准；落实"两免一补"政策并扩大覆盖范围，完善家庭经济困难学生资助政策；采取多种有效措施，保障流动人口子女受教育权利。加大住房保障力度，累计建成经济适用住房1400万平方米，通过实物配租和发放租房补贴，解决了2.6万户最低收入家庭的住房困难。交通方面，加快城市道路建设，全面推行市政交通一卡通，启动优先发展公共交通方案，实施公交低票价政策。加强环境保护和污染治理工作，2007年市区空气质量二级以上天数达到67.4%[③]，比2002年提高11.8%；城八区和郊区污水处理率分别达到92%和47%，生活垃圾无害化处理率分别达到99%和76%；全市林木绿化率达到51.6%[④]。在北京市2008年《政府工作报告》中，北京紧

---

① 北京市统计局编《北京统计年鉴2007》，北京市统计局网站，http://tjj.beijing.gov.cn/nj/main/2007/content/mV32_0327.htm。

② 陆学艺主编《北京社会建设60年》，科学出版社，2008年10月，第278页。

③ 北京市统计局编《北京统计年鉴2008》，北京市统计局网站，http://tjj.beijing.gov.cn/nj/main/2008-ch/content/mV80_0411.htm。

④ 北京市统计局编《北京统计年鉴2008》，北京市统计局网站，http://tjj.beijing.gov.cn/nj/main/2008-ch/content/mV84_0415.htm。

紧围绕改善民生问题，提出了"无零就业家庭、无城镇危房户、无重大重复上访户、无社会救助盲点、无拖欠工资问题"的目标。

（三）北京社会建设的启示

审视北京过去 60 年间社会建设进程，总结社会建设的成就与问题，对于我们深刻理解和进一步完善社会建设理论体系，更好地指导其他地区的社会建设实践，有着重要的启示。概括来说，主要有以下几方面。

1. 社会建设是经济社会协调发展的内在要求

从北京社会建设历程来看，凡是经济繁荣发展的历史时期，社会建设就会取得相应的发展和成就；凡是经济停滞衰退的历史时期，社会建设就受到严重的影响。这一历史经验表明，社会建设在很大程度上取决于社会生产力的发展水平，只有不断提高经济发展水平，不断为社会建设创造雄厚的物质基础，社会建设才能取得成功。

从社会结构来看，社会结构从本质上是经济发展和经济结构在社会层面的反映。经济发展水平决定了人口年龄结构的变化、人口文化素质结构的优化以及与人口结构相联系的家庭结构的变迁；经济结构的升级直接地决定了就业结构的方向调整；经济结构更是通过对就业结构的影响调整社会阶层结构。经济基础决定上层建筑，社会管理和社会运行机制同样必须随着经济发展的不同阶段进行转换；社会事业是需要大量人力、物力、财力投入的事业，是全体社会成员对经济发展成果的社会性共享，只有经济得到发展，社会事业才能够发展，人民生活才能够不断提高。

但是，北京经济社会发展 60 年的历程也表明，经济发展能够为社会发展提供物质基础，但并不能必然地带来社会发展水平的提高，有时反而是社会发展为经济发展作出牺牲。西方发展理论中所谓的"涓流效应"（经济增长的结果必然会惠及所有人）是不可能自行实现的。经济发展追求效率，社会发展更强调公平，调和二者的矛盾，必须通过认识和遵循经济社会发展规律，建立社会建设的理论自觉，主观能动地开展社会建设。社会建设理论提出的最重要的历史背景是，改革开放后我国经济社会发展不协调，社会发展滞后于经济发展，社会矛盾和社会问题凸显，社会不和谐因素增多。经济社会发展不协调，既是社会生产力不发达阶段的必然现象，又有主观认识方面的因素。目前，我国的经济发展水平已经大大提高，开展社会建设、构建和谐社会的有利条件已经基本具备，应当在认识和实践上更加注重社会发展，通过积极开展社会建设改变经济社会发展不协调的状况。

2. 重视社会建设的组织领导和整体规划

从北京社会建设的历程来看，凡是重视社会建设的历史时期，经济社会发展的协调性就强，凡是忽视社会建设的历史时期，经济社会发展的协调性就差，社会矛盾和社会问题就突出，社会发展的不和谐因素就增加。中华人民共和国成立后到"文化大革命"前的大部分时期，北京对社会建设给予重视，在经济仍不发达的情况下建设了一大批社会事业项目，成为社会建设的第一个黄金时期。改革开放以后的一段时期，北京对社会建设，特别是社会事业建设也进行了大量投入，取得了重要的成就，增进了经济社会发展的协调性。但是，自20世纪90年代起由于市场经济的冲击，在主观认识上片面强调经济建设和经济增长，一度忽视了社会建设和经济社会发展的协调性，引发了一系列的社会矛盾和问题，社会发展逐渐滞后于经济发展。2002年以来，党的执政理念进行了持续的理论创新，先后提出了科学发展观、构建社会主义和谐社会、社会建设等重要思想和理论体系，对经济社会全面、协调、可持续发展的认识日益强化。在这些理论的指导下，北京更加注重经济社会发展的协调性，社会建设进入了自觉阶段。

这表明，重视社会建设是社会建设顺利推进并取得成效的保证。对于社会建设的重视并不是抽象的口号而是具体的实践，这主要体现在组织领导与规划上。第一，确定社会建设资金在国民收入再分配格局中的份额，确保社会建设的物质投入。如，《北京市国民经济和社会发展第十一个五年规划纲要》规定："逐步提高社会基本公共服务支出占各级财政支出的比重，重点保障义务教育、公共卫生、社会保障、公共安全、环境保护等方面支出需要，按照维护社会公平要求，切实履行好再分配职能。"① 第二，政府通过强大的行政力量领导、组织社会建设工作，协调社会建设各相关职能部门之间的关系。北京在加强社会建设的组织协调方面走在全国前列，建立了负责领导全市社会建设工作的专门机构。2007年12月2日，北京在市委系统建立了社会工作委员会，在政府系统建立社会建设工作办公室。根据社会建设的主要内容，内设规划处、项目处、社会组织处、社区建设处、党建处和社工人才队伍建设处等六个处，领导、组织、协调全市社会建设工作，各区、县也将成立相应的机构。这一经验值得全国其他地区借鉴。第三，为社会建设提供维护社会公平正义的制度安排。政府通过执行

_____

① 《北京市国民经济和社会发展第十一个五年规划纲要》，北京：中国人口出版社，2006年4月，第87页。

法律法规和颁行部门规章，维护社会秩序和社会公正，为社会建设的顺利推进提供制度保障。

在社会建设的整体规划方面，北京在历年的"国民经济和社会发展计划"中，对社会发展和社会建设的指导思想、目标和具体实现措施都有比较详细的规划。党的十六大以后，社会建设的规划性更加突出。在北京"十一五"规划中，把"坚持经济、政治、文化、社会建设四位一体""加强社会建设和管理，推动管理体制机制创新"作为经济社会发展的重要内容；把"优先发展教育事业""加强医疗卫生服务""繁荣文化体育事业"等作为发展任务和政策取向。

3. 正确处理社会建设与市场化的关系

改革开放以后，我国在经济领域进行了从计划经济体制向市场经济体制转变的改革，取得了巨大成就。经济体制改革的实质是资源配置方式的改革，社会建设是与经济领域紧密相关的领域，同样存在资源配置的问题。因此市场体制不仅包括经济领域，还应包括社会领域，市场经济的一般规律在社会领域同样适用。但是，我们说市场体制的一般规律在社会领域也同样适用，并不等于说市场可以解决社会领域的一切问题，市场化也不是社会建设体制改革的唯一取向。市场在解决经济效率问题方面是一个有效的机制，但在解决社会公平问题方面存在市场失灵。社会领域相对于经济领域更加注重公平，更加注重社会成员享受公共服务的均等化，这是依靠市场机制不可能解决的问题。

改革开放以来，我们在社会建设的某些领域进行的不成功的市场化改革足以为训。教育的过度市场化和产业化造成学校片面追求经济效益，追求扩大生源，教育费用大幅上涨，出现了大批贵族学校，造成"上学贵"的问题，事实上剥夺了一部分弱势群体的受教育权利。医疗卫生事业的市场化改革，造成医院趋利行为严重，医药费用急剧攀升，造成"看病难""看病贵"的问题。城镇住房市场化改革后，政府降低了住房建设资金投入，保障性住房建设不足，商品房价格居高不下，城镇中低收入家庭难以承受，造成"住房难"的问题，等等。这些领域的改革与人民生活息息相关，需要重新进行反思和进行下一轮次的改革。社会公正是现代社会的基本价值取向，应当成为设计现代社会基本制度、制定社会政策的基本依据。社会建设体制改革，要以社会公正为基本原则，重视其公益性质，使全体社会成员能够共享社会经济发展成果。对于过度市场化的社会建设领域的进一步改革，要重新强化政府的责任，加大财政资金投入和行政监督力度。

要重视区分政府和市场的责任，划分经营性事业和公益性事业。经营性事业可以充分发挥市场的作用，以营利为目的，政府加以引导监督；公益性事业要以政府投入为主，在具体操作上引入市场机制。

三　北京社会建设前瞻性思考

（一）北京未来经济社会的发展

过去六十年间，北京经济社会发展取得了巨大的成就，工业化、城市化与现代化水平领先于全国其他地区，这为北京未来经济社会发展奠定了良好的基础。进入21世纪后，北京市在全面总结北京经济社会发展经验的基础上，制定了《北京市城市总体规划（2004～2020）》。围绕"国家首都、世界城市、文化名城、宜居城市"的城市功能定位，北京制定了未来经济社会发展的宏伟目标：2004～2008年率先在全国基本实现现代化，构建国际大都市的基本框架；2009～2020年全面实现现代化，确立具有鲜明特色的国际大都市地位；2021～2050年，将北京建设成为经济、社会、生态全面协调可持续发展的城市，进入世界城市行列。

经济发展方面，坚持以经济建设为中心，走科技含量高、资源消耗低、环境污染少、人力资源优势得到充分发挥的新型工业化道路，大力发展循环经济。注重依靠科技进步和提高劳动者素质，显著提高经济增长的质量和效益。增强高新技术的先导作用，积极发展现代服务业、高新技术产业、现代制造业，不断提高首都经济的综合竞争力，促进首都经济持续快速健康发展。加快产业结构优化升级，不断扩大第三产业规模，加快服务业发展，全力提升质量和水平。深化农业结构调整，积极发展现代农业，促进农业科技进步。总体来看，2020年北京人均GDP达到1万美元，第三产业比重超过70%，第二产业比重保持在29%左右，第一产业比重降到1%以下。

社会发展方面，全面推进人口健康发展，不断优化人口结构，提高人口素质，加强人口管理和服务。打破城乡二元结构，有效引导城镇化健康发展，构筑城乡一体、统筹协调发展的格局。大力发展社会主义文化，牢牢把握先进文化的前进方向，促进文化事业的全面繁荣和文化产业的快速发展，满足人民群众精神文化需求，促进人的全面发展。健全社会保障体系，关注弱势群体，缩小贫富差距，促进社会保障事业社会化，改善创业环境，建设完善的社会事业体系，推动社会均衡发展，促进社会公平。加快建设信息社会，广泛应用信息技术，大力发展信息服务业，建设"数字北京"，社会信息化各项指标达到与现代国际城市相适应的水平。构建城市综合防灾减灾体系，建设完善的防灾减灾和应急保障的设施系统，建立有效应对各种公共突发事件的预警和防范机制。在改善人居环境质量方面，以生态健康为目标，确保生态安全。加强区域生态环境联合建设和流域综合治理，建立稳定的区域生态网络。

总体来看，北京未来经济社会发展，以全面建设小康社会和实现现代化为目标，贯彻落实以人为本，全面、协调、可持续的科学发展观，促进经济社会和人的全面发展，不断提高构建首都和谐社会的能力。这其中，解决好"五个统筹"是关键。要结合首都发展的实际，统筹城乡发展，推进郊区城市化进程，实现城区与郊区的统一规划；统筹区域发展，协调好京津冀地区以及北京城区与郊区、南城与北城、平原地区与山区的发展规划，积极推动区域协调发展；统筹经济与社会发展，规划好产业与社会事业发展的空间布局；统筹人与自然和谐发展，协调好人口、资源和环境的规划配置；统筹国内发展和对外开放的要求，提高城市现代化、国际化水平。这其中，要突出政府社会管理和公共服务职能，高度重视科技、教育、文化、卫生、体育、社会福利等社会事业的发展。总之，北京经济社会发展要更好地为中央党政军领导机关服务、为日益扩大的国际交往服务、为国家教育、科技、文化和卫生事业的发展服务和为市民的工作和生活服务。

（二）北京未来社会建设的目标

我们注意到，在北京未来经济社会发展中，社会发展与社会建设被赋予了更加重要的地位与意义。一方面，是因为中华人民共和国成立以来的60 年，特别是改革开放以来的 30 年，北京经济发展与经济建设初见成效，同时社会主义市场经济机制不断完善，经济建设的机制与发展路径也在形成，可以说经济建设已探索出了一条颇有成效的道路。另一方面，相对于经济建设，社会建设还相对滞后，与北京当前所处的发展阶段，以及未来北京发展的需求不相适应。同时，社会建设还处于一个探索的过程当中，建设什么？怎么建设？还是需要在实践中深入探讨的问题。因此加强社会建设，对于北京未来发展具有重要的意义。

结合《北京市城市总体规划（2004～2020）》和我们所完成的《北京市城市总体规划（2004～2020）》修编研究之《北京市城市社会发展问题研

究》以及本课题的研究，北京未来社会发展与社会建设的主要目标应体现在社会结构优化、社会管理高效、社会事业发达，人民生活富裕四个维度（见表4）。

表4　北京未来社会发展与建设的主要指标

序号	指标	单位	2010 年	2020 年	平均每年递增速度（％）
1	人口自然增长率（逆指标）	‰	−0.1	−0.1	0
2	大专学历以上人口占 6 岁以上常住人口比例	％	35	55	4.6
3	第三产业就业人员比重	％	68	77	1.3
4	中间阶层比重	％	40	50	1.0
5	城镇人口比重	％	85	95	1.2
6	城乡收入差距（逆指标）	倍	2.29	2.28	0
7	社会建设投资占总投资比重	％	27	33	2.0
8	教育经费占 GDP 的比重	％	6.5	7.4	1.3
9	信息化指数（24 个指标综合）		110	160	3.8
10	其中：上网率	％	46	80	5.7
11	研发经费占 GDP 比重	％	8.4	10.0	1.8
12	每万人口专利受理量	件	21	45	7.9
13	空气污染综合指数（逆指标）	级	2.5	2.0	2.3
14	每万人拥有社会组织数量	个	5	10	7.2
15	城镇居民人均居住面积	平方米	30	38	2.4
16	平均预期寿命	岁	79	80	0.1
17	恩格尔系数（逆指标）	％	28	24	1.6
18	人均生活用电量	千瓦时	1000	2100	7.7
19	每千人口医师数	人	5.3	7.0	2.8
20	人均绿地面积	平方米	13.3	16.7	2.3
21	社会保障覆盖率	％	70	80	1.3
22	调查失业率（逆指标）	％	5.0	3.8	2.8
23	每万人口律师数	人	11	22	7.2
24	刑事案件立案率（逆指标）	件/万人	31	20	4.5
25	治安案件查处率（逆指标）	件/万人	150	80	6.5
26	交通/工伤/火灾死亡率（逆指标）	人/10 万	8.2	6.3	2.7

第一，社会结构优化。人口结构主要是素质进一步提高，大专学历以

上人口占 6 岁以上常住人口比例提高到 55%；就业结构要实现劳动力进一步向第三产业转移的调整，现代服务业与传统服务业成为解决就业的最主要途径，其在就业结构中所占比重上升到 77%；在阶层结构调整方面，进一步促进中间阶层的发育，形成一个中间阶层主导的现代社会阶层结构，将是北京未来社会阶层结构变迁的趋势，2020 年北京中间阶层比重将由现在的 38% 提升到 50%；在城乡结构方面，城市化率进一步提高到 95%，城乡居民收入差距缩小至 2.28 倍左右。总之，在现有基础上，2020 年北京应实现社会结构的优化，进一步促进社会结构合理化，为经济社会发展提供有力的结构支撑。

第二，社会管理高效。党的十七大提出要健全"党委领导、政府负责、社会协同、公众参与的社会管理格局"。北京未来社会管理高效运行，需要推进政府的职能转变，强化社会管理和公共服务职能；积极推进社区建设，完善基层服务和管理网络；健全社会组织，改变社会组织政社不分、人才匮乏、能力不足的状况，强化社会组织在社会建设中的作用；要统筹协调社会各方面的利益，妥善处理社会矛盾；完善社会应急机制，有效防范社会风险。总之，加强社会管理，维护社会稳定，是北京开展社会建设的保证。

第三，社会事业发达。未来北京社会建设的财政投入将得到显著的提高。到 2020 年，社会建设投资占总投资的比重上升到 33%。其中，教育经费占 GDP 的比重提高到 7.4%，研发经费占 GDP 的 10%。在保证财政投入的情况下，北京的科、教、文、卫、体以及环保社会事业将进一步得到显著发展。

第四，人民生活富裕。在人民生活方面，到 2020 年，城镇居民可支配收入达到 46800 元，农民人均纯收入达到 20500 元，城镇居民人均居住面积达到 38 平方米，平均预期寿命 80 岁，恩格尔系数下降到 24%，每千人口医师数达到 7 人，人均绿地面积为 16.7 平方米。社会保障覆盖率达到 80%，调查失业率下降到 3.8%。在社会治安方面，要实现社会刑事案件立案率下降，以及社会治安案件查处率的提高，以保证社会稳定。总之，人民生活普遍富裕应是北京未来社会建设的出发点与落脚点。

（三）北京未来社会建设的思考

总体来看，未来北京经济社会发展中，与经济发展相协调，社会发展将实现更高水平的推进，这对于社会建设提出了更高的要求。《北京市城市总体规划（2004～2020）》也明确了社会发展与建设的具体目标。对于社会建设的探讨是多维度的，基于我们对北京社会建设的历史回顾、现实审视及未来展望，我们认为应从以下几方面加强未来北京的社会建设。

1. 将社会建设摆在更加突出的地位

党的十六届六中全会提出要把构建社会主义和谐社会摆在更加突出的地位，党的十七大报告专门就社会建设进行了阐述，社会建设的重要性不言而喻。但是，这里涉及一个基本的问题：究竟应把社会建设摆到什么样的位置？位置摆低了，弱化了社会建设的重要性；摆高了，是否又影响经济建设的中心地位？这就涉及经济建设与社会建设关系的处理问题。毫无疑问，经济建设是基础，没有经济建设，社会建设必然是空中楼阁。社会主义初级阶段以经济建设为中心任务，正是体现了经济建设的基础性。自中华人民共和国成立以来，特别是改革开放以来，我国经济建设取得的成就是举世公认的，而北京等发达地区的经济建设，更是显著地领先于全国水平，已经率先在全国基本实现现代化，进入了全面实现现代化的新阶段。那么，发达地区在把握经济建设与社会建设的关系上，如何体现出新的发展阶段的特征与要求呢？基于经济社会发展的客观规律，在继续坚持经济建设这一中心任务的同时，发达地区的社会建设也应被摆到更加突出的位置，即由过去经济建设的单一中心任务，拓展为强调经济建设与社会建设的双中心任务。

经济建设和社会建设并重，并不是对初级阶段基本路线的偏离，而是完善。毫无疑问，以经济建设为中心，是我们在初级阶段始终要坚持的中心任务。但是也要注意到，经济建设并不是唯一的任务，社会建设对于经济社会发展也有着重要的推动功能。只是在生产力落后的初级阶段，经济建设更具有重要性与基础性。而经过 60 年的经济建设，北京生产力落后的局面已经有了很大改变。比照社会主义初级阶段的特征，北京经济社会发展在不少方面已经较好解决了初级阶段面临的问题。2007 年，北京人均GDP 已经达到了 56044 元（折合 7370 美元）[①]，同时，农业从业人员比例已经下降到 6.5%[②]，社会主义市场经济体制已经比较成熟和完善，科教事业发达，人口素质显著提高，贫困人口显著减少，人民生活水平显著提高。

---

① 《北京市 2007 年国民经济和社会发展统计公报》，北京市统计局网站，http：//tjj. beijing. gov. cn/nj/main/2008 - ch/index. htm。

② 北京市统计局编《北京统计年鉴 2008》，北京市统计局网站，http：//tjj. beijing. gov. cn/nj/main/2008 - ch/content/mV47_0314. htm。

这表明，初级阶段的历史任务在北京已经得到较大程度的解决，北京正处于初级阶段的中后期（见表5）。因此，在总体判断我国目前整体上还处于初级阶段的同时，也要注意到区域发展的不平衡性，以及初级阶段所具有的阶段性。发达地区在进入初级阶段中后期以后，在继续坚持以经济建设为中心的同时，必然要将社会建设提高到更加突出的位置，这是对初级阶段路线的完善，也是全面实现现代化的内在要求。

表5　社会主义初级阶段基本特征与北京现阶段发展状况

社会主义初级阶段的基本特征	北京现阶段问题解决情况	
	基本解决	部分解决
1　逐步摆脱不发达状态，基本实现社会主义现代化的历史阶段	√	
2　由农业人口占很大比重、主要依靠手工业和农业，逐步转变为非农业人口占多数、包含现代农业和现代服务业的工业化社会的历史阶段	√	
3　由自然经济半自然经济占很大比重，逐步转变为经济市场化程度较高的历史阶段	√	
4　由文盲半文盲人口占很大比重、科技教育文化落后，逐步转变为科技教育文化比较发达的历史阶段	√	
5　由贫困人口占很大比重、人民生活水平比较低，逐步转变为全体人民比较富裕的历史阶段	√	
6　由地区经济文化很不平衡，通过有先有后的发展，转变为逐步缩小差距的历史阶段		√
7　通过改革和发展，建立和完善比较成熟的充满活力的社会主义市场经济体制、社会主义民主政治体制和其他方面体制的历史阶段		√
8　广大人民牢固树立建设中国特色社会主义共同理想，自强不息，锐意进取，艰苦奋斗，勤俭建国，在建设物质文明的同时努力建设精神文明的历史阶段		√
9　逐步缩小同世界先进水平的差距，在社会主义基础上实现中华民族伟大复兴的历史阶段		√

我们看到，北京已经在许多方面，特别是经济建设方面，解决了社会主义初级阶段所存在的主要问题，但是，还有一些问题尚需要进一步解决，而这些问题大多集中在社会建设领域。这表明，北京的社会建设是滞后于经济建设的，要彻底摆脱初级阶段落后不发达的状况，社会指标难于经济指标。在未来相当长的一段时期，随着社会主义市场经济体制的进一步完善，可以预测经济建设将继续得到较大的发展，但是相比较而言，由社会

建设滞后所导致的就业、住房、教育、医疗、治安等社会领域的民生问题将日益凸显,成为主要的社会问题。这其中,既有生产力依然落后的原因,也有社会建设滞后的原因。而单凭经济建设并不能很好地解决这些问题,因为经济建设回答的是增长与效率的问题,而目前如何协调利益、实现公平分配已经成为与增长和效率并重的突出问题。这一问题必然要通过社会领域的建设来解决。

经济建设与社会建设并重,并不是要以社会建设取代经济建设,而是经济建设发展到一定水平后的必然要求。随着北京经济建设的深入推进,产业结构不断调整升级,智力密集型产业的发展正在成为经济增长的主导,这离不开社会事业发展在科技、人才等方面的支撑。同时,经济的进一步健康持续发展,要求创造公正、开放、合作、包容、有序、文明的社会环境,使人们各尽其能、劳有所得,鼓励奋发有为、勇于创业,这些都有赖于社会建设的开展。因此,将社会建设摆在重要的位置也是经济建设的内在要求。

2. 加强社会建设的组织领导,加大对社会建设的投入

社会建设涉及面广,任务繁杂,需要协调各个部门、各个方面之间的关系,是庞大的系统工程。因此,社会建设要取得成效,必须加强社会建设的组织领导,加大对社会建设的投入。

第一,加强社会建设的组织领导。过去,我们搞计划生育政策,从中央到地方最基层都成立计划生育委员会,组织上的有力保障,使计划生育政策取得了巨大的成功,这是我们搞社会建设的一条极其重要的经验与启示。在社会建设被明确提出来以后,2007 年,中共北京市委率先成立了社会工作委员会,北京市政府成立了社会建设工作办公室,两个机构合署办公,负责领导组织、协调全市的社会建设工作。北京市还在各区、县建立相应的机构。社会建设的组织领导机构的建立,对于社会建设的全面开展提供了重要的组织保障,值得总结与推广。当然,社会建设组织机构如何有效开展工作,其运行管理机制的建立还需要在实践中探索。

第二,加大对社会建设的人力投入,建立一支高效的社会建设人才队伍。对此,党的十六届六中全会的《中共中央关于构建社会主义和谐社会若干重大问题的决定》指出:要"建设宏大的社会工作人才队伍,造就一支结构合理、素质优良的社会工作人才队伍"。在经济建设中,我们培养造就了一支宏大的经济工作者队伍和经济建设的研究者队伍。同样,要把社会建设搞好,也需要造就一支宏大的社会工作者队伍和社会建设的研究者

队伍。现在这两支队伍都还很小，而且分散在各个领域，没有形成合力和组织优势。今后应通过建立相应的机构和机制，把社会工作方面的人员、人才队伍组织起来，并在实践中逐步扩大，培养造就具有相当规模的社会工作者队伍和研究者队伍。

第三，加大财力和物力的投入，这是社会建设取得成效的重要物质保证。北京过去 60 年社会建设取得突出成绩的背后，离不开财力和物力的投入，有投入才有产出。我国城市低保为什么能够开展起来？因为政府投入了；新型农村合作医疗为什么推得动？因为经费大头由政府出。所以，改变我国的财政支出结构，把钱更多地花在老百姓的身上，这是社会建设开展的重要保证。

目前，北京社会建设领域中的财政投入水平是高于全国的，但是与北京经济社会发展水平相比又是不足的。2006 年，北京科研、教育、卫生事业费用支出占 GDP 的比重为 3.4%，根据联合国开发计划署《2004 年人类发展报告——当今多样化世界中的文化自由》的数据，在 2001 年前后，瑞典、丹麦、法国、德国和古巴等国家用于教育、卫生保健的公共支出相当于 GDP 的比例为 13%～15%，加拿大、美国、英国、澳大利亚、日本等为 10%～12%，也就是说，北京目前对社会建设的投入水平不仅明显低于发达国家，也远远低于发展中国家。[1] 对此，应该按照十六届六中全会的《决定》中关于完善公共财政制度，逐步实现基本公共服务均等化的原则，健全公共财政体制，调整财政收支结构，把更多财政资金投向公共服务领域，加大财政在教育、卫生、文化、就业再就业服务、社会保障、生态环境、公共基础设施、社会治安等方面的投入。

当然，社会建设的财力、物力投入全部由财政承担是不现实的，还需要社会的参与，动员各种资源，如慈善、捐助、志愿服务等。另外，也要纠正一个不正确的思想认识：经济建设是挣钱的，而社会建设是花钱的。要看到，经济建设不是目的而是手段，是为了发展生产力、满足人民日益增长的物质与文化需要。同时，社会建设如果搞不好，经济建设终究不可持续。因此，社会建设的投入，不仅能够更好地促进经济的健康持续发展，而且也有促进社会发展与和谐的重大社会效益。

---

[1] 根据联合国开发计划署组织编写的《2004 年人类发展报告——当今多样化世界中的文化自由》，北京：中国财政经济出版社，2004 年 1 月，第 156～159、第 172～175 页的数据整理计算。

3. 建立和完善社会利益协调机制

现代社会是一个利益多元化的社会，协调社会群体、社会成员之间的利益，对于实现社会有序和稳定具有重要的意义。根据我们的调查，目前北京社会群体、社会成员间，存在一定的结构张力。这种结构张力主要表现之一为收入差距的扩大，高收入者与低收入者之间所拥有的经济资源极为悬殊，而实际上这种悬殊的经济分化仅仅是我们根据表象数据分析出来的结果，如果再考虑到那些隐性的收入分化，经济分化程度还会更高。这种过大的收入差距导致阶层间存在着较大的张力。正如韦伯所指出的，当报酬分配失衡时，只有很少的人拥有权力、财富和声望，而其余人无法享有，社会便会产生紧张与愤恨。这种愤恨是驱使那些没有权力、财富和声望的人与垄断这些社会资源的人发生冲突的重要因素。[①] 从社会关系来看，由于社会结构张力的存在，在当前社会关系上也存在着一定的张力。根据相关调查，从公众的主观判断来看，在关于当前社会群体间的利益冲突程度判断上，认为有严重冲突的占到 7.04%，有较大冲突的占到 16.55%，有一点冲突的为 57.25%，而认为没有冲突的只有 12.15%。在关于今后社会群体间的利益冲突是否会激化的判断上，认为"绝对会"和"可能会"的比例合计占 40% 左右。

因此，建立和完善社会利益协调机制具有迫切性，如注重财富分配中的公平导向机制。在实践中，我们已经有了一些好的做法与探索，如价格听证机制、企业工资集体谈判等。但是，这些零星的做法并没有从制度上进行整合，因此如何进一步建立和完善社会利益协调机制应是社会建设的重要努力方向。

4. 结合北京实际，确定改善民生的社会建设突破点

民生事关人民群众幸福安康与国家长治久安，改善民生是社会建设的重点。对此，党的十七大报告提出社会建设在改善民生方面的重点应是努力实现学有所教、劳有所得、病有所医、老有所养、住有所居等。就北京而言，目前人民群众生活已经达到了小康生活水平，物质与文化生活有了更高的需求，群众要得到更好的教育、医疗服务，提高居住质量等。北京民生领域出现的公共产品和公共服务的供给短缺的问题，也体现了这种新的发展阶段的特征。因此，加大公共产品与公共服务的供给力度，提高人

---

① 参见〔美〕乔纳森·H·特纳著《社会学理论的结构》，吴曲辉等译，杭州：浙江人民出版社，1987 年 8 月，第 172 页。

民群众在这方面的享有程度，事关人民群众幸福安康和国家长治久安，也是社会建设的内在要求。

结合北京的实际，目前北京在改善民生方面的重点应是居住、教育、医疗三方面，而这其中住房问题又是最突出的民生问题。近年来，北京房地产市场迅速发展，这对于解决人们居住问题、改善居住质量有着积极的意义，但是，由于诸方面的原因，目前北京商品房价格已经远远高出了大多数人的承受能力与消费水平，而保障性住房政策的供给力度又远远满足不了社会的需要。住房问题已经不仅仅是个经济问题，更是个突出的社会问题。对此，不能简单地只通过市场来加以解决，政府的政策调控已经显得十分的必要和迫切。因此，要大力发展保障性住房，加强廉租住房建设，逐步扩大廉租住房保障范围。规范发展经济适用住房，继续抓好经济适用住房建设，进一步严格规范管理，科学确立经济适用住房的政策目标，切实发挥经济适用住房的保障作用，真正解决中低收入家庭的基本住房需求。按照"应保尽保"的原则，探索建立政策性租赁住房制度，解决"夹心层"群体的住房困难，并将保障范围逐步覆盖到引进人才和处于婚育阶段的年轻人等群体，把外来人口纳入保障体系，切实保护进城务工人员的住房权益。另外，要控制商品房住房结构，发展小户型，限制豪华型，保证更多的土地资源用于普通居民住宅和保障性住房建设，增加住宅供给，缓解供需矛盾。同时，商品房要配套建设保障性住房。

5. 强化社会建设的公平与正义

北京作为"首善之都"，首先应当是公平与正义之都，是一个不存在身份歧视的城市、一个机会均等的城市。但是，计划经济体制下遗留下来的一些障碍仍然不利于社会公正的实现，如户籍、人事、住房、福利、社会保障等制度的不合理，造成了社会的不公平现象。北京应当从上述制度改革入手，加大社会政策调节力度，促进社会公平与正义。对此，要消除就业方面的身份歧视，消除分配中的不合理与不公平现象，切实维护普通群体的利益，把社会弱势群体纳入体制保障中。

当前，要在建立合理收入分配制度上有所突破。根据我们的测算，目前北京的基尼系数为0.46，已经超出了0.4的警戒线水平。当然，只要存在社会分工，收入差距必然客观存在。但是，当前收入差距扩大的原因中除了有合理性的方面之外，非合理的原因也客观存在。对此，要整顿收入分配秩序，打击各种非法牟利行为，取缔各种非法收入，理顺收入分配秩序，逐步扭转收入分配差距的扩大趋势，维护社会公平正义，让人民群众共享改革发展的成果，走共同富裕的道路。

　　除收入差距问题外，在改革发展过程中，由于体制转变过程中的制度不衔接、不完善等问题，还产生了一些其他的不公平问题，如部分离退休人员工资水平过低问题、部分失地农民的补偿问题等，对此，要采取积极的态度，妥善合理地加以解决。

新阶段社会建设的核心任务：
调整社会结构[*]

经过 30 年改革开放的伟大历程，中国经济社会发展取得了巨大成就，已进入工业化中期阶段；与此同时，社会结构也发生了深刻变化，现代社会结构已经初步形成。但是，由于经济社会发展不协调，社会结构调整滞后于经济结构调整，社会结构还处于工业化初期阶段，由此引发诸多社会矛盾和问题，要求我们用新的视角去认识和分析。

一　中国进入以社会建设为重点的新阶段

现代化实践表明，一个国家或地区在发展的不同阶段，其发展任务、发展模式呈现出阶段性特征。在发展初期阶段，生产力水平低，劳动产品少，解决温饱问题和满足人们基本物质生活的需求成为社会发展的主要任务。因此，这一阶段以经济发展为主导，经济发展优先于社会发展，经济社会发展不协调在这一发展阶段有其一定的合理性。在进入发展中期阶段，生产力落后状况得到显著改善，温饱问题和基本物质生活需求得到初步解决和满足，人们对物质生活以外的精神文化和人的全面发展的需求越来

---

*　本文原载于《2010 年中国社会形势分析与预测》（汝信、陆学艺、李培林主编，北京：社会科学文献出版社，2009 年 12 月），第 191～206 页，作者："当代中国社会结构变迁研究"课题组，执笔：陆学艺、宋国恺、胡建国、李晓壮。该文是《当代中国社会结构》（陆学艺主编，北京：社会科学文献出版社，2010 年 1 月）总报告的缩略改写本，部分内容摘要发表于中国社会科学院内刊《要报·领导参阅》2010 年第 2 期和第 3 期（2010 年 1 月 15 日、25 日）和《北京日报》2010 年 4 月 26 日第 18 版。该文收录于《社会建设论》（陆学艺著，北京：社会科学文献出版社，2012 年 3 月）和《中国社会结构与社会建设》（陆学艺著，北京：中国社会科学出版社，2013 年 8 月），收录时题目改为《新阶段社会建设的核心任务：社会结构调整》。——编者注

迫切。如果不调整阶段性的战略目标来满足人们的阶段性需求，经济社会发展不协调的矛盾就会变得更加突出。

（一）突出的经济发展成就与尖锐的社会矛盾问题并存

一方面，经济发展成就突出。改革开放三十余年，中国国内生产总值以世界经济发展史上罕见的年均9.8%增长率快速增长，综合国力迈上了新台阶，成为世界第三大经济体。按1978年可比价格计算，2008年全国城乡居民人均可支配收入和农村居民人均纯收入比1978年分别增加了7.16倍和6.93倍，[①] 人民生活总体达到了小康水平。中国自2006年跃居世界第一大外汇储备国以来，外汇储备以月均两位数的速率增长，到2009年6月底，国家外汇储备余额已达21316亿多美元[②]，占全球外汇储备总额的1/4强。这是30多年前还处于短缺经济状况下的中国和世界都没有想到的，也大大超出了改革开放之初设计者们的蓝图设想。中国发生的变化用"翻天覆地"来形容一点也不为过。

另一方面，社会矛盾和问题尖锐而突出。在经济建设成就之大超乎预想的同时，社会问题和矛盾之多也出乎意料。1978年改革开放发轫之初，社会普遍的认识是：当时中国面临诸多矛盾与困难的主要原因是贫穷与经济发展落后，搞好了经济建设，这些问题就会迎刃而解。但如今，在经济建设取得巨大成就的同时，社会领域中的矛盾和问题不是少了，反而多了。如住房、教育、医疗、养老等民生问题日益突出，贫富差距、城乡差距、区域差距持续扩大，劳资关系等社会利益群体矛盾日益显化，土地征用、房屋拆迁、企业改制、涉法涉诉等容易引发不稳定事件的问题凸显。一些地方杀人、绑架等严重暴力犯罪增多，抢劫、抢夺、盗窃等侵财犯罪增加，社会治安出现不少新情况。特别是群体性事件，从1993年到2005年，群体性事件增加了近10倍。[③] 2008年以来，以贵州瓮安事件、吉林通化事件等为代表的群体性事件呈现出蔓延趋势，社会稳定问题日益突出。

---

① 参见国家统计局编《中国统计年鉴2009》，北京：中国统计出版社，2009年9月，第317页。

② 参见国家外汇管理局网站公布的《国家外汇储备规模（1950～2015年）》，http://www.safe.gov.cn/safe/file/file/20180626/de62e80915734d84851b70f5abbe88b8.xlsx? n =% E6% 9C% 88% E5% BA% A6% E6% 95% B0% E6% 8D% AE% EF% BC% 881999% E5% B9% B412% E6% 9C% 88 – 2015% E5% B9% B45% E6% 9C% 88% EF% BC% 89。——编者注

③ 于建嵘：《转型期中国的社会冲突》，《凤凰周刊》2006年第176期。

经济建设成就之大超乎预想，社会矛盾和问题之多出乎意料，这"两个想不到"是在中国进入发展的关键时期，即工业化中期阶段之后开始集中显化出来的，这便是当前中国经济社会发展的新的阶段性特征。

（二）中国进入以社会建设为重点的新阶段

国外社会建设经验提供了有益的启示。当前中国发展所处的阶段性特征，在世界各现代化国家的发展历程中也曾出现过。19 世纪末 20 世纪初是美国具有关键意义的转折时期，在经济迅速发展的同时，也出现了贫富差距悬殊、秩序紊乱等社会危机，但美国在这个阶段及时进行了社会体制改革，加强社会建设，较好地化解了社会危机，使社会发展适应了工业化进程。第二次世界大战后日本经济快速增长，特别是 1960 年之后经济增长更为迅速，超过了预期，但同时也出现了突出的社会问题，经济结构与社会结构失衡导致民众生活处于不正常状态。1970 年代末期就有学者评论："以当时日本的经济发展与社会发展的均衡情形来说，生产为第一流，国民所得与消费为第二流，住宅等生活环境则属第三流。"① 为了解决失衡的问题，日本进行了相当规模的社会建设，但由于种种原因，社会建设并没有得到有效落实，日本为经济大国的成功付出了相当大的代价，例如生活环境等方面的问题至今仍未得到完全解决。"拉美发展道路"同样显示了社会建设的重要性。20 世纪 90 年代后期，拉美地区经济状况严重恶化，失业率持续攀升，贫富悬殊，两极分化，社会动荡，各种社会矛盾凸显和激化，形成被人们认为是难以跳出的"拉美陷阱"，而其根源则是拉美国家对社会建设认识不足，社会体制改革力度不够，没有形成与经济结构相适应的社会结构。

不论是美国成功的经验、日本"成功的代价"，还是拉美国家的前车之鉴，都呈现了社会建设在发展进程中不可忽视和不可替代的作用。

要从社会建设的高度来认识当今中国社会发展阶段。中共十六大以来，中国对社会建设的重要性有了更多的认识，并将社会建设任务写入执政党的党章等重要文献。2004 年，中共十六届四中全会第一次提出"构建社会主义和谐社会"和"社会建设"的战略任务。2005 年，建设中国特色社会主义事业的总体布局由社会主义经济建设、政治建设、文化建设三位一体发展为经济建设、政治建设、文化建设、社会建设四位一体。社会建设成

---

① 〔日〕福武直：《日本社会的结构》，王世雄译，东大图书公司，1994 年 12 月，第 107 页。

为总体发展的重要一环。进入 21 世纪，政府在坚持以经济建设为中心的同时，反复强调要将社会建设摆在更加突出的位置，始终注重社会建设的实践，这标志着进入 21 世纪以来中国正在经历第二次转型，迈入了以社会建设为重点的新阶段。

（三）社会建设的核心任务是调整社会结构

党的十七大报告指出："社会建设与人民幸福安康息息相关。必须在经济发展的基础上，更加注重社会建设，着力保障和改善民生，推进社会体制改革，扩大公共服务，完善社会管理，促进社会公平正义，努力使全体人民学有所教、劳有所得、病有所医、老有所养、住有所居，推动建设和谐社会。"① 从社会学的角度分析，社会建设的这些内容，可以归结为调整社会结构。抓住了社会结构的调整，就抓住了社会建设的核心。在当前，通过各项工作，构建一个与经济结构相适应的现代社会结构，推进经济社会协调发展，是我们面临并要着力完成好的关键性任务。

所谓社会结构，概括地说，是指一个国家或地区占有一定资源、机会的社会成员的组成方式及其关系格局。② 社会结构具有复杂性、整体性、层次性、相对稳定性等重要特点，一个理想的现代社会结构，应具有公正性、合理性、开放性的重要特征。具体而言，社会结构包含着各种重要的子结构，除了作为基础要素的人口结构外，还有体现社会整合方式的家庭结构、社会组织结构，体现空间分布形式的城乡结构、区域结构，体现生存活动方式的就业结构、收入分配结构、消费结构，体现社会地位格局的社会阶层结构，等等。在这些子结构中，社会阶层结构是核心，直接或间接体现社会子结构各方面的状况，各子结构间的变化存在互动关系，某一子结构的变化会影响其他子结构的变化。而调整社会结构也就意味着调整它的多个子结构，尤其是社会阶层结构，使它们与经济社会发展的进程相契合。

---

① 胡锦涛：《高举中国特色社会主义伟大旗帜　为夺取全面建设小康社会新胜利而奋斗——在中国共产党第十七次全国代表大会上的报告》，《中国共产党第十七次全国代表大会文件汇编》，北京：人民出版社，2007 年 10 月，第 36 页。

② 关于社会结构，不少社会学教科书定义为：是一个国家或地区内部诸要素间的构成方式与状况。我们认为这一概括没有充分反映出构成社会结构的要素与机制，而这正是认识社会结构何以可能不可缺少的分析维度。所以，我们认为社会结构是社会资源在社会成员中的配置，以及社会成员获得社会资源的机会（即公平性）的结果，这对于社会结构状况以及调整更具有重要的理论与实践意义。——作者注

二 当代中国社会结构深刻变动

改革开放以来，中国社会结构已经发生了深刻变动，可以说是"几千年来未有之大变局"。经济体制和社会体制改革大大加快了由农业社会向工业社会、由农村社会向城市社会、由传统社会向现代社会的转型，中国社会结构发生了深刻变动，主要表现在以下五大方面。

（一）基础结构：人口结构发生巨大变化

人口结构是社会结构的基础结构。1978～2007 年，中国人口出生率从18.25‰下降到12.10‰，人口死亡率保持在6.5‰这一较低水平上下，人口自然增长率则相应地从1978 年的12.00‰下降到2007 年的5.17‰。[①] 在此基础上，中国人口的年龄结构、素质结构和空间分布结构发生了很大变动，突出表现在：人口平均预期寿命延长、人口年龄结构进入老龄化阶段、人口文化素质显著提高，人口空间分布由农村向城市、由落后地区向沿海经济发达地区大量迁移、集聚。人口结构的基础性变动影响着家庭结构、就业结构、阶层结构等社会结构的深刻变化。

（二）社会整合结构：家庭结构、组织结构不断变动

家庭是社会的细胞。随着人口结构变化，中国家庭结构、结构模式及其社会整合功能也发生了重大变化。一是家庭规模小型化。户均人口规模下降趋势明显，由1982 年的4.41 人下降到2008 年的3.16 人[②]。二是家庭类型多样化。随着婚恋价值观念日益多元化和城乡人口流动，家庭类型呈现出多样化的趋势，在城市出现了丁克家庭、空巢家庭和单身家庭，在农村隔代家庭比例上升，漂泊家庭和分离的核心家庭增加。三是家庭结构模式变化。在城镇突出表现为"四二一"模式；在农村基本形成以"四二二"模式为主体的格局。四是家庭关系平等化，主要表现为夫妻之间和家庭成员之间的关系趋向平等化。

组织结构及其整合功能发生变化。改革开放以来，随着计划体制的解体和市场体制的建立，组织结构的最大变化是，随着组织结构的分离和成

---

① 国家统计局编《中国统计年鉴 2008》，北京：中国统计出版社，2008 年 9 月，第 87 页。
② 国家统计局编《中国统计年鉴 2009》，北京：中国统计出版社，2009 年 9 月，第 96 页。

长，资源与机会的配置发生重大变化，组织功能也不断再造。首先，政府组织对于经济社会的管控方式和职能在转变，正由"全能型"回归到公共服务职能。其次，随着企业组织的成长且成为市场的主体，国有企业的生产功能被强化，非生产功能被剥离，非公有制企业组织和个体工商户大规模成长。再次，社会组织开始发育，并发挥着国家与市场之外的社会整合功能，如2008年全国登记注册的社会组织约41.4万个，其中社会团体约22.8万个，民办非企业单位约18.2万个，基金会1597个，吸纳社会各类人员就业475.8万余人，[①] 它们已经成为构建社会主义和谐社会的重要整合力量。

（三） 生存活动结构：就业、收入分配与消费三大结构市场化变动

人们的生存活动结构主要包括就业结构、收入分配结构与消费结构，体现资源、机会的分配与配置过程。

就业结构表现为劳动力在产业、行业、岗位等方面的配置。当代中国劳动力配置已经从新中国成立前的自然经济、改革开放前的计划经济状态转变为当前的市场经济方式，从农业就业人口占绝大多数转变为非农产业就业人口超过农业就业人口，同时第三产业就业人口超过了第二产业就业人口。直到1978年，全国4亿就业人口在三次产业的分布结构仍然为70.5∶17.3∶12.2。1978年以后，就业结构发生显著改变，到2008年，全部就业人口的三次产业分布格局演变为39.6∶27.2∶33.2，非农就业人口占60.4%。[②] 1978～2008年，第二、三产业从业人员平均每年增加1166.4万人。

收入分配问题不仅事关民生，而且关系到社会公平公正，更关系到国家的长治久安。改革开放以来，中国收入分配制度改革不断深化，收入分配体制和再分配框架发生根本变化，收入分配结构的巨大变动打破了平均主义、"大锅饭"局面，形成了按劳分配为主体、多种分配方式并存的分配制度，极大地激发了社会成员以及众多行业部门的活力，调动了积极性，有力地促进了经济社会发展。当前中国收入分配方面的问题，主要是城乡、区域、阶层之间收入差距过大，贫富发生分化，已对社会和谐稳定产生了不利的影响。

消费不仅从一个方向推动社会分化，同时也是重要的社会整合机制。

---

① 参见国家统计局编《中国统计年鉴2009》，北京：中国统计出版社，2009年9月，第937页。

② 国家统计局编《中国统计年鉴2009》，北京：中国统计出版社，2009年9月，第114页。

改革 30 多年来，中国居民消费结构已从生存型、温饱型走向小康型、富裕型。城镇居民家庭的恩格尔系数已由 1978 年的 57.5% 下降到 2008 年的 37.9%，达到了富裕水平；农村居民家庭的恩格尔系数由 67.7% 下降到 43.7%，进入小康[①]。这虽然与发达国家 30% 以下的水平仍有距离，但意义重大，消费结构中科、教、文、卫等消费支出比例正在不断提高，越来越呈现出现代社会消费结构的趋高级化重要特征。另外，推动中国居民消费结构变迁的主导力量发生了重要变化，消费功能更加多样化，尤其重要的是消费的社会标识功能正在逐渐增强。

（四）空间结构：城乡、区域间的资源与机会配置不断调整

城乡结构和区域结构是社会资源和机会在空间配置而形成的结构状态。

中国城乡结构变动首先表现为城市化，即随着工业化的进程，大量农村人口转变为城市人口，传统农村社会逐步向城市社会转变。1952 年中国的城市化率只有 12.8%[②]，1978 年城市化率也只有 17.9%，26 年间仅提高 5.1 个百分点。1978 年以后，城市化进程开始加快，按城镇常住人口计算，2008 年城市化率达到 45.7%，[③] 正在接近一般公认的城市人口占总人口 50% 的城市化水平。其次，表现为城乡二元体制转型，即市场经济的发展打破了城乡资源和机会配置的行政垄断，使计划经济时期形成的城乡二元社会结构松动。1978 年开始的农村改革首先冲破了城乡二元产权制度的约束，农村在资源配置上获得了相对的自主权利，诱发了城乡体制的一系列变动。21 世纪以来，国家先后提出统筹城乡发展战略，相继出台一系列惠农举措，使农村、农民得到相当多的实惠。但是，中国的城乡差距仍然很大。

改革开放以来，中国区域发展明显分化；区域之间的互动机制从单一走向多元，东部、中部、西部等区域经济社会发展格局逐步形成，不同类型区域的经济社会发展模式和速度差异明显，社会成员之间的生活水平和发展机会落差逐步扩大。总体上看，在发展水平上东部最高、中部次之、西部最低，三大地区之间的发展差距明显。2008 年，东部地区[④]以占全国 9.5% 的土地面积和占全国 40% 的人口，创造了占全国 58.4% 的地方生产总

---

① 国家统计局编《中国统计年鉴 2009》，北京：中国统计出版社，2009 年 9 月，第 317 页。

② 参见国家统计局国民经济综合统计司编《新中国六十年统计资料汇编》，北京：中国统计出版社，2010 年 1 月，第 6 页。——编者注

③ 国家统计局编《中国统计摘要 2009》，北京：中国统计出版社，2009 年 5 月，第 40 页。

④ 包括北京、天津、辽宁、上海、江苏、浙江、山东、福建、广东、海南、河北等 11 省市。

值，中西部内陆地区则以占全国 90.5% 的土地面积和占全国 60% 的人口，仅创造了占全国 41.6% 的地方生产总值。区域结构不平衡是当前中国的基本国情，协调区域发展是当前调整社会结构的重要方面。

（五）地位结构：现代社会阶层结构初步形成

随着历史进程的沿革，制度、结构等社会因素的变迁，资源配置和机会获取方式的变动，对于阶层结构产生了深刻影响，成为当代中国社会结构核心变动的表征。

1949 ~ 1978 年，中国社会的阶级阶层结构变迁是一个简化的过程，通过社会主义公有制和计划经济体制的建立，最终形成了由工人、农民和知识分子组成的"两个阶级一个阶层"的社会阶级阶层结构。1978 年以来，随着经济体制的深刻变革，资源和机会的配置方式发生了重大变化，原来单一的中央集权配置方式转变为国家、市场、社会共同配置的方式，推动了社会结构的深刻变动，催生了诸如私营企业主、农民工等一些新的社会阶层和群体，使社会分化为"十大阶层"的社会阶层结构。[1] 在机会获取方面，总体而言，1978 年以来，特别是在改革开放初期，国家制度政策的安排，对人们社会地位的获得和沉浮，发挥着重要乃至决定性的作用，"先赋因素"作用明显。但越到后来，整个社会变得越是开放，"后致努力"逐步成为获得向上流动机会的主要规则。

新中国成立 60 年来，特别是改革开放 30 多年来，中国社会结构深刻变动，推动着一个现代社会阶层结构的初步形成。资源和机会在社会阶层的分配，构成了阶层位置的客观基础，阶层成员获取资源和机会的能力成为改变其阶层位置的重要因素。改革开放之前的"两个阶级一个阶层"结构逐渐解体，新的社会阶层逐渐形成，社会阶层结构由简单化到多元化，由封闭转向开放，现代社会阶层结构已基本形成。此外，在这种新的社会阶层结构中，中产阶层的规模不断扩大，是当代中国社会阶层结构的突出表现。据我们测算，2007 年中国的中产阶层占总就业人口的 22%，比 1999 年的 15% 增加了 7 个百分点，现在中产阶层的比例每年约增加 1 个百分点，约有 800 万人进入中产阶层。当然，必须看到，中国社会阶层结构的现代化转型远未完成，社会中下阶层比重仍然很大，中层比重偏小，整个结构总体上呈现的洋葱头形状，与现代社会应有的橄榄形状态还有一定的距离。

---

① 陆学艺主编《当代中国社会流动》，北京：社会科学文献出版社，2004 年 7 月，第 9 ~ 23 页。

三 社会结构变动对中国经济发展的贡献

社会结构的变动对于中国经济发展有着重大的贡献。在现代社会中，除了国家干预与市场调节之外，社会结构转型是影响资源配置与经济发展的另一只"看不见的手"，它既是经济增长的结果，也是社会变革的推动力量。[①]

（一）家庭经济功能的恢复推动经济发展

1949 年以后，随着社会主义改造的完成，农村土地收归集体所有，农村家庭的生产功能严重受损。1978 年以后，随着家庭联产承包责任制的实施，以家庭为单位，农民获得了土地生产经营使用权，农民家庭的生产功能得到恢复，极大地释放了农民的生产积极性，中国农业进入快速增长的新阶段。

在城镇，家庭的经济功能在 1956 年以后基本被改造掉。一方面，随着个体经济被改造，以家庭为单位的个体经济失去了存在空间；另一方面，随着国家供给制的建立，以及经济建设中"高积累、低消费"的政策安排，城镇家庭的消费功能被抑制在国家严格的制度安排之中，失去自主消费空间。改革开放政策重点由农村转向城市以后，个体经济的发展首先得到政策允许，城镇家庭重新获得了对生产资料的拥有与支配权，私营企业、个体经营户如雨后春笋般出现，揭开了城市改革的序幕。同时，随着商品经济的发展、市场的繁荣，家庭的消费功能自主回归，极大促进了商品经济的发展。

（二）就业结构调整使劳动力配置合理化

在改革开放之前，中国用工制度由国家高度统一配置，就业结构相当刚性，劳动力流动受阻。改革开放之后，随着经济体制改革，大量的农业劳动者从第一产业向第二、三产业快速转移，农民获得了非农就业的权利与机会，不仅为第二、三产业提供了急需的大量廉价劳动力，农业劳动者收入更加多元化，而且使中国成为"世界工厂"，在全球化的趋势下产品更具竞争优势。从另外一个意义上讲，大量的农村劳动力进入城市，不仅加快了城市化步伐，改变了城乡结构，而且实现了人力资源的城乡优化配置，这对于促进经济的整体发展具有重要意义。

---

① 李培林：《另一只看不见的手：社会结构转型》，《中国社会科学》1992 年第 5 期。

（三）社会组织功能的自主性回归，促进了经济体制改革

改革开放以前，国家对整个社会进行总体性控制，形成一种总体性的组织结构。[①] 1978 年以后，在中国组织结构的变化中，国家、经济与社会三大组织的功能开始朝着自主性方向回归。一是国家的总体性控制不断收缩，并且朝着规范化、法律化的方向演进，从而逐步改变了以往国家包揽一切的状况。二是企业组织的生产功能得到强化，企业的社会性功能，正被逐步分离出去，这对于市场经济的发展意义重大。三是社会生活领域的自主性不断增强，相对独立的社会组织开始发育成长。社会组织是在国家不断从社会领域退出、作为市场主体的经济组织不断剥离其社会职能同时又未能承担应当承担的社会责任的过程中发展起来的，因而它们具有以组织化的形式填补国家和企业组织退出以后在社会生活领域留下的空白的职能。从这些变化来看，各类不同组织功能的自主性回归，强化了专业分化下资源配置机制的多样化，换言之，资源和机会的配置由国家完全掌控，转变为由国家、市场、社会共同配置，从而大大提高了配置的效率，对经济增长和社会发展做出了重要的贡献。

（四）城乡结构调整使得资源、机会的空间聚集效应得以展现

城市是降低资源配置成本的地区性结构安排，城市规模越大，资源配置成本越低。改革开放以来的城乡结构变化，实质是资源、机会在城乡间的重新配置。虽然今天城市化滞后于工业化，城乡结构依然不合理，但是，改革开放 30 多年间，中国城市化速度加快，使得城乡间的资源与机会配置的效率提高，有力促进着经济的发展。一是促进了职业生产的聚集效应；二是促进了产业结构的调整；三是促进了消费主体的成长，消费的扩大又推进了经济的增长。

（五）新社会阶层的兴起和发展使得社会主义市场经济的活力倍增

在改革开放以来不断发展的新的社会阶层结构中，掌握和运作经济资源的阶层不断兴起和壮大，他们主要包括私营企业主阶层、经理人员阶层、个体工商户阶层。改革开放以来中国经济的持续快速增长，与这些掌握和运作经济资源的阶层的壮大是密切相关的。可以说，没有市场经济中这些

[①] 孙立平：《转型与断裂——改革以来中国社会结构的变迁》，北京：清华大学出版社，2004年7月。

新的社会阶层的发展壮大，中国经济的增长不可能取得今天这么大的成就。2007 年，全国的私营企业已经占国内企业总数的 62.25%，注册资金 93873 亿元，上缴税金 4771.5 亿元，[①] 已经成为推动中国市场经济发展的重要力量。此外，新社会阶层结构中的农民工阶层的出现，为国家创造了巨大财富，农民工阶层的伟大功绩，在中国工业化、现代化、城市化建设的历史上应当占有很重要、很光辉的地位。

四　当前诸多社会矛盾和问题的症结在于社会结构变动滞后

在经济增长过程中，资源与机会配置的效率优先，并非总能导致公平的实现。也就是说，经济结构的变化并不总会推动社会结构的合理变动。一旦社会结构滞后于经济结构变动，而且各种社会结构内部存在不协调性，社会矛盾和问题就会层出不穷。

改革开放以来，中国社会结构虽然发生了深刻的变化，并产生积极的经济意义，但在相当长的时期里，由于过于追求经济增长速度，社会建设受到某种程度的忽视，资源配置明显不足，社会结构调整因此而明显滞后。与此同时，计划经济体制时期形成的一些已经不合时宜的体制（如户籍制度）没有从根本上得到改变，而且改革开放以来制定的一些政策（如分配调节政策）也没有随着形势发展而及时调整，这些问题不同程度地造成或加剧了中国社会资源配置和机会获得的不公平。这样，在社会系统中，一方面是资源配置机制不合理导致社会结构变动与经济结构演变脱节，社会成员的发展差距扩大；另一方面是相当部分社会成员获得发展的资源和机会的难度加大，导致社会结构调整滞后，而且这种滞后已经超出了合理的限度。

（一）中国社会结构变动滞后于经济结构发展大约 15 年

现实发展中的若干重要指标已表明，当前中国的经济结构已进入工业化中期阶段，甚至有些指标已经进入工业化后期阶段。从产业结构的变化情况看，产业结构已经从工业化初期阶段的"一、二、三"模式转变为工

---

① 参见《中国私营经济年鉴（2006 年 6 月～2008 年 6 月）》，北京：中华工商联合出版社，2009 年 3 月，第 211～214 页。

业化中期阶段的"二、三、一"模式；从人均收入水平看，人均 GDP 或 GNP 表明工业化水平总体上处于工业化中期阶段。但是，社会结构指标还没有随着经济结构的转变而实现整体性转型，多数社会结构指标仍然还处在工业化初期阶段。比如，城乡结构变化的城市化率在工业化中期阶段应该在 60% 以上，但到 2008 年，中国城市化率仍为 45.7%；再如，在工业化中期阶段，一个国家或地区中产阶层规模的经验值一般在 22.5% ~ 65% 之间，但根据本课题组研究，2007 年中国的中产阶层规模约为 22%，表明中产阶层规模仍然处于工业化初期阶段。

经济结构与社会结构两者不但出现了结构性的偏差，而且结构性偏差比较大。比如，中国就业结构中，第一产业从业人员以改革 30 年来年均下降 1% 的速度来计算，目前的就业结构转化并达到工业化中期阶段的相应指标，需要 25 年左右；又如，就城市化率而言，如果以改革 30 年来城市化率年均增长 1% 的速度来计算，城市化率要达到工业化中期阶段 60% 以上的指标，需要 15 年多的时间；再如，就消费结构中的恩格尔系数而言，根据 30 年来，城镇和农村居民恩格尔系数每年分别下降 0.82% 和 0.71% 计算，该系数下降到工业化中期阶段的指标即 30% 以下，分别需要 9 年和 16 年左右；最后，就中产阶层规模而言，与发达国家中产阶层规模比较，如以近期中产阶层的规模每年增加 1 个百分点计算，要达到中产阶层占 40% 的水平，则需要约 18 年时间。

综合这几个指标并考虑到中国近年经济发展态势等多种因素，中国社会结构滞后于经济结构大约 15 年。如果在近期不进行相应的社会体制改革，不加大对社会建设的力度，那么，按目前的格局发展，中国社会结构的演变要到 2025 年左右才能进入工业化中期阶段。

（二）社会结构内部的各类社会结构之间也存在偏差

根据现代化过程的一般国际经验，社会结构现代化的转变要按次序经历三个转换点：首先是产值结构的转换点，即非农业产值占国内生产总值的比重上升到 85% 以上；其次是城乡结构的转换点，即城市人口占总人口的比重上升到 50% 以上；第三是就业结构的转换点，即非农业从业人员上升到全部从业人口的 70% 以上。① 到 2008 年，中国的农业产值在 GDP 中只

---

① 汝信、陆学艺、单天伦主编《2001 年中国社会形势分析与预测》，北京：社会科学文献出版社，2001 年 1 月，第 6 页。

占 11.3%；但城镇常住人口占总人口的比重仅为 45.7%，与 50% 以上的指标相差 5 个百分点；从事非农业的劳动力仅占总就业人口的 60.4%，与 70% 以上的指标相差近 10 个百分点。[①] 三者之间出现结构性偏差，这是造成当前中国"三农"问题久解不决、农民在解决温饱问题以后难以普遍富裕起来的一个结构性原因。又如，根据工业化国家的发展经验，平均每 100 人就有一个社会组织。现代社会组织是工业化、城市化社会中一支重要的整合力量，在社会管理中发挥着非常重要的作用。根据有关部门的统计，截至 2008 年底，中国相当于每 3115 人有一个社会组织，与工业化国家相差 30 多倍。

总的来说，中国社会结构变动滞后于经济结构发展，以及社会结构内部存在种种偏差和不协调，正是导致社会出现结构性紧张、诸多社会矛盾和问题不断涌现的根源所在。

五　社会结构调整的政策取向

社会结构的实质是资源与机会在社会成员中的配置。当资源、机会配置得当时，社会结构也就合理，反之社会结构便会出现不协调问题。因此，社会结构调整的基本原则就是如何最大化地实现资源、机会的公正合理配置。加快社会结构的调整，改变社会结构滞后于经济结构的局面，协调经济社会发展，这是当前中国社会结构调整的目标。

（一）社会结构调整的重点

第一，加快城市化步伐，调整城乡结构。当前，中国城市化率不仅低于世界平均水平，甚至低于不少发展中国家的水平，而且这种低水平的城市化还包括统计在城镇常住人口中的 1 亿多农民工，这部分人严格说来还不是完全的城市人。所以，大力推进城市化、改变当前这种不合理的城市化模式是迫切的任务。当然，这涉及一系列政策的调整，如城市化政策中的户籍、就业、教育、社会保障等制度方面的调整。但是，赋予进城农民工城市居民身份，使现代产业工人的经济身份与社会身份相一致，这是历史潮流。

---

① 国家统计局编《中国统计摘要 2009》，北京：中国统计出版社，2009 年 5 月，第 38、89 页，第 114 页。

第二，完善收入分配制度，调整收入分配结构。在收入分配结构方面，完善收入分配制度，逐步解决好初次分配和再分配中的不公平问题。首先，要调整宏观上的收入分配格局，增加劳动收入在初次分配中的比重。其次，要加快改革和完善社会保障体制。当前社会保障体制在不少方面存在着不合理的地方，如发达地区、优势部门、优势阶层和群体的福利与社会保障水平要大大高于一般社会群体，特别是弱势部门和阶层。社会保障等二次分配制度不应该成为优势阶层的"福利网"，而要真正成为社会弱势群体的"安全网"。

第三，规范劳动力市场，治理劳资关系，调整就业结构。一般来看，在一个国家或地区发展的不同阶段，发展的主要任务与模式会呈现出差异，就业结构、劳资关系也会有所不同。在发展的初期，许多发展中国家或地区为了吸引投资者，通常利用本国或本地区劳动力廉价的优势，相应地会在劳工保护方面降低对投资者的要求，"资强劳弱"成为这一阶段劳资关系的普遍特征。但是，随着工业化的发展，劳动法规必然需要相应调整。一方面，"资强劳弱"的劳资关系格局所造成的利益失衡与冲突，不仅有失公平，而且也影响到效率；另一方面，随着工业化的发展，劳动力密集型企业逐渐被技术密集型企业取代成为趋势，产业结构进一步调整和升级成为必然选择，这就要求劳动者要具备更高的素质，以适应工业化发展的新需要。因此，这一时期劳动关系立法的基本立场由抑制人工成本转向鼓励发展高度熟练、掌握较高技能和生产率的劳动者，能够及时实现这种转向是一个国家或地区能否成功转变发展模式的关键之一。

第四，促进中产阶层的发育，推进现代社会阶层结构形成。就目前中国社会阶层结构状况而言，社会政策调控的重点应围绕壮大中产阶层、缩小社会中下阶层、协调整合阶层利益关系展开。首先，要壮大中产阶层。在多个方面，国家已经出台了扩大中等收入者比重、提高居民财产性收入、扩张高等教育规模等具有积极意义的政策，并在实践中取得了比较好的效果。当然，目前对于中小企业的扶持，以及与中产阶层的住房、医疗、社保等相关的政策还需要进一步完善和落实。其次，要缩小社会中下阶层规模。主要是农业劳动者阶层和无业失业半失业者阶层的规模要缩小，同时提高这些阶层成员的经济社会地位及待遇。为此，需要积极增加就业，促进农村劳动力转移，为无业失业半失业人员创造就业机会，尽可能使他们业有所就，劳有所得。还需要继续关注农民工的权益保障，使他们能以各种形式融入城市。同时，要注意社会上层与底层之间利益关系的整体协调，减少和缓和二者之间的利益冲突。

（二）社会结构调整的具体政策建议

第一，加快推进社会建设，调整公共资源配置格局，提高公共产品供给的普惠水平。在社会建设的新阶段，应该下决心调整公共资源配置格局，从以往较多地倾斜于经济建设相关领域转向倾斜于社会建设相关领域，增加对教育、医疗、科技、文化等社会事业的投入，加快社会事业的发展，实现资源的合理配置。这样才能改变经济发展与社会发展不平衡、不协调的困境。

第二，推进社会管理体制的改革。以往重视经济管理体制的改革，重视经济结构的调整，是必然的时代要求。但现在则需要更加重视社会管理体制改革，促进社会自我的发展和成长。当前的重点是要加快户口、就业、社会保障、社区建设等方面的体制改革，这是解决诸多经济社会矛盾、构建社会主义和谐社会的重要环节。

第三，不断加强社会利益整合机制建设，确保社会安定有序。由于中国社会结构转型是在政策体制变动、经济体制转轨、利益格局调整的背景下展开的，不同利益群体的分化随之而出现。从总体上看，当前的利益整合机制调整滞后于经济社会发展的需要，种种利益关系状况走向，突出表现为城乡之间、区域之间、社会阶层之间的利益矛盾和冲突多发。与此同时，社会结构定型化、系统化甚至固定化的趋势也已开始出现。这些都使得加强社会利益整合机制建设、确保社会安定有序显得更加重要和迫切。

第四，积极推进政府职能转变。长期以来，中国政府一直是"经济建设型政府"。在计划经济体制下，政府直接是经济建设的主力。改革开放以来，即使在社会主义市场经济体制已经确立起来以后，由于计划经济时期思维惯性的影响，政府过多干预微观经济的问题仍然没有彻底解决好，公共服务被忽视和边缘化在所难免。而这些问题不是单纯靠发展经济、靠政府直接从事经济活动就能解决的。因此，中共十七大报告明确提出了建设"服务型政府"的目标，这就要进一步理顺政府与市场的关系，政府要真正转向"以社会建设为中心"，将发展经济、提高效率等事务更多地交给市场。

第五，进一步发展壮大社会组织。首先，要尽快改革社会组织登记注册管理制度、双重管理制度、分级管理制度，逐步摒弃非竞争性原则，消解社会组织发展的"注册困境"。一切不违反国家宪法和相关法律的社会组织，一切旨在促进社会公益和合法成员共同利益的社会组织，应该直接准予注册登记。要解决好现行挂靠制度造成被挂靠机构不愿承担管理责任的困境，让社会组织成为独立社团法人，独立承担必要的法律和政治责任。其次，要深化社会管理体制改革，切实实行政社分开，同时改革与社会组织发展息息相关的公共资源和社会资源的分配制度，消解社会组织发展的"融资困境"。通过政社分开的改革，从体制上改变国家与社会组织之间的行政化"脐带"关系，使大多数行政化社会组织尽快实现社会化转型，大规模减少国家导向的社会组织数量，增加社会导向的社会组织数量。

中国未来 30 年的主题是社会建设[*]

中国经济拉美化的坎儿已经过了，目前每年有七八百万人从社会底层流动到中层，中国经济高速发展再保持 20 年不是问题。但为什么大家吃饱饭、有衣穿、有钱花，还有意见？因为中国的社会结构不合理，由此产生诸多的社会矛盾。就社会发展规律来说，经济建设是第一步，第二步就是社会建设。今后 30 年，重点就在社会建设。

一 经济的坎儿已经过了

从我们社会学家的角度来看，中国经济的发展已经相当不错了。现在大约是人均 3500 美元。中低等发达国家的收入也就这样。有些经济学家说中国现在还有几个关没有过，我认为，从经济上来说，1000 美元到 3000 美元的拉美化的坎儿已经过去了。中国走上社会主义市场经济的道路以后，发展的形势就已经不可逆转了。现在大家都在预测中国 GDP 总量什么时候超过日本，有人说 2009 年就超过了，即使没有真正超过也就是两三年的事，再过些年总量赶上美国也问题不大。我对经济形势的估计是乐观的，中国8% ~ 10% 的高速发展至少能保持 10 年以上，甚至 20 年都问题不大，因为中国潜在的需求很大。

与中国相比，主要发达国家的经济走势会怎样？需求缺乏就是一个很大的问题。日本、美国，它们的市场潜力已经用尽，地铁修了、高速公路修了，一家一套房，它们还能卖给谁啊？都是人均 3 万美元了，还能往哪儿发展？而中国就不一样，城乡差距、地区差异这么大，差别就是潜力。现

---

* 本文原载于《绿叶》2010 年 Z1 期，第 156 ~ 159 页，发表日期：2010 年 1 月 15 日。——编者注

在一个城里人的消费就等于五个农村人的消费，但我们的农村不可能老这样啊？现在我们已经提出要统筹城乡发展、区域发展，这后面的潜力有多大？要是全国的30多个省会城市都发展成北京、上海这样，600多个中小城市也蓬勃发展，这会是一种什么样的大场面、大机会？现在中国开始发展轨道交通，各个都市圈的高铁时代即将来临，这又意味着什么？可以说，我们还有70%~80%的潜力在后面，中国应该是大有希望的。

二 中国未来主题是社会建设

十一届三中全会以后，经济建设变成了首位，"以经济建设为中心，坚持四项基本原则，坚持改革开放"，我们都已经小康了。中央在十六届四中全会以后又提出社会建设，现在是"四位一体"：经济建设、政治建设、文化建设和社会建设，社会建设的重要性凸显出来。就社会发展的规律来说，经济建设是第一步，第二步就应该是社会建设。真正把社会建设搞好，调整社会结构，积极发展科技、教育、文化等。

未来30年，中国的主题应该是社会建设，这将是一个以调整社会结构为重点的时代。以经济建设为中心，这不要变，但经济建设不是唯一。你看现在大家都能吃饱饭、有衣穿、有钱花，为什么还有意见？说明这个社会还有问题。社会建设不够，公平、正义的理念缺乏。十六届六中全会提出，在以经济建设为中心的条件下，把和谐社会的建设放到突出的位置上来。2008年金融风暴后，社会建设强调的少了，有相当一部分地方还是GDP挂帅。经济高速发展的时候居民的收入差距应该是缩小的，但我们现在是什么样？看看日本、韩国，还有我们的台湾省是不是这样？一些领导讲"1000美元到3000美元是一个坎儿，这是关键时期"，其实这个并不是一个规律性的东西，这只是一种经验。为什么东亚国家没有拉美化？就在于东亚注意了社会发展，注意调整社会结构，积极倡导公平、正义的理念。反观拉美国家就没有，拉美的社会结构到现在仍然没有太大的改变。

三 中国的社会结构断裂了吗？

现在也有一些社会学家认为，现在中国价值观念断裂，更重要的是社会阶层断裂了，特别是在1998年以后，整个社会固化了。不可否认，在20世纪80年代的时候，手上有个几千块钱就可以办个小企业，那个时候小学还未毕业的都可以下海成为大款，现在不行了。表面看起来中国社会已经定型了，联盟、垄断、通吃，基层的人起不来了，老板为富不仁，官员腐败……但仅仅根据这些还远不能判断中国社会就此定型。

前不久我大概梳理了一下，中国社会上下流动的速度在加快，从社会底层流到中层的人员，估计每年有七八百万人，即每年基本上增加 700 万到 800 万的中产阶层。这个数当然是有统计的，第一，现在每年增加近 100 万个老板。咱们 1981 年以前一个老板都没有，1981 年开始有老板，1989 年是 20 万个老板，现在已经超过 1500 万。历史上来看，平均每年增加 50 多万个，这些老板绝大部分是中产，这没问题吧。第二，现在每年增加 100 万个个体工商户。现在个体工商户总数是 3300 万个，1978 年是 15 万个，30 年来几乎每年增加 100 多万个。说他们都是中产不可能，假设其中 20% ~ 30% 是中产，那每年也有 30 万成为中产。第三，你看农村那些专业户，养鱼的，养虾的，养牛的，养鸡的，还有那些种塑料大棚的，一个大棚的收入不比你们少。这些有多少人呢？总量至少超过 100 万。平时我们总是笼统地说中国有七亿农民，但仔细一分析，中国每年包括农民在内有 1% 的人社会地位得到提升，那就是 700 万啦，不是小数！

我这种人都是从折腾年代过来的，这 30 年没有折腾了，至少是没有大折腾，你看，农村在变，都在往好的方向变。今年你家盖楼，明年我家盖房，即使是再穷的地方也在变。有很多学者说现在农村是日渐凋敝，这是相比城市来说，相比改革开放的成绩来说，农村变化的速度的确慢了一些，但相比 30 年前的吃不饱、穿不暖，已经是变化很多了。所以，我们一些学者要经常到农村、到工厂、到工人家里去看看。我刚从海南回来，宋庆龄的老家，我刚才说养鱼、养虾的就是这里的农民，他一网拉上来就值很多万。我是长期跟踪农村这些地方的，说的东西都有根据。

总体来说，中国现在正处在一个比较不错的时代，这 30 年中国是在大步前进的。当然，中国需要解决的问题太多太多，但总得有个先后顺序之分，不可能一下子全解决，很多东西是水到渠成的事情。我们举个例子，在 20 世纪 80 年代的时候，我们就提出农民负担太重，喊了多少年也没大动作，但 2005 年不就解决了嘛。现在农民种田国家给补贴。所以有很多问题，到了某个时候，有了那个条件，要解决起来也很快。你想一想以前卖茶叶蛋比造导弹的赚得多，像我们这种研究员还不如出租车司机挣得多。但经过这些年的发展调整，这种倒挂的事情没有了吧？所以现在发展中碰到的很多问题，很难说用什么法子来解决的，自然而然的过程，只要走对了路，不合理的东西到时候就会得到解决。

四　社会核心价值观的沉淀是一个漫长的过程

当然一些人还是看到一点，现在的中国社会缺少一种共识，缺少一种大家都认同的价值观念。党的十六届六中全会就在深刻揭示社会主义核心价值观的内容，马克思主义要时代化、大众化……这几个化是很有道理的。但是要打造具有社会共识的价值观，短期内难以形成。

中国这个民族绵延几千年，四大文明中只有中华文明没有断过，无论是儒家、道家、法家，这些理念都与中国国情相符合，它们都具有一种较强的社会能力。仅仅学经济学还不够，必须学历史、学哲学，才能深刻理解中华文明的内涵。社会核心价值观的沉淀是一个漫长的过程。在孔夫子之前的 2500 多年，中国的社会结构就发生了巨大变迁，他总结了前 2500 年的东西，《论语》这本经典一万多字，就是这 2500 年的精髓。另外一个就是老子的 5000 字的《道德经》，同样是博大精深。到了 500 年后的西汉，"罢黜百家，独尊儒术"，中国从那以后，大一统的思想基本延续到现在。但期间并非没有任何变化，随着历史的发展，社会整体的价值观念也在变化。西汉的儒学可以说是外儒内法，到了唐代整个道德观念又乱了，因为唐多半有少数民族血统，伦理道德乱得一塌糊涂。到了南宋，出了朱熹这么个大家，他综合了儒释道，开创了南宋理学。历史经验表明，整个社会的核心价值观一定是综合各种文化，应时代的要求而成。五千年的文化是封建主义，西方的文化叫资本主义，苏联的文化叫修正主义，这些全都打倒了唯我独尊，这行吗？总的来说，未来应该要出这样的人，也肯定会出这样的人，把中国几千年来优秀的传统文化和外来的文化综合起来，其中当然包括马克思主义，开创出一套新的价值体系。这种人不是我们这一代能出的，得你们这一代，甚至还要好几代才能出来，同时这也意味着中华民族的真正复兴。

社会建设的理论与实践[*]

  2004 年 9 月召开的党的十六届四中全会有两个重大理论贡献：一个是提出构建社会主义和谐社会，另一个是提出社会建设这个概念和理论。我国改革开放以来有三个大的理论，第一个是社会主义初级阶段理论，第二个是社会主义市场经济理论，第三个是社会主义和谐社会理论，和谐社会符合中国的传统，跟小平同志提出的小康社会是一样的。十六届六中全会专门就关于构建社会主义和谐社会若干重大问题做了决定，谈到了今后就是要建设有中国特色的社会主义现代化的国家，要坚持以经济建设为中心，这个不能动摇，但同时要把社会建设、构建和谐社会的建设放在特殊重要的地位。党的十七大又进一步把社会建设修改到党章里面去，使我们原来的总体布局，即经济建设、政治建设、文化建设三位一体又加入了社会建设。

  和谐社会跟现代化一样是一个宏大的战略目标。社会建设是建设和谐社会的手段，和谐社会要通过社会建设，当然也需要经济建设、文化建设等方面，现在又提出了生态建设的问题。

  社会建设的主体可以是政府，也可以是社会组织，比如说企业、团体、民间组织等，第三个是公民，是群众。社会建设的原则即公平公正，社会建设的目标是实现社会和谐的进步。社会建设的目的是社会安全运行。社会建设的动员机制是建立各个阶层的利益协调机制，充分动员民众建设社会，重建社会管理体制。十六届四中全会前，社会建设和社会管理都被称作社会发展，具体研究一下，社会发展与社会建设还是有区别的：社会发

---

  * 本文原载于上海社会科学院社会学研究所主办的内部刊物《社会学（智库报告）》2010 年第 2 期。该文系陆学艺于 2010 年 3 月 19 日在上海社会科学院社会学研究所建所 30 周年纪念大会上所作的学术报告的录音整理稿。——编者注

展是指社会由简单到复杂、由初级到高级的一个有规律的变化过程，它本身不以人的意志为转移；而社会建设则是社会的某一个阶段有目的、有计划进行的社会变化，是有主观意识的行为。社会发展是各种主客观因素相互作用的。马克思说的社会发展本身是一个历史过程，而社会建设是有目的的社会行为。社会发展本身是不能按照自己的意愿控制的，而社会建设是比较具体的、可以控制的，因而也可以量度、可以调控。

关于社会建设的主要内容，有的人把它理解为社会事业的建设，就是科、教、文、卫、体的建设。在国外有很多教育、医疗、社会保障，这叫公共产品的提供。显然，如果把社会建设单单理解成社会事业的建设是不够的。社会事业的建设是社会建设的一部分。从大的方面来划分，社会建设可以划分为实体的建设和制度的建设。社会实体的建设，如社区建设、发展社会组织、办学校、办医院等都是实体的建设、社会环境的建设。至于社会制度的建设，比如社会结构的调整、社会流动机制的建设、社会利益关系的建设，这是看不到的，但是它很重要，当然还有社会保障体制的建设、社会安全体制的建设等。从我们国家来看，社会建设可以包括三个方面：第一个是社会事业的建设，是看得见、摸得到的一个大的建设；第二个就是社会管理；第三个是社会结构的调整与构建。

社会事业是科、教、文、卫、体、社会保障、社会实力环境等，党的十七大把它概括为民生事业，这是我们重点要推进的事业。党的十七大提出要把民生作为重要的社会建设放到特殊重要的位置上。这些年民众呼声很高，现在"两会"期间，许多代表、委员都提出"四大难"问题——上学难、看病难、养老难、住房难，特别是上海、北京没有买到房子的人是一个大问题。这些问题怎么解决好是与老百姓息息相关的，而且是整个社会安定的问题。这是社会事业。

第二个就是社会管理。社会管理也包括两部分，一部分是建立相应的社会组织，社区、社会工作、社会治安，这是我们政府要管的事，搞社会规划、社会评价等。这些年我们医院、学校、政府大楼造得富丽堂皇，硬件可以，但是我们的管理有问题，我们的学校管理、我们的医院管理、我们的社会管理，是个大问题。

社会组织总体来看包括三部分：企业组织、国家组织和民间组织。民间组织在中国现在发展得很不理想。咱们原来是卡经济，办一个公司、办一个企业很难，后来通过经济改革解决了。现在有很多的卡口卡社会组织。按说计划经济过渡到市场经济以后，民间组织应该承担起原来政府无暇顾及的那部分职能。但是咱们一边管不了，一边又不放心，所以建一个民间组织很难。有人要搞一个基金会，办一个什么民间组织，很难。现在人家搞一个组织咱们就很紧张。全国到现在为止只有 30 多万个民间组织，万分之几的事，国外是 300 人左右就有一个组织。总体来说，市场经济以后，政府不要管那么多事了，它应该把这些事让给民间组织，社会组织本身是一个综合社会、帮政府搞好管理的机构。

社会结构调整与构建的核心任务是要构建一个现代化的社会结构，社会建设要完成这个任务。我们现在地方干部也好，学者也好，对经济结构已经很明白了。我们比如说到县里去、到区里去，县长、县委书记给你介绍说我的 GDP 是多少，一产多少，二产多少，三产多少，张口就来，但是你问他社会结构就不行了。社会结构跟经济结构一样，是一个国家最重要的、最基本的两个结构，这两个结构是相辅相成的。经过改革开放 30 年建设，通过经济的发展，我们把经济结构改变过来了，但是社会结构还没有改过来。社会结构是指一个国家或者地区中占有一定资源或者是机会的社会成员的组成。社会成员可以是个人，也可以是团体。现在我们的社会结构，它跟经济结构原则上是互相支撑的。经过多年的建设，我们的经济结构已经达到了工业化的总体目标，但是我们的社会结构还是工业化的初级阶段。工业化国家的总体社会结构应该有好几项，比如城市化率应该在60% 以上，在就业结构里面农业劳动力应该在 16% 以下，阶层结构里面中产阶层应该占 40% 左右。但是我们一直到 2008 年，城市化率才 45.7%，农业劳动力占 39.7%，[①] 中产阶层占 23.0%。这个数据只相当于工业化初级阶段的数据。我们国家现在的麻烦就是这样的，你的经济结构已经往前了，经济已经搞得很不错了，国外都很羡慕，但是社会结构还在工业化的初期。两个基本结构一个是木结构的，一个是砖结构的，这个就麻烦了。理论上分析我们为什么有这么多的社会问题，人家不好理解的就是说你原来不是穷吗，现在好了，你怎么还有这么多的问题？原因就在于这两个结构不协调、不切合。所以要解决这些问题，必须要调整社会结构，使这个社会结构能够跟现在的经济结构相吻合。这就要通过我们的社会建设，这是我们社会建设工作者的任务。

和谐社会的目标大家清楚，党的十六大提出社会要更加和谐，公民安居乐业，现在乐业了不安居，社会治安不行。社会治安情况怎么样，看一

---

① 国家统计局编《中国统计年鉴 2009》，北京：中国统计出版社，2009 年 9 月，第 89、114 页。

个地方窗户封的铁窗就知道了。一层楼那是防君子的，这个没事；二、三层有铁窗户，坏了，你要小心了；四层、五层楼有铁窗户相当严重了。现在南方有些市里面到十八九层还有，有的连阳台都封起来了。

现在我们社会学的队伍实在太小，国外我去调查过，经济跟社会两大学科，社会学有 100 人的话，经济学就是 150 人、160 人这样的比例。中国因为一是这几年搞以经济建设为中心扩大了经济学，另外呢，社会学受到院系调整的打击，1952 年把这个学科给取消了。原来中国的社会学还可以，学苏联把它取消了。我 1957 年进北大的时候没有社会学这一专业。苏联 1956 年恢复了社会学。北京被取消专业的社会学家们在 1957 年大提意见，当然还有别的原因，结果把他们遣散了。他们又开了一个会集合起来，上书要求恢复社会学。1957 年一网打尽，社会学家基本上都是"右派"，从费孝通先生到费先生的老师吴文藻等。所以不光是社会学被取消了，而且是把这批人都打在地下了，1979 年才得以恢复。现在社会学发展得很快，全国大概有 200 个社会工作系，有 80 多个社会学系，但是硕士点很少，博士点更少，所以它培养师资和更高端一点的人才就有问题。社会学的博士点有 16 个，上海 3 个、北京 4 个、武汉 3 个，这三个地方就占了 10 个，西南、西北这两个大区，一个博士点都没有。社会学界的学风也存在许多问题，有相当一部分学者把美国来的、欧洲来的、中国香港来的那一套作为经典，现实问题研究的少，包括社会建设研究等。我觉得社会学到了应该为国家、为社会建设、为和谐社会构建起作用的时候了。中国的社会主义现代化建设需要社会学，社会学要在参与中国的社会主义现代化建设过程中成长和发展起来。

要实现构建社会主义和谐社会的重大战略，必须有组织上的保证。凡是要实现重大的战略任务，理论再好，写得再完美，文件再精彩，但是没有人去落实，没有组织去落实它都不行。举个修地方志的例子。全国 2000 多个县志目前已全部修完，现在第二次又在搞了，这是历史上从来没有过的。你甭管再穷的县，都有一个县志办，都有几个人在那里搞。而且几次机构改革都没有改动它，不管怎么样也是一个局级单位。县委书记、县长都很重视这个事，再穷的地方出版经费也都有保障，因为它可以出书立传。

十一届三中全会通过了两个农业文件。邓小平同志提出发展农业，先搞农村改革，先搞农村建设，先建立中国农业委员会，国务院副总理兼任农委主任。现在有人说农村率先改革什么的，其实哪是农业率先改革啊，早改革肯定是大儿子那里，是工业，国有企业，问题是改不动，改了多少年还是改不动。农业是计划经济里面的薄弱环节，它在计委里面是根本领不上户头的。你们去翻 1978 年、1979 年的文件、报纸看看，改革率先突破农村，因为它是计划经济的薄弱环节，跟革命一样的。有的国企地方大厂，行政级别比当地的行政领导都大，他们怎么改得动？家庭联产承包责任制，20 世纪 80 年代的农村真是不得了，城乡差距在缩小，农村那几年好得很。后来把农村政策研究所砍了，农村要搞城镇化，几千万、上亿人的行动，没有人去制定政策，没有党委来牵头，没有这个组织，其他地方也不管，你说怎么弄？

　　关于计划生育，20 世纪 80 年代国外骂我们的声音不得了，另外中国有多子多孙、多子多福的传统观念，我们中国从孔夫子、孟子那里都是这样，不孝有三，无后为大，没有孩子不行。我们先搞了计划生育，特别是到了 80 年代初更是下决心搞一对夫妇生一个孩子。如果不采取这种断然的措施，现在人口不得了，到底是多少人我说不清楚，但肯定是超过 13 亿了。中国太大了，各种情况复杂，2000 年全国人口普查，花了好几十亿元，几百万人去调查，最后合成的时候跟头一年的人口还是对不上茬。如果我们不搞计划生育，今天 16 亿人，你再有本事也不行了。如果早听马老先生的话，那么咱们可能现在是 10 亿人左右。经济政策弄错了，三年两年可以把它弄回来，冷了可以热一点，热了可以冷一点，社会学一错就是几十年，所以，我觉得社会政策研究者身上的担子是很重的。

　　社会建设一定要有投入。前几年经济搞得好是牺牲了农业，牺牲了农村，牺牲了社会事业，牺牲了环境。教育改革搞教育产业化，卫生改革搞医疗产业化，这个国外都叫公共产品，应该是政府干的事。国外建飞机场、造大飞机、建汽车厂那都是老板的事，而不是政府的事。咱们政府的财政收入很大一部分是干这个了。卫生部副部长有个讲话，说群众医疗费用负担的比例比改革前高，那你的财政干吗去了？教育也是，教育经费 4% 是已经立了法的，到现在还是实现不了。国外叫多建学校、少建监狱。学校不是要提高素质嘛，你教育好了，犯罪率就低了，所以监狱就少了。你现在学校建少了，那你的监狱就大了。搞社会建设一定要进行改革。我们现在的社会体制或者叫社会事业体制、社会管理体制，有相当一部分是当年计划经济体制时期留下来的，包括我们社科院，包括大学。这两个地方我工作了几十年，不能说一点没有改，但是基本格局没有动。改革的任务还很重，潜力也很大。我们现在很多问题与原来计划经济时期提出的东西有关，因为它牵涉利益。比如现在要搞城市化，城市化里面就有一个户口改革，户口改革已经讨论多少年了。发展乡镇企业，来了一个"离土不离乡"，国外听了都不知道是什么意思。后来又加了一个叫"农民工"。农民工是什么意思？农民是个职业，工人也是个职业，这个人到底是干什么的？我说农民是身份，工人是职业，戴了这么一个帽子，几十年都不变。现在有些人觉得，户口制度改不改跟我没关系。我说你应该问问农民，这个紧箍咒啊，就是孙悟空头上这个紧箍咒愣是不肯改。2007年公安部找我们去帮他们修改这个文件，我原来以为是公安部反对改革，事实上他们也想改啊。后来他们跟我说，在国外户口是民政系统管的，公安部肯定不是管这个的。他可以有户口的指标，但他不是搞户籍管理的，国外有些护照根本不是在公安部门拿。我说户口制度改革真要通过了，9亿农民都要感谢你，这远比公安部门年年搞"三个严打"效果都好。农民工已经30年了，现在是第二代农民工了，90后的都来了，都是咱们自己教出来的孩子，而且这些农民工跟他们的父辈完全不一样了，所以你现在还用老办法对待他肯定会出事。我为什么说社会学这么重要，跟这个有关。我们社会建设改革的任务很重，有的很不容易改，但是不改的话有很多东西过不去。

我对中国经济发展的未来是很乐观的。经济7%～8%的增长保持到2020年不会有问题。有的同志说我们这个资源缺那个资源缺，你知道世界上最缺的资源是什么吗？就是市场。现在讲日本、德国啊，他不是生产上不去，而是没有市场。中国有这么一个大市场，是有潜力的市场，所以中国再搞十年二十年的8%不会有问题。只要保持这个8%，经济再翻番是没有问题的。未来20～30年是中国城镇化的大浪潮。农民变成市民这是拦不住的，因为农业不需要这么多人，同样的这些粮食能够保持得住。2010年咱们的总人口是13.3亿，如果城市化率可以搞到47%，城镇人口6.3亿；2020年人口14.2亿到14.3亿，城市化率搞到56%，那么城镇人口达到8亿；2030年总人口达到15亿，城市化率达到65%，那么城镇人口能达到10亿。农业社会的主体是农民，工业社会结构的主体是工人。现在看来农业也不需要这么多人，工业也不需要这么多人，所以将来第三产业服务者或者是白领或者是中产阶层会越来越多，这是世界的格局。日本、欧美国家中产阶层都是在60%以上，有的到70%。在中国，我们估计2010年末达到24%～25%，现在已经23%～24%了，那么中产阶层的人口1.9亿，中产的人口包括家庭一共是3.3亿。2020年中产阶层达到35%以上，总人口中中产人口有5个亿。到2030年中产阶层达到45%，总人口中中产人口是

6.8 亿~7.0 亿。中国不能说我们经济搞好了什么都好了，不是的，还要进行社会体制的改革、社会建设，未来 30 年经济建设还要继续，但是要以社会建设为重点，把社会结构建设起来，使社会结构跟经济结构相吻合，一个现代橄榄型的社会结构建起来了，这个社会就成功了。

关于加强社会建设及其他若干
问题的意见和建议[*]

一　对目前形势的基本判断

经济快速发展，政治基本稳定，社会矛盾凸显。总的形势是好的。党的十六大提出的"六个更加"都已有很大的进展和成就。

当前突出的问题是经济社会发展不平衡、不协调、不可持续。具体表现为社会矛盾多发、经济犯罪增加、群体事件居高不下，近几个月来又发生了虐杀儿童、报复社会等恶性案件。

这都是因为自 20 世纪 90 年代中期以来，随着经济高速发展，社会急剧转型，一些地方和部门在企业改制过程中有大批国有企业职工下岗，农村征地、城市拆迁、医患纠纷等方面，没有做好工作。

总的来说，在大变革、大调整、大发展的背景下，这些矛盾难以完全避免，但还是处于可控的状态。集中起来说，影响社会和谐的因素，城市是拆迁、房产问题，农村是土地问题、户籍问题。实质是收入分配问题。蛋糕做大了，但蛋糕没有分配好，规则不当，一些分蛋糕的人心不正。

二　抓住主要矛盾，解决经济社会不协调、
一条腿长一条腿短的问题

十六届三中全会总结出五个不协调：城乡、地区、经济社会、国内外、

*　本文源自作者手稿。该文稿系陆学艺于 2010 年 5 月 17 日上午在人民大会堂同华建敏谈话的提纲。原稿无题，现标题为本书编者根据谈话内容拟定。——编者注

人和自然关系的不协调，提出了科学发展观、五个统筹，这是一大功劳。但没有指出主要矛盾是经济社会的不平衡、不协调。经济上去了，社会滞后了。

十六届四中全会的功劳：提出"构建社会主义和谐社会"和"社会建设"两大理论。

《当代中国社会结构》一书，花了 4 年，10 余人研究。该书指出我国当前经济结构已经处在工业化中期阶段，社会结构还处在工业化初期阶段。对照国际理论测算，社会结构滞后经济结构大约 15 年。

当前我国经济建设孤军深入。经济发展第一是对的，但唯一就不对了。由此带来社会结构调整滞后，两个主要结构之间彼此矛盾、不协调。中央已经发现了问题，2003 年提出科学发展观，2004 年提出构建社会主义和谐社会和社会建设，2006 年作出《中共中央关于构建社会主义和谐社会若干重大问题的决定》。但是，2008 年世界金融危机来袭。为应对危机，转入保增长、保民生、保稳定是对的，但一些地方、部门又转到经济唯一的老路上，使不少问题加剧了。

十七大的功劳：把社会建设明确写进党章，把中国特色社会主义建设总体布局由"三位一体"改为"四位一体"。从总体上说，还是要重申十六届六中全会《中共中央关于构建社会主义和谐社会若干重大问题的决定》，把构建社会主义和谐社会大旗高高举起，把社会建设放到突出的位置上来，这是得人心的、符合发展规律的，得到了全世界的响应。

十七大明确从以改善民生问题为重点的社会建设入手抓社会建设是对的，但还不够。社会建设的内涵还应包括：（1）社会体制改革和加强社会管理；（2）社会结构的调整和构建；（3）现代社会规范的建设，社会风气的向善向好，真善美。

三　具体建议

1. 不要就事论事，学毛泽东的《矛盾论》，抓住主要矛盾。现在采取救火队的方式，堵截的办法，层层设防、行政化的办法不行。重申十六届六中全会《中共中央关于构建社会主义和谐社会若干重大问题的决定》的精神，把社会建设放到突出位置上来，重点抓社会建设。（1）组织力量把社会建设的理论说清楚。什么是社会建设？为什么要重点抓？怎么进行社会建设？（2）总结各地社会建设成功实践的典型和经验教训。

2. 召开一次社会建设工作大会。（1）在中国特色社会主义建设"四位一体"的总体布局中，把社会建设提上来，明确把四大建设的排序改为：经济建设、社会建设、政治建设、文化建设；（2）把解决主要矛盾、抓社会建设的道理在全党讲清楚。

3. 从组织上落实，建立社会建设工作委员会。这是经验。如当初组建农工部、农研室、计生委一样，战略任务要有组织落实。北京 2007 年宣布成立了社会工作委员会和社会建设工作办公室，2008 年奥运会后正式运作，2009 年建到各区县。2009 年上海也建立了社会工委和社建办公室，有了初步的实践，效果是好的。但还没有明确建社会工委的任务、职能，社会工委和社建办公室干什么？怎么干？实际工作中为什么遇到困难？社会工委不能作为一般部门来建，不是抓具体的科教文卫体，也不是抓社区、抓社会组织，而是要抓宏观协调、规划。为什么讲了 6 年社会建设，经济、社会不平衡的问题还没有解决，还相当不和谐？不能说没有重视，没有抓手，而是体制上不顺，组织上没有落实。要把社会建设工作委员会建成像发改委那样的单位。

具体做法：从发改委中把社会司（发改委 35 个司局中，只有一个社会司，统管全国的教科文卫体，不行、不够，也不可能，根本管不过来的）拿出来，建立社会工委，由一个常委、一位副总理主管。从中央到省、地（市）县都要建社会工委，主要是抓社会建设的规划、宏观调控、协调。组织全社会的力量、千军万马。

计委、发改委这套做法还是可以用的，补市场经济的不足，国家宏观调控市场。但是计委、发改委主要是抓经济的，原来就有。苏联的经济社会从来没有协调过，垮就垮在社会体制、社会结构、社会事业、社会建设落后上了。中国的计委，早有"工业计委""经济计委"的批评。把社会建设的战略任务分出来，另建社会工委是必要的，不搞具体事务，就是党和政府的宏观规划、调控协调部门。上海浦东的社会发展局有过实践，广东佛山、顺德正在试点，成立社会建设工作部，实践表明是成功的。

4. 社会工委建立后的任务。社会工委建立后的第一件大事，就是进行社会建设、社会矛盾、社会关系的大调查，摸清家底。首先是：到底有多少人？是些什么人？他们居住在哪里？户籍情况是制定社会政策的依据。其次是社会阶层状况调查，各阶层的状况，各阶层之间的关系，劳资关系，官民关系，城乡关系，民族关系，等等。社会工委建立后的第二件大事，制定 2010 年、2020 年、2030 年的社会建设规划。中央、省、市、县、乡都要做规划。像 20 世纪 80 年代制定经济发展战略一样，抓上 3 年、5 年、8年，把社会建设搞上去。经济、社会协调了，再重点推进政治建设。社会建设规划的内容包括：科、教、文、卫、体等社会事业建设，社会结构的调整，社会体制的改革和建设，社会管理，等等。目前国家正在制定"十二五"规划，建议把社会建设规划吸收进去。

四　其他几个问题

1. 经济是搞上去了。经济基础打好了，社会已经转型了，已经是工业社会、城市社会，已经真的站起来了（政治上 1949 年、经济上 2009 年站起来了）。但是社会这个关（坎）还没有过，还有危险。苏联就垮在没有过社会这一关，苏联经济建设是成功的，成了世界第二，超级大国，科教也发达，但社会结构没有大变，社会体制是行政化的。

中国要引以为戒，我们十六大就提出"六个更加"，2004 年十六届四中全会提出"构建社会主义和谐社会"和"社会建设"，2006 年十六届六中全会作了《中共中央关于构建社会主义和谐社会若干重大问题的决定》，注意到、认识到这个问题了，上下都知道一条腿长、一条腿短的问题，只是抓的还不够，还没有痛下决心。这是个大坎儿。但总体还是稳定的，这些问题是可以解决的。只要经济是可持续发展的，社会主义共同富裕这个大旗不丢，改革开放大旗不丢，那么前途就是乐观的，我们有这个信心。

2. "三农"问题是个结构问题，目标是城乡一体化。农村要进行第二步改革，破除城乡二元体制，过改革的大关。要抓紧解决户口管理问题，建立城乡一体化的户籍登记制。最关键的是土地问题。农村改革的关键是向城市国企改革学习，明晰产权，把土地使用权还给农民，使之成为自然法人，有财产权，他们的土地、宅基地、房产能够平等地进入市场。

3. 县一级问题严重了。30 年不搞运动，县以下干部不流动，已经板结，结成团了。好事能摆平，坏事也能摆平。官民矛盾已经相当严重，诸多的恶性群体事件大多数发生在县、县级市这一层级。河南有个县网上曝光全县公示新任近 20 名科级干部，80% 是官二代。但也不要把问题看得过于严重，还是可以说大部分官员是好的。所以社会基本稳定，经济快速发展。

流官制度也不好，七种职务避籍是不对的。县以下可以先实行普选制，从乡镇直选开始，30 年村民自治是基本成功的。

4. 农村的问题，县以下的干部问题，是从 1994 年财政体制改革以后逐渐严重的。1993 年底国务院作出《关于实行分税制财政管理体制的决定》，确定从 1994 年 1 月 1 日开始实行。这次财政体制改革是成功的，财政收入增加了，中央占的比重增加了，当时矫枉过正是必要的。但是，现在中央、省两级很富，地一级还可以，县以下太穷。他们要过日子，维持运转，所以只能向下拿，占地、抓房子，变着法挣钱。这个问题要解决，要增加县以下财政收入，事权、财权要一致。

5. 中央要带头让利给中西部各省份。小平同志讲，2000 年就该反哺了[①]。

6. 土地问题。农业问题是可以解决的。中国这点地可以养活中国人，靠政策、靠科技可以解决问题。现在的粮食不止 1.1 万亿斤。18 亿亩耕地红线要守住。城镇住宅可向浅山区进军，上海崇明岛每年增 $10 km^2$，江苏、山东每年增 $100 km^2$。关键是所有制。集体所有制是怪胎，斯大林搞的，要恢复合作制。中央要放权让利，把土地使用权还给农民。对地方政府进行转移支付，政府养官，不要再打农民的主意。

7. 经济建设靠的是放权让利。原来计划经济包打天下，结果是什么都管。改革开放，政府放手了，经济就上去了。社会建设也不能包打天下，让地方、让社会组织、让人民群众自己去建，还是那句话：人民群众创造历史。诚如此，社会建设不要二三十年就能建设起来。

五　关于社会科学的问题

社会科学已经落后，这一点小平同志 1979 年就提出来了。30 年来，社会科学有进步，队伍扩大了，但大师没有了。至今人事部没有批一个人文社会科学的一级教授。

---

① 邓小平同志在 1992 年南方谈话中指出："走社会主义道路，就是要逐步实现共同富裕。共同富裕的构想是这样提出的：一部分地区有条件先发展起来，一部分地区发展慢点，先发展起来的地区带动后发展的地区，最终达到共同富裕。如果富的愈来愈富，穷的愈来愈穷，两极分化就会产生，而社会主义制度就应该而且能够避免两极分化。解决的办法之一，就是先富起来的地区多交点利税，支持贫困地区的发展。当然，太早这样办也不行，现在不能削弱发达地区的活力，也不能鼓励吃'大锅饭'。什么时候突出地提出和解决这个问题，在什么基础上提出和解决这个问题，要研究。可以设想，在本世纪末达到小康水平的时候，就要突出地提出和解决这个问题。到那个时候，发达地区要继续发展，并通过多交利税和技术转让等方式大力支持不发达地区。不发达地区又大都是拥有丰富资源的地区，发展潜力是很大的。总之，就全国范围来说，我们一定能够逐步顺利解决沿海同内地贫富差距的问题。"（参见《邓小平文选》第 3 卷，北京：人民出版社，1993 年 10 月，第 373～374 页。——编者注）

　　1989 年政治风波以后，社科院行政化，各地照此仿办。外行管内行。所谓所长年轻化，按行政人员的管理办法，所长 60 岁一律退休。队伍散了，地位弱了，钱多了。

　　中国的许多问题恰恰是社会科学落后，基础研究抓得不够。社会建设提出 6 年了，定义、内涵、怎么搞都没有搞清楚；"中产阶层"概念没有人提。社会学落后了，中央领导关于加强社会学学科建设的批示未落实。

　　科技是第一生产力，社会科学同样重要，社会科学也是科学。

关于成立国家社会建设委员会的建议[*]

改革开放以来，我国经济建设取得了举世瞩目的成就，人民日益增长的物质文化需求同落后的社会生产之间的矛盾得到很大程度的解决。但是，社会领域的矛盾近些年来开始大量显化，社会冲突不断，群体性事件蔓延，成为影响社会稳定与和谐的不利因素。

对此，自党的十六大以来，我们党提出和谐社会的战略目标与社会建设的战略思想，得到了社会各界的广泛支持，深得民心。近年来，各地积极开展社会建设的实践，并取得了不少值得借鉴的经验。其中，2007年中共北京市委市政府成立了社会工作委员会（社会建设办公室），负责统筹社会建设的具体开展。2009年上海也成立了相应的组织机构。这些职能部门使得社会建设有了组织保障，有了开展的主体，有力地推动了社会建设的开展。但是，从现有的情况来看，也出现和面临不少的问题，这主要表现在以下两方面。

一方面，社会建设缺乏组织落实。除了北京、上海之外，其他各地社会建设没有相关的职能部门来具体负责全面统筹，社会建设是由相关部门各自为政进行的。从我们的调研来看，这种条块分割、缺乏全面统筹的局面，造成资源很大的浪费，影响着社会建设的开展。此外，社会建设的诸多领域是相互关联的，如户籍改革，涉及公安、民政、教育、就业等诸多职能部门，没有一个更高级别的职能部门来全面统筹，社会建设面临的诸多难题是难以解决的。

另一方面，现有的社会建设统筹组织职能定位不清。虽然北京、上海成立了专门开展社会建设的职能部门，但是这些社会建设职能部门究竟是负责对整个社会建设进行宏观统筹协调，还是就社会建设的具体领域开展

* 本文源自陆学艺署名的打印稿，该稿写于2010年6月。——编者注

实际工作，这个是没搞清的。从实际情况来看，目前这些职能部门开展的工作是后者。如北京市社会工作委员会成立了社区建设处、社会组织处，但这些工作与民政部门出现了业务交叉，可以说是社会工作委员会在抢民政局的活，这种职能的重叠，不仅是种浪费，而且政出多门，反而不利于工作的开展。

新中国成立六十来年开展建设有一条基本经验，就是国家决定的任何一个战略任务要得到充分的贯彻与执行，必须要在组织上落实，要有组织、有干部去贯彻执行才能实现。例如我们抓经济建设，建立了计委、经委、基建委和多个经济部门，还有经济体制改革委，中央财经领导小组，终于取得了极其辉煌的伟大成就。再如计划生育是天大的难事，但从上至下建立了计生委，认真贯彻实行，取得了极大的成功。

从现有的实践来看，极有必要建立专门的组织机构来落实和推进这一战略任务。首先，社会建设是中国特色社会主义现代化建设总体布局中的一大建设，当前要重点进行社会建设，推进经济社会协调发展，促进社会和谐，这需要组织落实。其次，社会建设本身是一项庞大的系统工程。社会事业、社会组织、社会管理和社会安全等方面的工作，都已经有了相应的机构和部门在做。现在要紧的是要整合这些社会工作的资源，协调组织各方面的力量，形成合力，把这件大事办好。

因此，建议像改革开放之初为了开展经济建设成立国家计划委员会那样，为更好地开展社会建设，成立"国家社会建设委员会"。"国家社会建设委员会"的定位是统筹社会建设相关职能部门，对整个社会建设进行宏观管理，开展调查、研究、组织、协调、规划、调控，充分整合资源，使各项社会建设工作有序有效地进行。目前，这些方面的很多工作，都是由国家发展和改革委员会社会司来承担的，而社会司只是国家发展和改革委员会 35 个司局中的一个，显然不能胜任社会建设这个重大任务。这也是"经济这条腿长，社会这条腿短"的状况这么多年一直没有改变的重要原因。建议把社会司的职能连同现有的人员和资源，独立出来，组建与国家发展和改革委员会并列同级的"国家社会建设委员会"，全面统筹科技、教育、卫生、文化、体育、公安、社会保障、就业、住房等社会领域的建设。这样做，有利于更好地贯彻落实中央关于将社会建设摆在更加重要位置的方针，有利于更好地改变经济社会发展不平衡的局面，有利于更好地整合资源，打破社会建设领域条块分割欠整合的状况，有利于更好地推进社会主义和谐社会建设！

当代中国社会结构与社会建设[*]

一 对当前经济社会形势的分析

当前中国的总体形势，可以概括为：经济高速发展，政治基本稳定，社会矛盾凸显，文化繁而未荣。总的形势很好，2002 年十六大提出的六个"更加"，都取得了很大的成就和进展。

改革开放三十多年来，就经济和社会发展来看，中国的 GDP 从 1978 年的 3645 亿元增长到 2008 年的 300670 亿元①，按不变价计算，经济总量增长 15.5 倍，年均递增 9.8%，人均 GDP 增长 12 倍，年均增长 8.6%，2008 年，

---

* 本文原载《统筹城乡经济社会发展论坛通讯》（中国社会学会农村社会学专业委员会主办的内部刊物）2010 年第 7 期（2010 年 8 月 15 日），第 1～13 页，初稿写于 2010 年 3 月 19 日，定稿于 2010 年 6 月 14 日，本文为完整稿。同年 6 月 16 日作者以此为题在中央民族大学民族学与社会学学院发表演讲，内容有调整和压缩；6 月 18 日报送中国社会科学院领导，并得到后者的批示。该文首次以本题公开摘要发表于《学习时报》2010 年 8 月 30 日第 4 版，刊发时有较大删改，特别是删去了"当前中国社会的主要矛盾"等相关内容。《红旗文稿》2010 年第 18 期、《新华文摘》2010 年第 22 期等转摘了《学习时报》文。该文还较为完整地以《当前中国社会生活的主要矛盾与和谐社会建设》为题公开发表于《探索》2010 年第 5 期（2010 年 10 月 15 日），以《当代中国社会结构变动中的社会建设》为题公开发表于《甘肃社会科学》2010 年第 6 期（2010 年 11 月 25 日），以本题发表于《北京工业大学学报》（社会科学版）2010 年第 6 期（2010 年 12 月 30 日），以《当前中国经济社会形势与社会建设》为题发表于《新视野》2011 年第 5 期（2011 年 9 月 10 日），发表时均有少量删改。人大复印报刊资料《社会学》2011 年第 3 期转载了《北京工业大学学报》（社会科学版）文，人大复印报刊资料《中国特色社会主义理论》2012 年第 2 期转载《新视野》文。《社会建设论》（陆学艺著，北京：社会科学文献出版社，2012 年 3 月）和《中国社会结构与社会建设》（陆学艺著，北京：中国社会科学出版社，2013 年 8 月）两部文集收录了《新视野》文，《社会建设论》还收录了 6 月 16 日作者在中央民族大学民族学与社会学学院的演讲。——编者注

① 国家统计局编《中国统计摘要 2009》，北京：中国统计出版社，2009 年 5 月，第 18 页。

人均 GDP 达到 3268 美元，[①] 综合国力有了极大的提高，人民生活普遍改善，中国进入了中等收入国家，这是巨大的成就，怎么估计都不为过。在经济方面捷报频传的同时，社会矛盾、社会冲突大量增加。1978 年，全国刑事犯罪 55.7 万件，2008 年为 488.5 万件，增长 8.77 倍；1978 年社会治安事件 123.5 万件，2008 年为 741.2 万件，增长 6 倍。群体性事件 1994 年开始统计，有 1 万多起，2008 年有 9 万多起。各种社会问题、社会矛盾、社会冲突此起彼伏，负面的消息也是频传。

如何正确分析认识这种纷繁复杂的经济社会形势？采取有效的策略解决这些问题，使社会主义现代化大业又好又快地前进，这是我们面临的新任务。

长期以来，在经济建设为中心的大背景下，我们已经习惯用经济理论和方法来观察分析问题，用经济手段和政策来解决问题，这在一定阶段是必要的，而且也确有实效，解决了很多问题，但是，当经济社会发展到新的阶段，出现了经济报喜、社会报忧的矛盾和问题时，就有必要同时运用社会理论和方法来观察分析问题，采取必要的社会政策来解决问题。

二　当前中国社会的主要矛盾

进入 21 世纪以来，在全球化、市场化、工业化、信息化和城市化的大潮中，中国的发展面临新的形势，"我国已进入改革发展的关键时期，经济体制深刻变革，社会结构深刻变动，利益格局深刻调整，思想观念深刻变化。这种空前的社会变革，给我国发展进步带来巨大活力，也必然带来这样那样的矛盾和问题。"[②] 当今中国，活力四射，光彩夺目，吸引着全世界的眼球。农业连续六年丰收，经济坐三望二，改革发展成就辉煌；在另一方面，群体事件、民工跳楼等负面消息很多。国内主流媒体一片光明，大会小会齐声颂扬，但网络、短信、私家聚会、民间谚语多半消极，令人担忧。5 月某文摘报头版载两则消息：一则是福建偷渡民工，在欧洲被截；另一则是富豪们到北美买豪宅、定居。为什么国家发展得这样好，不少人赞扬为盛世的时候，还有这么多人要往国外跑？

---

① 根据国家统计局编《中国统计年鉴 2009》（北京：中国统计出版社，2009 年 9 月）第 37、41、724 页数据计算所得。

② 《中共中央关于构建社会主义和谐社会若干重大问题的决定》，北京：人民出版社，2006 年 10 月，第 3 页。

三十多年来，中国发生了如此巨大的变化，这是许多人没有预料到的。与此同时也产生了种种社会矛盾和问题，这也是许多人没有预料到的。如何认识和分析这种复杂而又相互矛盾的形势？

毛泽东在《矛盾论》中指出："在复杂的事物的发展过程中，有许多的矛盾存在，其中必有一种是主要的矛盾，由于它的存在和发展规定或影响着其他矛盾的存在和发展。""任何过程如果有多数矛盾存在的话，其中必定有一种是主要的，起着领导的、决定的作用，其他则处于次要和服从的地位。因此，研究任何过程，如果是存在着两个以上矛盾的复杂过程的话，就要用全力找出它的主要矛盾。捉住了这个主要矛盾，一切问题就迎刃而解了。"①

当前，出现了这样多的矛盾和问题，如何来认识？第一，要弄清楚这是些什么矛盾和问题，第二要弄清楚其中哪些是主要矛盾和主要的矛盾方面，第三要提出解决这些主要矛盾和主要矛盾方面的方法和策略。

对此，我们有一个逐渐认识的过程。

2002年11月党的十六大报告中说，"我国正处于并将长期处于社会主义初期阶段，现在达到的小康还是低水平的、不全面的、发展很不平衡的小康……城乡二元结构还没有改变，地区差距扩大的趋势尚未扭转，贫困人口还为数不少"。到2020年，要"全面建设惠及十几亿人口的更高水平的小康社会，使经济更加发展、民主更加健全、科教更加进步、文化更加繁荣、社会更加和谐、人民生活更加殷实"。② 在这六个"更加"中，第一条是经济，第二条是政治，后四条都是要通过社会发展才能实现的。

2003年，经历了一场"非典"危机的冲击。当年10月召开的党的十六届三中全会指出，存在着城乡、地区、经济与社会、人与自然、国内和国外之间发展等方面的不平衡，明确提出要"坚持以人为本，树立全面、协调、可持续的发展观"，并指出要"统筹推进各项改革，努力实现宏观经济改革和微观经济改革相协调，经济领域改革和社会领域改革相协调。""及时化解各种矛盾，确保社会稳定和工作有序进行。"③ 经济和社会发展必须

---

① 《毛泽东选集》第1卷，北京：人民出版社，1991年6月版，第320页，第322页。

② 江泽民：《全面建设小康社会，开创中国特色社会主义事业新局面——在中国共产党第十六次全国代表大会上的报告》，《中国共产党第十六次全国代表大会文件汇编》，北京：人民出版社，2002年11月，第17～18页。

③ 《中共中央关于完善社会主义市场经济体制若干问题的决定》，北京：人民出版社，2003年10月，第13页，第34页。

相互协调，不能一条腿长、一条腿短。要适当深化社会领域的改革，为加快社会发展提供体制保障。

十六届四中全会，主要是讨论加强党的执政能力建设的问题，指出要不断提高驾驭社会主义社会市场的能力、发展社会主义民主政治的能力、建设社会主义先进文化的能力、构建社会主义和谐社会的能力、应对国际局势和处理国际事务的能力，并就此作出了相应的决定。文件公开发表之后，得到了全党全国的普遍响应，反响最强烈的是关于构建社会主义和谐社会和社会建设，认为这是党中央提出的新战略、新理论和新概念。一时"和谐社会""社会建设"成为热门话题，各地关于建设和谐地区、和谐农村、和谐城市、和谐企业、和谐社区的议论很多。党中央顺应民意，2005年春节后中央就举办省部级主要领导干部专题研讨班、就构建社会主义和谐社会与社会建设的理论和实践问题进行研讨，并随后在全国大规模开展起来。

2006 年 10 月，党的十六届六中全会审议通过的《中共中央关于构建社会主义和谐社会若干重大问题的决定》明确指出："新世纪新阶段……我们党要带领人民抓住机遇、应对挑战，把中国特色社会主义伟大事业推向前进，必须坚持以经济建设为中心，把构建社会主义和谐社会摆在更加突出的地位。"[①]

2007 年，在党的十七大报告中，单设一节，名为"加快推进以改善民生为重点的社会建设"。"社会建设与人民幸福息息相关。必须在经济发展的基础上，更加注重社会建设，着力保障和改善民生，推进社会体制改革，扩大公共服务，完善社会管理，促进社会公平正义，努力使全体人民学有所教、劳有所得、病有所医、老有所养、住有所居，推动建设和谐社会。"[②] 十七大通过的《中国共产党章程（修正案）》中，把党的奋斗目标，由原来的"把我国建设成为富强民主文明的社会主义国家"改为"把我国建设成为富强民主文明和谐的社会主义现代化国家，""把经济建设、政治建设、文化建设三位一体的社会主义事业总体布局"改为"经济建设、政治建设、文化建设、社会建设四位一体的中国特色社会主义事业

---

① 《中共中央关于构建社会主义和谐社会若干重大问题的决定》，北京：人民出版社，2006 年 10 月，第 2～3 页。

② 胡锦涛：《高举中国特色社会主义伟大旗帜 为夺取全面建设小康社会新胜利而奋斗——在中国共产党第十七次全国代表大会上的报告》，《中国共产党第十七次全国代表大会文件汇编》，北京：人民出版社，2007 年 10 月，第 36 页。

总体布局"。① 这充分反映了我们党对共产党执政规律、社会主义建设规律、人类社会发展规律认识的科学化。

从这些年的实践来总结，在纷繁复杂的矛盾中，经济发展和社会发展不平衡、不协调应当是当前中国社会的主要矛盾。正如《矛盾论》指出的："不能把过程中所有的矛盾平均看待，必须把它们区别为主要的和次要的两类，着重于捉住主要的矛盾"，"万千的学问家和实行家，不懂得这种方法，结果如堕烟海，找不到中心，也就找不到解决矛盾的方法。"②

三　对经济社会发展不平衡、不协调矛盾的结构性分析

从理论上分析，经济发展和社会发展不平衡、不协调，也就是经济结构和社会结构不平衡、不协调。经济结构与社会结构是一个国家或地区的两个最基本的结构，两者互为表里，相互支撑，互为基础。一般而言，经济结构变动调整在前，带动影响社会结构的变化，社会结构调整了，也会促进经济结构的完善和持续变化。所以，经济结构与社会结构必须协调，相辅相成。经济结构不能孤军独进，社会结构可以稍稍滞后于经济结构，但这种滞后有一个合理的限度，超过了这个限度，就会阻碍经济结构的持续变化。现阶段中国的经济结构，在经济体制改革、经济持续快速增长的推动下，已经达到了工业化社会中期阶段的水平，但是，中国现在的社会结构严重滞后于经济结构。

（一）中国的社会结构已经发生了深刻的变化

社会结构同经济结构一样，是由若干个分结构组成的，主要包括人口结构、家庭结构、就业结构、城乡结构、区域结构、组织结构和社会阶层结构等。改革开放以来，在经济体制改革、经济高速发展、经济结构变化的推动下，社会结构也发生了深刻的变动。例如就业结构，1978 年时劳动力在三次产业中的就业状况是一产占 70.5%，二产占 17.3%，三产占 12.2%；2008 年变化为一产占 39.6%，二产占 27.2%，三产占 33.2%。

① 《中国共产党第十七次全国代表大会文件汇编》，北京：人民出版社，2007 年 10 月，第 144 页。
② 《毛泽东选集》第 1 卷，北京：人民出版社，1991 年 6 月版，第 322 页。

1978 年我国的二、三产业职工人数只有 11835 万人，2008 年二、三产业有 46826 万人，30 年共增加 34991 万人，平均每年增加 1166 万人。非农产业的劳力从 1997 年开始，已经占 50.1%，超过了 50% 的临界点，进入了工业化国家的就业结构。[①] 又如城乡结构，1978 年我国的城市化率为 17.9%，2008 年我国的城市化率为 45.7%，平均每年提高 0.91 个百分点。1978 年，我国的城镇人口有 17245 万人，2008 年达到 60667 万人，30 年增加了 43422 万人，平均每年增加 1447 万人。[②] 再如社会阶层结构，已经从"两个阶级、一个阶层"的结构，转变为由国家和社会管理者阶层、经理人员阶层、私营企业主阶层、科技专业人员阶层、办事人员阶层、个体工商户阶层、商业服务业人员阶层、产业工人阶层、农业劳动者阶层和失业半失业人员阶层等十个阶层构成的社会阶层结构。

这样大的社会结构变动，是中国历史上从未有过的。清朝末年，李鸿章、梁启超等人惊呼：中国正在发生"几千年来未有之变局"，他们只是看到了这个变局的发生，改革开放才使这个大变局真的在中国实现了。自周秦以来，中国一直是个农业国家，是个农业社会的社会结构。直到 1978 年，农民仍占 82.1%，只能说还是个农业国家的社会结构。真正发生这个大变局、转变为工业国家社会结构的是这三十年。但是因为我们在进行经济体制改革、经济大发展、经济结构大调整的时候，没有适时抓好社会体制的改革，没有适时抓好社会建设，没有适时抓好社会结构的调整，因而与经济结构的变化相比较，我国现在的社会结构是落后了。

（二）当前中国的社会结构滞后于经济结构约 15 年

据我们课题组的研究，我们现在的社会结构还是工业社会初级阶段的水平，而经济结构已经是工业社会的中期阶段的水平。我们经过对比和测算，当前的中国社会结构大约滞后于经济结构 15 年。

有人会问，改革开放 30 年，怎么会滞后 15 年呢？这是因为早在 1978 年，我们的社会结构已经比经济结构落后了。例如，在 1978 年，我国的二、三产业在 GDP 中已经占了 72%[③]，但当年在二、三产业就业的劳动力，只占 29.5%，而农业劳动力占到 70.5%，1978 年城市化率只有 17.9%，可

① 国家统计局编《中国统计年鉴 2009》，北京：中国统计出版社，2009 年 9 月，第 114 页。
② 国家统计局编《中国统计摘要 2009》，北京：中国统计出版社，2009 年 5 月，第 39、40 页。
③ 参见国家统计局编《中国统计年鉴 2009》，北京：中国统计出版社，2009 年 9 月，第 38 页。

见，1978 年的社会结构已经比经济结构落后很多了。改革开放 30 年来，如前所述，我们不仅没有扭转这种状况，反而是更加严重了。还以就业结构、城乡结构等为例，根据外国学者钱纳里等人的研究，在工业化中期阶段，就业结构中，二、三产业的职工应该占到总劳动力的 80% 以上，但 2008 年中国的二、三产业就业职工只占总劳动力的 60.4%，差了 20 个百分点。过去 30 年，非农劳动力平均每年增加 1.03 个百分点，需要 20 年才能持平。以城市化为例，工业化中期阶段，城市化率应该达到 60% 以上，但 2008 年中国城市化率只有 45.7%，差了 14.3 个百分点。以过去 30 年城市化率每年增加 0.91 个百分点计算，需要 15.7 年才能达到。再以社会阶层结构而言，工业社会中期阶段，中产阶层占比应该达到 40% 以上。2008 年中国只有 23%。如以近来每年中产阶层规模增加 1 个百分点计，要 17 年才能达到。当然，这是指现有社会体制运行状况下会是这样。如果我们能及时进行社会体制等方面的改革，那么，社会结构的变动就会加快，将会较快缩小并消除这个差距。

总体来看，当前我国的经济结构已经是工业社会中期阶段的结构，而社会结构还处在工业社会的初期阶段，存在着严重的结构差，这是中国经济社会发展中最大的不协调，也就是我们常说的存在"一条腿长、一条腿短"的畸形尴尬状况，这是当今中国产生诸多经济社会矛盾和问题，而且久解不决的结构性原因。

"三农"问题为什么长期解决不好？说到底，"三农"问题也是个结构性问题。我们搞工业化，但没有按社会发展规律搞城市化，用种种办法把农民封闭在农村里。工业发展了，农业发展了，但农民从 1952 年的 50319 万，[①] 到 2008 年反而增加到 95500 万（农业户籍人口），按现在统计，农村常住人口还有 72135 万[②]。经济结构调整了，社会结构没有相应地调整，这是由此产生诸多矛盾的典型案例。2008 年，在 GDP 中，农业只占 11.3%[③]，但在就业结构中从事农业的劳力占 39.6%，在城乡结构中，当年农村的常住人口占总人口的 54.3%[④]。也就是说，在 2008 年占 39.6% 的劳力，创造了 11.3% 的财富，这不是农业劳动生产率太低了吗？这不是中国农民不能

① 国家统计局国民经济综合统计司编《新中国六十年统计资料汇编》，北京：中国统计出版社，2010 年 1 月，第 6 页。
② 国家统计局编《中国统计年鉴 2009》，北京：中国统计出版社，2009 年 9 月，第 89 页。
③ 国家统计局编《中国统计年鉴 2009》，北京：中国统计出版社，2009 年 9 月，第 38 页。
④ 国家统计局编《中国统计年鉴 2009》，北京：中国统计出版社，2009 年 9 月，第 89 页。

干，不好好干，而是现有的结构和体制，他只能种这点田，他种了1000亩田，其他900多人干什么？吃什么？54.3%的农村人口，分配11.3%的财富，农民岂能不穷？而所有这些问题都可以说是结构问题、体制问题引起的。因为这样的结构，是计划经济时期形成的户口、就业、劳保等一系列体制形成的城乡结构，不改革这些社会体制，不破解城乡二元结构，"三农"问题就解决不了。

又如扩大内需的问题。从1995年，我国就提出要扩大内需，十多年了，内需还是扩不上去。加入WTO，外贸迅速发展，商品过剩问题，稍有缓解。国际金融危机一来，出口成了问题，再次提出要扩大内需问题。为什么总是扩大不上去呢？这本来是经济问题，但光靠调整经济结构是解决不了的。现存的城乡二元结构体制，把农民固化在农村，即使不干农活了，找到了二、三产业的工作，但是户口不能动，进城只能当农民工，成为城市的非正式的常住人口。他们住在城市干活，但消费还是农民式的消费。农民有巨大的消费需求，但他们无钱购买。有人计算过，三个农民只顶上一个城市人口的购买力，如果把现在已经进城来的务工经商的2亿多农民逐步转变为城市居民，就将增加数以万亿计的消费。不改革这种城乡二元经济社会体制，只用经济办法，内需能扩大吗？

四　中国进入社会建设的新阶段

进入新时期以来，关于住房、教育、医疗、养老等民生问题日益突出，城乡差距、地区差距、贫富差距持续扩大，官民关系、劳资关系等社会阶层关系矛盾显化，土地征用、房屋拆迁、企事业改制等引发的社会不稳定问题增多，贪污腐败等大案要案频发，一些地方杀人、绑架等暴力犯罪增加，诈骗、抢劫、盗窃等刑事犯罪案件上升，特别是各种群体性事件居高不下，近几年瓮安事件、石首事件、吉林通钢事件接连发生，影响恶劣，使得经济社会稳定问题日益突出，近来又发生虐杀儿童、富士康民工跳楼事件。面对这些复杂多变的社会矛盾和问题，我们显然不能用"头痛医头，脚痛医脚"的救火式的办法来解决，也显然不能只用经济的理论和方法来应对，有一段时间有人提出用"花钱买平安"来解决，这只能解决一时，不是治本的办法。

中国的革命与建设是分阶段推进的。在不同的发展阶段，形势变了，就要采取不同的战略和策略。这是我们的基本经验。前面已经说过，"我国已进入改革和发展的关键时期"，新时期的特征是经济建设已取得很大成功，工业化已达到工业国家的中期水平，但社会结构还相当滞后，由此引发了诸多社会矛盾和问题，对照国外一些现代化国家的发展经验看，我们已经从经济建设为主的阶段，进入了经济社会协调发展的新阶段。新阶段的任务，是要在继续抓经济建设的同时，也要进行社会体制的改革，重点进行社会建设，抓好社会管理。十六大以后，特别是在十六届四中、六中全会以后，提出要构建社会主义和谐社会和社会建设的战略思想，明确指出，"必须坚持以经济建设为中心，把构建社会主义和谐社会摆在更加突出的地位。"①

这些判断和决定都是十分正确的，各地区、各部门贯彻落实了这些中央文件的决定和精神，效果也很明显，各地和谐社会、平安社会的建设也已比较普遍地展开，社会矛盾有所缓和，一个明显的例证是刑事犯罪率下降了。但在 2008 年国际金融危机冲击以来，这当然要认真应对，但是在一些地区和一些部门，又转到抓 GDP 挂帅的路上，把和谐社会的建设放松了，社会矛盾和问题又反弹上升。

五　新阶段社会建设的主要任务

十六届四中全会、六中全会以来，我们对构建社会主义和谐社会做了比较深入的研讨，进行了大量的宣传，使广大干部和群众有了认识，而且还宣传到了全世界，收到了很好的反响。比较而言，关于社会建设的研讨，要相对弱一些。就两者的关系来说，社会主义和谐社会是我们要为之长期奋斗的宏大的战略目标，社会建设是战术部署，是手段。构建社会主义和谐社会要通过社会建设等一系列的建设来实现。

（一）关于社会建设的含义

社会建设就是为适应国家由农业农村的传统社会向工业化城市化的现代社会的转变，适应人们的生产方式、生活方式和人际关系发生的深刻变化，积极面对由此产生的各种社会问题，有组织、有目的、有计划进行的各种有利于改善民生，建立新的社会秩序，促进社会进步的社会行动与过

---

① 《中共中央关于构建社会主义和谐社会若干重大问题的决定》，北京：人民出版社，2006 年
10 月，第 3 页。

程。社会建设的主体，是政府、社会组织和民众，社会建设的原则是以人为本，坚持公平和正义，社会建设目标是实现社会和谐和社会进步。

（二）社会建设的主要内容

新中国成立之后，在大规模进行经济建设的同时，也大规模地进行了社会建设。只是那时没有用社会建设的概念去指称它，而把它分别归到经济建设、政治建设或文化建设的名下。改革开放以后，我们又把社会领域的建设都称为社会发展。其实社会建设与社会发展是两个概念，有异有同。十六届四中全会把社会建设与构建社会主义和谐社会同时明确提出来，使中国特色社会主义建设的总体布局由原来的经济建设、政治建设、文化建设三位一体扩大为包括社会建设在内的"四位一体"的新格局，是适应了中国进入新世纪以后经济社会发生了新变化，适应了全国贯彻落实科学发展观、建设社会主义和谐社会的新要求。因此社会建设的任务很重，是一个庞大的系统工程。

既要加快推进各项社会事业的建设，为十多亿人民提供良好均等的社会公共服务，又要进行社会体制的改革，创新社会政策，完善社会管理，其核心任务是构建一个与经济结构相适应、相协调的社会结构。

有人认为社会建设就是科技、教育、文化、卫生、体育、社保等社会事业的建设，这显然是把社会建设的含义理解窄了。作为中国特色社会主义建设总体布局"四位一体"中的社会建设，其含义和内容要宽广、深刻得多。概括来说社会建设主要有以下四个方面的任务。

1. 社会事业建设

过去我们一般把科研、教育、卫生、文化、体育等统一称为社会事业，其实，从实践看，劳动就业、收入分配、社会保障、住房等民生事业建设，也应该是社会事业。社会事业同人民群众的生产生活密切相关，关系到每个家庭和个人的福祉和前途。因为教育、医疗、社保、文化等事业，面对的是全体民众，所以不少国家把这些社会事业称为公共产品或公共服务。改革开放以来，我国的教育、医疗、文化、社保等各项社会事业都有了很大的发展，使城乡居民的生活有了很大改善，享受到了一定水平的公共服务。

但是，在 1990 年代中期以后，我们的有些地区和有些部门把经济建设中心强调到了唯一的地步，致使科、教、文、卫、体等的建设相对滞后了，出现了就业难、上学难、看病难、养老难、住房难等问题。这也是社会矛盾增加的原因之一。十七大专门做出了"加快推进以改善民生为重点的社会建设"的决策，非常正确。这既顺应了广大人民群众的要求，也有利于经济社会协调发展，有利于促进社会和谐，很得人心。

但要真正做到"学有所教、劳有所得、病有所医、老有所养、住有所居"① 还有很多工作要做。从近些年的实践看，应该再加上"业有所就"，并放在第一，这是民生之本，这就像农民要有田种一样，城镇居民如果没有就业，一切就无从谈起。所以，各地正在推进解决零就业家庭的问题，这是一项善举。搞好社会事业，改善民生，就是让全体社会成员，共享改革发展的成果，这是建设和谐社会的基础性任务。

2. 社会体制和社会规范

一个和谐的社会，应该是社会体制合理和社会规范有序的社会。我们国家已经从农业、农村社会转变为工业社会、城市社会，人们的生产方式、生活方式发生了根本性的变化，整个社会体制就要相应变化，应该按照社会发展规律，建设好新的社会体制，建设好新的社会规范，社会才能和谐有序进行。

在社会体制方面，就当前来说，应该建设好中央和地方的体制、城市和乡村体制、劳动就业体制、收入分配体制、社会流动体制、社会各阶层利益关系协调体制等。有学者提出要重建社会，形成国家、市场、社会三足鼎立的格局，是有道理的。建设新的社会体制，这是个大问题，需要从长计议。但有一点是肯定的，当下现存的城乡分割的二元经济社会体制，这是计划经济体制的遗产，与现行的社会主义市场经济体制很不相称，由此产生了许多的经济、社会问题，必须首先破除，不能再犹豫不决了（例如现行的城乡分治的户籍体制，必须尽早改革）。新的社会体制，就将在破除这些过时的旧体制的基础上，逐步建立起来。

新社会新体制要有新的社会规范。中国的农业社会几千年，农业文明很发达、完整，在世界是领先的。现在转变为工业社会、城市社会，就应建设好工业文明、城市文明的社会规范。例如应该建好保证新社会生产、生活有序进行的法律、法规，人人有遵法守规的习惯，要建设好适应新社会的伦理道德规范。当然，在原来的农业文明中一些具有普遍意义的优秀传统的规范，还应该继续保持和发扬，使之逐渐融合到新的社会规范中，

① 《中国共产党第十七次全国代表大会文件汇编》，北京：人民出版社，2007 年 10 月，第 36 页。

形成新的中华文明。

最近发生的残杀全家，残杀自己的父母、妻子乃至儿女的事件，残杀幼儿园无辜儿童的事件，令人震惊，旷世鲜闻。这是说，社会连起码的规矩都没有了，没有做人的底线了，表明社会规范出了大问题，很值得我们深思。

3. 社会管理和社会安全体制

完善社会管理，保证社会正常有序，维护社会稳定，是构建社会主义和谐社会的必然要求。要创新社会管理体制，整合社会管理资源，提高社会管理水平。十六届四中全会提出了"党委领导、政府负责、社会协同、公众参与的社会管理格局"①，这个决定符合客观实际需要，各地区正在贯彻落实，效果是好的。从几年来的实践看，有两个问题值得重视。

一是要重视县域社会的管理。中国有 2000 多个县，县城所在地的镇，1980 年代时，一般只有几千人，多则几万人。多数是由城关镇管理，既管农村农民，也管居民。现在的县城都已发展起来了，少则几万人，多则几十万人。大马路、大商场、楼堂馆所都建立起来了。但基层组织、社区建设等还没有跟上来，多数还是由城关镇统管。基本上还是农村式的管理，由此引发了很多社会矛盾，社会治安状况也不佳。这些城镇总共有几千万、上亿人口，还处于没有相应有效的组织管理的局面，这种状况亟须改善。要通过建立社区组织，完善基层社区管理网络，增强社会组织的服务功能，加强社会治安管理，使城镇社会管理完善起来。

二是在发达地区，因为有宽裕的人力、物力和财力，他们把基层社区做大了，原来有的居委会是个自治组织，没有脱产干部。现在有不少城市的居委会（也叫社区），派去了十多人、几十人的脱产干部（多数是事业编制），使基层自治组织行政化。有人认为这是为了加强社会管理，很有必要，也有人认为这样的社会建设反而把社会建小了，这是个值得商榷的问题。

4. 调整社会结构

一个国家或地区，最主要和最基础的是经济结构和社会结构，这两个结构一定要协调，相辅相成。前面讨论过，我国现在的经济结构已经是工业社会的中期水平，但社会结构还处于工业社会的初级阶段，这是产生诸多经济社会矛盾和问题的结构性原因。我们现在的任务是要继续深化改革，

———

①　《中共中央关于加强党的执政能力建设的决定》，北京：人民出版社，2004 年 9 月，第 25 页。

转变经济发展方式，通过重点加强社会建设，推进社会体制改革，创新社会管理，加快社会结构调整的步伐，构建与经济结构相适应、相协调的现代社会结构，改变"一条腿长、一条腿短"的状况，推进经济社会协调发展。

社会结构的核心结构是社会阶层结构。社会阶层结构的标志性指标是中产阶层的比重。2008 年，我国的中产阶层的人数只占总就业人员的 23％。离现代化国家应有的两头小、中间大的"橄榄型"的社会阶层结构还有很大距离。前面讲过，即使达到工业社会中期水平的社会阶层结构也还差很多。由此，也可以看到，我们社会建设任务的繁重。

六　关于推进社会建设的几个问题

十六届六中全会明确指出："构建社会主义和谐社会是一个不断化解社会矛盾的持续过程。我们要始终保持清醒头脑，居安思危，深刻认识我国发展的阶段性特征，科学分析影响社会和谐的矛盾和问题及其产生的原因，更加积极主动地正视矛盾、化解矛盾，最大限度地增加和谐因素，最大限度地减少不和谐因素，不断促进社会和谐。"[1] 在现阶段，中国社会的主要矛盾是经济结构和社会结构不平衡、不协调的矛盾，这种结构性的矛盾，是产生当今诸多社会矛盾和问题的根本性原因。因此，我们有必要重申十六届六中全会《中共中央关于构建社会主义和谐社会若干重大问题的决定》（以下简称《决定》），把社会主义和谐社会建设摆在更加突出的地位，重点加快推进社会建设，努力改变经济这条腿长、社会这条腿短的状况，使经济社会协调发展。

如何抓好社会建设？现成的经验就是要像抓经济建设那样抓社会建设。好在经济建设的巨大成功已为我们创造了进行社会建设的雄厚的物质基础，有了进行社会建设的条件，而且经济建设要持续发展，也要求通过社会建设提供科学、人才、智力和社会环境等方面的支撑，有着客观的需求。所以，在当今中国，重点推进社会建设，就是抓住了解决矛盾的关键，其他许多矛盾也可得到较好的解决。国际上实现了现代化国家的经验，也是在抓经济建设取得一定成就之后，就重点抓社会建设。

---

① 《中共中央关于构建社会主义和谐社会若干重大问题的决定》，北京：人民出版社，2006 年 10 月，第 4 页。

关于进行社会建设，有以下几点。

第一，要重申十六届六中全会的《决定》，开展关于构建社会主义和谐社会、重点推进社会建设的研讨，弄清楚什么是社会建设、为什么要进行社会建设、怎样进行社会建设等重大理论和实践问题，进一步在全党、全国取得共识。

在现阶段，贯彻落实科学发展观，必须坚持全面协调可持续发展，发展是执政兴国的第一要务，也是和谐社会建设的内在要求。改革发展中出现的问题，要通过发展来解决。但是科学发展一定是包含社会发展在内的全面协调的发展。当前，出现了经济报喜、社会报忧的局面。把经济、社会看作一对矛盾，矛盾的主要方面，已从经济方面转到社会方面，所以"把中国特色社会主义伟大事业推向前进，必须坚持以经济建设为中心，把构建社会主义和谐社会摆在更加突出的地位"①，着力解决好社会建设方面的问题，就非常必要。

据我们的调查，在相当多的经济发展快的地区，社会矛盾和问题反而越多，群众的满意度和幸福指数不高，住房难、上学难、看病难、养老难的呼声很高。但是，从最近媒体透露的一些发达地区关于"十二五"规划的信息看，长三角、珠三角的几个县市，人均 GDP 已经超过 1 万美元，他们还是在提今后要实现 GDP "三年翻番" "四年翻番" "五年翻番"的目标，而构建社会主义和谐社会与社会建设方面的目标和任务则比较空泛，这很值得我们深思。

第二，推进社会建设要有组织保证。

60 年来，国家建设有一条基本经验，凡是中央决定的战略任务，都必须在组织上落实，要有组织、有干部去贯彻执行才能实现。如果只停留在会议、文件上，那往往就会落空。正反两方面的经验，都证明了这一条。计划生育是天大的难事，但自上至下建立了计生委，坚持认真贯彻实行，取得了极大的成功。我们抓经济建设，建立了计委、经委、基建委和多个经济部门，还有经济体制改革委、中央财经领导小组，终于取得了极其辉煌的伟大成就。新农村建设已经进行了五年，会议开了，六个"一号文件"发下去了，也取得了一定的成绩，但"三农"问题还是层出不穷，原因是多方面的，没有在组织上落实是一个很重要的原因。

---

① 《中共中央关于构建社会主义和谐社会若干重大问题的决定》，北京：人民出版社，2006 年 10 月，第 3 页。

社会建设是社会主义现代化建设总体布局中的一大建设，现在又成为亟待加强的领域，应该建立一个相应的机构，从组织上落实这个战略任务。2007 年北京市建立了社会工作委员会和社会建设工作办公室，2009 年上海也建立了相应的组织机构，已经做了很多工作，也很有成绩。从这两个市社会工委的实践看，他们遇到了困难和问题。最关键的是社会工作委员会的功能定位问题。社会工作委员会是做对整个社会建设工作进行宏观统筹协调的工作，还是就社会建设的某几个方面进行具体的组织工作？现在他们在做的是后者。例如北京市社会工作委员会成立了社区建设处、社会组织处，而这两方面的工作在民政部门都有相应的处室，业务就有了交叉，如何明确分工要由市委市政府协调。而要进行社会建设的宏观统筹、规划、协调，则更要由上级组织决定。

当前要重点进行社会建设，推进经济社会协调发展，促进社会和谐。社会建设本身是一项庞大的系统工程。社会事业、社会组织、社会管理和社会安全等方面的工作，都已经有了相应的机构和部门在做。现在要紧的是要整合这些社会工作的资源，协调组织各方面的力量，形成合力，把这件大事办好。所以，要像当年国家进行经济建设、组建国家计划委员会那样，组建一个社会建设工作委员会，就很有必要。社会建设工作委员会的任务主要就是对整个社会建设进行宏观协调统筹、规划、组织、调控，使各项社会建设工作有序有效地进行。现在这些方面的很多工作，都是由发改委中的社会司承担，而社会司只是发改委 35 个司局中的一个，显然不能胜任社会建设这个重大任务。这也就是为什么讲了多年要改变"经济这条腿长，社会这条腿短"的状况，而至今没有改变的组织上的原因。把社会司的职能，连同现有的人员和资源从发改委划出来，组建社会建设工作委员会，这是做好社会建设工作、实现构建社会主义和谐社会的组织保证。建议选一个省或市或县进行建立对整个社会建设进行宏观统筹协调的社会建设工作委员会的试点，以便取得经验，再逐步推行。

第三，社会建设要有相应的人力、物力、财力的投入。

要进行大规模的社会建设，就应同经济建设那样，要有相应的人、财、物的资源投入。首先是人才和人力资源的投入。十六届六中全会指出："各级党委要把和谐社会建设放在全局工作的突出位置，把握方向，制定政策，整合力量，营造环境，切实担负起领导责任，""建设宏大的社会工作人才队伍。造就一支结构合理、素质优良的社会工作人才队伍，是构建社会主义和谐社会的迫切需要。"① 在经济建设过程中，我们选拔、培养造就了一支规模宏大的经济工作者队伍，要把社会建设的事业办好，同样需要造就一支宏大的社会工作者队伍。

毋庸讳言，现在社会工作的队伍还很弱很小，而且分散在各个领域，还没有形成合力。我们应该按照十六届六中全会的《决定》："坚持正确的用人导向，选好配强领导班子，注重培养选拔熟悉社会建设和管理的优秀干部。"② 组建好社会建设工作委员会，把社会工作各方面的人员组织起来，并在实践中锻炼提高、逐步扩大，发挥组织优势，动员社会力量，形成千军万马搞社会建设的阵势，把社会建设的事情办好。

进行社会建设要有相当的财力、物力投入。曾经有一段时间，一些地区和部门削减必要的社会建设的开支，把绝大部分的财力都投到经济建设上，造成经济社会发展的不平衡。十六大以来，国家加大了对社会建设的投入，情况已有好转。但因为过去欠账太多，经济社会不平衡、不协调的格局还未改变，而且已经形成了路径依赖，有钱还是习惯于往经济建设方面投。例如都说教育重要，但至今还未达到《教育法》规定的教育经费要达到占 GDP 4% 的目标。我们应该按照十六届六中全会的"决定"："完善公共财政制度，逐步实现基本公共服务均等化。健全公共财政体制，调整财政收支结构，把更多财政资金投向公共领域，加大财政在教育、卫生、文化、就业再就业服务、社会保障、生态环境、公共基础设施、社会治安等方面的投入"③，真正加大对社会建设的投入，使民生事业、社会事业、公共服务方面的工作做得越来越好，惠及大多数、绝大多数的民众，使他们共享改革发展的成果，社会矛盾、社会问题就会大幅减少，社会成本就会大幅降低，这对经济发展反而是有利的，这也是转变经济发展方式的一个重要方面。

第四，搞好社会建设，必须进行社会体制改革。

总结新中国成立六十年来社会主义建设的实践，前三十年，在计划经济体制下，政府几乎包揽了经济事务，也包揽了社会事务，虽然也取得了

---

① 《中共中央关于构建社会主义和谐社会若干重大问题的决定》，北京：人民出版社，2006 年 10 月，第 35 页，第 38 页。

② 《中共中央关于构建社会主义和谐社会若干重大问题的决定》，北京：人民出版社，2006 年 10 月，第 36 页。

③ 《中共中央关于构建社会主义和谐社会若干重大问题的决定》，北京：人民出版社，2006 年 10 月，第 18～19 页。

很大的成绩，但成本太高、效率太低，形成了短缺经济，人民生活没有得到应有的改善。后三十年实行改革开放，通过经济体制改革，放手发动群众，调动了各方面的积极性，政府进行宏观调控，经济事务管得少了，经济建设却取得巨大的成就。现在进行社会建设，要学习经济建设的经验，要进行社会体制改革，形成社会建设的动力机制，放手发动群众，调动各方面的积极性，大力发展社会组织、社会团体、民间组织，社会事务交给社会去做，政府进行宏观统筹和协调，社会建设也一定会取得成功。

我国现行的这套社会体制，是在 1950 年代以后，在全国实行计划经济体制的背景下形成的，是计划经济的一个重要组成部分，是与计划经济体制相适应的，是为计划经济体制服务的（如户籍制度、城乡二元结构体制等）。

这些年来，我们对于社会体制包括社会事业体制，也进行了改革，有些取得了成功，有些并不成功，有些则还没有破题，整个社会体制还没有按社会主义市场经济体制的要求根本改变过来。所以现在的经济社会运行中，两种体制并行，产生了许许多多的矛盾和问题，社会成本很高。十七大明确指出："必须在经济发展的基础上，更加注重社会建设，着力保障和改善民生，推进社会体制改革，扩大公共服务，完善社会管理，促进社会公平正义。"实践证明，现行的社会体制不改革，社会建设就不能顺利进行。因此，必须"推进社会体制改革"，为进行社会建设鸣锣开道。当然，进行社会体制改革，难度很大，会触及某些人、某些群体和某些既得利益者，阻力会很大。这实际上又是一场革命。需要审时度势、果断决策、科学策划、周密安排，逐步推行。但社会体制改革，势在必行，也一定会成功的。

第五，两点具体建议。

1. 建议把社会建设从中国特色社会主义事业总体布局"四位一体"排序中的第四，改排为第二。这是因为按社会主义现代化事业实践运行的逻辑排序，经济建设达到一定水平之后，就应该重点进行社会建设，然后是政治建设、文化建设，这是一。其二，这个总体布局最早是 1940 年 1 月毛泽东同志在《新民主主义论》中提出的，他那时的排序是：政治、经济、文化。新中国成立以后的文件提法改为经济建设、政治建设、文化建设，一直沿用到十六大报告。根据客观实际的需要，变动顺序，有例在先。其三，现阶段，我们要重点进行社会建设，提高社会建设在国家发展战略中的地位，有利于调动全国广大干部和群众参加社会建设的积极性，把社会建设这件大事办好。

2. 建议召开一次社会建设工作会议，就社会建设的目标任务和步骤方法进行一次研讨，作出相应的决定。目前正在制定第十二个国民经济和社会发展五年规划，应该把社会建设的重要任务纳入规划中去。

1993 年以后，每年年底召开一次经济工作会议，实践证明，这是一种很好、很有实效的会议形式和工作方法。现在构建社会主义和谐社会、进行社会建设的任务突出了，解决经济社会发展不平衡、不协调的矛盾和问题的要求更加迫切了。所以每年在经济工作会议前后召开一次社会建设工作会议就很有必要。当然，这两个会，也可以合并召开，更名为经济、社会工作会议。这对于加快社会建设、推进经济社会协调发展、促进社会和谐，都是很有意义的。

关于当代中国社会结构
与社会建设的演讲[*]

老师们、同学们，晚上好！今天准备给大家讲的"当代中国的社会结构与社会建设"是我们社会学里比较重大的问题。题目很大，是一篇很长的文章，今天我打算讲五个问题。下面讲第一个问题。

一　对当前经济社会形势的分析

经济高速发展不用多说，世界在发展，我们也在发展，而且我们的发展持续了 30 年。1978 年以后，我们平均每年以 9.8% 的速度发展。从经济总量排名看，今年可能超过日本变成世界第二。2008 年、2009 年国外很多地方经济增长缓慢，甚至出现负增长，中国一直维持着 9.8% 的速度，最高的时候还超过了 11%。

对当前中国特色社会主义建设总体形势的分析，我们社会学家的总结，跟经济学家、政治学家的总结完全不一样，我们讲四点：经济高速发展，政治基本稳定，社会矛盾凸显，文化繁而未荣。

政治基本稳定。我最近看见一篇文章说，国家为什么穷呢？就是因为不稳定。你看现在一些国家，有的是政治不稳定，有的是经济不稳定，有的是社会不稳定。有篇文章说，1840 年英国人在鸦片战争中把我们打败以

*　本文源自陆学艺《社会建设论》，北京：社会科学文献出版社，2012，第 159~168 页。该文系陆学艺于 2010 年 6 月 16 日在中央民族大学民族学与社会学学院演讲的录音整理稿，原题为《当代中国的社会结构与社会建设》，与内部刊物《统筹城乡经济社会发展论坛通讯》2010 年第 7 期（2010 年 8 月 15 日）、《学习时报》2010 年 8 月 30 日第 4 版刊发的论文《当代中国社会结构与社会建设》几乎相同，二者基本观点一致，但具体内容和表述方式有所不同，现将本文题目改为《关于当代中国社会结构与社会建设的演讲》，以示区分。——编者注

后，一直到 1978 年这 138 年间，我们的持续稳定时间没有超过九年的，有的是国外侵略我们，有的是我们自己打内战，或者是"文化大革命"这样的折腾。1840 年的时候，中国的经济总量约占世界的 1/3，但到 1949 年只占 1%～2% 了。新中国这 60 年，前 30 年我都经历了，开头 9 年，社会安定，经济发展很快，蒸蒸日上。从 1958 年开始一直是各种运动的折腾，经济濒临崩溃边缘。十一届三中全会以后有了改变，虽然也有些小事，但总的来说政治是稳定的，所以，经济持续较快发展，经济发展没有政治稳定的前提是不行的。

社会矛盾凸显。前面两句话都是好的，这句话就不太好了。这个情况大家都知道，这里群体事件，那里贪污盗窃。讲到贪污犯，山西的一个县的煤炭局局长居然能贪污 5 个亿，一个县的财政收入还没有这么多。北京房价贵就是这帮人干的，他一个人买了十多套房，房价就上去了。这些都是社会矛盾，后面我还要专门讲。虽然我国经济发展情况良好，也存在一些问题，但相比之下，社会问题更严重。

文化繁而未荣。十六大报告中有一句话，文化要更加繁荣。现在"繁"是够"繁"了，但是"荣"说不上。"下里巴人"的东西太多，"阳春白雪"太少，文化的舞台这么大，光是"二人转"是不够的。

这四个方面客观地讲，经济方面的成就是肯定的、了不得的，但是社会方面的问题也很多。总体是四个方面，但今天重点讲经济和社会两方面的问题。

改革开放 30 多年，中国经济发展取得了举世瞩目的伟大成就，综合国力极大提高，人民生活普遍改善。但是，在经济方面捷报频传的同时，社会矛盾、社会冲突大量增加。1978 年，全国刑事犯罪案件 55.7 万件，2008 年为 488.5 万件，增长 7.77 倍，也就是翻了三番。我们经济总量翻了四番多，刑事案件翻了三番。1978 年社会治安事件 123.5 万件，2008 年为 741.2 万件，增长 5 倍，其中，群体事件 9 万多起。我们都是做过社会调查的，一到地方，领导都是讲好话，讲 GDP 是多少、财政收入多少，不会讲小偷有多少、抢东西的有多少。这些问题领导不会讲，统计年鉴上也没有，我们可以通过楼房窗户的防护栏来观察当地的治安情况。一层安防护栏是正常现象，往上还安防护栏就说明这个地方治安有问题了。一个和谐的社会应该是好人多、坏人少，坏人做了坏事把他抓起来关在铁栅栏里，现在倒好，经济形势大好，却把自己关在铁笼子里了。这当然是不正常的，所以叫社会矛盾凸显。

二　当前中国社会的主要矛盾

我们这里所说的主要矛盾跟文件上说的不一样。文件上说，我们现在还处于社会主义初级阶段，人民日益增长的物质文化需要同落后的社会生产之间的矛盾，这一社会主要矛盾没有变。我们现在还说生产力落后说不过去啊！我们生产的东西都卖不出去了。虽然高精尖的东西是少了点，但50年前说这样的话到现在还不改，我觉得不行，应该有新的概括、新的说法。

我们现在的状况可以概括成两个"没有预料到"。第一，经济发展如此之好没有预料到。这点我想可能连社会主义建设的总设计师邓小平也没预料到，30年后中国的经济水平已经变成世界第二了。再过20年可能成为世界第一了，太神速了。

第二，社会矛盾问题之多没有预料到。我年轻的时候领导对我们说，你们提这么多问题，这么多问题解决不了不就是因为穷吗？我们听邓小平的话把经济搞上去，搞上去了什么都有了，什么问题就都能解决了。这句话言犹在耳。我们经济发展如此之好，钱花不完还借给人家，但问题并没有解决，反倒还越来越多。以前房子少没有说住房难的，现在房子盖的这么多还有住房问题。我20世纪50年代到北京，出了西直门就是荒地，中央民族大学刚在盖，一直到北大，根本没多少房子。现在盖得到处都是，还不止五层六层，十几层、几十层的房子随处可见。去年我给北京市做了一个"北京社会建设60年"的大项目，其中一章就是北京的住房。负责撰稿的人说，北京建城800年，到1949年，当时人口才100万，房子也就2000多万平方米，包括故宫。现在，一年竣工的面积有6000万平方米，现在一年造的房子等于过去的3个800年造的。但是现在还在讲住房难、住房贵，为什么？我说你把这个问题说清楚了，这篇文章就通过了。

并不是说钱多了问题就解决了。现在社会矛盾之多是毋庸置疑的。老问题解决了，大批的问题又出来了。特别是过去解决了的，比如吸毒、嫖娼，现在又泛滥起来。这个是没有预料到的。

现在的社会问题很多、很复杂，我们今天要讲的是怎样来研究、分析这些问题。我今天还跟你们的老师说，在这方面我们应该学学20世纪80年代的经济学家，不要关着门研究社会学的理论和方法。这些理论和方法有些是国外引进的，就在课堂里讲来讲去，不研究点实际问题、不解决点实际问题是不行的。所以我们要搞清楚，现在到底存在什么矛盾和问题？主要矛盾和矛盾的主要方面是什么？并且要提出解决主要矛盾的方法和策略。搞社会科学一定要联系实际，为解决实际问题服务。中国发展这么好有我们的贡献，遇到这么多问题、这些问题应该怎样解决，大家都得想办法，特别是社会学家。前 30 年如果说经济学家为经济发展做了大量的贡献，后 30 年我觉得我们搞社会学的应该从现在开始研究一下为什么会有这么多社会问题，原因是什么，怎么解决。前 30 年经济学家们以经济建设为中心，他们响应这个号召用经济的理论来研究问题，用经济的方法解决问题，确实做出了成绩。到了现在经济报喜、社会报忧的时候，两个"没有预料到"发展到如此程度的时候，恐怕只用经济的理论和方法已经不够了，我们社会学家应该说点话、干点活了。

现在只用经济的办法已经解决不了问题了，因为它不光是经济问题，而且是社会问题。对此，我们课题组研究出版了一本书《当代中国社会结构》，用社会结构的理论和方法来分析现在的问题。

《毛泽东选集》有篇文章叫《矛盾论》说："在复杂的事物的发展进程中，有许多的矛盾存在，其中必有一种是主要的矛盾，由于它的存在和发展规定或影响着其他矛盾的存在和发展。""任何过程如果有多数矛盾存在的话，其中必定有一种是主要的，起着领导的、决定的作用，其他则处于次要和服从的地位。因此，研究任何过程，如果是存在着两个以上矛盾的复杂过程的话，就要用全力找出它的主要矛盾。捉住了这个主要矛盾，一切问题就迎刃而解了。"[1]

我们现在采取的办法是头痛医头、脚痛医脚，或者是头痛医脚、脚痛医头。这样的办法是不够的。像我之前讲的，社会治安不好，光安摄像头是不行的，那样政府采购部门可发财了。靠摄像头解决治安问题就是没有抓住主要矛盾，主要矛盾是分配不公，贫富差距太大。

我的观点是现在的矛盾是经济和社会发展不平衡、不协调的矛盾。经济发展迅速，社会发展落后了。关于这个问题的认识，不讲远了，从十六大以来慢慢地有了改变。

2002 年党的十六大指出，我国正处于并将长期处于社会主义初级阶段，现在达到的小康还是低水平的、不全面的、发展很不平衡的小康，并提出"使经济更加发展、民主更加健全、科教更加进步、文化更加繁荣、社会更

---

① 《毛泽东选集》第 1 卷，人民出版社，1991 年 6 月，第 320、322 页。

加和谐、人民生活更加殷实"①。"和谐社会"的概念就是从这里来的。8年来，这六个"更加"都是有所成就的。到了2003年，碰上"非典"，当时总结出"五个不协调"，即城乡不协调、区域不协调、经济社会不协调、人与自然不协调、国内国外不协调。在此基础上又提出了坚持以人为本，树立全面、协调、可持续发展的科学发展观。科学发展观是这个时候提出来的。这"五个不协调"在我看来最主要的是经济社会不协调。

到了2004年开十六届四中全会，主题是讨论加强和提高党的执政能力建设问题，其中提到"五个执政能力"，即不断提高驾驭社会主义市场经济的能力、发展社会主义民主政治的能力、建设社会主义先进文化的能力、构建社会主义和谐社会的能力、应对国际局势和处理国际事务的能力。这个文件一公布，反响最大的是构建社会主义和谐社会的能力，认为这是党中央提出的一个新概念，"和谐社会"是改革开放以来第三个大的、有战略性的理论。第一个是社会主义初级阶段理论，第二个是社会主义市场经济理论，第三个就是构建社会主义和谐社会理论。全国普遍展开讨论。和谐农村、和谐城市、和谐社区、和谐企业这样的概念都出来了，最后甚至提到要建设和谐世界。这个口号跟小康社会一样喊得响。"和谐"这两个字很好，"禾"是农村、粮食，"口"是有饭吃，"谐"指"皆言"，大家都可以说话。但现在还是存在有的嗓门大、有的嗓门小的问题。有饭吃、有话讲，这个社会就和谐了！

2005年春节后省部级主要领导干部专题研讨班就构建社会主义和谐社会与社会建设的理论和实践展开研讨。从那个时候开始就不断地讲和谐社会。到了2006年党的十六届六中全会通过《中共中央关于构建社会主义和谐社会若干重大问题的决定》，明确指出，"必须坚持以经济建设为中心，把构建社会主义和谐社会摆在更加突出的地位"②。所以我想是不是可以这样说，解决经济社会的矛盾在逐渐引起中央的重视。

2007年党的十七大有几件大事。十六大以前，共产党的奋斗目标是把我国建设成为一个富强、民主、文明的社会主义国家。十七大改为：把我国建设成为一个富强、文明、民主、和谐的社会主义现代化国家。加了

① 江泽民：《全面建设小康社会，开创中国特色社会主义事业新局面——在中国共产党第十六次全国代表大会上的报告》，《中国共产党第十六次全国代表大会文件汇编》，人民出版社，2002年11月，第18页。

② 《中共中央关于构建社会主义和谐社会若干重大问题的决定》，人民出版社，2006年10月，第3页。

"和谐"和"现代化"五个字。把经济建设、政治建设、文化建设三位一体的社会主义事业总体布局，改为经济建设、政治建设、文化建设、社会建设四位一体的社会主义事业总体布局，并写进了中国共产党的党章总纲里。十七大报告还单设一节，名为"加快推进以改善民生为重点的社会建设"，"努力使全体人民学有所教、劳有所得、病有所医、老有所养、住有所居，推动建设和谐社会"[①]。

从这些文件都可以看出，社会建设的地位越来越高了，这是符合实际需要的，但也有一个问题。我们国家是这样的，很多问题是一年一个文件，下很大的功夫制定了能起作用的文件，但这个文件还没有贯彻到头，新的事情来了，又把文件放在了一边。比如说，在我看来 2006 年、2007 年以来社会形势是越来越好了，社会建设也加强了，但是 2008 年遇上金融危机，4万亿元的投资都下去了，有些部门又开始把 GDP 摆在了第一位，摆第一是对的，但把 GDP 唯一化、把社会建设放到一边就不对了。这两年社会建设又有了新的发展。

三　对经济社会发展不平衡、不协调的结构性分析

对经济社会发展不平衡、不协调的结构性分析就是对社会主要矛盾的结构性分析。在我看来，我们这两年的问题是经济发展太快了，但社会发展没有相应地跟上去，所以产生了结构性的矛盾。结构性的矛盾怎样来分析呢？所谓经济社会不协调、不平衡，主要表现为经济结构和社会结构的不平衡、不协调。过去我们总讲经济结构，很少讲社会结构。到现在还有很多人不知道社会结构，也不知道用社会结构的理论来观察问题、分析问题。其实跟经济结构一样，用社会结构的理论来分析问题同样能够说明问题、解决问题。

所以，经济结构与社会结构是一个国家或地区的两个最为基本的结构，两者互为表里，相互支撑，互为基础。现阶段中国的经济结构，在经济体制改革、经济持续快速增长的推动下，已经达到了工业化社会中期阶段的水平，这是国内国外的一致意见。像北京、上海、广州、深圳等市已经达到了工业化社会的中后期的水平。但是，中国现在的社会结构严重滞后于

[①] 胡锦涛：《高举中国特色社会主义伟大旗帜 为夺取全面建设小康社会新胜利而奋斗——在中国共产党第十七次全国代表大会上的报告》，《中国共产党第十七次全国代表大会文件汇编》，人民出版社，2007 年 10 月，第 36 页。

经济结构，还处于工业化社会初级阶段，这是我们要分析的。以下是我们经过多年调查研究分析所得的结论。

（一） 中国的社会结构已经发生了深刻的变化

社会结构同经济结构一样，是由若干个分结构组成的，其中主要包括人口结构、家庭结构、就业结构、城乡结构、区域结构、组织结构和社会阶层结构等。改革开放以来，在经济体制改革、经济高速发展、经济结构变化的推动下，我国的社会结构也发生了深刻的变动。

中国社会结构变化的表现很多，我举下面三个重要结构的变化。

就业结构。1978 年时劳动力在三大产业中的就业状况是第一产业占70.5％，第二产业占 17.3％，第三产业占 12.2％；2008 年变化为第一产业占 39.6％，第二产业占 27.2％，第三产业占 33.2％，以第二、三产业为主了，其中转换点是 1997 年，第一产业下降为 50.1％。[①]

城乡结构。1978 年我国的城市化率为 17.9％，2008 年我国的城市化率为 45.7％，平均每年提高 0.91 个百分点，城市化速度很快，每年有 1400 万人口进入城市，当然户口问题还没有解决，很大一部分都是农民工。1978年城市人口是 1.7 亿，现在已经超过 6 亿。[②]

社会阶层结构。已经从"两个阶级一个阶层"的结构，转变为由国家的社会管理者、经理人员、私营企业主、专业技术人员、办事人员、个体工商户、商业服务业人员、产业工人、农业劳动者和失业半失业人员等十个阶层构成的社会阶层结构。

（二） 当前中国的社会结构滞后于经济结构约 15 年

据我们课题组的研究，目前我们的经济结构已处于工业化社会的中期阶段，而社会结构仍处于工业化社会的初级阶段。经对比和测算，当前中国社会结构大约滞后于经济结构 15 年。

这里有个问题，改革开放至今已 30 多年，为什么社会结构会落后 15 年呢？这是因为 1978 年我们社会结构本身已经落后了。1978 年 GDP 的三次产业划分里面，非农产业已经占到了 72％，但是劳动力只占 29.5％；农业产业只占 GDP 总量的 28％，但农业劳动力却占 70.5％。28％和 70.5％这个结

---

① 国家统计局编《中国统计年鉴 2009》，中国统计出版社，2009 年 9 月，第 114 页。

② 国家统计局编《中国统计摘要 2009》，中国统计出版社，2009 年 5 月，第 40、39 页。

构差很大了。另外，1978 年城市化率是 17.9%，相当于 1958 年时的水平。大家都知道 1958 年出现经济困难，以后是逆城市化，把很多城里的人轰到乡下去。到了 1978 年城市化水平没多大变化，实际上在 1978 年时社会结构已经落后于经济结构了。可惜的是，30 多年来我们很多方面都改善了，但这个经济社会结构不平衡、不协调的问题反而加剧了。所以，就有了今天社会结构滞后于经济结构约 15 年的状况。

经济结构是工业化社会中期阶段，社会结构是工业化社会初级阶段，这两个基本结构存在着结构差。从理论上分析，这是产生当今中国诸多经济社会矛盾和问题，以及这些矛盾和问题解决不了的结构性原因。不改变结构，这些社会问题就解决不了。

以我研究多年的"三农"问题为例。"三农"问题这个久解不决的问题，本质上也是结构问题造成的。没有哪个国家像我们这样在工业发展如此迅速的时候，还把农业放在第一位的，每年的《政府工作报告》都把农业问题放在第一位。十六大以来中央提出了很多对农民有实际优惠的政策。这么重视了，"三农"问题依然没有解决，城乡差距还在扩大。问题在哪儿呢？这是结构性的问题。2008 年 GDP 是 30 多万亿元，人均 3000 多美元，其中第一产业创造的财富占 11.3%。社会结构方面，就业结构代表社会结构，当年的农业劳动力占 39.6%，即 39.6% 的劳动力创造了 11.3% 的财富，差了 20 多个百分点的结构差。还有，当年的城市化率是 45.7%，即 54.3% 的常住人口在农村，他们来分这 11.3% 的财富，农民太穷，这就是结构性问题，是结构不合理造成的。结构不合理是指现在的就业制度、户口制度和劳保制度，这些是计划经济体制遗留下来的，不改变这个结构解决不了问题。所以"三农"问题如果不改变城乡二元结构、不改变户口制度是解决不了的。现在 70% 的人口是农村人口，30% 的城市人口来反哺农村人口，反哺不起啊！

我们老说内需不足，1995 年的时候就说要扩大内需、发展新的 GDP 增长点。扩到现在，外贸扩大了，内需不足还在讲。农村不是没有需要，我们把生产的东西拿 13 亿人来平均，是低于世界平均水平的，并不是多得不得了。问题是占 70% 的农民没有现成的购买力，所以内需扩大不了。跟"三农"问题一样，不解决结构上的问题，内需扩大不了。

还有一点，以前讲的转变经济增长方式，现在叫转变经济发展方式，这也是 1995 年、1996 年提出的，即要从粗放型、消耗资源型转变为集约型的经济发展方式。但转了 15 年了，还是转不过去，很重要的原因是我们现在的社会结构不合理。你不让农民出来，出来了以后也叫农民工，给的也是很低的待遇,这也是当年没有想到的。20 世纪 80 年代的时候有个"梯度转移理论"。美国工资高了转到日本,日本工资高了转到"亚洲四小龙",20 年后"亚洲四小龙"工资高了转到中国。中国大,先是东南沿海发展,等东南沿海工资高了转到中部去,中部工资高了转到西部去,这叫梯度转移。这样干了 30 年,没想到日本、"亚洲四小龙"与中国是国与国、境内和境外的关系,中国的情况却是地区差异。80 年代的深圳工人有 500 块钱的工资,干了 30 多年,深圳的 GDP 涨了 100 倍了,工资大家都看到了,富士康的基本工资还是 900 元。为什么 30 多年不涨工资?河南人要涨工资,你给我走,四川人来;四川人要涨工资,你给我走,甘肃人来:就是这样维持了几十年的低工资。这也是结构不合理的表现。农民工的工资待遇低,虽然人很多,但没有应有的购买力,内需就扩大不了。

四 新阶段社会建设的核心任务:调整社会结构

前面讲的这些问题的原因是现在到了社会发展的关键时期。20 世纪 80 年代要解决温饱问题,我们把经济建设作为重点工作来抓。到了现在,经济翻了四番还多。从国际经验来说,到了经济社会要协调发展的阶段,我们现在的问题就是经济社会发展不协调。所以现阶段的任务就是抓经济建设的同时进行社会体制改革,重点进行社会建设,抓好社会管理。十六届六中全会讲,要把构建社会主义和谐社会摆到更加突出的位置,重点做好社会体制改革,推进社会经济协调发展。

十六届四中全会的两个重要理论贡献:一是提出构建社会主义和谐社会的战略目标;二是提出了"社会建设"这个新概念、新理论。

社会建设是指有组织、有目的、有计划进行的各种有利于改善民生,建立新的社会秩序,促进社会进步的社会行动与过程。更深层次地讲,是社会建设跟和谐社会建设的关系。社会主义和谐社会是远大的目标,要通过社会建设来实现。和谐社会是战略目标,社会建设是具体手段,我们要通过社会建设来实现社会和谐、社会进步。

我顺便再说一句,到现在为止我们社会学界的任务是很重的,社会建设和构建社会主义和谐社会是 2004 年提出来的,到现在 6 年了。关于和谐社会的研究,中央很重视,我们社会学界也写了不少文章、不少书,解决了一些问题。但是关于社会建设这个战略的理论和内容,我们到现在为止都说不清楚,这样的书也很少。在座的各位都是搞社会学的,无论老师还是同学，你们都可以就这个问题进行研究，从国内、国外的形势，历史的、现在的情况来研究和总结。社会建设到底是怎么回事？什么是社会建设？社会建设要干什么？怎么搞社会建设？这些问题至今并没有解决好。

我们现在研究所得的情况是：社会建设主体是政府、社会组织和民众，社会建设原则是以人为本，坚持公平和正义，社会建设目标是实现社会和谐和社会进步。

提问环节

同学提问 1：我们国家在提城乡二元结构的同时，在城市里也出现了城市二元结构。中央文件指出要提高城市的中间阶层的收入，您认为这种方式能不能化解城市发展的问题？

陆学艺：你说的这个问题实际上是两个问题。一个是怎样解决贫富差距，另一个是怎样形成橄榄型的社会结构，这是一个大问题，够再讲一次课了。中国到现在为止主流报纸都不敢使用"中产阶层""中间阶层"这样的词语，官方的语言叫"中等收入者"，这是一个政治遗留问题。现代社会或者说后工业社会，一定是中产阶层占 50%～60% 以上的社会，最富的人和最穷的人都少，中间大、两头小，发达国家都是这样。现在中国的问题是中间偏小：该大的阶层没有大起来，比如中间阶层；该小的阶层没有缩小下去，比如农民阶层。近十年来情况有所好转，但没有从根本上解决。根据我们的研究，中国现在的中间阶层，2008 年的数据，占 23%。所谓中间阶层不仅指收入，还包括文化水平、社会声望等方面，依我们看主要按职业划分。现在的问题是要明确喊出"中产阶层"的概念，不能单用中等收入来评价。

同学提问 2：您是"三农"问题专家，您认为中国农村发展的走向是怎样的？

陆学艺：这又得讲一课才行。中国现在只解决农业问题不行，"三农"的核心问题是要解决农民问题。"'三农'问题"这个概念国外没有，是我们根据中国的实际创造出来的概念。中国的"三农"问题现在解决了一个，农业问题基本解决了。历朝历代都没有解决好吃饭问题，现在吃饭问题解决了。但是农民、农村问题相当严重，我们的农业部门只关心农业问题，不关心农民、农村问题。而这两个问题急需解决。大家都知道的，户口问题需要放开，第二代农民工的问题需要解决。把农民问题解决了，农村问题也能逐渐解决。将来的目标是城乡一体，不要分农村和城市。

社会建设研究院要为推进北京市社会建设做出贡献[*]

各位领导、各位专家、各位朋友：

感谢大家光临这个会议！

进入 21 世纪以来，中国的经济社会发展进入了一个新阶段。党中央适时提出了构建社会主义和谐社会和社会建设的新的战略目标和新的理论。十六届六中全会强调，在"新世纪新阶段，……把中国特色社会主义伟大事业推向前进，必须坚持以经济建设为中心，把构建社会主义和谐社会摆在更加突出的地位"①。十七大强调要"更加注重社会建设"②。

北京市率先响应，贯彻落实党中央的这个决定。早在十七大前夕，就酝酿组建了北京市委社会工作委员会和社会建设工作办公室，主抓北京市的社会建设工作。几年来，市委社会工委已经为北京市社会建设做了大量的工作，卓有成效。其中之一，是与北京市的高校和科研机构共建了七个社会建设研究基地。在奥运期间，市委社会工委书记宋贵伦同志与我校党委书记王守法会商，在北工大组建社会建设研究院，并签订了双方共建的协议。与其他六个兄弟社会建设研究中心、研究基地一样，北工大社会建设研究院建立以后，在社会工委和学校党政领导的关心和支持下，开展了对北京市社会建设的理论和实践方面的调查研究、资料汇集、学术探讨，以便为北京市的社会建设提供科研成果、资料数据、咨询和智力支撑。

---

* 本文源自作者手稿。该文稿系陆学艺 2010 年 7 月 17 日在北京工业大学北京社会建设研究院成立大会暨《2010 年北京社会建设分析报告》新书发布会上的讲话稿。原稿无题，现标题为本书编者根据讲话内容所拟定。——编者注

① 《中共中央关于构建社会主义和谐社会若干重大问题的决定》，人民出版社，2006 年 10 月，第2～3页。

② 《中国共产党第十七次全国代表大会文件汇编》，人民出版社，2007 年 10 月，第36 页。

　　我们北工大是北京市的直属院校，面向北京、服务北京是我们的本分。建院以来，我们主要做了两项工作。一是在 2008 年《北京社会建设 60 年》的基础上，我们组织本院的老师和部分博士生、硕士生，对北京市 2009 年的社会建设的三个重要领域、19 个方面的情况，做了分析和评估，编写了这本《2010 年北京社会建设分析报告》，在社会科学文献出版社的大力支持下，7 月初正式出版了。今天送给大家，供各位参阅。因为是初次编写，无论是全书的体例、结构安排，还是资料数据、论述判断，都还很粗糙，请大家批评指正。特别是要请市委社会工委的宋贵伦书记、张坚主任等同志，请各区县社会工委的同志们和社会学、社会工作方面的同行专家学者，多提宝贵意见，以便我们修正提高，使这个分析报告逐渐完善。我们准备把《北京社会建设分析报告》一年一年地编下去，一年出一本，作为我们社会建设研究院的一项主要任务，持续地做下去，假以时日，我想我们会越编越好的。

　　第二项工作是去年 8 月，我们接受了校领导的任务，为北京市新农村建设做些工作。在校领导和校科技处的领导下，我们先是对北京市多个区县的新农村建设做了调研，最后经北京市农委和校领导协商决定，将延庆县作为调研基地。今年自 3 月下旬到 7 月上旬，共 108 天，我们在延庆蹲点调查，先后有 30 多名师生参加。在延庆县委、县政府的热情支持下，特别是在延庆县社会工委韩贵海书记、谷建英副书记和马向东的全程陪同和帮助下，对延庆县的新农村建设和社会建设，做了比较深入的调查和研究。我们对 40 多个委办局、100 多位各阶层代表人物和 2 个乡镇做了访谈，还做了 1200 份问卷。延庆调查使我们深受教育，每个人都有很大的收获。应延庆县委、县政府的要求，我们已经写出了"延庆县'十二五'社会建设规划建议"等 3 个文件的初稿。7 月 9 日，我们完成了第一阶段的调研任务，从延庆回校。现在正在整理分析资料，汇总数据，准备写第二、第三个关于社会建设和新农村建设的研究报告。

　　经过近两年的研究，特别是在延庆的长期蹲点调研，我们更加体会到党中央 2004 年提出构建社会主义和谐社会、重点进行社会建设的决策非常正确、非常必要、极其重要。我们虽然在经济建设方面取得了举世瞩目的伟大成就，但是我们在社会建设方面滞后了，形成了经济这条腿长、社会这条腿短的不平衡、不协调的局面，这是产生诸多社会矛盾和社会问题的重要原因。

　　社会建设作为中国特色社会主义事业"四位一体"总体布局的一大建

设，本身是一项庞大的系统工程，任务非常艰巨，要做的事情很多。

好在北京市已经率先组建了市委社会工委和社会建设工作办公室，三年来已经做了大量卓有成效的工作，开了个好头，为北京市贯彻落实科学发展观、促进经济社会协调发展、促进社会和谐做出了贡献。而且，因为北京市委社会工委和社会建设工作办公室是全国最早建立的主抓社会建设的机构，北京市进行社会建设的举措、做法和经验，受到了全国各地的关注（我们去延庆调研期间，就受到了河北省、上海等地同行学者的关注）。所以，做好北京市的社会建设工作意义十分重大。

我们社会建设研究院今后在市委社会工委和学校领导的支持和帮助下，一定要努力工作，不断研究社会建设过程中的新问题，总结概括社会建设的新经验，当好市委社会工委的参谋和助手，为推进北京市的社会建设做出我们应做的贡献。同时也在这个过程中经受锻炼，不断提高我们自身，使我们的教学和研究工作做得更好。把社会建设这件大事办好，更是我们社会学工作者的本分职责。

社会建设是北京建设世界城市、首善之区的重要组成部分*

　　党的十六届四中全会第一次提出了"构建社会主义和谐社会"的战略目标，明确提出了要加强社会建设和管理，推进社会管理体制创新的任务。2006年党的十六届六中全会专门就"构建社会主义和谐社会的若干重大问题"作出了决定，强调要"把中国特色社会主义伟大事业推向前进，必须坚持以经济建设为中心，把构建社会主义和谐社会摆在更加突出的地位"。《中共中央关于构建社会主义和谐社会若干重大问题的决定》还指出："加强社会管理，维护社会稳定，是构建社会主义和谐社会的必然要求。"[①]

　　北京市委、市政府遵循中央的精神，率先在2007年组建了北京市委社会工作委员会和社会建设工作办公室，统筹协调全市的社会建设工作。在奥运会后的第一个月，就召开了全市的社会建设大会，出台了一系列社会建设的政策文件，提出了北京市社会建设的总体规划和方案，相继在各区县组建成立了市委社会工委和社会建设工作办公室，建立健全"枢纽型"社会组织工作协调机制，建立了社会建设信息中心，并利用首都拥有社科人才的优势，组建了专家顾问团，与清华、人大、北工大等高校和研究机构合作共建了7个社会建设研究基地，初步建立了全市社会建设的新格局和工作网络，开展了社区建设、社会组织建设、社会工作队伍建设、社会领域党建、志愿者服务队伍建设等多项社会建设工作和实践。三年多来，在市委、市政府的领导下，北京的社会建设工作做得有声有色，取得了重大

---

　　* 本文源自作者手稿。该文稿系陆学艺于2010年9月27日在"世界城市·社会建设——迈向世界城市的首都社会建设"论坛上的发言稿。原稿无题，现标题为本书编者根据发言内容所拟定。——编者注

　　① 《中共中央关于构建社会主义和谐社会若干重大问题的决定》，人民出版社，2006年10月，第3、25页。

成就，实现了历史性的突破。特别是在社会建设的体制机制方面有了重大创新，初步建立起了具有时代特征、中国特色、首都特点的社会建设新格局的基本框架。这是贯彻落实党中央关于构建社会主义和谐社会、重点推进社会建设的探索和实践，具有重大的理论意义和实践意义。今天，召开"世界城市·社会建设"论坛来研讨总结北京市社会建设的实践和经验，这不仅有利于推进北京市的社会建设，推动科学发展，促进社会和谐，实现经济社会协调发展，而且对于正在全国开展的社会建设也很有意义。

从理论上分析，我国目前正处在工业化、城市化、现代化各项事业不断发展，社会转型和体制转轨全面推进的时期。这既是我国发展的重要战略机遇期，同时也是社会矛盾的凸显期。一方面是经济高速增长，捷报频传；另一方面社会矛盾、社会问题、上访上告、群体事件、刑事案件等方面的消息也不断。所以当前关于如何加强社会建设、创新社会管理的要求比任何时候都更加迫切。毋庸讳言的是，这种经济报喜、社会报忧的状况，在北京也同样存在。虽然这几年北京在社会建设方面已经有了很大的成就，取得了突破性的进展，但这也只能说是初步的，开了个好头。至于如何建设一个与社会主义市场经济体制、经济结构相适应的社会体制和社会结构，不断加强社会建设和民生事业建设，创新社会管理，从源头上尽可能使社会矛盾、社会冲突少产生、少转化、少激化，把社会建设、社会管理的工作重心从治标转向治本，使整个社会既有活力又有秩序，使经济社会协调发展，使国家长治久安，这样一些深层次的问题，也应该提上议事日程，经过深入研讨，应该设定为社会建设的长远目标。这样的社会建设也是北京建设世界城市、首善之区的重要组成部分。

党的十七大报告明确指出："社会建设与人民幸福安康息息相关。必须在经济发展的基础上，更加注重社会建设，着力保障和改善民生，推进社会体制改革，扩大公共服务，完善社会管理，促进社会公平正义，努力使全体人民学有所教、劳有所得、病有所医、老有所养、住有所居，推动建设和谐社会。"① 在十七大关于十六届中央委员会报告的决议中，在完善社会管理之后，加了"妥善处理人民内部矛盾"一句。据我们研究，这是自2004年中央第一次提出"社会建设"这个新概念、新理论之后，中央对社会建设作出的最全面、最系统、最深刻、最完整的表述，是对现阶段作为中国特色社会主义事业总体布局中"四位一体"的社会建设作出的明确表

---

① 《中国共产党第十七次全国代表大会文件汇编》，人民出版社，2007年10月，第36页。

述。第一，讲明了社会建设与经济发展的关系；第二，指出了现阶段社会建设的重点是保障和改善民生，扩大公共服务，实现人民幸福和安康；第三，社会建设的手段是要完善社会管理，妥善处理人民内部矛盾；第四，社会建设的原则是以人为本，促进公平正义；第五，现阶段社会建设的动力机制是推进社会体制改革；第六，社会建设的目标是推动构建社会主义和谐社会。

作为中国特色社会主义事业总体布局"四位一体"中的社会建设的内涵是很丰富的，可以说是一个庞大的系统工程。有些同志认为，社会建设就是科、教、文、卫、体等社会事业的建设，也有人认为社会建设主要就是抓社会管理，这是把社会建设的丰富内涵理解窄了。就我们的研究，现阶段社会建设至少要包含以下内容：第一，与人民幸福安康息息相关的社会事业和民生事业建设；第二，社会管理的完善和创新；第三，社会组织和社区建设；第四，社会体制的改革和创新；第五，社会结构的调整。

我们认为，在当前，推进社会建设的重要方面和抓手是推进社会体制的改革和创新。中国的经济发展是从改革经济体制开始的。现行的社会体制是 20 世纪 50 年代以后按照计划经济体制的要求建立和逐渐形成的。经济体制现在已改为社会主义市场经济体制了，但是许多社会体制还没有按社会主义市场经济体制改过来，由此产生了种种经济问题和社会矛盾。例如，我们常说的"三农"问题、农民工问题，之所以长期解决不了，就是至今还未改的户籍体制所形成的城乡二元结构的体制造成的。不改革这种不合理的城乡二元结构的社会体制，"三农"问题、农民工问题就不可能从根本上解决好。

再如，我国目前存在的经济发展与社会发展不平衡、不协调的问题，形成了经济这条腿长、社会这条腿短的局面，由此产生了诸多的经济和社会问题。这个问题十六大、十六届三中全会就提出来了，七八年过去了，也采取了很多办法，要解决这个问题。但是这种经济社会不平衡、不协调的状况，并没有得到有效的改变。原因当然是多方面的，但从经济社会管理体制看，就可以看出问题来了。我们现在宏观上主管调控协调经济和社会发展的是发改委，现在发改委有 35 个司局，其中有 20 多个司局是管经济的，主管社会发展的只有一个社会司，显然不能胜任现阶段要进行社会建设这样一项宏大的任务。可见，不改革创新现行的经济社会管理体制，要使经济社会协调发展就相当困难。

当然，社会建设这样一项宏大的历史任务，从党中央正式提出到付诸探索实践，还只有六年的工夫。北京市委社会工委、社会建设工作办公室在市委市政府的领导下，使首都的社会建设工作取得了很大的成绩，开了个好头，这是难能可贵的。我们应以科学发展观为指导，回顾总结好三年来北京社会建设的实践经验，也要继续探索新时期社会建设的规律，完善创新社会管理，推进社会主义和谐社会的建设。我们北工大人文学院与其他六所科研院所一起，同北京市委社会工委、社建办公室合作，建立了社会建设研究院（基地），有校、院两级领导和30多名教职员工参加。建立以后，我们先后在朝阳区的几个街道和居委会调研城区社会建设实践。2010年3月至6月，我们有30多名师生，在市农委、市委社会工委和延庆县委、县政府的支持下，在延庆县社会工委的大力配合下，到延庆县长期蹲点调查县区的新农村建设和社会建设。在此基础上编著了《2010年北京社会建设分析报告》，并于2010年7月由社会科学文献出版社出版。现在我们正在编写延庆社会建设和新农村建设的调研报告。从我们北工大人文学院近年来参加北京市社会建设的理论探索和调研实践来看，我们的师生受到了城乡正在开展的社会建设实践的教育，特别是大大加深了对郊区的新农村建设和社会建设的认识，开拓了师生的视野，增长了知识，这对他们的教学和学习是大有帮助的。我的几个博士生，因为受到社会建设的实践教育，有的已经确定把北京市的社会建设作为博士学位论文的选题，有的已经写出了开题报告。这些实践和探索使我想到，社会建设的实践需要社会科学，特别是需要社会学作为理论支撑。我们社科工作者、社会学工作者也要在参加社会建设、服务社会建设的伟大实践中，得到锻炼和提高。所以，我们北工大人文学院的社会建设研究院今后还要与北京市委社会工委和社建办继续合作下去，在他们的支持和指导下，参加北京市社会建设的实践和理论探索，达到多出成果、多出人才的目的，把社会建设研究院办好。

目前形势和社会建设、社会管理[*]

一 目前的经济社会形势

全面分析判断目前的形势，由此确定任务，付诸实践，是我们党进行革命、建设并取得成功的一条基本经验。毛泽东在 1947 年 12 月写的《目前形势和我们的任务》和邓小平在 1980 年 1 月 16 日写的《目前的形势和任务》这两篇文章[①]，都是中国处在最重要的历史转折关头时写的，由此引领中国的革命、建设走向了胜利。

党的十七届五中全会全面系统地分析了国内、国外形势，制定了"十二五"规划。最近中央在中央党校举办省部级主要领导干部社会管理及其创新专题研讨班，胡锦涛同志做了社会管理及其创新的重要讲话，认真学习和领会这两次会议的精神，就能比较深刻地认识当前我们国家面临的形势。

当前的形势可以概括为以下四个方面：经济形势很好；政治基本稳定；文化繁而未荣；社会矛盾凸显。

（1）经济形势很好。2010 年我国的 GDP 达到 39.8 万亿元[②]，比 2005

---

* 本文源自《中共福建省委党校学报》2011 年第 4 期（2011 年 4 月 10 日），第 4～13 页。原文写于 2011 年 3 月 2 日，原题为《目前形势与社会建设和社会管理》。2011 年 3 月 25 日，作者在成都作了同名的演讲，主要观点一致，但语言表述不同，并增加了对成都社会建设工作的建议部分。该文主要观点还曾以《中国已经迈入社会建设为重点的新阶段》为题摘要发表于中共福建省委党校主办的内部资料性出版物《理论参考》2011 年第 3 期。——编者注

① 参见《毛泽东选集》第 4 卷，人民出版社 1991 年 6 月，第 1243～1263 页；《邓小平文选》第 2 卷，北京：人民出版社，1994 年 10 月，第 239～273 页。

② 《中华人民共和国 2010 年国民经济和社会发展统计公报》，2011 年 2 月 28 日，http://www. stats. gov. cn/tjsj/tjgb/ndtjgb/qgndtjgb/201102/t20110228_30025. html。

年的 18.5 万亿元①翻了一番多，按不变价格计算，年均增长超过 11.2%。人均 GDP 也翻了一番多，以美元计，从 1730 美元增长到 4200 多美元，进入中等收入国家②。从 2003 年起，我国的 GDP 增长率除 2008 年 9.6%、2009 年 8.7%外，均超过 10%，超过每年年初定的指标。经济总量 2005 年超过英国，2008 年超过德国，2010 年超过日本，连超三国，这是巨大的成绩，怎么估计都不过分。③

（2）政治基本稳定。目前国际形势错综复杂，美国、欧洲都不太平，周边的左邻右舍也不安宁，年前中东乱起来了，先是突尼斯政权垮了，接着是执政 30 多年的穆巴拉克辞职了，最近利比亚也乱了，东西对峙，短期内恐难平静。但是我们的政局是稳定的。

（3）文化繁而未荣。"十二五"规划建议专门有一节："推动文化大发展大繁荣，提升国家文化软实力"，指出"文化是一个民族的精神和灵魂，是国家发展和民族振兴的强大力量"。这些年文化事业、文化产业发展都很快，电影电视、新闻出版、文艺作品、动漫等文化产品多得很，可说是异彩纷呈。但总的印象是"下里巴人太多，阳春白雪太少"。文化还没有达到应有的繁荣。

（4）社会矛盾凸显。20 世纪 90 年代中期以来，城乡、区域、行业和社会成员之间，收入差距持续扩大，党的十六大明确提出，要遏制这种贫富差距扩大的趋势，也采取了一些措施，但收效不大，贫富差距扩大的趋势仍在继续。收入分配不公，引发了诸多矛盾。公共服务不到位，就业难、看病难、上学难、养老难、住房难等呼声不断，劳资关系、官民关系紧张。贪污腐败、大案要案多发，刑事犯罪案件居高不下，社会治安不好，群体事件频发，近年来又发生亲人残杀全家、校园伤害儿童、富士康员工跳楼自杀等事件，影响极其恶劣，人民群众乐业不能安居，严重影响了人民群众的安全感、幸福感和对政府的满意度。

---

① 国家统计局编《中国统计年鉴 2010》，北京：中国统计出版社，2010 年 9 月，第 38 页。
② 根据《2010 年国民经济和社会发展统计公报》和《中国统计年鉴 2010》第 38 页相关数据计算。
③ 参见国家统计局编《中国统计摘要 2008》、《中国统计摘要 2010》、《中国统计摘要 2012》，北京：中国统计出版社，2008 年 5 月、2010 年 5 月、2012 年 5 月，第 209、第 196、第 191 页。

二　中国进入以社会建设为重点的新阶段

中国在经济上取得了如此巨大的成就，为什么社会矛盾、社会冲突、社会问题反而大量增加，我们的党和政府做了这么多大事、好事，为什么老百姓还有这么多意见。这要从经济、社会发展规律的视角来认识。

（1）中国的革命是分阶段进行的，社会主义建设也是分阶段进行的：不同的发展阶段、不同的形势、不同的任务，就要采取不同的战略、策略。

改革开放初期，我国的生产力水平低，劳动产品少，短缺经济，解决人们的温饱问题是发展要解决的主要任务，在这一阶段，以经济建设为中心，集中一切力量抓经济，满足人们的基本的物质生活需求，成为必然的理性选择。

进入 20 世纪 90 年代，小平同志南方谈话之后，明确了我们要建立社会主义市场经济体制。随着经济体制改革，市场化、工业化迅猛发展，经济高速增长。大量的农村剩余劳动力以农民工的身份涌进城市，城市化也发展起来。到 20 世纪末，我国的国民生产总值比 1978 年接近翻了两番，综合国力显著增强，人民群众的温饱问题普遍得到解决，物质生活有了一定的改善，但生产力还不发达，物质产品还没有极大丰富，特别是精神文化产品、公共服务产品还不充足，不能满足人民群众对物质文化日益增长的需求，也不能满足经济发展本身对科技、教育、文化、社会、环境提出的更高要求。这就表明一个新的历史发展阶段到来了。新阶段的特征是：一方面经济发展很好，捷报频传；另一方面社会问题、社会矛盾、社会冲突大量增加，集中表现为经济与社会发展的不平衡、不协调。

对此，我们做过当前中国社会结构和经济结构关系的调研。研究表明，当今中国的经济结构已经是工业化社会的中期阶段，但社会结构还是工业化的初级阶段。社会结构大约滞后经济结构 15 年。一个国家或地区两个最基本的结构不平衡、不协调，这是当今中国各种经济社会矛盾产生的结构性原因。

（2）中国目前所处新阶段的特征是经济快速发展和社会矛盾多发，这在世界各现代化国家都曾经经历过。

欧洲诸发达国家有过，美国有过，亚洲的日本、韩国也都经历过。不过，欧美各国经历这个阶段的时间比较长，日本、韩国接受了欧美各国的经验和教训，过渡的时间比较短。这是因为一个国家要实现现代化，必须实现由农业社会向工业社会、由乡村社会向城市社会转变，整个国家人民的生产方式、生活方式，乃至社会关系、交往方式都会改变，产生了社会大流动、社会重组、社会结构调整，导致城乡之间、区域之间、社会成员之间贫富差距扩大，两极分化，家庭分化，离婚率上升，社会犯罪增加。这些社会现象，现代化国家在工业化初期都曾出现过，被称为"社会转型病"。这种"社会转型病"是经济社会发展到一定阶段的表现。面对这种社会矛盾、社会冲突多发的社会转型时期，所在国、所在地区的政府应对得好，采取了正确的政治政策、经济政策、社会政策和文化政策，处置得好，解决了这些社会问题，化解了社会矛盾和冲突，使经济社会平衡、协调、可持续发展，这个国家、这个地区就进入了现代化国家或地区行列。欧美诸发达国家是这样、日本和"亚洲四小龙"等国家和地区也是这样。

面对这个经济社会发展的关键时期，所在国的政府不能采取恰当的政治、经济、社会、文化政策，处置不当，不能解决这些社会问题、社会矛盾和社会冲突，这些社会矛盾和社会冲突就将越演越烈，以至于阻碍经济社会的发展，国家也由此陷入了动荡不安，经济社会发展停滞，乃至倒退的状态，被拒于现代化国家的行列之外。所谓"拉美陷阱"，指的就是这种状态。20 世纪后期，苏联、东欧之所以发生剧变，本质上也是因为没有过好这个关键时期。苏联的经济是搞上去了，曾经是世界第二，但社会体制未改，社会结构没有调整好。社会建设没有建好，经济社会长期不平衡、不协调，遇上大风大浪就翻船了。可见，要搞现代化建设，仅仅搞经济建设是不够的，还必须搞好社会建设、政治建设、文化建设等。

（3）对于我国进入新的历史发展阶段的认识，我们有一个逐渐深化的认识过程。

2002 年，党的十六大报告指出"现在达到的小康还是低水平的、不全面的、发展很不平衡的小康"，并且提出，到 2020 年，要"全面建设惠及十几亿人口的更高水平的小康社会，使经济更加发展、民主更加健全、科教更加进步、文化更加繁荣、社会更加和谐、人民生活更加殷实"。[①] 在六个"更加"中，第一个是经济，第二个是政治，后四个都是要通过社会建设才能实现的。

---

① 江泽民：《全面建设小康社会，开创中国特色社会主义事业新局面——在中国共产党第十六次全国代表大会上的报告》，《中国共产党第十六次全国代表大会文件汇编》，北京：人民出版社，2002 年 11 月，第 17～18 页。

2003 年，党的十六届三中全会明确指出要"深化经济体制改革，促进经济社会全面发展"，要"统筹城乡发展、统筹区域发展、统筹经济社会发展、统筹人与自然和谐发展、统筹国内发展和对外开放"的要求。第一次提出了要"坚持以人为本，树立全面、协调、可持续的发展观，促进经济社会和人的全面发展"。①

2004 年，党的十六届四中全会做出了加强党的执政能力建设的决定，提出了"构建社会主义和谐社会"与"社会建设"两个新概念、新思想，指出要"加强社会建设和管理，推进社会管理体制创新。深入研究社会管理规律，完善社会管理体系和政策法规，整合社会管理资源，建立健全党委领导、政府负责、社会协同、公众参与的社会管理格局"。②

2005 年 2 月 21 日，在中共中央政治局第 20 次集体学习会上，胡锦涛同志在讲话中指出："各级党委、政府和领导干部要切实加强对本地区本部门和谐社会建设有关情况和工作的调查研究，全面分析和把握社会建设和管理的发展趋势，为制定政策、开展工作奠定坚实的基础。要加强对社会结构发展变化的调查研究……要加强对社会利益关系发展变化的调查研究……要加强对维护社会稳定工作的调查研究。……我们对社会主义社会建设的理论研究和实践探索还有大量工作要做，因而尤其需要在实践的基础上加强理论研究。"③

2006 年 10 月，党的十六届六中全会专门就构建社会主义和谐社会若干重大问题做出决定，明确指出："我国已进入改革发展的关键时期，经济体制深刻变革，社会结构深刻变动，利益格局深刻调整，思想观念深刻变化。这种空前的社会变革，给我国发展进步带来巨大活力，也必然带来这样那样的矛盾和问题。我们党要带领人民抓住机遇、应对挑战，把中国特色社会主义伟大事业推向前进，必须坚持以经济建设为中心，把构建社会主义和谐社会摆在更加突出的地位。"④

2007 年，党的十七大报告指出"要加快推进以改善民生为重点的社会

---

① 《中共中央关于完善社会主义市场经济体制若干问题的决定》，北京：人民出版社，2003 年 10 月，第 12~13 页。
② 《中共中央关于加强党的执政能力建设的决定》，北京：人民出版社，2004 年 9 月，第 25 页。
③ 《加强调查和研究着力提高工作本领 把和谐社会建设各项工作落到实处》，《人民日报》2005 年 2 月 23 日，第 1 版。
④ 《中共中央关于构建社会主义和谐社会若干重大问题的决定》，北京：人民出版社，2006 年 10 月，第 3 页。

建设"，强调"社会建设与人民幸福息息相关。必须在经济发展的基础上，更加注重社会建设，着力保障和改善民生，推进社会体制改革，扩大公共服务，完善社会管理，促进社会公平正义，努力使全体人民学有所教、劳有所得、病有所医、老有所养、住有所居，推动建设和谐社会"。①党的十七大通过的《中国共产党章程（修正案）》，将经济建设、政治建设、文化建设"三位一体"的社会主义事业总体布局，发展为经济建设、政治建设、文化建设、社会建设"四位一体"的中国特色社会主义事业总体布局，②这是我们党对中国特色社会主义事业的新认识、新概括，也标志着中国进入了以社会建设为重点的新阶段。

进入 21 世纪以来，我们常说新世纪、新阶段、新任务。从发展阶段来说，所谓新阶段，是指以经济建设为主的阶段转入以社会建设为重点的新阶段。所谓新任务，就是要在坚持以经济建设为中心的条件下，把构建社会主义和谐社会建设摆在更加突出的地位。重点加强社会建设，进行社会体制改革，加快保障和改善民生的社会事业建设，创新社会管理，促进社会公平正义，实现经济社会协调发展。

三　社会建设的主要内涵

2004 年，中央提出"构建社会主义和谐社会"与"社会建设"这两个新概念、新思想以后，很快在全国掀起研讨构建社会主义和谐社会的热潮，从中央到地方，从城市到农村，举国普遍地研究、宣传和谐社会，真可谓做到了家喻户晓。相比较而言，关于社会建设的研讨相对要弱一些。

就两者关系而言，社会主义和谐社会是我们要长期为之奋斗的宏伟的战略目标，构建社会主义和谐社会要通过社会建设、经济建设等一系列建设来实现。

什么是社会建设？怎样在现阶段中国特有的国情条件下进行社会建设？这是我们首先要弄清楚的大问题。认清社会建设的含义，这是进行社会建设的重要前提。

---

① 胡锦涛：《高举中国特色社会主义伟大旗帜　为夺取全面建设小康社会新胜利而奋斗——在中国共产党第十七次全国代表大会上的报告》，《中国共产党第十七次全国代表大会文件汇编》，北京：人民出版社，2007 年 10 月，第 36 页。
② 《中国共产党第十七次全国代表大会文件汇编》，北京：人民出版社，2007 年 10 月，第 144 页。

目前国内对社会建设的理解，主要有四种不同的观点。

第一种观点，认为社会建设应以保障和改善民生为重点，大力推进就业、社会保障和科技、教育、文化、卫生等各项社会事业的建设，加大收入分配调节力度，推进基本公共服务均等化，促进社会公平正义，使发展成果惠及全体人民，走共同富裕道路。

第二种观点，认为社会建设当前要加强和创新社会管理，应以维系社会秩序为核心，通过政府主导、多方参与，规范社会行为、协调社会关系、促进社会认同、解决社会问题、化解社会矛盾、维护社会治安、应对社会风险，为人类社会生存和发展创造既有秩序又有活力的基础性条件和社会环境，促进社会和谐。

第三种观点，认为社会建设是适应我国由农业社会向工业社会转型，由计划经济体制向社会主义市场经济体制转变，适应人们的生产方式、生活方式和人际关系的变化，面对由此产生的种种社会矛盾和问题，有组织、有计划、有目的地进行各种有利于保障和改善民生，建立新的社会秩序，促进社会进步的社会行动。同时进行社会体制改革，创新社会政策，调整和优化社会结构，建立与社会主义市场经济体制相适应、与经济结构相协调的社会结构，认为社会建设的核心是要构建一个合理的社会结构。

第四种观点，认为我国目前社会建设的根本目标是建设一个制约权力、驾驭资本、遏制社会失序的社会主体，因此要进行社会重建，建立一个与政府、市场并列的社会；认为在工业化社会条件下不仅要有市场，有政府，还要有发育良好的社会环境，整个社会才能健康有序地可持续发展；认为健全的社会是市场经济的基础。

四　社会建设与社会管理

（一）社会建设与社会管理的关系

社会建设、社会管理这两个概念都是在 2004 年党的十六届四中全会文件中同时被提出来的，这几年成了政界、学界常用的热门词条。特别是从 2009 年政法系统大力推进社会矛盾化解、社会管理创新、公正廉洁执法三项重点工作，抓紧解决影响社会和谐稳定的源头性、根本性、基础性问题以来，社会管理创新取得了很好的成绩。现在各地区正在开展社会建设和社会管理创新工作，最近中央召开了省部级主要领导干部社会管理及其创新专题研讨班，会后各地各部门的社会建设和社会管理工作将蓬勃展开。因此，厘清社会建设、社会管理这两个概念的具体含义和两者的关系，就很有必要。

就进行社会建设和社会管理的目标来说，两者都是为实现构建社会主义和谐社会、实现全面建设小康社会、建设中国特色社会主义现代化、实现中华民族伟大复兴事业服务的。

就社会建设和社会管理的关系来说，社会管理是社会建设的一个重要组成部分。自从党的十六届四中全会提出社会建设和社会管理这两个概念以来，历次党中央重要会议的文件，都是这样提的。例如，党的十七大报告中明确指出："社会建设与人民幸福安康息息相关。必须在经济发展的基础上，更加注重社会建设，着力保障和改善民生，推进社会体制改革，扩大公共服务，完善社会管理，促进社会公平正义，努力使全体人民学有所教、劳有所得、病有所医、老有所养、住有所居，推动建设和谐社会。"① 这段话是党的十七大报告中第八章的导语，这一章分六节阐述了社会建设的主要内容，"完善社会管理，维护社会安定团结"是第六节的标题。

2010年召开的党的十七届五中全会通过的"十二五"规划建议的第八章"加强社会建设，建立健全基本公共服务体系"，导语是："着力保障和改善民生，必须逐步完善符合国情、比较完整、覆盖城乡、可持续的基本公共服务体系，提高政府保障能力，推进基本公共服务均等化。加强社会管理能力建设，创新社会管理机制，切实维护社会和谐稳定。"② 该章也分六节，阐述了促进就业、调整收入分配、建立社会保障体系、卫生事业改革、人口工作、加强和创新社会管理等六个方面的社会建设的任务。因为近几年社会管理工作有了丰富的实践和探索，所以这一节的内容，比党的十七大报告论述的要丰富具体得多，篇幅也是六节中最长的。

作为"四位一体"中的社会建设，当然是一个重大的系统工程，社会管理是这个大系统中的子系统，是社会建设中一个重要的组成部分，应该是无疑的。有种观点认为，社会管理可以与社会建设并列。这也是不妥当的。不错，社会管理很重要，党的不少重要文件和领导同志讲话中，常有把社会建设和社会管理并提的讲法，例如在党的十六届四中全会的文件中，

---

① 《中国共产党第十七次全国代表大会文件汇编》，北京：人民出版社，2007年10月，第36页。

② 《中共中央关于制定国民经济和社会发展第十二个五年规划的建议》，《中国共产党第十七届中央委员会第五次全体会议文件汇编》，北京：人民出版社，2010年10月，第41页。

就有"加强社会建设和管理"的提法。2004 年，党的十六届四中全会刚提出这些新概念、新思想，关于"构建社会主义和谐社会""和谐社会建设""社会建设""社会管理"这些概念的内涵、外延，相互之间的边界、关系还是不很清晰，有这些说法是可以理解的。经过这几年的实践和理论探讨，特别是党的十七大把社会建设定为四大建设之一以后，这种"并列论""并提论""同等重要"等说法就不妥了。当然，至今还是常有"社会建设和社会管理""社会建设和管理"的说法见诸文件、讲话和报刊，这主要是因为社会管理很重要，尤其是当下要强调社会管理的重要性，但并不能因此就改变社会建设和社会管理是大系统和子系统的关系，也不能改变社会管理是社会建设的一个重要组成部分的关系，这在理论上是应该明确的。打个比方，我们常讲经济建设和经济管理或经济建设和管理，还有"三分建设、七分管理"的说法，但经济建设是大系统，经济管理是子系统，经济管理是经济建设中的一个组成部分，经济建设和经济管理的主次关系是大家公认的。

有种观点认为：在工业化、城镇化、市场化、信息化、全球化的浪潮下，特别是在国际金融危机的冲击下，我们国家应对得当，经济持续平稳较快增长，但也遇到外贸受阻，通胀压力增大，经济转型困难。特别是社会方面，社会趋多元化，社会流动加快，社会融合与社会冲突并置，社会矛盾多发，各类刑事案件、群体事件居高不下，面对这种复杂多变、存在风险的局面，需要有强大有效的治理方式，所以加强和创新社会管理、维护社会和谐稳定就很有必要。乃至有人提出应该建立更大的社会管理机构，赋予更大的行政权力，全面调控经济社会才能解决问题。

最近，党中央举办省部级主要领导干部社会管理及其创新专题研讨班，胡锦涛同志在讲话中指出：举办研讨班，目的是正确把握国内外新形势、新特点，针对当前社会管理中的突出问题，着力研究和加强全国创新社会管理，做好新形势下群众工作的思路和举措，为促进社会和谐、实现"十二五"时期经济社会发展目标任务凝聚强大力量，对实现全面小康社会宏伟目标，实现党和国家长治久安具有重大战略意义。

从 2000 年以来，党中央每年在春节前后举办省部级主要领导干部专题研讨班，这对于贯彻党中央决策、集思广益、统一思想、提高认识、开展工作，很有裨益，是一种好形式。十多次研讨班，主要是研讨经济建设、党的建设问题。2005 年专题研讨了构建社会主义和谐社会问题，时隔六年，今年则研讨社会管理及其创新问题，推动做好社会管理工作。这是党中央审时度势，继续抓住和用好我国发展重要战略机遇期，推进党和国家事业的重大举措，具有十分重要的实践意义和理论意义。

现在我们只看到新华社公布的胡锦涛同志讲话的摘要，全面的学习和贯彻还要等到全文的传达和公布。但就从摘要看，主要内容有以下几点。

第一，当前我国既处于发展的重要战略机遇期，又处于社会矛盾凸显期的新阶段，维护社会秩序，促进社会和谐，保障人民安居乐业，为党和国家事业发展营造良好社会环境。这不仅是推进社会建设、社会管理方面的重大决策，同时也是为促进经济长期平稳较快发展构建良好的社会环境，解决好"十二五"规划中指出的：我国发展中不平衡、不协调、不可持续问题，解决好"经济这条腿长，社会这条腿短"的问题，使经济社会全面协调发展。所以，这是一个从全局出发的重大战略决策，我们要很好地领会。

第二，胡锦涛同志就社会管理当前要重点抓好的工作提出 8 点意见后，明确指出"社会管理要搞好，必须加快推进以保障和改善民生为重点的社会建设"。接着就完善保障和改善民生，发展各项社会事业，优先发展教育、抓好就业、调整收入分配关系，推进社会保障体系建设、医疗卫生事业改革、住房保障体系建设等社会建设方面的工作作了论述。① 就从讲话的行文看，这次研讨班的主题是"社会管理及其创新"，强调了当前要重点抓好社会管理工作，但并没有改变社会建设和社会管理是大系统和子系统的关系，还是整体和部分的关系。

第三，有同志认为要做大社会管理，设想通过强化管理权力，把经济社会方面乃至社会生活方面的问题统统管起来，消除诸多矛盾，维护社会秩序。这种设想是不合理也是不妥当的。因为我们国家已经实行了社会主义市场经济体制，经济、社会生活日益多元化、复杂化。这种体制的好处在于社会充满活力、朝气蓬勃、经济社会不断发展，问题在于社会问题、社会矛盾大量增加，这是新阶段、新特点的表现。设想用强化管理权力，抓好、管好、调控好，用权力来包打天下，是不现实的，以往的实践和改革开放以来的实践都不支持这种设想。好在党的十六届四中全会，已经提出了"构建社会主义和谐社会""社会建设""社会管理"等概念、理论和政策，经过几年的探索和研讨，正在逐步完善，实践的效果也是好的。当

---

① 参见《扎扎实实提高社会管理科学化水平　建设中国特色社会主义社会管理体系》，《党建》2011 年第 3 期。

前的重点是抓好社会管理创新，解决好影响社会和谐稳定的突出问题，使社会既充满活力，又和谐稳定。这就能使我国的社会管理向前跨进一大步，同时也使社会建设向前跨进一大步。要构建社会主义和谐社会，全面建设小康社会，实现党和国家长治久安，还要靠包括社会建设在内的四大建设的长期实践和成功。

（二）社会建设未来发展的三个阶段

社会建设作为社会主义事业总体布局"四位一体"中的一大建设，未来的发展将经历三个阶段。前面第三节中叙述的关于社会建设内涵的几种观点，虽然都是从某一视角提出来的，但都有一定的合理成分和可取之处。并列起来看，是关于社会建设四种不同的观点，如果从纵向来看，也就是从社会建设未来发展的过程看，也可以看作是要经历的几个阶段。

第一阶段，先从目前人民群众最关心、最直接、最现实、最迫切要求的保障和改善民生事业、社会事业建设做起，从加强和创新社会管理入手，化解社会矛盾，解决社会问题；并加强源头治理、标本兼治、最大限度地防止和减少社会矛盾和社会问题的产生，最大限度地增加社会和谐因素，促进社会公平正义。这两个方面的工作有些已经做了，现在还正在积极推进，如教育、卫生等社会事业的发展，政法系统抓的社会矛盾化解、社会管理创新、公正廉洁执法三项重点工作。近几年，这些工作有序推进，很有成效，很得民心，也是顺民意的。持续做下去，做得好，社会建设的第一阶段可以在"十二五"规划时期内实现。

第二阶段，着力推进社会体制改革，创新社会政策，完善社会管理，推进新型城镇化，破解城乡二元结构，实现城乡一体化，拓宽社会流动渠道，培育壮大中产阶层，构建一个合理、开放、包容、稳定的社会结构。中国目前经济结构已经达到工业化社会中期阶段，但社会结构还处于工业化社会初期阶段。所以，加快调整社会结构，使之与经济结构相协调，应该是我们进行社会建设和社会管理在"十三五"也就是到2020年要实现的最重要的任务。

第三阶段，随着社会主义市场经济体制臻于完善，经济建设健康、持续、平稳、较快地发展，到21世纪中叶，经济达到中等发达国家水平，形成现代型的经济结构。与此同时，社会建设不断推进，社会体制逐步完善，社会组织广为发展，社会管理井然有序，社会结构不断优化，形成一个与社会主义市场经济体制相适应，与现代化经济结构相协调的现代型的社会结构，为全面、协调、可持续科学发展创造一个良好的社会环境，实现上述第四种观点的政府、市场、社会三足鼎立的局面，也是实现"民主法治、公平正义、诚信友爱、充满活力、安定有序、人与自然和谐相处的社会主义和谐社会"。

当然，这三个阶段的发展，并没有一个截然分开的界限，将会是互有交叉地进行。现在全国各地正在进行各种形式的社会建设和社会管理的实践与探索，创造了很多新的经验和新的模式，经过一段时间实践之后，经过各种经验、各种模式的交流和比较，一定会涌现出适合中国特色、适应经济社会发展的需要、符合历史规律的社会建设的理论和实践模式。

五　关于推进社会建设与社会管理的几个问题

社会建设作为社会主义事业"四位一体"总体布局中的一大建设，也是一个宏大的系统工程。既要进行保障改善民生、社会事业的建设，又要进行包括社会事业体制在内的社会体制改革和创新。既要加强社会管理、社会安全体制的建设，又要进行社会伦理、社会规范的建设。既要加快收入分配关系的调整，有效调节过高收入，扭转四种差距扩大的趋势，促进社会公平，又要支持中产阶层的发展壮大，加快调整社会结构的步伐，使之形成现代经济结构相适应、相协调的现代社会结构。所以，社会建设是一个宏大、艰巨的任务，要有长期奋斗的思想准备。

经过近十年的酝酿探索、比较选择，针对我国进入经济社会发展新阶段的国情，提出在坚持经济建设为中心的条件下，重点推进社会建设，进行社会体制改革，创新社会政策，完善社会管理，优化社会结构，使经济社会协调发展，促进社会和谐。这是切合形势要求的。不久前通过的"十二五"规划建议里已经有了明确的阐述。现在的问题是如何落实贯彻，使社会建设这个宏大的历史任务，一步步得到实现。

进行社会建设与社会管理，当前应该开展以下工作。

第一，要开展关于构建社会主义和谐社会、重点推进社会建设与社会管理的研讨，弄清楚什么是社会建设与社会管理、为什么要进行社会建设与社会管理、怎样进行社会建设与社会管理等重大理论和实践问题，在全党、全国取得共识。

党的十六届六中全会通过的《中共中央关于构建社会主义和谐社会若干重大问题的决定》（以下简称《决定》），阐明了关于构建社会主义和谐社会与社会建设的理论、方针、政策问题，是一个很重要的文件。传达以后，对和谐社会建设的实践起到了很大的推动作用。遗憾的是，2008 年金融危机一来，人们的注意力转到"保稳定、保增长、保民生"上去，有些地方和地区又回到 GDP 挂帅的老路上，误读了和谐社会建设。当然，也因为中国发展这条航船太大，要转弯很不容易。党的十七届五中全会，又强调提出"加强社会建设"，"把保障和改善民生作为加快转变经济发展方式的根本出发点和落脚点"。① 这就把四大建设中的经济建设和社会建设结合起来了，完全符合社会主义经济建设最终目的——满足人民群众日益增长的物质文化的需求。把这个经济社会发展规律性的理论摆正了，明确了经济建设和社会建设的关系，对于纠正有些地区、有些部门片面追求 GDP 的做法是有重要意义的。我们要乘着宣传贯彻落实"十二五"规划建议和省部级主要领导干部社会管理及其创新专题研讨班关于社会管理创新会议精神传达的时机，开展关于社会建设的理论和社会管理的理论与实践问题的研讨，展开各种观点、各种做法的交流和争论，继承和发扬舆论先行的传统，把关于社会建设和社会管理讨论的文章做足，做到家喻户晓。

中央公布"十二五"规划建议之后，近期有 20 多个省（自治区、直辖市）公布了各自的"十二五"规划建议，有半数的省（自治区、直辖市）规划中还是提出五年内 GDP 翻一番的目标，而关于社会建设和社会管理方面的目标和任务则比较宽泛。要维持经济的高速增长，就必然把弦绷得很紧，钱都投到经济项目上，保障和改善民生的社会建设就不可能得到应有的推进，这是很值得注意的。

第二，推进社会建设与管理一定要从组织上落实。

新中国成立 60 年来，进行的各项建设，有一条基本经验，凡是中央决定的重要战略任务，一定要在组织上落实，要有组织保证。要有组织、有机构、有得力的干部去贯彻执行，才能实现，正反两方面的经验都有，可以有很多例证。

社会建设是事关社会主义和谐社会能否构建，全面小康社会能否实现，"十二五"规划建议提出的科学发展这个主题、转变经济发展方式这条主线能否贯彻落实的战略任务，一定要组建一个相应的机构，整合多方面的资源和力量，才能把这件大事办好。现在北京、上海、大庆、南京等地已经

---

① 《中国共产党第十七届中央委员会第五次全体会议文件汇编》，北京：人民出版社，2010 年 10 月，第 41 页，第 19 页。

组建了社会工作委员会、社会建设工作办公室，已经开展了很多工作，做出了不少成绩，但主要局限在开展社区服务、城镇管理和引导社会组织发展等方面工作，只是做一个职能部门的业务。要推进社会建设这样一项事关战略大局的工作，应该组建一个像当年进行经济建设的国家计划委员会那样，组建一个社会建设委员会，对整个社会建设进行宏观统筹、规划、组织、调控、监督，整合社会各方面的资源和力量，通过协调使之形成合力，使各项社会建设工作有序地进行。现在有关社会建设的职能部门不少，但缺乏一个综合协调的部门。目前这方面的工作是由国家发展和改革委员会中的一个社会司在做，而社会司是国家发展和改革委员会 35 个司局中的 1 个，显然不能胜任这个宏大的社会建设任务。应该把社会司连人和职能以及资源从国家发展和改革委员会中分出来，组建社会建设委员会，主抓社会建设。国家发展和改革委员会则主抓经济建设。这是做好社会建设工作的组织保证。可以选一两个省的区或县试点，取得经验，再逐步推开。

第三，搞好社会建设与管理，必须进行社会体制改革。

总结新中国成立 60 年来社会主义建设的实践，前 30 年，在计划经济体制下，政府几乎包揽了经济事务，也包揽了社会事务，虽然也取得了很大的成绩，但成本太高、效率太低，形成了短缺经济。后 30 年实行改革开放，通过经济体制改革，放手发动群众，调动了各方面的积极性，政府进行宏观调控，经济事务管得少了，经济建设却取得了巨大的成就。现在进行社会建设，要学习经济建设的经验，要进行社会体制改革，形成社会建设的动力机制，放手发动群众，调动各方面的积极性，大力发展社会组织、社会团体、民间组织，社会事务交给社会去做，政府进行宏观统筹和协调，社会建设也一定会取得成功。

我国现行的这套社会体制，是在 20 世纪 50 年代以后，在全国实行计划经济体制的背景下形成的，是计划经济的一个重要组成部分，是同计划经济体制相适应的，是为计划经济体制服务的，比如户籍制度、城乡二元结构体制等。

这些年来，我们对于社会体制包括社会事业体制，也进行了改革，有些取得了成功，有些并不成功，有些则还没有破题，整个社会体制还没有按社会主义市场经济体制的要求根本改变过来。所以现在的经济社会运行中，两种体制并行，产生了许许多多的矛盾和问题，社会成本很高。党的十七大报告明确指出："必须在经济发展的基础上，更加注重社会建设，着力保障和改善民生，推进社会体制改革，扩大公共服务，完善社会管理，促进社会公平正义。"实践证明，现行的社会体制不改革，社会建设就不能顺利进行。因此，必须"推进社会体制改革"，为进行社会建设鸣锣开道。当然，进行社会体制改革，难度很大，会触及某些人、某些群体和某些既得利益，阻力会很大。这实际上又是一场革命。需要审时度势、果断决策、科学策划、周密安排、逐步推行。但社会体制改革，势在必行，也一定会成功的。

第四，推进社会建设与管理要有相当的投入。

进行社会建设要有相当的财力、物力投入。曾经有一段时间，一些地区和部门削减必要的社会建设的开支，把绝大部分的财力都投到经济建设上，造成经济社会发展的不平衡。党的十六大以来，国家加大了对社会建设的投入，情况已有好转。但因为过去欠账太多，经济社会不平衡、不协调的格局还未改变，而且已经形成了路径依赖，有钱还是习惯于往经济建设方面投。例如都说教育重要，但至今还未达到《教育法》规定的教育经费要达到占 GDP 4% 的目标。我们应该按照党的十六届六中全会的《决定》："完善公共财政制度，逐步实现基本公共服务均等化。健全公共财政体制，调整财政收支结构，把更多财政资金投向公共服务领域，加大财政在教育、卫生、文化、就业再就业服务、社会保障、生态环境、公共基础设施、社会治安等方面的投入。"真正加大对社会建设的投入，使民生事业、社会事业、公共服务方面的工作做得越来越好，惠及大多数、绝大多数的民众，使他们共享改革发展的成果，社会矛盾、社会问题就会大幅减少，社会成本就会大幅降低，这对经济发展反而是有利的，这也是转变经济发展方式的一个重要方面。

第五，要开展社会建设与社会管理考核指标体系的研究。

以往对地方政府的考核偏重经济指标，主要抓 GDP，在某种程度上导致经济社会发展不平衡、不协调。当前，在上述深刻认识的基础上，经过研讨，要建立社会建设与社会管理的指标。一方面，可以作为进行社会建设和社会管理工作的目标，同时也是考核成绩的指标。这样不仅使地方政府工作绩效考核指标更加全面、科学，更重要的是可以扭转地方政府片面追求 GDP 等经济指标的倾向，实现经济社会协调发展的战略目标。

第六，两点具体建议。

一是召开一次全国性的社会工作会议，可以在每年的经济工作会议前后，也召开一次社会工作会议，或两个会合并召开，更名为经济、社会工作会议。二是社会建设从总体布局中排位第四改为排位第二。

总的来看，改革开放 30 余年，今天中国经济社会发展面临的新形势表明，中国已经迈入社会建设为重点的新阶段。在这样的背景下，如何调整资源与机会在社会成员之间的配置，促进现代社会结构成长，这是推动社会建设的重要途径。对此，我们需要进一步明确关键时期的形势和任务，深化认识，积极推进社会建设，实现经济社会协调发展。

讲协调：以人为本 平衡发展[*]

要以人为本，把保障和改善民生作为一切工作的出发点和落脚点，坚定不移走共同富裕道路，使发展成果惠及全体人民。

经济越发展，越要重视加强社会建设和保障改善民生。

——摘自《政府工作报告》

关键词：民生

以保障和改善民生为重点的社会建设事业取得很大进步

《政府工作报告》提到，过去五年，我们加快发展社会事业，切实保障和改善民生。始终坚持经济发展与社会发展相协调，围绕改善民生谋发展。

陆学艺认为，这一概括实实在在。各地方、各部门深入贯彻落实科学发展观，转变经济发展方式，在经济发展的基础上，努力让全体人民学有所教、劳有所得、老有所养、病有所医、住有所居，以保障和改善民生为重点的社会建设事业加快发展，取得了很大的进步，人民生活明显改善。

"要以人为本，把保障和改善民生作为一切工作的出发点和落脚点，坚定不移走共同富裕道路，使发展成果惠及全体人民。""经济越发展，越要重视加强社会建设和保障改善民生。"报告中的这些表述振奋人心，在会场上多次激起掌声。这既是"十一五"的经验总结，也是政府的铿锵承诺。

关键词：两个 7%

* 本文源自《人民日报》2011 年 3 月 6 日第 11 版，两会特刊。该文系陆学艺应该报记者之邀对 2011 年 3 月 5 日国务院总理温家宝代表国务院向第十一届全国人民代表大会第四次会议所作的《政府工作报告》的关键词进行的解读。——编者注

不能以牺牲社会建设、牺牲资源环境
为代价片面追求 GDP

《政府工作报告》提出，今后五年，我国经济增长预期目标是在明显提高质量和效益的基础上年均增长 7%；城镇居民人均可支配收入和农村居民人均纯收入年均实际增长超过 7%。

"这两个 7%，意义重大，对国计民生都有好处。和'十一五'比起来，'十二五'时期经济增长预期目标有所降低。与此同时，城镇居民人均可支配收入和农村居民人均纯收入年均实际增长超过 7% 的目标，是比较高的。如果达到 7.2%，十年就会翻一番，也就是，居民收入十年增加一倍，这是一个很了不起的成就。"陆学艺说。

他说，这两个 7%，是"十二五"期间我国将坚持把保障和改善民生作为转变经济发展方式的根本出发点和落脚点的一个例证。

以往有些地区、有些部门把以经济建设为中心曲解为 GDP 挂帅，以致以牺牲社会建设、农村发展、资源环境为代价而片面追求 GDP。两个 7% 明确了经济建设与社会建设的关系，对促进经济社会协调发展，有着特别重要的意义。

关键词：社会管理

建立新型的社会管理体系，形成和谐稳定的社会环境

《政府工作报告》提出，因地制宜，分步推进，把有稳定劳动关系并在城镇居住一定年限的农民工，逐步转为城镇居民。陆学艺说，这可以解决许多社会矛盾和社会问题，对广大农民工来讲是一件大喜事。

他认为，"十二五"期间，研究与试验发展经费支出占国内生产总值比重达到 2.2%，促进科技成果更好地转化为生产力；2012 年财政性教育经费支出占国内生产总值比重达到 4%。这两个支出比例之高，是我国从来没有过的，在发展中国家中是比较高的，体现了政府对社会建设的日益重视。

《政府工作报告》提出，强化政府社会管理职能，整合人口、就业、社保、民政、卫生、文化等社会管理职能和服务资源，实现政府行政管理与基层群众自治的有效衔接和良性互动。

"这有助于建立新型的社会管理体系，解决当前社会管理中的突出问

题，创造一个既充满活力又和谐稳定的社会环境。"陆学艺说，由此，我们可以清楚地看到，党中央、国务院更加注重社会建设，更加注重民生，更加注重经济与社会平衡、协调发展。这一转变，将给中国社会建设带来巨大活力和机遇，也将促进经济又好又快发展。

关于目前形势和社会建设、
社会管理的演讲*

主持人：同志们，我们开始开会。为深入认识新的历史阶段，加强对社会建设与社会管理的重大战略意义的了解，准确把握社会建设的内涵和相关任务，更好地贯彻落实好市委的一号文件，扎实推进我市的社会管理体制改革和社会建设的各项工作，市委研究决定今天召开市委中心组（扩大）学习专题报告会，邀请我国著名社会学家陆学艺教授为我们做社会建设专题辅导报告。陆老师是中国社会科学院的资深研究员，北京工业大学人文社会科学学院院长、博士生导师，中国社会学会名誉会长，国家有突出贡献专家；曾担任中国社会科学院社会学研究所所长、中国社会学会会长，主持多项国家社会科学基金重点项目，发表了《改革中的农村与农民》《"三农"论》《当代中国社会阶层研究报告》《当代中国社会流动》《当代中国社会结构》等多部著作以及大量的专业论文，多次荣获国家和省部级优秀成果奖；在社会学理论、社会结构和农村发展等研究领域取得了丰硕的研究成果，享有很高的学术声誉。

陆老长期关心成都统筹城乡改革发展的实践，多次到成都进行深入调研，为成都的改革实践提出了很多宝贵的意见和建议，给了我们有力的支持。今天他又在百忙之中专门从北京赶来，而且事先做了几天调研，来为我们做这场专题的辅导报告，这体现了陆老对成都改革发展的一贯的关心

---

* 本文源自《社会建设论》，北京：社会科学文献出版社，2012，第43～62页。该文系陆学艺于2011年3月25日在成都市委中心组报告会上的演讲录音稿，收入文集时有删改。该演讲原题为"目前形势和社会建设、社会管理"，与作者在《中共福建省委党校学报》2011年第4期上发表的文章同名，基本观点一致，但具体观点和语言表达有所不同，现将本文题目改为"关于目前形势和社会建设、社会管理的演讲"，以示区分。——编者注

和支持，下面让我们以热烈的掌声欢迎陆学艺教授为我们做报告。

陆学艺：很高兴这次来到成都，刚才李书记讲了很多，其实就一句话，我可以说是成都的老朋友了。成都开始搞统筹城乡发展，2003 年春城书记就邀我来过一次，以后又多次来成都调研和交流过。我这几年从成都的实践中学习了很多东西，2005 年我在大邑调研了两个多月，所以对成都有一些了解。这次应市委宣传部的约请，给大家介绍一些社会建设与社会管理方面的情况。

我主要讲五个问题。第一个是当前的经济社会形势，第二个是中国进入以社会建设为重点的新阶段，第三个是社会建设的内涵和主要任务，第四个是社会建设与社会管理，第五个是关于推进社会建设和社会管理的几个问题。有时间再讲一点这两天我在双流、锦江、青羊考察的一些看法。

一　当前的经济社会形势

根据形势来决定我们的方针、任务，进行工作，这是我们党几十年来革命、建设取得成就的一条基本经验。我们现在来讨论社会建设和社会管理，首先要对当前的形势有一个明确的看法。如何认识当前国际、国内形势，从我的经验看，认真阅读研究中央近来发布的重要文件，从中领会精神要点，是认清形势的一个重要方面。比如近来大家都在学习十七届五中全会制定的"十二五"规划的文件，这当然要认真研读，但这不够，还要同其他重要文件结合起来研读，要同原来的"十五"规划、"十一五"规划文件对比着读，才能比较深刻地体会当前的形势。因为这样的文件，据我所知，都是几十个作者在党中央的直接领导下，通过几个月的时间，调查研究，反复研讨，多次听取意见，全面深刻地分析国际、国内的形势才制定的。

我们研究这个文件，光看这个文件本身还不够，还体会不深。我的体会至少要看三点。第一，这个文件跟"十一五"规划和其他重要文件比，有哪些新话和新的提法；第二，有哪些原来的说法改了；第三，有哪些经常讲的话，这个文件不讲了。所以我们研读文件光看纸上印的字还不够，还要看文件没有写出来的和空白的地方，要看出字里行间的内容。因为我在社科院待了几十年，有这方面的体会。

第一，比如说"以科学发展为主题，以加快转变经济发展方式为主线"

这个话，以前没讲过，是新话；还有，要"把保障和改善民生作为加快转变经济发展方式的根本出发点和落脚点"，这个话以前不是这样讲的。十七大是这么讲的：要"加快推进以改善民生为重点的社会建设。"改革开放以来，我们关于城市化的方针，没有明确阐述过，这次十七届五中全会的文件讲清了。这些都是讲的新话。这就是当前新形势的反映。

第二，这个文件中有不少说法改变了。比如关于收入分配问题，在"十一五"规划里面讲要"努力缓解地区之间和部分社会成员收入分配差距扩大的趋势"，"十二五"规划里面改为"努力扭转城乡、区域、行业和社会成员之间的收入差距扩大趋势"，讲"缓解"和"扭转"是不一样的。等到开两会后又改了，把"努力扭转"改成"加快扭转"，这里虽然只有四个字的变化，但是要求是不一样的，反映了新形势对调整收入分配的要求更加迫切了。这是我讲的第二个例子。

第三，有些非常重要的话不讲了。比如说，20世纪80年代以来，每个重要的中央文件都一定要讲"必须坚持以经济建设为中心"，但这次"十二五"规划不讲了，为什么？这肯定是有重要原因的。还有，以前的规划一定会讲工业增长多少、GDP多少，这次的文件没有讲这些数字。所以，我们研究认识形势，一个重要方面可以从研究文件的变化里面领会。我们作为一个地方的领导同志或者单位的同志，要了解全世界、全国的形势，要调查研究，要研读报刊文件，特别是中央文件，从多方面去领会，这很有必要。不光国家是这样，一个地区、一个单位，甚至我们个人对总体的形势，一定要有明确的判断，如果判断错了，或者判断的不对，或者有偏差，那肯定会事倍功半。我讲这段话，就是讲如何判断现在的形势。

最近报刊记者有这么一个说法，说"2009年是最困难的一年"，"2010年是最复杂的一年"，记者还说了，"2011年是最特殊的一年"，我认为这样说肯定不够，特殊，哪年都有特殊，要我看2011年有调整的意思，或者可以说2011年是调整的一年。我做这样一个判断，供大家参考。我们目前遇到的形势是千变万化的。我们过去讲革命阶段论，搞社会主义现代化建设，也是要分阶段的。我认为我们到了一个新的发展阶段了。

对于现在的总体形势，我们社会学家的判断，跟经济学家有点不同。应该讲四大建设的形势。对目前的形势，可以概括为四句话："经济高速发展，政治基本稳定，文化繁而未荣，社会矛盾凸显"。这四句话我做个解释。

第一句话我觉得可以不用多讲了。报纸上讲很多了，以经济建设为中心，上上下下都很努力。现在我们的 GDP，2010 年达到 39.8 万亿元[1]，人均 4200 多美元，达到中等收入国家的水平。我国 1978 年的 GDP 是 3645 亿元[2]，2010 年是 39.8 万亿元，在 2010 年的 6 月还是 7 月的某一天就是 36.45 万亿元，增长了 99 倍。要按 39.8 万亿元计，增长了 108 倍。2010 年我们有两件大事，一件大事是我们的经济总量超过日本，第二件大事是我们 GDP 增长与 1978 年比超过了 100 倍。如果扣除物价因素、按不变价计算，增长了 20 倍多，翻了四番多。拿这个来衡量，就是说，如果你这个地区在 32 年里增长了 100 倍，你在全国的地位是没有多少变化的，如果你没有增长 100 倍，你在全国的地位肯定是往后退了。对成都，我算了算，成都 1978 年的 GDP 是 35.9 亿元，2010 年是 5100 亿元，增长了 141 倍，所以，成都在 32 年里是增长的。特别是这两天我看的锦江、青羊、双流，他们不是 142 倍，可能都增长了 200 倍、300 倍以上，看到这三个区市的变化，我是由衷高兴的。总体经济形势很好，变化很大。

第二句话，政治基本稳定，大局是好的。相对于全世界来说，用毛泽东当年讲过的那句话叫作"风景这边独好"，这个咱们不用多说了。这里面也得补一句，报刊发表了一个学者的研究，我们从 1840 年到 1978 年，138 年间，中国不是受外国人侵略就是军阀混战，或者像"文化大革命"这样的折腾，太太平平、社会安定的局面没有连续超过 9 年的，中国所以有今天 100 倍的发展，跟我们改革开放 32 年来政治稳定、社会稳定是直接相关的，没有这样一个好的安定的环境，你有再大的本事也不行。

第三句话，文化繁而未荣。"十二五"规划提出："推动文化大发展大繁荣。"现在文化是大发展了，文化产品也多了，也多元化了，比如说小说、电影、电视、文艺作品，应该说量很大，但质量还有待提高。主要问题是"下里巴人"太多、"阳春白雪"太少，还不能满足社会的需要。当然，要真正做到文化大发展大繁荣也很难。现在只能说是繁而未荣。

第四句话，社会矛盾凸显。社会形势不是太好，很大的原因跟我们现在贫富差距大、收入分配不公、收入方面的问题没有解决好有关系。我们的经济大发展了，蛋糕做大了，做得比原来想象的还大，但是现在社会矛盾越来越多。就业难、看病难、上学难、住房难、养老难等问题突出了，劳资关系、

[1] 《中华人民共和国 2010 年国民经济和社会发展统计公报》，2011 年 2 月 28 日，http://www.stats.gov.cn/tjsj/tjgb/ndtjgb/qgndtjgb/201102/t20110228_30025.html。

[2] 国家统计局编《中国统计年鉴 2010》，北京：中国统计出版社，2010 年 9 月，第 38 页。

官民关系紧张，贪污腐败，等等。还有很多新问题、新名词，比如说"群体事件"，1994 年以前没有这个词，现在一年就是几万起。我觉得现在的社会矛盾、社会问题之多是我们原来没有想到的。总体来说，目前的形势，概括起来可以主要讲两句话：经济形势很好、大好，社会形势还不太好。

二 中国进入以社会建设为重点的新阶段

我们是在上述形势背景下来讨论社会建设和社会管理问题的。要回答两个问题。我们经济取得了这么大的成就，为什么社会问题、社会矛盾、社会冲突反而增加了？20 世纪 80 年代我们开始搞改革开放，当时也是问题很多，矛盾重重。当时研究得出一个结论，主要是因为穷，把经济搞上去，这些问题就都解决了。没有想到现在经济建设搞得比原来设想的还要好，但现在的社会矛盾比原来多了，这是要回答的第一个问题。第二个问题，我们的党和政府做成了这么多大事、这么多好事，为什么老百姓对我们还有这么多意见？我想重点回答这两个问题。

这两件事情要从社会发展规律这个高度来认识，因为这两件事情牵涉到我们这个社会正在发生什么样的变化、现在处在怎么样的环境、为什么会产生这样一个我们用常理不好理解的困惑。

我们研究的结论是这样的：中国现在进入了一个社会转型的新阶段，经济快速发展、社会矛盾多发是这个新阶段的特征。我这里讲的社会转型是说我们国家现在正在由农业国向工业国转化、由乡村社会向城市社会转化。首先这是一个生产力、生产方式、生活方式大变化的时期，这个跟我们原来的改朝换代不一样。我们国家的秦、汉、唐、宋、元、明、清，一个王朝统治不下去了，农民起义或者外族打进来，改朝了，明朝改成清朝，朱姓改成爱新觉罗氏了，但生产方式、生产力没有变化，还是小农经济，它的生活方式、人与人之间的社会关系还是原来的，只是新的王朝改姓了，所以叫改朝换代。但是这次变化不同，据我们研究，一直到 1978 年，我们国家还是一个以农民为主的农村社会。1978 年，我国的 GDP 中，72% 已经是二、三产业了，但是在就业结构中，我们的农业劳动力还占 70.5%，在城乡结构里面，城市化率只有 17.9%，农业人口占总人口的 82.1%。[①] 所以直到 1978 年，中国还是一个农民占人口绝大多数的农业社会、农村社会。

---

① 国家统计局编《中国统计摘要 2010》，中国统计出版社，2010 年 5 月，第 22、45、41 页。

中国真正实现工业化、城市化，实现社会大变革的是这 32 年。2009 年我国的 GDP 里面第一产业只占 10.6%，在就业总人数中农业劳动力只占38.1%，城乡结构中城市化率为 46.6%，① 已经是工业社会了，全世界都承认我们已经到了工业社会的中期阶段。我们这 30 多年实现了这么样一个转变，实现了工业化、城市化，这个转变就叫社会转型。这个社会转型就是我们的生产关系变了，生产方式变了，生活方式变了，人际关系也变了，这种变化跟原来改朝换代的变化是不一样的。十六届六中全会对此做了全面的总结，指出："我国已进入改革发展的关键时期，经济体制深刻变革，社会结构深刻变动，利益格局深刻调整，思想观念深刻变化，这种空前的社会变革，给我国发展进步带来巨大活力，也必然带来这样那样的矛盾和问题。"② 从社会发展规律的视角看，一个国家要实现现代化，就必然要搞工业化、城市化，要从农业、农村社会转变为工业社会、城市社会，实现社会转型。欧洲、美国、日本、韩国等现代化国家和地区都经历过社会转型。而在这个社会转型过程中，由于生产方式、生活方式的根本变化，大量的社会矛盾和社会问题必然产生。城乡矛盾，贫富两极分化，家庭分化，离婚率增加，犯罪率大量增加，社会矛盾、社会冲突频发。西方学者称此为"社会转型病"。为了解决这些问题，欧洲花了 200 年的时间，美国花了100 多年的时间，用了各种对策，才慢慢使得社会调整过来，这是一个很大的调整。中国正在搞工业化、城市化，正在实现社会转型，出现这样那样的社会矛盾和问题，是"社会转型病"的表现。还有一个，中国现在正在实现这么一个大的转变，而且是这么一个大国，欧洲国家都只是几千万人，我们是十几亿人，产生社会毛病是可以理解的。

欧美国家在实现这个转型的时候，它们本来就是市场经济国家，无非是变为社会化大生产的市场经济。而中国在这 30 年里，既要实现前面讲的社会转型，还要实现从计划经济体制到社会主义市场经济体制的转轨。在这个转轨过程中，两种体制、两种价格并存，由此产生了许许多多的社会矛盾和社会问题，这个在西方是没有的。我们在接待国外同行学者的时候，他们经常要问我们：什么叫"卖批文"？我要给他解释半天，我给他们举例子，首钢一年生产 800 万吨钢，市委书记批给一个人一张条子，要首钢卖 1

① 国家统计局编《中国统计摘要 2010》，北京：中国统计出版社，2010 年 5 月，第 22、45、41 页。
② 《中共中央关于构建社会主义和谐社会若干重大问题的决定》，北京：人民出版社，2006 年10 月，第 3 页。

万吨钢给他，当年的市场价格是每吨 1800 元，计划价格每吨 1000 元，这一张条子就值 800 万元。另外还有"买户口"，户口还能要钱？听说咱们的户口值几万块钱，这些老外怎么都理解不了。计划经济在向市场经济转轨过程中会产生大量的矛盾、大量的问题。

为什么会产生这么多的矛盾呢？一是社会转型产生的，这不光是中国有；二是中国特有的经济体制转轨产生的。这两大矛盾叠加在一起，矛盾之多、矛盾之复杂、解决矛盾之困难是国外同行难以想象的。在座的各级领导干部，在改革发展过程中，工作之难是可以想见的。你们经常是白加黑、五加二地工作，还有解决不完的问题。既要面对这许多问题，又要大步地往前赶，辛苦就辛苦在这上面，问题就出在这上面。

解决"社会转型病"，欧美花的时间比较长，他们有一个认识转变的过程，是逐渐认识、逐渐解决的。特别是第二次世界大战之后，他们搞社会保障、国家调控才逐渐转过来了。日本、韩国接受了发达国家的经验和教训以后，转变得比较快一点。日本本来就有基础。韩国的经验是值得总结的，他们原来比我们还穷，20 世纪 60 年代开始干的时候，在经济起飞的时候，就注意到了社会建设、社会改革，较早地就搞新农村建设运动等，所以他们调整的时间比较短。从现代化发展的实践看，我们现在正处于社会转型过程中，也就是我们中央领导讲的，现在我们正处于一个"关键的时期"。这个关键的时期出现了这么一些矛盾和问题，国家也好、地区也好，我们的政治政策、经济政策、社会政策，特别是社会政策处理得当，把这些社会矛盾处理好了，经济社会协调发展，这个国家就进入了现代化行列。如果这些矛盾处理不好、处理不当，不会处理这些矛盾，那么这些矛盾就可能愈演愈烈，阻碍经济的发展，使社会停滞不前，就可能陷入我们常说的"拉美陷阱"，被拒于现代化国家的门外。这样的例证很多。现在世界有190 多个国家和地区，真正进入现代化国家行列的也就是 30 多个国家，有很多发展中国家虽然 GDP 很高了，但社会没有建设好，社会结构不合理，经不起折腾，成不了现代化国家。

我们现在可以得出一个结论，搞现代化建设，显然，光搞 GDP 还不够，光搞经济增长还不行。经济上去了，但政治不改革，社会体制不改革，社会结构不调整，社会建设没有搞上去，一遇大风大浪就出问题了。20 世纪80 年代末 90 年代初苏联剧变，很重要的一个原因，就是它的经济搞上去了，经济总量已是世界第二了，而且它的军事、科技都很强，它有导弹，卫星上天比美国还早，空间站是它的，军事上、科学上也可以说在世界上称霸，是超级大国。但是它的社会结构没有调整，社会政策没有调整，社会体制没有变革，社会建设没有搞好，最终是垮下来了。我想我们是不是可以回答这么一个问题：为什么经济这么好，社会矛盾还这么多？我们处于一个社会转型的大背景下，出现这种社会矛盾，人民、老百姓不满意，这个是事实，客观的，不是我们一个国家产生的。问题是我们要正确地对待、正确地处理好这些矛盾，解决好这些问题，这样我们才能科学地持续发展下去。这是我讲的第二点。

对于我们进入历史发展新阶段的认识，我们党、我们国家，或者我们的干部都有一个逐渐深化的认识过程。党的十六大报告说，现在达到的小康还是低水平的、不全面的、发展很不平衡的小康，而且提出到 2020 年要全面建设惠及十几亿人口的更高水平的小康社会，使经济更加发展、民主更加健全、科教更加进步、文化更加繁荣、社会更加和谐、人民生活更加殷实。这六条中，第一条是经济，第二条是政治，后面四条都是社会建设，都是要通过社会建设解决的。特别是 2003 年 10 月召开的十六届三中全会，提出要深化经济体制改革，要促进经济社会全面发展，提出五个统筹，要统筹城乡、统筹区域、统筹经济社会、统筹人与自然、统筹国内国外，而且第一次提出了科学发展观，这个实际上就是经济社会要全面协调发展，解决社会矛盾。2004 年的十六届四中全会，第一次提出要构建社会主义和谐社会和进行社会建设、社会管理。我有一篇文章讲，十六届四中全会的贡献有两个，一个是提出构建社会主义和谐社会这么一个战略目标，同时也提出怎么建设，要通过社会建设、社会管理来构建社会主义和谐社会。十六届四中全会讨论的问题，是要提高我们党的执政能力建设，一共讲了提高五个方面的执政能力：提高驾驭社会主义市场经济的能力、提高发展社会主义民主政治的能力、建设社会主义先进文化的能力、构建社会主义和谐社会的能力、应对国际局势处理国际事务的能力。社会上干部和群众对社会主义和谐社会这个词情有独钟，反应强烈，报上、网上，一片拥护，齐声称赞。和谐社会这个新思想好，一致拥护要构建社会主义和谐社会。

党中央顺应民意，在 2005 年春季省部级主要领导干部专题研讨班专门研究构建社会主义和谐社会的问题，会议上胡锦涛同志代表中央指出，我们要全面分析和把握社会建设和管理的发展趋势，为制定政策、研究工作奠定坚实基础。要加强对社会各方面变化的研究，要加强对社会利益关系发展变化的调查研究，要加强对维护社会稳定工作的调查研究。① 现在来进行这方面的调查和研究也是非常必要的。

2006 年专门开了十六届六中全会，就构建社会主义和谐社会若干重大问题做了决定，明确指出："我国已进入改革发展的关键时期，经济体制深刻变革，社会结构深刻变动，利益格局深刻调整，思想观念深刻变化，这种空前的社会变革给我国发展进步带来了巨大的活力，也必然带来这样那样的矛盾和问题。我们党要带领人民抓住机遇，应对挑战，把中国特色社会主义伟大事业推向前进，必须坚持以经济建设为中心，把构建社会主义和谐社会摆在更加突出的地位。"② 在 2011 年省部级主要领导干部社会管理及其创新专题研讨班上，胡锦涛总书记又讲了要把社会管理体制创新放在突出的地位，这前后是一贯的。

据我们课题组研究，1978 年十一届三中全会到 2006 年十六届六中全会，一共开了 38 次中央全会，那么多次会主要都是研究经济建设和党建等问题，关于社会建设、关于和谐社会的建设这是第一次。十六届六中全会文件是关于构建社会主义和谐社会、进行社会建设的一个纲领性的文献，很多重大的理论和方针，这个文件都讲了。

2007 年党的十七大提出要加快以改善民生为重点的社会建设，社会建设和老百姓的生活息息相关。社会建设在这几年每次中央全会，都是很重要的方面。十七大还有一个特殊的贡献，就是修改了《中国共产党章程》，在经济建设、政治建设、文化建设"三位一体"的社会主义事业总体布局中加进了社会建设，发展为"四位一体"总体布局。这一点非常重要，标志着我们中国进入了以社会建设为重点的新阶段。据我了解，经济建设、政治建设、文化建设这"三位一体"的总体布局，是 1940 年毛泽东在《新民主主义论》里面提出来的框架。这个理论框架一直用到十六大。每次的文件都是经济建设怎么样，政治建设怎么样，文化建设怎么样。十七大就变成四大建设、"四位一体"了。这反映了我们党对社会发展规律、对中国特色社会主义建设规律的新认识、新概括。所以我想是不是可以这样理解：我们进入了 21 世纪以后，常说新世纪、新阶段、新任务。那么，所谓新阶段，就是我们要从以经济建设为中心的阶段进入一个经济建设还是中心，

---

① 《胡锦涛在省级部级主要领导干部专题研讨班上的讲话（全文）》，http://www.sina.com.cn，2005 年 6 月 26 日。

② 《中共中央关于构建社会主义和谐社会若干重大问题的决定》，北京：人民出版社，2006 年 10 月，第 3 页。

但是要把社会建设放在重点、放在突出位置的这么一个新阶段。新任务就是以经济建设为中心、以社会建设为重点，把构建社会主义和谐社会放在更加突出的地位，努力推进经济社会协调发展。现在我们的问题就出在经济和社会不协调这一点上。

三　社会建设的内涵和主要任务

社会建设到底建设什么？这两天我在双流、青羊、锦江调查的时候、在开座谈会的时候，有不少同志问这个问题。我在这里把社会建设的内涵做一个说明：建设什么？怎么建设？主要任务是什么？概括地讲，社会建设就是建设社会现代化。我们进行经济建设就是实现经济现代化，经济结构的现代化，咱们 30 年干成了这件大事，当然在这个过程中社会建设也搞了，但是搞得不够，所以出现了经济社会不协调，出现了种种矛盾和问题。一个国家要实现现代化，光搞经济是不够的，还不能解决问题。不光搞经济现代化，还要搞社会现代化、政治现代化、文化现代化。这四大建设是一个整体，都要实现现代化，才能建成现代化社会，所以这是一个长期的艰巨的任务，显然不是 5 年、8 年、10 年能够完成的。

那么，社会现代化怎么搞？到底社会现代化包括哪些内容？归纳起来有以下四种观点。

第一种观点，认为社会建设应该以保障和改善民生为重点，大力推进就业、社会保障、科教文卫等各项民生事业和社会事业的建设，加大收入分配调节的力度，推进基本公共服务均等化，促进社会公平正义，使发展成果惠及全体人民，走共同富裕道路。

第二种观点，认为社会建设当前应该加强和创新社会管理，应该以维系社会秩序为核心，通过政府主导、多方参与，规范社会行为、协调社会关系、促进社会认同、解决社会问题、化解社会矛盾、维护社会治安、应对社会风险，为经济社会发展创造既有秩序又有活力的基础条件，促进社会和谐。

第三种观点，认为社会建设是适应我国由农业社会向工业社会转型，由计划经济体制向社会主义市场经济体制转轨，人们的生产方式、生活方式和人际关系的大变化，面对由此产生的种种社会矛盾和社会问题，有组织、有计划地进行各种有利于保障和改善民生，建立新的社会秩序，促进社会进步的社会行动。同时要进行社会体制改革，创新社会政策，调整社会结构，建立与社会主义市场经济体制相适应的、与经济结构相协调的社会结构。社会建设的核心是要构建一个合理的社会结构。

经过 30 年的建设，中国的经济结构变了，已经是工业社会的中期阶段的经济结构了，但是我们的社会结构还处于工业社会的初期阶段。打个比方来说，我们这个楼的基础是钢筋水泥的，四梁八柱也都是钢筋水泥的，但是上层的房顶还是塑料的、木板的，经不起大风大雨，会出问题。

从理论上来分析，现在产生这么多矛盾，就是因为我国的经济结构跟社会结构这两个最基本、最重要的结构不协调、不契合、不平衡，所以这是结构性矛盾。"三农"问题、内需不足的问题、经济发展方式转变不顺等，都与这个结构性矛盾有关。例如"三农"问题本质上是一个结构问题，为什么呢？2009 年 GDP 中第一产业的占比是 10.6%，但是从事农业的劳动力还占总劳动力的 38.1%。当年的城市化率是 46.6%，农村人口占 53.4%。38.1% 的农业劳动力，只创造 10.6% 的 GDP，并要由 53.4% 的农村人口去分，农民焉得不穷？农村焉得不苦？农民太多，农业劳动生产率太低，不解决工业社会里面农民占多数的问题，不把他们转移出来，不调整结构，"三农"问题就解决不好。

《当代中国社会结构》一书中有一个结论：课题组测算，2008 年中国的社会结构落后于经济结构约 15 年。出版之后有不少人议论，有人打电话问我，一共改革开放才 30 年，怎么落后了约 15 年？我说这是因为 1978 年的时候社会结构就落后了，经济社会不协调了。前面讲过 1978 年的 GDP 里面二、三产业占 72%，农业只占 28%，但是在总就业劳动力中农业劳动力占 70.5%，在城乡结构中，农民占 82.1%，绝对是一个农民国家。1978 年就落后了。这 30 年经济体制改革了，但社会体制没有相应地改革，矛盾积累下来了，所以社会结构落后于经济结构约 15 年。

去年 10 月我到南京开会，开城乡一体化的会，算了一下江苏、浙江和上海地区的数据。他们那里的情况好一些，长三角地区的社会结构落后于经济结构 5~8 年。成都的还没有算。那年我到大邑去调研，我们通过问卷调查，对大邑的经济社会结构做了测算和研究之后，发现大邑发展的问题不是培训农民工的问题，而是要增加老板的问题，大邑的老板太少了。2005 年全国的私营企业主已占总就业劳动力的 1.2%，而大邑还只有 0.56%。所以，大邑要发展，一个主要的方面就是要发展私营企业，训练出一批私营企业主来。这也是要调整社会结构的问题。所以我想我们做社会学研究的，到哪个地方研究社会结构，从中就可以看出问题来。社会建设要落实到社会结构上，使得经济结构和社会结构这两个结构能够协调、能够契合，经济社会协调发展，社会就和谐。

第四种观点，认为社会建设的根本目标是要建设一个能够制约权力、驾驭资本、遏制社会失序的社会主体。前面讲的都是把社会作为一个领域来建设，他们认为要建立一个与市场、政府并列的社会；认为在工业社会条件下，不仅要有市场、有政府，还要有发育良好的社会组织；认为健全的社会是市场经济的基础。这一派的意见主要是总结了国际上的一些现代化国家的经验和教训，认为工业化以来，从几百年的历史来看，市场本身有失灵的时候，会不断爆发经济危机、金融危机，所以必须要有政府调控。20 世纪 30 年代美国的大危机以前，经济自由派讲的政府是个守夜人，不用管市场经济，管好社会安全就行了，经济上的事交给市场。从凯恩斯主义、罗斯福新政以后改变了这个，有了国家调控。这次的金融危机实际上比 20 世纪 30 年代的那次危机还大，但是调过来了，就是因为各国政府及时干预了。但是从历史上来看，政府也有失灵的时候，所以要有发育良好、健全的社会组织。

社会建设的目标就是实现社会现代化，实现社会和谐与社会进步。所以社会建设并不是说是哪一个部门、哪一个单位的事，而是整个国家、政府的大事。十七大修改《中国共产党章程》时，把中国特色社会主义事业总体布局由"三位一体"发展为"四位一体"，加进了社会建设，这是非常正确的。就是我们党和政府领导全国人民建设中国特色社会主义现代化国家，一定要实现经济现代化、政治现代化、文化现代化，也一定要实现社会现代化，"四位一体"。我昨天听锦江的一个同志说，他们分工，让社会工委抓社会建设、发改委抓经济建设、组织部抓政治建设、宣传部抓文化建设。我觉得这很有道理，很有远见。就像我们成都推进统筹城乡发展不是某一部门、某一个单位的事，而是市委和市政府领导下的一个整体的部署。目标是要实现社会和谐、社会进步、社会现代化。

社会建设的原则就是贯彻落实科学发展观，以人为本，坚持公平和正义。这跟经济建设的原则不完全是一回事，前些年经济建设讲"效率优先，兼顾公平"，这是不可持续的。

社会建设的主要方面很多，显然不仅是民生事业，科、教、文、卫、体的社会事业，社会保障，住房，等等。要建立一个现代化的社会体制和社会规范，还要发展社会组织，还要加强社会管理，维护社会安定，构建合理的社会结构，等等，总的目标是实现社会现代化。

四　社会建设与社会管理

有些同志提出来：既然讲社会建设，为什么现在强调抓社会管理？我讲点个人的意见。就社会建设与社会管理的关系说，社会建设跟社会管理的目标是一致的，就是要实现全面建设小康社会，构建社会主义和谐社会。就两者的关系来说，社会管理是社会建设的一部分，而且是重要的组成部分，要强调这个。社会管理不能代替社会建设，这个要说清楚。从十六届四中全会以后历届的全会、中央文件都是这么一个提法，一直到这次的专题研讨班。在专题研讨班上，胡锦涛同志讲完八点意见以后，接着就说，社会管理要搞好，必须加快推进以保障和改善民生为重点的社会建设，包括科教文卫体的建设、社会体制的改革等。所以一定要明确，不能因为我们强调社会管理，就放松了作为四大建设之一的社会建设的方方面面。有这么一种观点，认为现在社会失序的情况很多，所以要通过大社会管理来把它管起来。这件事情要这么看，就是说，现在我们国家在社会管理方面突出的问题比较多，所以我们要强调加强社会管理，重点抓社会管理，这是非常有必要的。

从社会发展的角度看，社会建设的未来会是一个什么情况？我们在北京做了讨论，前面讲的四派意见横向看是罗列四种不同的意见，搞社会事业的，搞社会结构的，等等。但从纵向来看，从社会发展的角度来看，我认为可以把它分成三个阶段。首先要强调社会建设是一个庞大的系统工程，是四大建设之一。前一段社会建设我们是欠账了，相对于经济建设，有的地方和部门为了把 GDP 抓上去，牺牲了农村，牺牲了社会建设，很多财力、物力、人力不恰当地都投到经济上了，现在有一个补课的问题。社会建设作为四大建设之一，是一个大的系统工程，要认识它的艰巨性、长期性、复杂性。从国内、国外的经验和教训来看，我觉得把刚才说的四派意见立起来看，可以分成三个发展阶段。

第一个阶段是我们现在已经在做的，就是解决人民群众最关心、最实际、最现实、最迫切要求解决的保障和改善民生事业、社会事业问题。先解决看病难、上学难、就业难、住房难、社保难等这些问题。化解社会矛盾，解决社会问题，要加强源头治理、标本兼治，最大限度地防止和减少社会矛盾的产生，最大限度地增加社会和谐因素，促进社会公平正义，推进社会发展。同时加强社会管理，化解社会矛盾，解决一些突出问题，保持社会稳定有序。我们在"十二五"期间能把这两件大事基本做得差不多，就可以进到第二个阶段了。

　　第二个阶段要着力推进社会体制改革，创新社会政策，完善社会管理，推进新型的城镇化，破解城乡二元结构，逐步实现城乡一体化，拓宽社会流动渠道，培育壮大中产阶层，构建一个合理、开放、包容、渐进的社会结构。现行的不少社会体制还是在计划经济体制条件下形成的，要推进社会建设就要和经济建设一样，一定要进行社会体制改革，不搞社会体制改革，这个社会结构就调整不过来。例如，户籍制度不改，城乡二元结构就破解不了，城乡就不可能一体化，城乡结构就调整不过来。像我们成都花了七八年的功夫，提出户籍制度改革的方案，这个方案在全国可以说是第一个。能拿出这么一个方案来，是经过了八年的统筹城乡的结果，推进城乡统筹实践，城乡差距缩小了，基本填平了城乡二元之间的鸿沟。十七届三中全会决议文件里面就提出来，户籍改革可以先在中小城市放开。但是直到现在中小城市也放不开，就是因为还有很多问题没有解决。实际上也就是成都这几年做的城乡统筹方面的工作，许多地方还没有做。由此也可以看到成都前些年推进城乡统筹工作的实际意义。这方面很多工作应该总结，应该推广。所以我想第一阶段要做许多统筹城乡方面的工作，为破解城乡二元结构、实现城乡一体化打好基础。第二阶段，五年以后，也就是"十三五"的时候，要大力推进社会体制改革。现在看来不搞社会体制改革，社会建设的动力不足，要通过改革创新社会政策，推动新的城镇化。现在城市里面的二元结构也非常严重，为什么这几年城市的犯罪率这么高？原因之一是 90 后、80 后的几千万、上亿农民工在城市里面，他们不能忍受二元结构对他们的不公平和约束。所以不解决这些体制方面的问题不行。然后是实现新的城镇化、拓宽流动渠道，建立一个中产阶层。纵观所有现代化国家，没有一个不是中产阶层占 40% 以上的，不然社会就安定不了，消费也上不去，内需也扩大不了。所以要在第二阶段着力构建一个比较好的社会结构，经济社会才能协调发展。大概到 2020 年前后能实现，我觉得就很不错了。

　　第三阶段，可能就是 2020 年以后，我们的经济发展，按照 7% 的增速干 10 年，经济再翻一番。那时，社会结构也调整过来了。到 21 世纪中期，经济上达到中等发达国家的水平，社会建设又不断前进，社会体制不断完善，社会组织蓬勃发展，社会管理体系完备，社会结构不断优化，成为一个橄榄型的社会结构，形成与社会主义市场经济体制相适应、与现代化经济结构相协调的现代化的社会结构。可以预见的是，通过三个阶段，到2040年前后，我国可以达到中等发达国家的水平。现在看来经济不成问题，这是比较乐观的，国内、国外都是这样一个看法。搞社会建设还是新任务，需要我们一边学一边搞。

这三个阶段当然不是截然分开的，是互有交叉地进行，现在各地正在传达中央关于专题研讨班和"两会"的精神，从2010年十七届五中全会以后，各地都在推进社会建设和社会管理，这方面的实践会创造很多经验。今后一段时间，各种经验、各种交流一定会总结出适合中国国情、适合经济社会发展规律的社会建设的理论和各种实践模式。

现在的社会建设正像20世纪80年代中期阶段推进经济建设一样，社会建设蓬勃开展，各种实践的经验和模式必然会在各地涌现出来。我们成都市是统筹城乡协调发展的试验区，8年来，做了很多工作，有一个很好的基础。应根据党中央和省里关于社会建设和社会管理的方针和任务，结合成都的实践，继续前进，先行先试，努力创造出新的社会建设的典型经验和好的实践模式。

五 关于推进社会建设和社会管理的几个问题

第一点，要提高对社会建设和社会管理的必要性、重要性、紧迫性的认识。首先要明确社会建设建什么？怎么建？为什么要放到突出的位置上来？这个一定要弄清。而且要把工作重点往社会建设方面转，这很不容易。最近我们所里有个同志参加"两会"，回来介绍了一些情况，在"两会"上、报纸上都是讲民生问题、幸福问题。现在有一个问题，就是中央的"十二五"规划建议出来以后，各个地方，因为中央没有讲数据，各地的"十二五"规划除北京、上海、深圳以外，绝大部分省份都是拿出了GDP要平均年增长10%以上，约有半数的省区市五年要翻一番，五年翻一番就要每年增长14%以上。那还是在比GDP。只有北京、深圳是8%，上海是8%左右。因为现在基数又这么高，要10%以上增长，仍然把弦绷得太紧，争速度，社会建设就排不上位置了。所以应该把这个高指标调整下来。中央已经定了7%。据说这次"两会"上，有关方面要求应该把高速度压下来，有几个省不愿意，一定要在10%以上。当然经济发展速度也要实事求是，不要一刀切。如果不恰当地继续保持过高的速度，经济社会发展就会更加不平衡、不协调，社会矛盾、社会问题就会越来越严重，这是要出问题的。

所以十七届五中全会以后，特别是这次"两会"都反复强调要把社会建设和社会管理放到重要的位置上，这一点我前面讲过，现在要有进行调整的观念。中央把"十二五"规划的经济速度调到7%，是有深远的意义的，我们要跟着调，重点转到以保障和改善民生为重点的社会建设上来。

第二点，据我观察，60年来的历史经验，凡是中央决定要实施的重要的战略任务，一定要在组织上落实。正面的经验、反面的教训都证明了这一点。不管什么事，只要中央决定了，组织上落实了，就肯定能办成。比如说计划生育，天大的难事，中央建了计生委，一直建到乡镇和行政村，就把这个大事办成了。两次农村改革，第一次农村改革，中央有农委、有农村政策研究室，下面各省地市县都有，所以农村改革那几年搞得有声有色，把农业、农村的乡镇企业发展起来了，农民收入连年增加，那6年城乡差距是缩小的。这次搞新农村建设，中央作了决定，但是各地已经没有农工部和农研室了，中央定了方针、任务很好，下面无人落实，就只能停留在纸面上。据我了解江西搞得比较好，江西恰恰在这个时候重建农村工作部，决定省、市、县三级的农工部长都是常委，一直到下面的自然村建了村落委员会，上下一起抓新农村建设，做出了比较好的成绩。

北京市委在十七大后建了社会工作委员会，政府那边建社会建设工作办公室，两块牌子，一套人马，有六个处，现在已经很有成绩，机构建到区县，在抓这个工作，但是也遇到了一些问题。上海建立社会工作委员会、一个办公室，由办公室来协调。江苏是把它放在民政厅，由民政厅起草社会建设规划。各个地方做法不一样。现在有关社会建设的部门和单位，一个县、一个市里面有关社会建设的部门有十几个，科、教、文、卫、体都有，民政、社保等，现在主要的问题是缺少一个进行宏观统筹协调的机构。作为社会主义建设总体布局"四位一体"的社会建设，要像当年进行经济建设时建国家计划委员会一样，从中央到县市建立一个社会建设委员会，主抓社会建设，发改委主抓经济建设。

第三点，有计划、有步骤地进行社会体制的改革。十七大和十七届五中全会都提出要进行社会体制改革。我们看到现在不要说整个的社会体制，就是社会事业体制、民生事业体制，不少还是在计划经济体制时期形成的。这些年有些改革了，有些改的并不成功，有的基本还没有上路，所以要搞社会建设，一定要搞社会体制的改革，包括户口体制、就业体制、社会保障体制等，总的是要建立一个与社会主义市场经济体制相配套、相适应的社会体制、社会事业体制。

第四点，社会建设要有相当的投入。把社会建设作为重点来建设，一定要有相当的人力、财力和物力的投入才行。十六大以来，我们加大了在社会建设方面的投入，情况已经有了很大的变化，可以说已经初见成效。但是，我们在社会建设方面的欠账太多。今后一定要有更多的人力、财力和物力的投入，才能逐步扭转、改变经济社会发展不平衡的现状，使经济社会协调发展。

第五点，要建立社会建设的指标体系和考评指标。现在关于社会建设的指标已经很多了，但至今还没有一个科学合理的社会建设指标体系。这需要实践工作部门的探索和我们社会学工作者的研究，共同努力制定出一个既符合中国国情又切实有用可行的社会建设指标体系和考核指标。现在各地不少都强调幸福指数，这有好的一面。但幸福指数要靠主观评定，不太好考核。就是说你经济好了、你的收入多了、你的房子大了，你不一定幸福。因为幸福是个体的主观感受，跟工作单位的工作关系有关，跟家庭关系有关，跟个人的价值观人生态度有关，等等。现在关于幸福感测度的议论很多。社会建设光有这个还不行，要有一个科学的、客观的、可评判的指标体系，还要拿出一个比较简要的如 GDP 这样的考核指标。

六　对成都社会建设工作的建议

我在成都看了、听了两天，加上过去我对成都的了解，讲几点建议。

我在北京时，成都市委宣传部给我说要开这个会，要我来讲一次话。这些年我来过好几次，也考察了不少地方，对成都的基本情况有所了解。我当时想，成都前几年推进的统筹城乡综合配套改革试点工作，跟现在搞社会建设是可以衔接得上的，我们实际上已经在这方面做了很多工作。以前干的这些事就是社会建设第一阶段要干的事。我有这个想法。

前天看了双流的五个乡镇的社区，昨天又看了锦江的两个点和青羊的泡桐树学校、一个社区，昨天下午听了几个部、委、局的介绍，总的结论是跟在北京的想法一致。成都现在贯彻落实中央关于加强社会建设和社会管理的工作，可以在统筹城乡发展的基础上提出更高、更好的要求，继续向前推进就是了。从理论上来说，我认为成都前些年做的工作符合社会建设的要求。因为 2003 年中央十六届三中全会讲到，要实现五个统筹，并在这个基础上提出以人为本的科学发展观。那五个不协调是城乡不协调、区域不协调、经济社会不协调、人与自然不协调、国内国外工作不协调。如果用毛泽东的矛盾论分析，当时的主要矛盾，就是经济社会的不协调，而城乡不协调也是经济社会不协调。成都做的城乡统筹发展综合实验，就是在破解城乡二元结构。我们成都总结四位一体、六个一体化、三个集中、四大基础工程建设，做的就是社会建设方面的工作，也就是前面讲的社会建设的第一阶段要做的工作，我们提前几年已经在做了。所以我认为，成都进行社会建设，不必另起炉灶，就在这个基础上提出更高的、更具体的要求继续往前走。成都在 2010 年能够提出户口改革的方案，是因为已经做了七八年的工作，农村的学校建起来，农村的卫生系统建起来，农村的社保建起来，农村的基础设施建起来，这不就是现在讲的社会建设吗？我们做的就是社会建设第一阶段的工作，就是民生事业、社会事业的建设，就是农村基础治理的建设。

我觉得成都有很多工作走在前面，现在要在总结的基础上继续往前推，我的建议有这么几条。

第一，建议做好统筹城乡改革工作总结，按照中央十七届五中全会和"十二五"规划的指导思想，总结我们 8 年来的成就和我们做的工作。总结破解城乡二元结构体制、实现城乡一体化的经验，先从哪里做起？主要做了哪些方面的工作。这对全国来说，有极其重要的意义。因为城乡二元体制，它就是两套体制、两种身份，城市学校是一种，农村学校是一种，医院也是这样，社保也是这样。不破解城乡二元经济社会体制，不实现城乡一体化，怎么能搞社会建设？所以成都的统筹城乡综合配套改革，使城乡差距缩小了，城乡间的鸿沟填平了不少，这就为社会建设奠定了很好的基础，也就是做了很多社会建设第一阶段的工作。

第二，要总结户籍改革的经验。昨天我听公安局局长说细则还没有出来，等细则出来，真正推行以后，有了实际的经验，再总结会更好。这一点对全国有重要意义，因为不改革已经实行了 50 年的户籍制度，社会主义的市场经济体制就完善不了，许多问题和矛盾就不好解决。所以成都改革户籍制度的经验，是基本填平城乡鸿沟的基础。成都做的改革方案出台了，受到各方的关注，是我看到的最完善的一个方案，在成都也是可行的，前面说过这是多年统筹城乡改革的结果。这方面的经验和实践要好好总结，对全国有重要意义。

第三，要总结土地普查的经验。这是成都花了几年工夫做成的一件大事。2010 年底我来成都开会时，春城书记跟我说了，我听了很激动。土地的普查，实际上做了 400 多年前明代张居正丈量土地的工作。这件事，据我所知，400 多年来就没有再做过。中国到现在土地到底有多少万亩都说不清楚，成都把一万多平方公里的土地弄清楚了，真是做了一件了不起的大事。在土地普查的基础上，登记颁证，还权赋能，使"土地归属清楚，权责明确，流转顺畅"。这样农民才有了进入市场的基础条件。不然，农民就不是一个完全的法人，是没有财产权的，怎么参加市场竞争？城乡差距怎么能够缩小得了？所以我觉得这件大事在全国是很有意义的。

还有城乡互动，也应该总结。1999 年中央提出对农村、农民要"多予、少取、放活"，有关方面说：我们总体上到了"以工补农，以城带乡"的阶段，实际上直到现在还是农村支持城市。现在每年国家支农资金是 9000 多亿元，2010 年从农村的土地收入里面拿了 29000 亿元，还不要说少给农民工的钱。而我们成都市委、市政府近 6 年给农村拨了 595 亿元，这个在全国可以说是很少见的。成都真正做到了"多予少取"，做到了城市支持农村。这样做了，就把农民的积极性调动起来了。农村好了，反过来促进城市更发展了，这是双赢。有一个新华社记者在北京采访我，他说成都改革后，"农村不差，城市不慢"，其实，应该说"农村好了，城市更好"。成都的实践表明：我们真的支持了农村，城市就更好了。我这几天在市里面转了几次，看了看，比我前几次看到的成都，城市面貌又有了很大的变化。城市高楼多得多了，更漂亮了。所以把农民的积极性调动起来，农村好了，城市发展得就会更好更快。城乡统筹，城乡互动，城乡双赢。这方面的经验要总结，现有的总结我觉得还不够。我们的农村搞好了，城乡差距缩小了，全国现在的城乡差距是 1∶3.3，成都是 1∶2.54。而且城乡社会安定，社会秩序更好了，我昨天看到统计年鉴有这个数据，2000 年成都市的刑事犯罪案件是 62708 起，2008 年是 56015 件，减少了 10.7%，而同期全国的刑事犯罪案件数量是增长的。

我还有一个建议，就像土地普查一样，对全市的社会状况，通过问卷做一个基本调查，在这个基础上做 2011～2020 年的社会建设规划。市委宣传部的同志跟我讲，希望能够同我们合作把这件事办了，力争做出一个社会建设完整的规划来，但这一定要和统筹城乡的工作结合起来，这是一个建议。第二点，成都这么大一个市，加上外地人口可能有一千六七百万人。可以选一个区或者一个县作试点，现在是创造一个县、一个市、一个区如何搞社会建设的经验和模式的时候了。我希望能够先在一两个试点做出推进社会建设的成绩来，再在全市推行，使我们成都的工作能够更上一层楼。

我就讲到这里，谢谢大家。

　　主持人： 刚才陆老结合当前的经济社会发展形势，以历史发展的宏观视野和深厚的理论实践功底，给我们深刻地阐述了加强社会建设的重大战略意义，系统地论述了中央关于加强社会建设的战略思想，深入分析了社会建设的主要内涵、建设阶段和主要任务，全面系统地指出了当前推进社会建设和管理的重点工作。而且结合我们成都统筹城乡改革发展的实践，提出了有针对性的具体建议，陆老的辅导报告对于帮助我们深入学习领会和贯彻落实中央关于加强社会建设、创新社会管理的重大部署，准确把握当前成都深化社会体制改革、加快推进城乡社会建设的相关理论和实践问题，进一步丰富和深化统筹城乡改革发展实践都具有重要的指导意义，让我们再一次以热烈的掌声对陆老表示衷心的感谢！

　　加强和创新社会管理是中央根据国内外形势新变化作出的一项极其重要的决定，全市各级各有关部门要认真学习好刚才陆老的辅导报告，进一步深化认识，结合各自的实际，认真贯彻落实好市委、市政府关于深化社会体制改革、加快推进城乡社会建设的意见，不断深化和创新社会管理，提高社会管理水平，要突出重点，统筹推进，健全规范城乡基本公共服务均衡发展机制、城乡社区治理机制、社会组织和志愿服务发展机制、社会矛盾疏导化解机制等各项改革。加快形成党委领导、政府负责、社会协同、公众参与的社会管理新格局，要高度重视保障和改善民生，充分发挥群众的主体作用，坚持以发展为基础、共创为前提、共享为目标、改革为动力，加快构建城乡群众共创共享改革发展成果的机制。

　　我们要在这几年统筹城乡改革发展的实践基础之上，把社会建设作为一个突出重点，加快推进。刚才陆老给我们做了一个基本的评价，说我们这 7 年多相当于在做社会建设的第一阶段的任务。实际上我们的一号文件认真总结了几年实践的经验，吸收了有关社会建设的中央部署和理论界的研究成果，就社会管理体制改革和社会建设统筹做出了部署，这是从我们市的实际出发的。应该说总体来讲就是要在继续深化我们第一阶段成果的基础之上，有计划、有组织地推进社会管理体制改革。大体上相当于刚才陆老讲的第二个阶段，对此我们要有一个基本的认识和准确的把握。

　　要建立健全社会建设领导体制、加强组织领导、形成推进合力，确保各项工作有序推进，努力开创世界现代田园城市建设的新局面。报告会到此结束，散会。

中国进入社会建设的新阶段[*]

国情是一个国家某个时期的基本情况，是一个国家的文化历史传统、自然地理环境、社会经济发展状况以及国际关系等各个方面的总和。正确认识、科学分析基本国情，是制定正确的路线、方针、政策的基础。在建设小康社会、和谐社会的进程中，利用社会结构这个分析工具，对于我们了解基本国情、制定社会政策、加强社会建设具有很强的针对性。

一　社会结构是分析认识国情最重要的方法之一

社会结构是全体社会成员组成社会的方式，以及社会成员之间的关系格局。

在现代社会中，分布于国家、市场、社会三大领域的要素，可以简单抽象为资源和机会两大类别。在当代中国，组织资源、经济资源、文化资源是划分社会阶层结构最主要的三种资源。机会是社会成员获得资源的可能性。社会成员是资源和机会的载体，可以是个人，也可以是群体、组织。由于社会成员在资源占有和机会获得上具有差异性，因而会组成不同的社会形态。社会成员资源和机会占有的不平等，还会促进不同社会意识和社会行动产生，形塑特定的关系格局。

另一方面，社会结构也会影响社会成员的资源和机会占有。因为社会结构会约束社会成员的组成方式，也规范社会成员的社会关系。

同经济结构一样，社会结构也由若干个分结构组成，主要包括人口结

---

* 本文原载于《社会学家茶座》第39辑、第40辑（济南：山东人民出版社，2011年4月1日、7月1日）。该文收录于《社会建设论》（陆学艺著，北京：社会科学文献出版社，2012年3月）、《中国社会结构与社会建设》（陆学艺著，北京：中国社会科学出版社，2013年8月）。——编者注

构、家庭结构、就业结构、收入分配结构、城乡结构、区域结构、组织结构和社会阶层结构等。

人是社会的主体，人口的数量和质量是社会最基本的构成要素。人口结构包括年龄、性别结构，还包括素质、空间分布、族群、职业分布结构等。由于人口问题的基础性，古今中外的领导者，都将人口作为国家或地区战略决策的最基本依据，认真加以对待。可以说，人口结构是最基本的国情、社情。

家庭是社会的细胞，家庭结构是社会结构的初级单位，是对资源和机会的基本整合。由于家庭是与每个人联系最紧密的社会组织，它的变动也相应影响社会结构的再造。家庭类型的变化、家庭规模的变化、家庭内部关系的变化、家庭功能的变化，都间接或直接影响到社会结构的变化。近三十年，我国计划生育政策导致的家庭结构变化，给社会结构带来了巨大的影响，并影响到社会政策的制定，就是非常明显的例证。

就业问题，我们经常从经济角度来分析，其实，它也是一个重要的社会结构指标，反映着社会的基本规定性。马克思就曾经从工人阶级和资产阶级的冲突关系入手，推导出现代工人革命运动的产生。闻名世界的当代法国工人大罢工，所反映的也是就业结构的内部紧张性。因此，分析就业岗位的数量、类别和层次分布，研究就业岗位的形成、从业者的就业路径、就业者之间的关系形态等这些就业结构问题，对于分析国情、社情具有极为重要的意义。

收入分配也是经济学研究的重要领域。社会学研究收入分配结构，更注重从社会成员间的经济收入数量比例关系和收入获得机会出发，研究不同人群或同一群体内部不同成员之间的收入分配比重及其实现途径，进而研究经济不平等可能带来的社会问题。马克思的社会分层研究中，强调收入分配结构引致的生产资料占有状况问题。而马克斯·韦伯的社会分层中，收入分配结构主要是从经济财富资源占有的角度反映社会结构平等性问题。二者都强调了收入分配结构对社会分层、社会结构的重要意义。

城乡结构和区域结构，都直接反映着空间上的平等问题，包括地区之间的人口分布、产业布局、发展的平等性、发展模式等方面，也包括社会成员的生活水平、发展机会、社会权利、地位等级等方面。差别产生激励和动力，但差距过大也带来张力。中国目前的城乡二元结构，深深嵌入中国社会的各个方面，给我们带来治理上的巨大困难。研究城乡结构和区域结构的形成过程，厘清各种影响因素间的因果关系，对于小康社会和和谐社会建设，都具有十分重大的现实意义。

组织是人们在社会行动中为了一定目的联合而成的共同体。现代社会中，国家组织、经济组织和社会组织三类组织，都深刻地影响着人们的利益、权利、资源和机会获得等各个方面，决定着人们的社会经济地位。现代社会的良性运行和治理，也需要相应的组织结构加以支撑。比如，城市的单位制和农村的人民公社制度，在相当长时期内充当了我国社会管理的基本工具，对我国社会结构的形成，起到了重要的塑造作用。研究组织结构，需要研究组织形成的背后推手，分析各类组织的社会功能和职责，摸清组织变化的客观规律和社会条件。

社会阶层结构是社会结构的内核。在社会结构的其他领域，如就业结构、城乡结构、组织结构等背后，都可以看到社会阶层结构的存在。通过分析资源和机会在社会阶层中的差异，研究各社会阶层的分化和层级排序，搞清社会阶层结构变化的推动力量和未来取向，有利于制定科学合理的社会政策、保障社会的长治久安、促进经济社会的协调发展。

正是因为社会结构是从以上质的规定性角度入手，对于社会进行了多方面、多层次的结构化分析，是对社会静态分析的终点，也是对社会动态分析的起点。所以说，认清一个国家或地区的社会结构，也就从本质上把握了这个国家和地区的社会变动状况和趋势。比如，仅从经济指标如 GDP 增长率、一二三产业比例等角度看日本社会，在持续约 20 年的"无增长性发展"后，日本的经济社会都应当会受到巨大的冲击。但事实是，由于家庭结构和组织结构的稳定有效、就业和分配结构的基本合理，尤其是阶层结构的进化程度高（几十年前就已经"一亿皆中流"，中产阶层庞大，形成了理想的橄榄型社会结构），虽然经济停滞不前、政权更迭频繁，但社会运行正常，社会秩序良好，民众生活幸福。印度是近年来经济增长很快的国家，经济发展成就全球瞩目，但由于就业和分配结构的畸形、阶层结构的紧张，导致社会矛盾和社会问题高发、易发，并隐藏着巨大的持续发展困难。

因此，社会结构是社会学研究的核心问题，是观察思考社会现象的重要工具，是分析认识国情最重要的方法之一。长期以来，在以经济建设为中心的大背景下，我们已经习惯了用经济理论和方法来观察分析问题，用经济手段和政策来解决问题，各级干部相对比较熟悉和了解经济结构问题。但是，并没有掌握甚至可以说，并不了解社会结构这种分析国情的基本方法和思路，亟待加以补课。

二　当前中国的社会结构已经严重滞后于经济结构

（一）我国的社会结构已经发生深刻变化

改革开放以来，在经济体制改革、经济高速发展、经济结构变化的推动下，我国的社会结构也发生了深刻的变化。例如就业结构，1978 年时劳动力在三次产业中的就业状况是一产占 70.5%，二产占 17.3%，三产占 12.2%；2009 年变化为一产占 38.1%，二产占 27.8%，三产占 34.1%。1978 年我的二、三产业职工人数只有 11835 万人，2009 年二、三产业有 48287 万人，31 年共增加 36452 万人，平均每年增加 1176 万人。非农产业的劳力从 1997 年开始，已经占 50.1%，超过了 50% 的临界点，进入了工业化国家的就业结构。[①] 又如城乡结构，1978 年我国的城市化率为 17.9%，2009 年我国的城市化率为 46.6%，平均每年提高 0.93 个百分点。1978 年，我国的城镇人口有 17245 万人，2009 年达到 62186 万人，31 年增加了 44941 万人，平均每年增加 1450 万人。[②] 再如社会阶层结构，已经从"两个阶级一个阶层"的结构，转变为由国家和社会管理者、经理人员、私营企业主、科技专业人员、办事人员、个体工商户、商业服务业人员、产业工人、农业劳动者和失业半失业人员等十个阶层构成的社会阶层结构。

这样大的社会结构变动，是中国历史上从未有过的。可以说，正是改革开放促成了"几千年来未有之大变局"的出现。仅从就业结构来看，自周秦以来，中国一直是个农业国家，是个农业社会的社会结构。直到 1978 年，农民仍占 82.1%，只能说还是个农业国家的社会结构。真正出现这个大变局，转变为工业国家社会结构是这三十来年。但是，我们在进行经济体制改革、经济大发展、经济结构大调整的时候，没有适时抓好社会体制改革，没有适时抓好社会建设，没有适时抓好社会结构的调整，因而与经济结构的变化相比较，我国现在的社会结构是落后了。

（二）当前中国的社会结构滞后于经济结构约 15 年

据我们课题组研究，我们现在的社会结构还是工业社会初级阶段的水

---

① 国家统计局编《中国统计年鉴 2010》，北京：中国统计出版社，2010 年 9 月，第 120 页。
② 国家统计局编《中国统计摘要 2010》，北京：中国统计出版社，2010 年 5 月，第 40、41 页。

平，而经济结构已经是工业社会的中期阶段。我们经过对比和测算，当前的中国社会结构大约滞后于经济结构 15 年。

改革开放 30 多年了，怎么会滞后 15 年呢？

因为早在 1978 年，我们的社会结构已经比经济结构落后了。例如，在 1978 年，我国的二、三产业在 GDP 中已经占了 72%，但当年在二、三产业就业的劳动力，只占 29.5%，而农业劳动力占到 70.5%，城市化率只有 17.9%，[①] 可见，1978 年的社会结构已经比经济结构落后很多了。

改革开放 30 多年来，这种状况不仅没有被扭转，反而更加严重。还以就业结构、城乡结构等为例，根据钱纳里等人的研究，在工业化中期阶段，就业结构中，二、三产业的职工应该占到总劳动力的 80% 以上，但 2009 年中国的二、三产业就业职工只占总劳动力的 62%，差了将近 20 个百分点。按过去 30 来年的增长比例，非农劳动力平均每年增加 1 个百分点左右，需要 20 年才能持平。以城市化为例，工业中期阶段，城市化率应该达到 60% 以上，但 2009 年中国城市化只有 46.6%，差了 13.4 个百分点。[②] 以 1978 ~ 2008 年城市化率每年增加 0.91 个百分点计算，需要 14.7 年才能达到。再以社会阶层结构而言，工业社会中期阶段，中产阶层应该在 40% 以上。2008 年中国只有 23%。如以近来每年中产阶层规模增加 1 个百分点计算，要 17 年才能达到。

当然，以上是现有社会体制不做变动情况下的估算。如果我们能及时进行社会体制等方面的改革，那么，社会结构的变动就会加快，就会较快缩小并消除这个差距。

总体来看，当前我国的经济结构已经是工业社会中期阶段的结构，而社会结构还处在工业社会的初期，存在着严重的结构差。这是中国经济社会发展中最大的不协调，也就是我们常说的经济社会"一条腿长、一条腿短"的病态状况。这种结构性矛盾，不但阻碍中国社会的正常运行，而且开始影响到经济发展的可持续性，不断产生诸多经济社会矛盾和问题。

例如，"三农"问题为什么长期解决不好？其实质就是社会结构的转型滞后于经济结构的结果。我们搞工业化，但没有按社会发展规律搞城市化。

---

① 国家统计局编《中国统计摘要 2010》，北京：中国统计出版社，2010 年 5 月，第 22、45、41 页。

② 国家统计局编《中国统计摘要 2010》，北京：中国统计出版社，2010 年 5 月，第 45、41 页。

工业发展了，农业发展了，但农村人口从 1949 年的 48402 万人[①]，绝对数增加到 2009 年的 71288 万人。2009 年，乡村人口比例占人口总数的 53.4%，农业就业人口占总劳力的 38.1%，农业贡献的国内生产总值只占 10.3%。[②]这几个数据的结构性巨大差异，再加以一些体制性因素（如户口制度、城乡分治等），造成农民穷困、农业难以规模化经营、城乡差距越拉越大。

又如，早在 1995 年，我国就提出扩大内需，但至今内需仍未真正启动。这本来是经济问题，但光靠调整经济结构解决不了。因为城市居民消费进入平稳期，贫困地区农民不具有消费能力。最大的潜在消费群体是农民工。现存的城乡二元结构体制下，农民进城打工，但不能成为城市人。这个庞大的潜在消费群体如果不能在城市留下，就很难转化成现实消费群体，扩大内需就会沦为空谈。

三　社会结构调整是社会建设的核心工作

（一）我们对社会建设重要性的认识是不断深化的

党的十六大报告中说：“我国正处于并将长期处于社会主义初期阶段，现在达到的小康还是低水平的、不全面的、发展很不平衡的小康……城乡二元经济结构还没有改变，地区差距扩大的趋势尚未扭转，贫困人口还为数不少。”到 2020 年，要“全面建设惠及十几亿人口的更高水平的小康社会，使经济更加发展，民主更加健全，科教更加进步，文化更加繁荣，社会更加和谐，人民生活更加殷实”。[③] 在这六个更加中，第一条是经济，第二条是政治，后四条都要通过社会发展才能解决。

2003 年 10 月召开的党的十六届三中全会，指出存在着城乡、地区、经济与社会、人与自然、国内和国外之间发展等方面的不平衡，明确提出要“坚持以人为本，树立全面、协调、可持续的发展观”；并指出要“统筹推进各项改革，努力实现宏观经济改革和微观经济改革相协调，经济领域改革和社会领域改革相协调”，要“及时化解各种矛盾，确保社会稳定和工作

---

① 国家统计局国民经济综合统计司编《新中国六十年统计资料汇编》，北京：中国统计出版社，2010 年 1 月，第 6 页。

② 国家统计局编《中国统计摘要 2010》，北京：中国统计出版社，2010 年 5 月，第 41、41、45、22 页。

③ 《中国共产党第十六次全国代表大会文件汇编》，北京：人民出版社，2002 年 11 月，第 17 ~ 18 页。

有序进行"；① 指出"经济和社会发展必须相互协调，不能一条腿长，一条腿短。要适当深化社会领域的改革，为加快社会发展提供体制保障"。

十六届四中全会，主要是讨论加强党的执政能力建设的问题，指出要不断提高驾驭社会主义市场经济的能力、发展社会主义民主政治的能力、建设社会主义先进文化的能力、构建社会主义和谐社会的能力、应对国际局势和处理国际事务的能力，并就此做出了相应的决定。文件公开发表之后，受到了全党全国普遍响应，反响最强烈的是关于构建社会主义和谐社会和社会建设，认为这是党中央提出的新战略、新理论和新概念。一时间"和谐社会""社会建设"成为热门话题，各地关于建设和谐地区、和谐农村、和谐城市、和谐企业、和谐社区的议论很多、创新做法很多。为顺应民意，2005 年春节后中央就举办省部级主要领导干部专题研讨班，就构建社会主义和谐社会与社会建设的理论和实践问题进行研讨。随后，全国大规模社会建设开展起来。

2006 年 10 月，党的十六届六中全会审议通过了《中共中央关于构建社会主义和谐社会若干重大问题的决定》明确指出："新世纪新阶段……我党要带领人民抓住机遇，应对挑战，把中国特色社会主义伟大事业推向前进，必须坚持以经济建设为中心，把构建社会主义和谐社会摆在更加突出的地位。"②

2007 年，党的十七大报告单设一节，名为"加快推进以改善民生为重点的社会建设"，提出："社会建设与人民幸福息息相关。必须在经济发展的基础上，更加注重社会建设，着力保障和改善民生，推进社会体制改革，扩大公共服务，完善社会管理，促进社会公平正义，努力使全体人民学有所教、劳有所得、病有所医、老有所养、住有所居，推动建设和谐社会。"③十七大通过的《中国共产党章程（修正案）》中，把党的奋斗目标，由原来的"把我国建设成为富强民主文明的社会主义国家"，改为"把我国建设成为富强民主文明和谐的社会主义现代化国家。"把经济建设、政治建设、文化建设"三位一体"的社会主义事业总体布局，改为经济建设、政治建设、

① 《中共中央关于完善社会主义市场经济体制若干问题的决定》，北京：人民出版社，2003 年10 月，第 13、34 页。

② 《中共中央关于构建社会主义和谐社会若干重大问题的决定》，北京：人民出版社，2006 年10 月，第 2～3 页。

③ 《中国共产党第十七次全国代表大会文件汇编》，北京：人民出版社，2007 年 10 月，第36 页。

文化建设、社会建设"四位一体"的中国特色社会主义事业总体布局。① 这充分反映了我们党对共产党执政规律、社会主义建设规律、人类社会发展规律认识的科学化。

党的十七届五中全会再次强调了社会建设的重大意义，提出要加快推进社会体制改革，并单列出社会事业体制改革。在中央政治局第二十三次关于"正确处理新时期人民内部矛盾问题"集体学习时，分析了所有制结构和分配结构的变化，社会结构的变动和社会流动加快，人民构成情况的变化，城乡、区域结构的现状等问题，可以说，已经充分认识和客观把握了我国的基本社会结构，提出的今后一段时期解决人民内部矛盾的方法和措施，其中不少是从调整社会结构、加强社会建设角度，来阐述如何正确处理人民内部矛盾问题的。

（二）社会建设当以社会结构调整为核心

社会建设的内涵和外延，学界有不同的认识和看法。可简单分为不同的派别：以清华大学孙立平教授为首的团队，从学理角度入手，将社会视为与国家和市场并列的第三主体，提倡社会建设的核心是"将社会越建越大"，提出要大力培育和推进社会的独立性，要用社会制约国家、节制资本。同时，一定要防范国家权力与市场力量合谋，挤压社会发育空间。中国社会科学院的李培林研究员以及实务界的一些领导干部，认为社会建设当以社会事业建设、民生事业充分发展为中心，主张大力推进就业、社会保障、教育科技文化卫生等各项事业发展。社会建设另外一派主要是实务界的各级干部。随着社会矛盾和社会问题的日益增多，各级干部都从社会建设汲取话语资源，强调要加强和创新社会管理，保障社会的良性秩序，如维稳、社会治安综合治理、民族宗教管理等方面。

我们认为，社会建设必须将调整社会结构作为核心任务。

一方面，如前所述，社会结构和经济结构一样，是一个国家的基本国情，能够准确客观地反映一国、一地的社会基本状况、社会发展程度、未来发展路径。当前我国的社会建设，是为适应国家由农业农村的传统社会向工业化城市化的现代社会的转变，适应人们的生产方式、生活方式和人际关系发生了深刻变化，积极面对由此产生的各种社会问题，有组织、有

---

① 《中国共产党第十七次全国代表大会文件汇编》，北京：人民出版社，2007 年 10 月，第 144 页。

目的、有计划进行的各种有利于改善民生、建立新的社会秩序、促进社会进步的社会行动与过程。简言之,社会建设的最终目的是实现社会结构的良性转变。

另一方面,无论是哪个派别的社会建设主张,都会从增加就业、完善社会保障、扩大公共服务、促进教科文卫事业发展、推进城乡基层基础建设、培育壮大社会组织、扩大中产阶层、维护社会稳定等方面,提出政策建设。虽然这些政策建设的着力点不同,所采取的方式各异,但其工作依据、工作基础、作用对象,都是相应的社会结构,而社会建设的过程就是影响社会结构变动的过程。简言之,社会建设就是推动社会结构变动的活动。

四 当前我国社会建设的主要任务

新时期以来,住房、教育、医疗、养老等民生问题日益突出,城乡差距、地区差距、贫富差距持续扩大,官民关系、劳资关系等社会阶层关系矛盾显化,土地征用、房屋拆迁、企事业改制等引发的社会不稳定问题增多,贪污腐败大案要案频发,一些地方杀人、绑架等暴力犯罪增加,诈骗、抢劫、盗窃等刑事犯罪案件增加,特别是各种群体性事件居高不下,近几年发生的瓮安事件、石首事件、吉林通钢事件、富士康员工跳楼事件等,影响恶劣。面对这些复杂多变的社会矛盾和问题,我们不能用头痛医头、脚痛医脚的救火式的办法来解决,也不能只用经济的理论和方法来应对。

中国的革命与建设是分阶段推进的。在不同的发展阶段,形势变了,就要采取不同的战略和策略,这是我们的基本经验。我国已进入改革和发展的关键时期,新时期的特征是经济建设已取得很大成功,工业化已达到工业国家的中期水平,但社会结构还相当滞后,由此引发了诸多社会矛盾和问题,对照国外一些现代化国家的发展经验看,我们已经从经济建设为主的阶段,进入了经济社会协调发展的新阶段。新阶段的任务,是要在继续抓经济建设的同时,进行社会体制的改革,重点进行社会建设,抓好社会管理,促进社会结构的优化转型。概括来说主要有以下四个方面的任务。

(一) 继续搞好社会事业建设

过去我们把科研、教育、卫生、文化、体育统称为社会事业,其实,从实践看，劳动就业、收入分配、社会保障、住房等民生事业建设，也应该是社会事业。社会事业同人民群众的生产生活密切相关，关系到每个家庭和个人的福祉和前途。教育、医疗、社保、文化等事业，面对的是全体民众，不少国家把这些社会事业称为公共产品或公共服务。改革开放以来，我国的教育、医疗、文化、社保等各项社会事业都有了很大的发展，使城乡居民的生活有了很大改善，享受到了一定水平的公共服务。

但是，在 20 世纪 90 年代中期以后，有些地区和部门把经济建设中心强调到了唯一的地步，致使科、教、文、卫、体等的建设相对滞后，出现了就业难、上学难、看病难、养老难、住房难等问题。这也成为社会矛盾增加的原因之一。十七大专门做出了"加快推进以改善民生为重点的社会建设"的决策，非常正确，顺应了广大人民群众的要求，也有利于经济社会协调发展，有利于促进社会和谐，很得人心。

但要真正做到"学有所教、劳有所得、病有所医、老有所养、住有所居"，还有很多工作要做。从近些年的实践看，应该再加"业有所就"，并放在第一位，这是民生之本。各地正在推进解决零就业家庭的问题，这是一项善举。

（二）建立科学合理的社会体制和社会规范

和谐社会应该是社会体制合理和社会规范有序的社会。我们国家正从农业社会、农村社会转变为工业社会、城市社会，人们的生产方式、生活方式发生了根本性的变化，整个社会体制就要相应变化，应该按照社会发展规律，建设好新的社会体制，建设好新的社会规范。

社会体制方面，当前应该建设好中央和地方体制、城市和乡村体制、劳动就业体制、收入分配体制、社会流动体制、社会各阶层利益关系协调体制等。这是个大问题，需要从长计议。但有一点是肯定的，现存的城乡分割的二元经济社会体制，是计划经济体制的遗产，与社会主义市场经济体制很不相称，由此产生了许多的经济、社会问题，必须首先破除，不能再犹豫不决。其突破口是城乡分治的户籍体制，必须尽早改革。

新社会新体制要有新的社会规范。中国农业社会几千年，农业文明很发达、很完整，在世界领先。现在转变为工业社会、城市社会，就应建设好工业文明、城市文明的社会规范。例如，应该制定保证新社会生产生活有序进行的法律法规，培养人人遵法守规的习惯，建设好适应新社会的伦理道德规范。当然，传统文明中一些具有普遍意义的优秀传统和规范，还应该继续保持和发扬，使之逐渐融合到新的社会规范中，形成新的中华文明。

（三）加强和创新社会管理

完善社会管理，保证社会正常有序，维护社会稳定，是构建社会主义和谐社会的必然要求。为此，要创新社会管理体制，整合社会管理资源，提高社会管理水平。十六届四中全会提出了要形成"党委领导、政府负责、社会协同、公众参与的社会管理格局"①，这个决定符合客观实际需要，各地区正在贯彻落实，效果是好的。

从几年的实践看，有两点值得重视。

一要重视县域社会的管理。中国有2000多个县，县城所在地的镇，20世纪80年代，一般只有几千人，多则几万人。多数是由城关镇管理，既管农民，也管城镇居民。现在的县城都已发展起来了，少则几万人，多则几十万人。大马路、大商场、楼堂馆所都建起来了。但基层组织、社区建设等还没有跟上来，多数还是由城关镇统管。基本还是农村式管理，由此引发了很多社会矛盾，社会治安状况也不好。这些城镇总共有几千万、上亿人口，还处于没有相应有效的组织管理的局面，这种状况亟须改善。要通过建立社区组织，完善基层社区管理网络，增强社会组织的服务功能，加强社会治安管理，使城镇社会管理完善起来。

二是在发达地区，因为有充裕的人力、物力和财力，他们把基层社区做大了，原来有的居委会是个自治组织，没有脱产干部。现在有不少城市的居委会（也有叫社区），派去了十多人、几十人的脱产干部（多数是事业编制），使基层自治组织行政化。有人认为这是为了加强社会管理，很有必要，也有人认为行政力量增强，必然排挤压缩基层社会的发育空间，会把社会越建越小，这个问题值得关注。

（四）下大力气调整社会阶层结构

社会结构的核心结构是社会阶层结构。社会阶层结构的标志性指标是中产阶层的比重。2008年，我国中产阶层的人数只占总就业人员的23%。离现代化国家应有的两头小、中间大的"橄榄形"社会阶层结构还有很大距离。

---

① 《中共中央关于加强党的执政能力建设的决定》，北京：人民出版社，2004年9月，第25页。

五　重新认识社会建设的重要性

如何抓好社会建设？现成的经验就是要像抓经济建设那样抓社会建设。我国经济建设的巨大成功创造了进行社会建设雄厚的物质基础。同时，经济建设要持续发展，也要求通过社会建设提供科学、人才、智力和社会环境等方面的支撑。国际上实现了现代化国家的经验，也是在抓经济建设取得一定成就之后，就重点抓社会建设。

（一）重新认识加强社会建设的重要性

要重申十六届六中全会的决定，开展关于构建社会主义和谐社会、重点推进社会建设的研讨，弄清楚什么是社会建设、为什么要进行社会建设、怎样进行社会建设等重大理论和实践问题，进一步在全党、全国取得共识。

科学发展是包含社会发展在内的全面协调发展。当前，出现了经济报喜、社会报忧的局面。为此，"把中国特色社会主义伟大事业推向前进，必须坚持以经济建设为中心，把构建社会主义和谐社会摆在更加突出的地位"①，着力解决好社会建设问题。

据我们的调查，越是经济发达地区，社会矛盾和社会问题反而越多，群众的满意度和幸福指数反而不高，对住房难、上学难、看病难、养老难的意见越大。但是，在实际工作中，从最近媒体透露的一些发达地区关于"十二五"规划的信息看，长三角、珠三角的发达县市（不少人均 GDP 已经超过 1 万美元），仍在高唱今后几年要实现 GDP "三年翻番""四年翻番""五年翻番"的目标，而构建社会主义和谐社会与社会建设方面的目标和任务则比较空泛，这很值得我们深思。

（二）推进社会建设要有组织保证

60 年来，我们有一条基本经验，凡是中央决定的战略任务，都必须在组织上落实，要有组织、有干部去贯彻执行才能实现。正反两方面的经验，都证明了这一条。计划生育是天大的难事，但自上而下建立了计生委，坚持认真贯彻实行计划生育国策，取得了极大的成功。我们抓经济建设，建

---

① 《中共中央关于构建社会主义和谐社会若干重大问题的决定》，北京：人民出版社，2006 年 10 月，第 3 页。

立了计委、经委、基建委和多个经济部门，还有经济体制改革委、中央财经领导小组，带动了经济工作，取得了辉煌成就。新农村建设已经进行了五年，会议开了，六个"一号文件"发下去了，也取得了一定的成绩，但"三农"问题还是层出不穷，原因是多方面的，没有在组织上落实是一个很重要的原因。

社会建设是社会主义现代化建设总体布局中的一大建设，现在又成为亟待加强的领域，应该建立一个相应的机构，从组织上落实这个战略任务。2007年北京市建立了社会工委和社会建设工作办公室，2009年上海也建立了相应的组织机构，已经做了很多工作，也很有成绩。从这两个市社会工委的实践看，他们遇到了不少困难和问题。最关键的是社会工委的功能定位问题。社会工委是做对整个社会建设工作进行宏观统筹协调的工作，还是就社会建设的某几个方面进行具体的组织工作？做大了就成了政府，做小了就成了民政。例如，北京市委社会工委成立了社区建设处、社会组织处，民政部门都有相应的处室，业务就有了交叉，如何明确分工要由市委市政府协调，给工作带来了一定的困难。

我们认为，社会建设是一项庞大的系统工程。社会事业、社会组织、社会管理和社会安全等方面的工作，都已经有了相应机构和部门在做。现在要紧的是整合这些社会工作的资源，协调组织各方面的力量，形成合力。所以，建议像当年国家进行经济建设，组建国家计划委员会那样，组建一个社会建设工作委员会。社会建设工作委员会的任务是对整个社会建设进行宏观协调统筹、规划、组织、调控，使各项社会建设工作有序有效衔接进行。当前部分具备这一职能的是国家发展和改革委员会的社会司，人员有限、职能有限、措施有限，显然不能胜任社会建设这个重大任务。为稳妥开展这项工作，可以选择一到两个省份进行试点，建立社会建设工作委员会或领导小组，由党委或政府主要副手担任领导，以便取得经验，再逐步推行。

（三）社会建设要有相应的人力、物力、财力投入

首先是人才和人力资源的投入。在经济建设过程中，我们选拔培养造就了一支规模宏大的经济工作者队伍，要把社会建设的事业办好，同样需要造就一支宏大的社会工作者队伍。

当前，建议组建好社会建设工作委员会，把社会工作各方面的人员组织起来，并在实践中锻炼提高、逐步扩大，发挥组织优势，动员社会力量，

形成千军万马搞社会建设的阵势，把社会建设的事情办好。

其次，进行社会建设要有相当的财力、物力投入。有一段时间，为应对经济危机，一些地区和部门削减社会建设开支，把绝大部分财力都投到经济建设上，造成经济社会发展的不平衡。

十六大以来，国家加大了社会建设投入。但因为欠账太多，而且已经形成了路径依赖，有钱还是习惯于往经济建设方面投。例如，教育方面，至今还未达到《教育法》规定的教育经费要达到占 GDP 4% 的目标。

搞好社会事业、改善民生，让全体社会成员共享改革发展成果，是建设和谐社会的基础性任务。必须真正加大对社会建设的投入，使民生事业、社会事业、公共服务方面的工作做得越来越好，惠及大多数民众。

（四）搞好社会建设，必须进行社会体制改革

总结新中国成立 60 年来社会建设的实践，前 30 年，在计划经济体制下，政府几乎包揽了经济事务，也包揽了社会事务，虽然也取得了很大的成绩，但成本太高、效率太低，形成了短缺经济，人民生活没有得到应有的改善。后 30 年实行改革开放，通过经济体制改革，放手发动群众，调动了各方面的积极性，政府进行宏观调控，经济事务管得少了，经济建设却取得了巨大的成就。现在进行社会建设，要学习经济建设的经验，要进行社会体制改革，形成社会建设的动力机制，放手发动群众，调动各方面的积极性，大力发展社会组织、社会团体、民间组织，转变政府职能，把社会事务交给社会去做。

我国现行社会体制，是在 20 世纪 50 年代中期以后，在全国实行计划经济体制的背景下形成的，是计划经济的一个重要组成部分，是与计划经济体制相适应的，是为计划经济体制服务的（如户籍制度、城乡二元结构体制等），与市场经济不相匹配。目前经济社会运行中，两种体制并行，产生了许许多多的矛盾和问题，社会成本很高。十七大明确指出："必须在经济发展的基础上，更加注重社会建设，着力保障和改善民生，推进社会体制改革，扩大公共服务，完善社会管理，促进社会公平正义。"① 实践证明，现行的社会体制不改革，社会建设就不能顺利进行。因此，必须"推进社会体制改革"，为进行社会建设鸣锣开道。当然，进行社会体制改革，难度

---

① 《中国共产党第十七次全国代表大会文件汇编》，北京：人民出版社，2007 年 10 月，第 36 页。

很大，会触及某些人、某些群体和某些既得利益者，阻力会很大。这实际上又是一场革命。需要审时度势、果断决策、科学策划、周密安排，逐步推行。

（五）两点具体建议

1. 建议把社会建设从中国特色社会主义事业总体布局"四位一体"排序中的第四，改为排第二。因为按社会主义现代化事业实践运行的逻辑排序，经济建设达到一定水平之后，就应该重点进行社会建设，然后是政治建设、文化建设，这是一。其二，这个总体布局最早是 1940 年 1 月毛泽东同志在《新民主主义论》中提出的，他那时的排序是：政治、经济、文化。新中国成立以后的文件提法改为经济建设、政治建设、文化建设，一直沿用到十六大报告。根据客观实际的需要，变动顺序，有例在先。其三，现阶段，我们要重点进行社会建设，提高社会建设在国家发展战略中的地位，有利于调动全国广大干部和群众参加社会建设的积极性，把社会建设这件大事办好。

2. 建议定期召开社会建设工作会议，就社会建设的目标任务和步骤方法进行研讨，做出类似"中共中央关于加强社会建设的决定"之类的决定。目前正在制定第十二个国民经济和社会发展的五年规划，应该把社会建设的重要任务纳入规划中去。

1993 年以后，每年年底召开一次中央经济工作会议，实践证明，这是一种很好、很有实效的会议形式和工作方法。现在构建社会主义和谐社会，进行社会建设的任务突出了，解决经济社会发展不平衡、不协调的矛盾和问题的要求更加迫切了。所以每年在中央经济工作会议召开前后召开一次社会建设工作会议就很有必要。当然，这两个会，也可以合并召开，更名为经济社会工作会议。这对于加快社会建设、推进经济社会协调发展、促进社会和谐，都是很有意义的。

对成都社会建设的若干思考与建议[*]

【编者按】2011 年市委关于社会建设的一号文件出台以后，成都市社科院根据市社会建设领导小组办公室的要求，以本院为研究基地，组建了以著名社会学家、中国社科院荣誉学部委员陆学艺教授为首席专家的成都市社会建设专家研究咨询小组。陆学艺教授团队一行 12 人和成都专家组成员于 2011 年 3 月 22～27 日、4 月 17～30 日、5 月 23 日至 6 月 15 日，三次共 43 天深入成都 10 个区（市）县、20 个实际部门进行了走访调研，并和各地及各部门主要负责人和相关负责人进行了座谈。其间，专家组于 6 月 2～13 日对"成都市社会建设状况"进行了 2000 份问卷入户访谈大调查活动。成都市委书记李春城同志，成都市委常委、常务副市长孙平同志，市政协副主席金嘉祥同志会见了陆学艺教授。调研期间，陆学艺教授撰写了其对成都统筹城乡发展和社会建设的若干思考与建议。现将其手稿整理稿摘编于后，供参阅。

一 对成都统筹城乡发展的总体印象

统筹城乡经济社会发展综合配套改革，八年成就巨大，城乡差距这道鸿沟填得差不多了，破解二元结构这个难题解得差不多了，统计局的同志说统筹城乡发展总体实现程度达 75.4%，这也为成都进行社会建设、加强社会管理打下了一个坚实的基础。

---

* 本文源自成都市社会科学界联合会、成都市社会科学院编的内部资料《成都市社会科学研究重要成果专报》2011 年第 14 期（2011 年 6 月 29 日），原题为《陆学艺教授对成都社会建设的若干思考与建议》，现题为本书编者根据该文内容修改。该文是陆学艺于 2011 年在成都调研期间撰写的关于成都统筹城乡发展和社会建设若干问题的思考和建议稿整理摘编，已经作者本人审阅。——编者注

在这个平台上搞下去，未来的社会建设就会进行得很顺利。这个经验具有普遍意义，值得总结、值得推广。我去了不少地方，东部、中部、西部都去过了，不走这一步，不搞城乡统筹改革，社会建设就难以做好。因为和谐社会不能建立在二元体制基础之上。

成都市委市政府下了这样大的力气，向农村倾斜，农村会发展，农民会得实惠，生活会好起来，这是我早就预料到的。没有预料到的是以下两个方面。

1. 这八年工业发展得更快，城市发展得更好更快。

（1）在经济方面（见表1）

表1　2002年和2010年成都市经济发展情况

	CDP	工业增加值	三产增加值	一产增加值	财政一般预算收入
2002年（亿元）	1488.8	558.6	804.7	125.5	90.2
2010年（亿元）	5551.3	2480.9	2785.3	285.1	526.9
2010年比2002年	增长372.0%	增长444.1%	增长346.0%	增长227.0%	增长584.0%
2010年比2002年	翻了1.86番	翻了2.20番	翻了1.73番	翻了1.13番	翻了2.92番

（2）在城市化率方面

2002年为55.35%，2010年为65.51%，8年增加10.16个百分点，每年增加1.3个百分点。

2002年城市常住人口为640.63万人，2010年城市常住人口为920.2万人（增加279.57万人），每年增加城市常住人口35万人，增加5.5个百分点，而且主要集中在成都市中心城区。这是成都历史上从来没有过的。

2. 没有预料到的是经济高速增长，城市高速扩大，这都是好事，但是社会稳定方面的问题也大量增加了（见表2）。

表2　2002年和2010年成都市社会稳定方面的若干问题

单位：起，人

	刑事犯罪案件	社会治安案件	交通死亡人数
2002年	60125	53120	1245
2010年	55569	77355	763

从数字上看有所下降，但并不理想。从发案率看，成都占全国人口的1%，但刑事犯罪发案率也占1%，这对我们这样一个统筹城乡发展取得全

面成效的地区来说，是值得重视的。

为什么？我根据这两个月的观察和思考，认为问题不是出在农村，而是出在城市。这八年成都城市化高速发展，每年增加 1.3 个百分点，是全国城市化发展最快的城市之一。我们对突如其来的城市化思想准备还不足。

二　加强社会建设的对策与建议

1. 经济还是要抓，还是第一位的，发展的势头要保持下去，按常住人口计，人均 6000 美元，略高于全国，比发达地区还差很多，另外社会建设也要经济发展的支撑。

2. 城乡统筹改革还要持续下去。沟还未填完，还要继续填，城乡发展还不平衡（这八年要做个总结，这在全国还没有第二个）。

3. 市委在继续抓好经济建设的同时，要抓好社会建设。统筹经济社会协调发展，建议在继续推进统筹城乡综合配套试验区的同时，要把工作重心逐步转移到城市工作方面来。中国的城市化是在没有明确完整的方针下各地自发扩张建起来的。

（1）建立机构

把市民用新的组织形式组织好、管理好，把 920 万市民组织起来（未来 5 年还有 150 万~200 万人要进来）。

（2）进行体制改革，从根本上改革农民工体制

使工人阶级建成一个统一的工人阶级队伍，破除城市里面的二元结构。这样做了，可以使目前的犯罪率下降 50%~60%。

我们课题组调查过若干大城市，现在 70% 以上的犯罪是侵财案件，抢劫、盗窃、欺诈；70% 以上发生在城区、城乡接合部；抓捕的 70% 以上的犯罪嫌疑人是外地人；这些外地人中 70% 以上是农民工；被偷、被抢、被骗、被杀的受害者 70% 也是农民工。这五个"70% 以上"说明农民工体制是非改不可的。

农民工是目前工人阶级的重要组成部分，改革了，使这支数以亿计的主力劳动者得到实惠，得到应有的民主权利和应有的尊严，其积极性就会被极大调动起来，其创造力将不可估量，对经济社会发展的贡献将不可估量。

（3）组建一个社会建设委员会

现在政府的组织结构不缺搞社会建设的部门，科、教、文、卫、体、

社保等都有部门，但缺少一个像发改委那样的进行统筹调研、规划协调、监督执行的机构。要派出得力的干部去搞社会建设的顶层设计，像当年搞统筹城乡发展时建的推进委一样，但在市委建一个委或局，动静太大，可先在一个区、一个县试点。我们课题组可以协助。

（4）进行城市组织结构行政框架的调整

市委、市政府—区—街道—社区—小区，街道5万~6万人，社区3000人上下，小区200人左右。

把市民合理地组织起来，不要被"小政府、大社会"的口号迷惑。现代社会是个复杂的大系统，少数发达国家是大政府、大社会，美国的各类各级政府雇员占就业人口的16%左右（公、教、医、社保等）。延安时的精兵简政是不得已而为之的，后来一直是短缺经济，养不起公务员。

在这个基础上，进一步研究，如何优化社区管理、社区服务。要像农村一样，进行基础性的治理。城市的社区好比农村的行政村，是城市的细胞，管好了，城市的基础就牢固了。

（5）开展农民工的大调查，摸清农民工的底数

要摸清人数、分类、分布、生产生活状况、问题、意愿、要求等。在此基础上，制定从根本上解决农民工问题的方案。

不只就农民工解决农民工问题，而要在根本上消灭农民工体制。这是中国全局要解决的问题。农民工体制不破除，市无宁日，国无宁日。

（6）大力发展各种、各类社会组织

农业社会有很多民间组织，县以下没有行政组织，是靠各种民间组织、家族组织维持的。工业社会、城市社会，在行政组织之外一定要有多类经济、学术、文化、娱乐、慈善等社会组织，成为行政组织的补充。在发达国家，每万人有30个以上社会组织，法国最多，有100多个，中国现在是3个多一点。成都市锦江区成立了社会组织局，发展到580多个，这是可喜的现象。

（7）加快社会体制改革

可以先从社会体制改革做起，如教育、医疗、住房、社保等。

（8）加强基层干部队伍建设

首先应该在干部中取得共识，8年来在统筹城乡发展中已经造就了一批改革创新并有朝气的干部队伍。改变上强下弱的状况，完善基层（街道、社区），要有一批能干和强有力的干部下去，去闯去试，改变现状，打造一个城市社会基层治理的组织模式来，这是有创造性的领域。

（9）总结成都八年经验

组织中央、省、市的专家，同实践部门干部结合，好好总结、全面总结这八年的统筹城乡综合配套改革的经验。

（10）引进人才

成都市还需要大量引进一批高层次的人才，要利用中央、省在成都的各类人才，要发展社会科学队伍，成为市委、市政府的助手、智库。

抓好社会建设，治"转型病"*

我跟大家交流的题目叫《目前形势和社会建设、社会管理》，准备讲讲目前的经济、社会形势，讲讲社会建设的主要内涵和主要任务，以及推进社会建设与社会管理的几个问题。

成都城乡统筹发展　社会结构得到优化

为什么中央在当前提出要加强社会建设？这是根据现在国内、国际形势做出的决定。根据我们社会学家的看法，现在我们国家在进行四大建设：经济建设、政治建设、文化建设、社会建设。首先，经济高速发展。2010 年，全国 GDP 达到 39.8 万亿元①，什么概念呢？跟 1978 年的 3645 亿元相比，增长了 108 倍。人均收入方面不多，但是也到了 4000 多美元。② 我算了一下，成都 1978 年 GDP 是 35.9 亿元，2010 年是 5100 亿元，32 年增长了 141 倍。1978 年的时候，成都 GDP 占全国的 0.985%，现在已经占到 1.3%，而成都人口不到全国的 1%，所以说这几年成都在全国的知名度和地位提高了。

成都之所以会有这么快的增长速度，与近几年来成都的城乡统筹发展的综合配套改革有关。这些年，我每隔几年来一次，成都农村变化很大，不光是经济面貌变了，城乡面貌、基础设施、医院学校、村容村貌都有了很大变化。这次我考察了几天，成都有一个很特殊的、比别的地方高一点

---

* 本文原载《成都日报》2011 年 10 月 14 日第 10 版。该文系该报记者专访陆学艺的访谈实录。原题为《陆学艺：抓好社会建设，治"转型病"》，现题为本书编者根据该文内容修改。——编者注

① 《中华人民共和国 2010 年国民经济和社会发展统计公报》，2011 年 2 月 28 日，http://www.stats.gov.cn/tjsj/tjgb/ndtjgb/qgndtjgb/201102/t20110228_30025.html。

② 国家统计局编《中国统计年鉴 2011》，北京：中国统计出版社，2011 年 9 月，第 44 页。

的东西，就是把农村真正按照中央的意见，即"少取、多予、放活"的政策，以工业反哺农业，以城市带动农村，成都市政府每年给农村财政支持接近 100 亿元，看起来是给了农村，但农村变好了，城市也变得更好，城乡差别逐步缩小，社会结构也在一定程度上得到优化，比如进城的农民可以转户口，成都户籍改革方案是全国第一的。

经济越来越繁荣 社会矛盾凸显

"十二五"规划里有一句话，叫文化事业和文化产业要大发展、大繁荣。我看也发展了，也繁荣了，我们的书刊、报纸、文艺作品、电影电视、新闻出版物可以说这几年有很多了，但我说"阳春白雪"太少，"下里巴人"太多。特别是这几年的春晚，大家都盼望着，吃好晚饭都等着看，电视一开，几个钟头，你就弄个二人转在那里糊弄，这就不行。社会矛盾凸显，一个很大的问题就是社会贫富差距扩大。中央文件讲的几个方面，缩小城乡之间、地区之间的差距，缩小行业之间的差距。在北京流传一句话，我不知道成都怎么样，老太太找女婿，条件要"五行一保两电"等。行业差距太大，同样一个处长，收入能差好几倍。现在引发了不少矛盾，公共服务不到位，看病难、上学难、养老难、住房难等，劳资关系、贪污腐败、大案要案每年在出。我想这实际上反映了一个问题，经济越来越繁荣，而社会矛盾也日渐凸显。

社会转型病 工业化国家都遇到过

中国在经济上取得了这么大的成就，为什么社会矛盾、社会冲突、社会问题反而增加了？现在特别是一些干部，说："我做了这么多事，房子盖了这么多，路也修得这么好，楼也盖得这么好，为什么老百姓还有意见？"我想，要回答这个问题，就要从社会发展的规律来认识。为什么呢？我们国家进入了一个社会转型的新阶段，经济快速发展、社会矛盾多发是这个新阶段的特征。从社会发展的规律来看，这 32 年的变化不是一般的变化，而是中国正在从一个农业国变成一个工业国，从一个农村社会变成一个城市社会，这是中国几千年没有的一个大变化。有人说咱们新中国成立以来工业化搞了这么多年怎么还是农业国？我告诉大家，到 1978 年我们还是农业国家，1978 年 GDP 中二、三产业虽然占 72% 了，但它是 29.5% 的人创造的产值，绝大部分人还在农村，不许他们出来，当年的城市化率只有

17.9%，82.1%的人还是农业户口。①

现在中国富起来了，靠的是什么？是从农业国向工业国的转变，农村社会向城市社会的转变。搞农业富不起来。现在进城农民工超过1.5亿人，还有农村的农民工，就是2.4亿人。②这个过程在欧洲大概经历了200多年，美国是100多年，我们是32年，这个转型来得太快，所以必然出现贫富差距、城乡差距，甚至家庭也分化。现在北京小青年开玩笑："离了没有？"离异成了家常便饭。原来城市里面，各家各户张三李四，祖宗三代都知道，现在住单元房，对面姓张姓李都不清楚，熟人社会变成了生人社会，人际关系也变了，犯罪率就比原来农业社会多得多，这在国外叫社会转型病。这不光是我们，凡是经过工业化的国家都遇到过，这是第一。第二，我们不光要从农业社会向工业社会转型，还要实现从计划经济体制向社会主义市场经济体制转轨。这个转轨也产生了很多矛盾，一些稀奇古怪的事情，以前卖批文，现在买户口，北京10万元到15万元能买一个户口，这都是计划经济带来的。之所以出现这么多矛盾，是因为以下几点：一是社会转型，二是经济转轨，三是我们各方面的经验不足。

像抓经济建设一样　抓好社会建设

2003年中央总结出五个不协调：城乡不协调、区域不协调、经济社会发展不协调、人与自然不协调、国内发展和对外开放不协调。实际上，主要的矛盾就是经济跟社会不协调。所以后来就提出构建社会主义和谐社会，提出"社会建设"这个词。到了十七大，中央做了一个决定，就是要推进以改善民生为重点的社会建设，而且十七大的时候，党章里面把社会建设列到原来只有经济建设、政治建设、文化建设这"三位一体"的社会主义事业总体布局里面，变成"四位一体"。可不可以这样说，中国的社会主义建设进入了一个以社会建设为重点的新阶段。我们和社科院的课题组做了一个研究，就是现在的经济结构这一块，我们已经达到了工业社会的中期阶段，但是我们的社会结构、社会建设方面只达到了工业社会的初期阶段。所以有的领导讲，经济这条腿长、社会这条腿短。现在包括我们个人，可

---

① 国家统计局编《中国统计年鉴2011》，北京：中国统计出版社，2011年9月，第45、93、112页。

② 参见《2010年度人力资源和社会保障事业发展统计公报》，http://www.mohrss.gov.cn/SYr-lzyhshbzb/zwgk/szrs/tjgb/201107/t20110720_69907.html。

能本身也不适应社会的高速发展，所以产生了很多问题，这是必然的。

英国、法国等欧洲国家花了一二百年的时间，逐渐认识到这个问题，逐渐地处理，包括社会保障、公共服务这些。我们处理得好，就能够进入现代化；处理不好，就有可能出现咱们说的"拉美陷阱"。所以我们现在要像抓经济建设一样，抓好社会建设。

社会建设　四种意见、三个阶段走

社会建设的主要内容是什么？目标是什么？可以用两句话讲，社会建设就是建设社会的现代化，是实现社会和谐与社会进步。社会建设的原则是以人为本，坚持公平和正义，这和经济建设的原则不一样，经济建设是效率和收益最大化。社会建设的主体是政府，当然也应该有社会组织和广大公众参与。社会建设需要规范和社会管理，但社会管理是社会建设的一部分，这个要说清楚，不能用社会管理把全国都管起来，那又回到过去了。现在对于现代化的社会建设的理解，全国有这么四种意见。第一种意见是社会建设应该改善民生，大力推进就业、社会保障和教育、文化等各项事业，加大分配调节力度，推进基本公共服务均等化，促进社会公平正义，使发展成果惠及全体人民。这是政府现在正在做的。第二种意见认为现在社会矛盾比较多，社会建设应该加强和创新社会管理，通过政府主导、多方参与、规范社会行为、化解社会矛盾，这是讲加强社会关系。第三种意见就是从社会建设中远期来看，必须适应中国经济社会变化的状况，包括户籍制度、人事体制、社会保障体制等要进行改革，拓展社会流动渠道，加快中产阶层的培育，这样社会更稳定，所以社会建设的核心是要构建一个合理的社会结构。第四种意见是社会建设要建设一个制约权力、驾驭资本、能够遏制社会失序的社会主体，要进行社会结构重建，建设一个与政府、市场并列的社会，在工业社会条件下不仅要有市场、有政府，还要有发育良好的社会组织和社会环境，那么这个社会才是健康的、可持续发展的。这四种意见，如果我们把它立起来看，就是一个长期的、复杂的系统工程。立起来大概是三个阶段。第一个阶段是现在正在做的，以改善民生为重点，把学校、医院、社会保障办好，提高工资水平，化解矛盾，同时加强管理。到 2015 年把这些事情初步办好，那么可以进入第二个阶段，就是第三种意见，进行社会体制改革，包括户籍制度、人事制度等改革。那么 2020 年以后，经济实现现代化，社会建设上去了，我们国家就好了。

我们抓社会建设抓得晚了[*]

进入 21 世纪以后，我国的经济持续高速发展，超出了几乎所有人的预料。与此同时，中国的社会问题、社会矛盾凸显，这也超出了许多人的预料，特别是当经济发展受到国际、国内因素冲击而出现波折时，经济矛盾、社会冲突纠结在一起，于是各种"盛世危言"就出来了，使人忧心忡忡，不知所措（近几年，有一批投资移民涌向国外，这些人多数是改革开放的既得利益者）。如何正确认识当代中国新时期出现的这种十分矛盾的社会现象，弄清、弄准产生这种矛盾现象的根源，在全社会达成共识，采取相应的对策，逐步解决这些矛盾，使社会更加和谐，这是当今中国政界和学界面临的一项很重要的新的历史任务。

我有位阅历很丰富的老朋友，两人对话时，他问了我两个问题。一是改革开放初期，经济社会问题堆积如山，矛盾重重，那时研究得出一个结论，认为这些问题的产生主要是因为穷。只要我们把经济搞上去了，这些问题都可以解决了。现在经济建设得比原来设想的还要好，但是社会问题、社会矛盾反而多了、复杂了，这是为什么？二是改革开放以来，我们的党和政府，做成了这么多大事、这么多好事，为什么老百姓对我们还有这么多意见？他提出的这两个问题，实际上也就是现在为什么会出现"经济报喜，社会报忧"以及如何解决好的问题，具有相当的普遍性。

有位经济学家讲，中国的经济搞得这么好，一定是中国做对了什么。套用他的逻辑，我想中国在经济发展得这么好的背景下，出现这么多的社会问题、社会矛盾，而且越演越烈，屡解不决，那一定是我们做错了什么，

---

* 本文源自《社会建设论》（陆学艺著，北京：社会科学文献出版社，2012 年 3 月），第 1～6 页。原稿写于 2012 年 2 月 25 日，系陆学艺本人为该书撰写的前言，现题为本书编者根据前言内容拟定。——编者注

或者说我们还有哪些重要的、应该做的工作还没有做。

我这些年来，调查研究，读书思考，主持课题，编书写作，就是想较好地回答那位朋友提出的这两个重要的问题，就是想弄清楚在经济发展得这么好的背景下，我们还有哪些很重要的、应该做的事没有做，或者说，我们做错了什么。

从党的十一届三中全会开始，我们摒弃了阶级斗争为纲的路线，确定并执行了坚持经济建设为中心的基本路线，进行经济体制改革，实行社会主义市场经济体制，推动经济快速发展，取得了极大的成功。在这个过程中，涌现了一大批经济学家，他们为经济体制改革、经济发展出谋划策，做出了很大贡献。多年来，大家已经习惯于运用经济理论和方法观察与分析问题，习惯于用经济政策和手段来解决矛盾和问题，这在一定的阶段是完全必要的，实践证明也是正确的。但是当经济建设发展到了新的阶段，在解决了短缺经济问题，特别是进入了工业社会的中期阶段以后，人们的生产方式、生活方式发生了根本性的变化，人民群众除了对物质生活又提出更进一步的要求之外，还迫切要求满足精神文化方面的需要，这光靠经济发展就不能适应这种日益增长的需要，光靠用经济理论和方法来考察分析问题、解决问题，也就不够了。

现代化国家发展的历史经验表明，一个国家要实现现代化，最基本的是两条：一是经济要繁荣发达，二是社会要全面进步。两者相辅相成，互为条件，缺一不可，所以经济社会一定要协调发展。当今中国的问题是曾经有一个阶段，一些部门、一些地方过分强调经济建设的重要性，搞起了GDP 挂帅，忽视了社会建设，造成"经济这条腿长，社会这条腿短"的尴尬局面，经济发展与社会发展不平衡、不协调成为当今中国最重要的矛盾，已经出现的许许多多经济问题、社会矛盾，正是由此派生出来的。要实现经济社会协调发展，不仅仍然需要经济理论和方法做指导，而且还需要社会理论和方法作为观察分析问题的指导思想，改革社会体制，调整社会结构，制定相应的社会政策和措施，化解社会矛盾，解决社会问题，逐步使经济社会协调发展。

1998 年秋，中国社科院的领导给社会学研究所交代了一个任务，要社会学研究所开展关于中国社会结构变迁的调查研究。我当时担任这个所的所长，受命以后，领导班子几经协商，认为这是摸清、摸准基本国情的在经济结构以外的另一个重要方面，是一个重大课题，而且社会结构研究历来是社会学研究的核心问题，所以这也是社会学学科建设的重大课题。对院里布置的这个任务，大家都很积极，乐意承担，所以很快达成共识，并决定调集全所十多位业务骨干，组成"当代中国社会结构变迁研究"课题组，由我担任组长。课题在中国社科院正式立项，为院的重点课题，得到了重点资助和支持。课题组成立以后，经过调查研究和集体创作，于2002年1月出版了《当代中国社会阶层研究报告》，研究创作历时三年多。2004年7月出版了《当代中国社会流动》，历时两年半。2010年1月出版了《当代中国社会结构》，这本书研究创作前后历时五年半，比前两本著作加在一起的时间还要多，为什么？我在该书出版的后记中讲了三点原因，"一是社会结构理论研究的难度较大，我们几乎是从探索社会结构的定义开始的；二是正逢当代中国社会变迁，新现象、新事物不断涌现，日新月异，而我们就是要通过社会结构理论来分析这些复杂的形势，并据此提出化解社会矛盾和问题的策略；三是课题组增加了多位新成员，新老衔接用了一些时间。""改革开放以来，中国的经济建设蓬勃发展，经济空前繁荣，经济结构等经济学名词概念普及到社会各个阶层，很多人耳熟能详。但是，像社会结构这样一些重要的社会学概念，至今人们还相当普遍地感到陌生。鉴于此，本课题组认为，在目前中国社会主义现代化建设进入新阶段的背景下，提出通过社会结构理论，作为观察新阶段、新形势的新视角，很有必要，很有意义。……旨在通过这项分析研究来剖析当代中国极其复杂的社会现象，解释中国社会快速变迁的'深层'原因，提出改革社会体制、创新社会政策、调整社会结构、促进和谐社会建设的战略和策略，以期使我们国家的社会主义现代化大业发展得更好。"①

这段话，主要是解释《当代中国社会结构》这本书研究写作时间长的原因，同时也是阐明课题组写这本书的宗旨。其实，就我自己来说，还想通过这本书回答我那位老朋友向我提出的那两个问题，解释清楚中国进入新时期以来"经济报喜、社会报忧"的原因，提出我们应该如何解决这些问题的建议，去做好那些应该做而还没有做的工作。国内、国外的实践证明：实现社会主义现代化，仅仅实现经济现代化是不够的，还必须建设社会现代化、政治现代化、文化现代化等。

如果说真要检讨我们做错了什么的话，那就是我们抓社会建设抓得晚了。搞现代化建设，经济是基础，经济建设是中心，经济要先行，这肯定

---

① 陆学艺主编《当代中国社会结构》，北京：社会科学文献出版社，2010年1月，第423～424页。

是正确的, 但是, 在 20 世纪 90 年代初期社会主义市场经济体制初建、经济起飞的时候, 政府提出"效率优先、兼顾公平"的口号, 就是不正确的。这实际上是后来不少部门、地方搞 GDP 挂帅的理论根据。在这个口号的引导下, 为了"创造"GDP、提高"效率"不惜牺牲农村、农民的利益, 不惜牺牲资源环境, 不惜牺牲社会建设, 有些市县竟然大幅缩减教育、医疗卫生经费, 拿去提高经济效率, 自此, 上学难、看病难的呼声就响起来了。在这个口号的引导下, 农民工、工人的工资十几年不涨, 而国有企业、国有银行的老总自己做主给自己发几千万的年薪; 城乡、地区、行业、社会成员之间的贫富差距从此拉开, 并且逐年扩大, 分配不公、两极分化的议论就不断见诸报端。中国是个"不患寡而患不均"的国家, 是个"不平则鸣""不公则不安"的国家。据公安部统计, 1992 年全国公安系统立案的刑事犯罪案件为 158.3 万件, 2010 年为 597 万件; 1992 年全国公安机关受理的治安案件为 295 万件, 2010 年为 1275.8 万件; 分别增长 277.1% 和 332.5%。18 年间, 刑事犯罪案件翻了近两番, 治安案件翻了两番多, 年均增长 7% 以上, 太不和谐、不安定了啊! 当然, 这些年"社会报忧"的原因是多方面的, 但是"效率优先、兼顾公平"这个口号喊错了, 这是很重要的一个原因, 是不争的事实。

"效率优先、兼顾公平"的口号, 一经提出, 社会学家、政治学家还有一部分经济学家和有识之士, 就提出异议。有学者指出, 这样的口号, 我们这样一提, 后患无穷啊! "实践是检验真理的唯一标准"。实践引出的严重后果, 引起有关方面的注意。2002 年党的十六大文件把这句话改为"初次分配注重效率……再分配注重公平"[①]。2007 年十七大的文件又改为"初次分配和再分配都要处理好效率和公平的关系, 再分配更加注重公平。"[②]

俗话说"一言既出, 驷马难追", 改起来也难啊! 更何况, 这句话对某些地方政府、某些人有巨大的利益。请看, 中央多年来三令五申禁止乱占耕地、禁止强拆蛮拆农民居民住宅, 但至今还是禁止不住, 最近, 连梁思成的故居都被拆了, 暴利所在啊! 更何况他们也有"理由", 他们是在"创造 GDP""创造效率"啊! 可见, 要改正这个口号、消除近二十年来已经形成的流弊: 一要从理论上说清楚, 这句话错在哪里, 为什么不能提倡; 二

---

① 《中国共产党第十六次全国代表大会文件汇编》, 北京: 人民出版社, 2002 年 11 月, 第 27 页。

② 《中国共产党第十七次全国代表大会文件汇编》, 北京: 人民出版社, 2007 年 10 月, 第 37 页。

要提出新的方针。我认为根据我们是社会主义国家的本质特征，针对当前"经济报喜，社会报忧"的特殊国情，尽可能增加社会和谐因素，尽可能减少社会矛盾和社会问题，提出"公平优先，注重效率"是比较合适的。

党的十六大以来，特别是十六届四中全会提出构建社会主义和谐社会、加强社会建设和社会管理，十六届六中全会专门就构建社会主义和谐社会若干重大问题做了决定，十七大把社会主义现代化事业总体布局在最初的经济建设、政治建设、文化建设"三位一体"基础上加进了社会建设，成为"四位一体"的总体布局，并写进了新修改的党章中。2011年2月，中共中央举办省部级主要领导干部社会管理及其创新专题研讨班，讨论加强创新社会管理的问题，胡锦涛同志作了重要讲话。近几年来，社会建设、社会管理已在全国蓬勃开展起来，各地的党组织和政府都很重视，投入了很大的力量，在社会建设、社会管理方面做了很多开拓性、创造性的工作，创造了不少新的经验，已经涌现了一批先进的典型。社会形势正在发生新的变化，经济社会发展不平衡、不协调的状况正在扭转，正在向经济社会协调方向发展。

《当代中国社会流动》在2004年出版以后，我仍主持"当代中国社会结构变迁研究"课题组的工作，和课题组成员一起，一直在研究中国社会阶层关系、中国社会结构和中国社会建设、社会管理等问题。《当代中国社会结构》出版以后，我随即就转入了"当代中国社会建设"一书的研究和编著工作，因为在调研社会结构的同时，就对社会建设做了很多调查和研究，所以"当代中国社会建设"一书进展得比较好，预计今年①5~6月可以付梓。

这五六年间，在调研过程中，我们先后到江苏、浙江、广东、福建、西藏、湖北、四川、河北、安徽、上海、北京等省区市的城乡调查，得到当地党政部门同志和群众的热情帮助和支持，听取了他们的宝贵意见。特别是在浙江宁波、福建晋江、江苏太仓、北京延庆、四川成都、广东深圳等地做过长期蹲点调查，和当地党政部门合作，共同研究社会结构、社会建设和管理等问题。

合作调研期间，我们和当地的干部、学者一同下乡，一起到街道社区，听取干部群众的意见和建议，一起开会研讨，许多关于社会建设、社会管理的新做法、新知识、新经验，都是从实践中来的。所以，这些年课题组

---

① 指2012年。——编者注

和我的研究成果，都凝聚着他们的劳动和智慧，在此向他们表示由衷的感谢。

　　汇集在本书中的 42 篇文章，是我在上述调查研究社会结构、社会体制、社会建设、社会管理等问题的过程中形成的成果。多数是应报刊的要求写的，也有的是应党政机关、学校邀请做学术报告的讲稿，还有的是我为几本书写的序言，另有几篇是记者和同行学者对我的访谈，因与我本书的论题相关，故而也收录进来。鉴于近几年关于社会建设、社会管理的实践已在全国各地展开，需要理论工作者的参与，社会科学文献出版社社长谢寿光同志知道我一直在做这方面的研究，多次敦促我把这些成果结集出版，专门委派责任编辑童根兴同志帮我整理编辑。他很敬业，接手之后，精心加工，很快成书。清华大学社会学系的李阿琳同志帮我从百余篇文稿中，通读挑选，分类编排，形成初稿，出了大力。在此书出版之际，谨向他们表示感谢。最后，我还要感谢课题组的成员们。十三年来，为了研究中国社会结构变迁等重大问题，我们长期共事，精诚合作，和谐相处，团结协作，集体调查，集体研讨，集体创作。课题组初建时就参加工作的成员，有的现在已经走上新的岗位，行政和学术任务都很繁重，但只要课题组开会，诸如新课题开题、讨论框架、统稿、定稿，他们都能拨冗参加，继续贡献智慧。有了这样一个团队长期努力地工作，到目前为止，我们已经有好几部著作出版，发表了很多文章，课题组成员也都得到了锻炼和成长，其中也包括我自己。也正是在课题组这个集体长期共同调研中，我受到了教育，受到了启发，弄清了许多问题。本书中有多篇文章就是在集体调研过程中形成了思路写出来的。我多次讲过，社会学研究，特别是处在当今中国社会大变迁时期的社会学研究，集体调研、集体创作是一种很好的形式。

以社会建设为战略重点[*]

经过 20 年左右的时间，我们摘掉了贫困的帽子，温饱问题基本解决，但我们的发展策略没有及时完善与推进。到了 20 世纪 90 年代后期，中国的工农业产品已经由卖方市场转向买方市场，当时就应当适时把力量引向农村，引向社会建设，强调经济社会协调发展，到 21 世纪以后再来补民生的课，已经晚了 10 年。

"不能再耽误下去，现在已经到了以社会建设为战略重点的时候。"陆学艺老师烟瘾大，说到这里，他将刚刚抽了两口的香烟在烟灰缸里用力掐灭了。

"三千年未有之大变局" 在 30 年间实现了

《社会科学报》：改革开放 30 余年来我国经济建设取得了举世瞩目的成就，但是近些年社会领域却暴露出一些问题，比如贫富差距拉大、民生问题突出、环境污染、权力和社会腐败等。经济建设和社会建设是不是如汪洋所说"一条腿长、一条腿短"？

陆学艺（中国社会学会名誉会长、北京工业大学人文社会科学学院院长）：对于当前的社会总体状况，我们可以用四句话来总结：经济高速发展，政治基本稳定，文化繁而未荣，社会矛盾突出。改革开放之后，我们通过经济体制改革、经济结构调整，建立了社会主义市场经济，取得了巨大成就，经济这道坎是迈过去了，但是社会结构还处于初级阶段，经济社

---

* 本文原载于《社会科学报》2012 年 3 月 1 日第 1、4 版，该文系该报记者专访陆学艺的访谈录。原题为《陆学艺：以社会建设为战略重点》，现题为本书编者根据该文内容修改。——编者注

会发展还很不协调。

当前社会矛盾突出表现在以下几个方面。一是住房、教育、医疗、养老等民生问题突出；二是贫富差距、城乡差距、区域和行业之间差距持续扩大；三是由于劳资矛盾、土地征用、房屋拆迁、企业改制等引发的社会不稳定因素和群体性事件凸显；四是一些地方杀人、绑架等严重暴力犯罪增加，抢劫、抢夺、盗窃、诈骗等刑事犯罪案件增加，社会治安压力很大。当然，这些问题无法掩盖30余年改革所取得的成绩。改革最根本的成就在于我们实现了从"短缺经济"向"剩余经济"的转变，也就是说，我们解决了改革前"人民群众日益增长的物质文化需求同落后的社会生产之间的矛盾"。1978年，我国的GDP是3645亿元，2010年是40.12万亿元，[①]按现价计，涨了109倍，经济总量超过日本，位居世界第二位。这个伟大成就是空前的，怎么估计都不过分。它必将对中国的政治形态、社会形态带来不可估量的影响。

《社会科学报》：为什么社会矛盾在20世纪90年代中期以后开始集中爆发呢？

陆学艺：中国社会很多关键性的变化始于1995年前后。1994年开始国企改革，国企质量大上台阶，进行财税体制改革，使中央财政、外汇储备持续增加；1996年粮食产量超过1万亿斤[②]；1998年开始住房改革，我国城镇居民人均住房面积从原来不足9平方米，增长到30平方米[③]；1999年高校开始扩招，高校招生从1998年的108万人增加到2011年的661万人。[④]但也正是从那时起，群体性事件、上访增加，犯罪率上升，社会矛盾和冲突明显加剧。

宏观层面，从"社会转型"的意义上讲，中国"三千年未有之大变局"真正的结构性变化，是在1978年以来的短短30余年间实现了。据我们研究，一直到1978年，我们国家还是一个以农民为主的农村社会。1978年，

---

① 国家统计局编《中国统计年鉴2011》，北京：中国统计出版社，2011年9月，第44页。

② 参见国家统计局编《中国统计年鉴1997》，北京：中国统计出版社，1997年9月，第383页。

③ 根据国家统计局编《中国统计年鉴1999》（北京：中国统计出版社，1999年9月）第349页和国家统计局编《中国统计年鉴2012》（北京：中国统计出版社，2012年9月）第378页的相关数据，我国城市人均居住建筑面积1978年为3.6平方米，1998年为9.3平方米，2007年以后超过30平方米。——编者注

④ 参见国家统计局编《中国统计年鉴2012》，北京：中国统计出版社，2012年9月，第752页。——编者注

我国的 GDP 中，72% 已经是二、三产业了，但是在就业结构中，农业劳动力还占 70.5%，在城乡结构中，城市化率只有 17.9%，农业人口占总人口的 82.1%。① 所以直到 1978 年中国还是一个农民占绝大多数的农业社会、农村社会。

中国真正实现工业化、城市化，实现社会大变革的是这 30 多年。到 2010 年，我国第一产业只占 GDP 的 10.1%，就业总人数中的农业劳动力只占 36.7%，城乡结构中城市化率为 49.95%，② 已经是工业社会了，实现了工业化、城市化，这促使我们的生产关系、生产方式、生活方式和人际关系都发生了彻底改变。十六届六中全会对此做了全面总结，指出："我国已进入改革发展的关键时期，经济体制深刻变革，社会结构深刻变动，利益格局深刻调整，思想观念深刻变化，这种空前的社会变革，给我国发展进步带来巨大活力，也必然带来这样那样的矛盾和问题。"③ 在这个社会转型过程中，由于生产方式、生活方式的根本变化，必然产生大量的社会矛盾和社会问题。欧美、日、韩等国家都经历过社会转型的阵痛，城乡矛盾，贫富两极分化，家庭分化，离婚率上升，犯罪率大大提高，社会矛盾、社会冲突频发。西方学者称此为"社会转型病"。为了解决这些问题，欧洲花了两百年，美国花了一百多年，用了各种对策，才慢慢将社会调整过来。

我觉得 1992 年重启的改革存在一个明显的问题，即主要强调经济体制方面的改革和发展，而忽略了社会体制改革与发展。这不但积累了许多社会矛盾，也妨碍了经济社会之间的良性互动，回过头来使进一步的经济体制改革和经济发展困难重重，内需迟迟打不开就是明证。

现代化建设，只搞 GDP 是不够的

《社会科学报》：1978 年启动改革开放，当时改革的重点在于打破计划经济体制，建设社会主义市场经济体制。到 2003 年，党的十六届三中全会通过《中共中央关于完善社会主义市场经济体制若干问题的决定》，宣告我

---

① 国家统计局编《中国统计摘要 2010》，北京：中国统计出版社，2010 年 5 月，第 22、41、45 页。

② 国家统计局编《中国统计年鉴 2011》，北京：中国统计出版社，2011 年 9 月，第 45、93、第 112 页。

③ 《中共中央关于构建社会主义和谐社会若干重大问题的决定》，北京：人民出版社，2006 年 10 月，第 3 页。

国社会主义市场经济体制框架已经基本确立，还需要一段时间来深化、完善，2003 年还提出了"科学发展观"，这是否标志着改革开放从那时起即进入了以社会体制改革和社会建设为重点的阶段？

陆学艺： 社会主义初级阶段的主要矛盾是"人民日益增长的物质文化需要同落后的社会生产之间的矛盾"，这个判断是准确的。然而当前的问题是，经历了改革开放 30 多年"以经济建设为中心"，经济建设搞上去了，社会建设没跟上，经济结构和社会结构严重脱节。2010 年我主编的《当代中国社会结构》判断：中国的社会结构落后于经济结构约 15 年。不少人议论，有人当面或打电话问我：改革开放一共才 30 多年，怎么落后了约 15 年？这是因为 1978 年的时候社会结构就落后了，1978 年的 GDP 里二、三产业占 72%，农业只占 28%，但是在总就业劳动力中农业劳动力占 70.5%；在城乡结构中，农民占 82.1%，① 绝对是一个农业国家。这 30 多年经济体制改革了，但社会体制没有相应地改革，矛盾就积累下来了。根据国际上的通用指数，我国经济结构已经进入工业化中期阶段，而社会结构尚处于工业化初期阶段，所以社会结构落后于经济结构约 15 年。

改革开放初期，生产力水平低下，物资短缺，人民生活非常困难，因此提出"以经济建设为中心"的基本路线。经过 20 年左右的时间，我们摘掉了贫困的帽子，温饱问题基本解决，但我们的发展策略没有及时完善与推进。到了 20 世纪 90 年代中后期，中国的工农业产品已经由卖方市场转向买方市场，当时就应当适时把力量引向农村，引向社会建设，强调经济社会协调发展，到 21 世纪以后再来补民生的课，已经晚了 10 年。然而，许多地方仍然单纯强调经济持续快速发展，结果出现经济更加迅速发展，而贫富差距、城乡差距、区域和行业之间差距持续扩大，出现了社会不稳定、不和谐的状况。2004 年提出了构建社会主义和谐社会和社会建设的新任务，中国进入以社会建设为重点的新阶段，但是因为社会建设欠账太多，原来计划经济体制下的一些体制机制还没有改变，社会结构的调整没有及时适应经济结构的调整，导致经济与社会发展不协调，进而导致诸多社会矛盾。所以我一再呼吁，现在的主要矛盾是经济和社会发展脱节的矛盾。虽然 2004 年以来，我们就认识到了社会建设滞后的问题，国家也加大了对社会建设、民生事业的投入，但不少地方对经济建设有路径依赖，地方官员将

---

① 国家统计局发布的《中华人民共和国国家统计局关于一九七八年国民经济计划执行结果的公报》，http://www.stats.gov.cn。

大量本应投到民生和社会建设上的钱都用来投资了。抓经济不仅有利可图，而且容易积累政治资本，但是，如果老百姓得不到改革应该带来的好处，感到有相对剥夺感，那么他们就有意见了；如果他们感到分配不公，那么社会就不太平。

2007 年十七大提出要"加快推进以改善民生为重点的社会建设"，社会建设和老百姓的生活息息相关。2007 年十七大修改了《中国共产党章程》，把经济建设、政治建设、文化建设"三位一体"的总体布局，发展为包括社会建设的"四位一体"的总体布局。"三位一体"的总体布局是 1940 年毛泽东在《新民主主义论》中提出来的框架。这个理论框架一直用到十六大，2004 年之前的文件从未谈到社会建设。通过十七大就变成四大建设，这反映了我们党对社会发展规律、对中国特色社会主义建设规律的新认识、新概括，标志着中国进入了以社会建设为战略重点的新阶段。在 2011 年春节的省部级主要领导干部社会管理及其创新专题研讨班上，胡锦涛同志讲了要把"社会管理工作摆在更加突出的位置"。① 这些都充分说明，我们已经进入了以社会建设为战略重点的新阶段。

进行社会建设，解决"社会转型病"问题，欧美国家花的时间比较长。日本、韩国接受了发达国家的经验和教训以后，解决得比较快。韩国的经验值得总结，20 世纪 60 年代韩国经济刚刚起飞的时候，就注意到了社会建设和社会改革，较早搞新农村建设运动等，所以它调整的阶段比较短。从现代化发展的实践来看，我们正处于社会转型过程中，这个关键的时期出现了诸多社会矛盾和问题，能够处理得当，经济社会协调发展，国家就进入了现代化行列；反之，这些矛盾就可能越演越烈，阻碍经济发展，使社会停滞不前，就可能陷入我们常说的"拉美陷阱"，被拒于现代化国家的门外。这样的例证很多。现在世界有 200 多个国家和地区，真正进入现代化国家和地区行列的仅有 30 多个国家，有很多发展中国家虽然 GDP 很高了，但社会没有建设好，社会结构不合理，经不起折腾，成不了现代化国家。苏联剧变很重要的一个原因，就是它的经济搞上去了（经济总量居世界第二），而且它的军事、科技都很强，它有导弹，卫星上天比美国还早，空间站是它的，军事上、科学上在世界上称霸，也是超级大国，但是它的社会结构没有调整，社会体制没有变革，社会建设没有搞好，最终还是垮下来

---

① 《扎扎实实提高社会管理科学化水平　建设中国特色社会主义社会管理体系》，《党建》2011 年第 3 期。

了，这是惨痛的教训。

我国现在到了社会转型的关键阶段，一方面经济快速发展，另一方面社会矛盾凸显。如何保证经济持续发展、社会稳定和谐，国内外有各种议论：下一步是进行政治体制改革，重点进行政治建设，还是进行社会体制改革，重点进行社会建设，需要郑重选择。我认为下一阶段应该选择以社会建设为战略重点：第一，这是经济持续快速发展的需要，社会建设可以加快经济发展方式转变、扩大内需，为经济发展提供一个越来越大的市场；第二，加强社会建设，进行社会体制改革，调整社会政策，完善社会管理，这是化解社会矛盾冲突的治本之策，可以保证国家长治久安；第三，是为进一步进行政治体制改革，进行政治建设做好各方面的准备。现在还不是进行政治体制改革的时候，因此，选择社会建设作为下一步的战略重点，是符合客观规律的理性选择。

不能用社会管理替代社会建设

《社会科学报》：近几年各地社会管理和社会建设工作都已蓬勃开展起来，有的省份建立了社会建设工作办公室抓社会建设和社会管理，而多数省份则由政法委管，主抓社会管理。请您谈谈社会建设和社会管理的关系。

陆学艺：社会建设和社会管理这两个概念是在党的十六届四中全会文件中同时提出来的。2010 年初，政法系统推行社会矛盾化解、社会管理创新、公正廉洁执法三项重点工作，取得了很好的成绩。就进行社会建设跟社会管理的目标来说，两者是一致的，都是为实现全面建设小康社会、构建社会主义和谐社会服务的。就两者关系来说，社会管理是社会建设的一部分，而且是重要组成部分，十六届四中全会以来，历次中央重要会议的文件都是这样提的。这一点必须要明确。有一种观点认为，现在社会失序的情况很多，社会方面有一些突出的问题需要解决，所以要建立更大的管理机构，赋予更大的权力，通过加强社会管理来把它管起来。强调加强社会管理是非常有必要的，但是加强社会管理，不能替代社会建设。胡锦涛同志在省部级主要领导干部社会管理及其创新专题研讨班上明确指出："社会管理要搞好，必须加快推进以保障和改善民生为重点的社会建设。"①

---

① 《扎扎实实提高社会管理科学化水平　建设中国特色社会主义社会管理体系》，《党建》2011年第 3 期。

社会建设未来发展的三个阶段

《社会科学报》：社会建设已经在全国开展起来，将来可能怎样发展？

陆学艺：社会建设作为社会主义现代化事业"四位一体"总体布局中的一大建设，是一项极其重要的历史任务，显然不是三年五年能够完成的，对它的长期性、艰巨性和复杂性要有足够的思想准备。从国际、国内现代化社会发展的过程来看，中国社会建设未来的发展，总体将经历三个阶段。第一阶段，先从目前人民群众最关心、最直接、最现实、最迫切要求解决的保障和改善民生事业、社会事业建设做起，从加强和创新社会管理入手，化解社会矛盾，解决社会问题；并加强源头治理、标本兼治，最大限度地防止和减少社会矛盾和社会问题的产生，最大限度地增加社会和谐因素，促进社会公平正义。这两方面的工作现在还正在积极推进，如教育、卫生等社会事业的改革和发展，政法系统抓的社会矛盾化解、社会管理创新、公正廉洁执法三项重点工作。近几年，这些工作有序推进，很有成效，很得民心，也是顺民意的。持续做下去，做得好，社会建设的第一阶段的任务可以在"十二五"规划时期内完成。

第二阶段，着力推进社会体制改革，创新社会政策，完善社会管理，推进新型城镇化，破解城乡二元结构，实现城乡一体化，拓宽社会流动渠道，培育壮大中产阶层，构建一个合理、开放、包容、稳定的社会结构。中国目前经济结构已经达到工业化社会中期阶段，但社会结构还处于工业化社会初级阶段。所以，加快调整社会结构，使之与经济结构相协调，应该是我们进行社会建设和社会管理在"十三五"也就是到 2020 年要实现的最重要的任务。

第三阶段，随着社会主义市场经济体制趋于完善，经济健康持续较快地发展，到 21 世纪中叶，经济达到中等发达国家水平，形成现代型的经济结构。与此同时，社会建设不断推进，社会体制逐步完善，社会组织广为发展，社会管理井然有序，社会结构不断优化，形成一个与社会主义市场经济体制相适应、与现代型经济结构相协调的现代型的社会结构，也就是一个"橄榄型"的社会结构，为全面、协调、可持续科学发展创造一个良好的社会环境，实现"民主法治、公平正义、诚信友爱、充满活力、安定有序、人与自然和谐相处的社会主义和谐社会"。

通过三个阶段，我国到 2040 年前后，可以达到中等发达国家的水平。

现在看来，经济持续发展问题不大，关键是社会体制改革能否顺利推进，社会能否建设好。

当然，这三个阶段的发展，并没有一个截然分开的界限，将会是互有交叉地进行。现在全国各地正在进行各种形式的社会建设和社会管理的实践与探索，创造了很多很多的经验和新的模式，经过一段时间的实践之后，经过各种经验、各种模式的交流和比较，一定会涌现出适合中国特色、适应经济社会发展需要、符合历史规律的社会建设的理论和实践模式。

推进社会建设与社会管理的几个问题

《社会科学报》：在当前的政绩观驱动下，即便中央已经认识到了社会建设的重要性，地方也不见得能很好地落实。您认为要真正抓好社会建设这项重点工作，应注意哪些方面？

陆学艺：这个问题确实非常迫切。十六届六中全会阐明了关于构建社会主义和谐社会与社会建设的理论、方针、政策问题，但遗憾的是 2008 年金融危机一来，有些地方又回到了"GDP 挂帅"的老路。这两年在"两会"上、报纸上都是讲民生问题、幸福问题，但各地实践中，还是免不了原来的路径依赖。中央的"十二五"规划建议出来以后，因为这一规划没有明确的数据要求，因此各地的"十二五"规划除北京、上海、深圳以外，绝大部分都定下了 GDP 要年平均增长 10% 以上的目标，约有半数的省份五年要翻一番，这意味着要每年增长 14% 以上。那还是在比 GDP。只有北京、深圳是 8%，上海是 8% 左右。争速度，社会建设就排不上位置。所以应该把这个高指标调整下来。

因此，第一就是要提高对社会建设和社会管理的必要性、重要性、紧迫性的认识。如果不恰当地继续争过高的速度，经济社会发展就会更加不平衡、不协调，社会矛盾、社会问题就会越来越严重，这是要出问题的。当然经济发展速度也要实事求是，不要一刀切。所以十七届五中全会以后，特别是去年①"两会"都反复强调要把社会建设和社会管理放到重要的位置。中央把"十二五"规划的经济速度调到 7%，地方要跟着调，转到以保障和改善民生为重点的社会建设上来。

第二，要有组织保障。据我观察，60 年来的历史经验，凡是中央决定、

---

① 指 2011 年。——编者注

要实施的重要的战略任务，一定要在组织上落实。正面的经验、反面的教训都证明了这一点。比如说计划生育，天大的难事，国家计生委建起来了，一直建到乡镇和行政村，就把这个事办成了。两次农村改革，第一次农村改革，中央有农委和农村政策研究室，各省地市县都有，所以农村改革那几年搞得有声有色，把农村的乡镇企业发展起来了，农民收入连年增加，那几年城乡差距是缩小的。这次搞新农村建设，中央做了决定，但是各地已经没有农村工作部和农村政策研究室了，中央定了方针、任务，下面无人落实，多数地区就只能停留在纸面上。

现在有关社会建设的部门和单位，一个县或市里面就有十几个，科教文卫体都有，还有民政、社保等，而缺少一个宏观统筹协调的机构。作为社会主义建设总体布局"四位一体"之一的社会建设，要像当年建国家计划委员会主抓经济建设一样，从中央到县市要建立一个社会建设委员会，主抓社会建设。这是把社会建设这个重大任务，从组织上加以落实。

第三，改革社会体制。十七大和十七届五中全都提出来要进行社会体制改革。但是我们看到，现在不要说整个社会体制，就是社会事业体制、民生事业体制，不少还是计划经济体制时期形成的。这些年有些改革了，有些改的并不成功，有的基本还没有上路，所以要搞社会建设，一定要搞社会体制的改革，包括户籍制度改革。

第四，要有相当的投入。十六大以来，我们加大了在社会建设方面的投入，情况已经有很大的变化。但是，我们在社会建设方面欠账太多，今后一定要有更多的人力、财力和物力的投入，才能逐步扭转，改变经济社会发展不平衡的现状，使经济社会协调发展。

第五，要建立社会建设的指标体系和考评指标。现在还没有一个科学合理的社会建设指标体系。这需要实践中工作部门的探索和社会学工作者的研究，共同努力制定出一个既符合中国国情又切实可行的社会建设指标体系和考核指标。现在各地都强调幸福指数，这有好的一面。但幸福指数主要靠主观评定，不太好考核。要有一个科学的、客观的、可评判的指标体系，例如 GDP 这样的考核指标。

最后一点，建议中央和省区市每年专门开一次社会建设、社会管理的工作会议，或者将每年的经济工作会议改名为经济社会工作会议。

我国社会建设的主要任务及未来的发展趋势[*]

一 中国进入以社会建设为重点的新阶段

一直到 1978 年，中国还是一个以农民为主的农村社会。1978 年，我国的 GDP 中，72%已经是二、三产业了，但是在就业结构中，我们的农业劳动力还占 70.5%，在城乡结构里面，城市化率只有 17.9%，[①] 农业人口占总人口的 82.1%。所以直到 1978 年，中国还是一个农民占绝大多数的农业社会、农村社会。中国真正实现工业化、城市化，实现社会大变革的是改革开放后的三十余年。2010 年我国的 GDP 里面第一产业只占 10.2%，在就业总人数中的农业劳动力只占 36.7%，城乡结构中城市化率为 49.7%，[②] 已经是工业社会了，经济结构已经达到工业社会的中期阶段。在这个社会转型中，生产关系变了，生产方式变了，生活方式和人际关系也变了，这种变化跟原来改朝换代的变化是完全不一样的。这种由农业社会转变为工业社会的社会转型，世界各现代化国家都曾经历过。欧洲诸发达国家有过，美国有过，亚洲的日本、韩国也都经历过。在这个社会转型过程中，由于生产方式、生活方式的根本变化，必然产生大量的社会矛盾和社会问题。城乡矛盾，贫富两极分化，家庭分化，离婚率增加，犯罪率大量增加，社会

---

[*] 本文原载于《探索》2012 年第 3 期，发表时间：2012 年 5 月 26 日。该文为人大复印报刊资料《中国特色社会主义理论》2012 年第 9 期转载。——编者注

[①] 国家统计局编《中国统计年鉴 2010》，北京：中国统计出版社，2010 年 9 月，第 39、95、120 页。

[②] 国家统计局编《中国统计年鉴 2011》，北京：中国统计出版社，2011 年 9 月，第 45、93、109 页。

矛盾、社会冲突频发。西方学者称此为"社会转型病"。不过，欧美各国经历这个阶段的时间比较长，欧洲花了两百年的时间，美国花了一百多年的时间，用了各种对策，才慢慢使经济社会关系调整过来，而日本、韩国接受了欧美各国的经验和教训，过渡的时间比较短一些。

上面提到的现代化国家本来是市场经济国家，无非从小农经济的市场经济转变为工业化的市场经济，是比较顺当的，而中国则在实现工业化和社会转型的同时，还要实现从计划经济体制向社会主义市场经济体制的转轨，在这个转轨过程中，两种体制并存，由此也产生了许许多多的社会矛盾和社会问题，这在西方是没有的。在体制转轨的过程中出现的矛盾和问题可能比社会转型过程中出现的更多，而且现在还没有完全转过来。

总之，为什么现在社会问题和社会矛盾这么多，就是因为我们同时处在社会转型和体制转轨的过程中，处在现代化的初期阶段，很多东西还不配套，还处于磨合期。在这个转型磨合期，通过社会体制改革和社会建设，这些问题会逐渐得到解决。

选择社会建设和管理作为社会转型期的主要任务，是理性的选择，符合经济社会发展规律，符合共产党执政规律，符合社会主义建设规律，也符合人类社会发展的规律，符合国际经验，符合中国的国情，是完全正确的。

第一，转变经济发展方式的需要，可以扩大内需。进入 20 世纪以来，中国成了世界工厂，生产了大量的产品，很多是通过外贸出口了。1996 年就开始讲扩大内需，但是，内需不足的问题一直没有解决。2008 年金融危机以来，这个问题越来越大。十七届五中全会通过的"十二五"规划建议提出，"要把保障和改善民生作为加快转变经济发展方式的根本出发点和落脚点"，这句话就把经济和社会结合起来了。如果我们今后改善民生，把科教文卫体和社会保障等社会事业和公共服务发展起来，就可以为经济开拓一个大的市场，从而实现可持续发展。

第二，解决社会问题和社会矛盾的需要。在分配方面，在教育、社会保障等民生方面，政府的投入太少了。通过社会体制改革和社会建设，加快改善民生，增加公共服务的供给，可以解决很多社会矛盾和社会问题。

第三，提高和增强我国综合国力的需要。社会建设与经济建设是相互促进的关系，社会建设搞好了，不仅可以为经济建设创造和谐稳定而良好的社会环境，也可以提高科技教育水平，推进经济的发展，有利于提高和增强我国的综合国力。

第四，为将来政治体制改革和政治建设做好准备。通过社会建设，把民间组织建起来，在民间组织中把民主选举、民主决策、民主监督等能力培育训练出来，先搞社会民主，再搞政治体制改革就很容易了。

二　社会建设的内涵和主要任务

概括地讲，社会建设的目标就是实现社会现代化，实现"民主法治、公平正义、诚信友爱、充满活力、安定有序，人与自然和谐相处的社会"。[①]我们进行经济建设就是实现经济现代化，经济结构的现代化，我们用了三十多年干成了这件大事，打下了好的基础，开了个好头。当然在这个过程中社会建设也搞了，但是搞的不够，所以出现了经济社会发展不协调，出现了种种矛盾和问题。国内、国际的实践表明：要建成现代化国家，不仅要实现经济现代化，还必须要实现社会现代化、政治现代化、文化现代化。四大建设是一个整体，都得要实现现代化，才能建成现代化社会。

社会建设是一个宏大的系统工程，不是三五年内就能完成的。根据国际的经验和我们在各地的调查和研究，社会建设主要包括以下八个方面。

第一，着力发展民生事业，不断提高人民群众的生活水平和生活质量。民生事业主要包括就业、收入分配、住房、社会保障等。首先，在就业方面，就业是民生之本。全国 2011 年城市化率已经超过 50%[②]。农民在农村，只要有一块地，就有保障，但是进了城就不一样了。进了城以后，如果没有就业，那就没有生活来源，也就没有社会保障，就不可能生存，这是个大问题。其次，在收入分配方面，2002 年党的十六大就提出要遏制分配不公的趋势，但是到现在城乡差距、地区差距、行业差距、贫富差距扩大的趋势还在加剧，蛋糕做大了，还要解决好如何切好、分好蛋糕的问题。再次，在住房方面，把原来的福利分房改为商品化了，这个改革是对的，但是政府的保障性住房建设滞后，加之没有遏制住投机，所以造成房价高企和住房难的状况，这个一定要解决好。此外，要逐步构建起覆盖全国、多元普惠、城乡一体的社会保障体系。

第二，努力推进社会事业建设。社会事业主要包括教育、科研、文化、

[①] 《深刻认识构建社会主义和谐社会的重大意义 扎扎实实做好工作 大力促进社会和谐团结》，载《人民日报》2005 年 2 月 20 日第 11 版。

[②] 2011 年城市化率为 51.27%，参见国家统计局编《中国统计摘要 2012》，北京：中国统计出版社，2012 年 5 月，第 41 页。

体育、医疗卫生等。社会事业和民生事业一样，都是公共服务。要坚持均等配置、公平共享的原则，实现公共服务的均等化。在公共服务方面要实现均等化，这在十七大和十七届五中全会都提出了。现在我们在教育、科技、文化、卫生等方面都有一定的基础了，但是社会事业体制还是有问题，不是光有投入就行，需要进一步地改革体制，才能把民生事业、社会事业办好。

第三，加强城乡社区建设。城乡社区是现代社会的基础，是人民群众生活的共同体，是实行人民群众自治的基层实体，承载着居民的各种权利。城乡社区建设的目标是建成符合现代化要求的基层社会治理结构。目前的重点是要克服农村基层社区空心化、无人管理，城市基层社区人口过度膨胀、难以管理的困境。要把社会管理服务的触角延伸到社会末梢，把更多的人、财、物投向基层，真正做到人往基层走、物往基层用、钱往基层花、劲往基层使，做强基层组织、壮大基层力量、整合基层资源、强化基础工作。只有基础做实了，上层才能稳定。

第四，大力培育和发展社会组织，确保社会组织有效规范运行。社会组织是社会建设不可或缺的载体，是把人民群众组织起来，搞好社会建设和社会管理、进行社会整合的一种有效形式。社会组织的发育和运行，有利于社会自治、应对风险、化解社会矛盾，能够弥补政府不足、降低行政成本。农村里面有很多传统的组织，但是城市的社会组织还很少。全国现在有民政系统登记的社会组织 40 多万个，大概 1 万人有 3 个社会组织，而国际上，现代社会一般 1 万人中的社会组织都会超过 30 个，因此，咱们的社会组织是远远不够的。

第五，建立社会诚信体系，不断加强社会规范建设。社会规范是社会的价值性整合方式。要弘扬中华民族的优秀文化和传统美德，不断提高干部、群众的现代文明素养，政府率先、干部垂范，法治为准、强化他律，德治为本、完善自律，建立诚信社会。进入城市社会以后，各个行业、各个职业都应该建立起来相应的规矩。比如，现在是汽车社会了，很多大城市堵车非常严重。汽车社会应有汽车文明、汽车伦理和规矩。

第六，加强和创新社会管理。社会管理是实现社会现代化的基本手段之一，现代社会管理本质上是以维护公共秩序为核心、人本化服务为先导，寓管理于服务之中。要树立多方参与、共同治理的理念，形成"党委领导、政府负责、社会协同、公众参与"的格局。2011 年 2 月，中央举办省部级主要领导干部社会管理及其创新专题研讨班，就是讲要搞好社会管理。2011

年 5 月还专门召开政治局会议并颁发文件，把社会治安综合治理委员会改为社会管理综合治理委员会。社会管理很重要，维护公共秩序是现代社会的一个重要方面。社会建设是四大建设之一，社会管理是社会建设的一部分，两者的目标是一致的。胡锦涛总书记在本次研讨班上，前面讲了八个方面的社会管理之后，紧接着就说"社会管理要搞好，必须加快推进以保障和改善民生为重点的社会建设"①，社会建设是治本的。现在强调社会管理，就是因为我们目前存在着一些突出的问题，要通过社会管理创新来解决，这也是社会建设的一部分，但要明确，社会管理不能代替社会建设。

第七，进行社会体制改革，逐步建立和完善与社会主义市场经济体制相适应的社会体制。社会体制是社会建设的宏观架构，是资源和机会配置的体系化规制，社会体制渗透到社会建设的方方面面，是关涉权利平等、社会公正的顶层设计。社会体制的改革和完善是当前社会建设的关键，要像当年抓经济体制改革那样，抓好社会体制改革。我们国家现在很大的问题是，经济体制通过 20 世纪 80 年代的农村改革、80 年代后期和 90 年代的国有企业改革以及财税体制改革等，基本上调整过来了，形成了社会主义市场经济体制，才有了今天如此巨大的成绩。但是，现在的社会体制基本上还是 20 世纪 50 年代按计划经济体制的要求建立起来的，是为计划经济体制服务的。如户籍制度、城乡体制、社会事业体制等。改革开放以来，社会体制虽然也进行了一些改革，但是还没有按社会主义市场经济体制的要求改过来，有些单位仍是吃大锅饭的老体制。这几年投入也不少，但是看病难、上学难、养老难等呼声仍然很高。所以，现行的社会体制如果不在根本上按照社会主义市场经济的要求进行改革，那么投入再多，也将是事倍功半。

第八，以培育和壮大中产阶层为目标，构建现代社会的"中间大、两头小"的橄榄型的社会结构。社会结构和经济结构一样，是一个国家或地区最基本、最重要的两个结构。经济结构和社会结构必须平衡、协调，经济社会才能协调发展。现在中国的问题是，经济结构已经达到工业社会的中期阶段，社会结构还是工业社会的初期阶段，存在着严重的结构差，这是产生诸多矛盾的根源。所以，调整和优化社会结构是社会建设的最关键的核心任务。凡是现代化国家，都是建立了一个"中间大、两头小"的橄

---

① 参见《扎扎实实提高社会管理科学化水平 建设中国特色社会主义社会管理体系》，《党建》2011 年第 3 期。

榄型的社会结构。现在我国的城乡二元结构问题没有很好地解决，社会流动不畅，另外还有一些意识形态方面的原因，主流媒体还不提中产阶层，更不要说壮大了。中等收入者是一个经济学的概念，而中产阶层是社会学和政治学的概念。现在我们的问题是"该大的没有大起来（中产阶层），该小的没有小下去（农业劳动者阶层）"。十七届三中全会《中共中央关于推进农村改革发展若干重大问题的决定》提出要统筹城乡发展，实现城乡一体化，解决三农问题，而"三农"问题说到底还是个结构问题。从全国来讲，2010，第一产业创造的 GDP 只有 10%，但是当年的农村就业劳动力还有 38%。也就是说，38% 的劳动力只创造了 10% 的 GDP，[①] 所以农村还是穷，农民还是苦。不通过社会体制改革，不改变这个社会结构，"三农"问题是解决不好的。从全国来讲，中产阶层大约占到 25%，要达到工业社会中期阶段中产阶层应有 40% 的水平，还有很大的差距。因此，要通过社会建设，通过社会体制改革，调整社会政策，拓宽社会流动渠道，培育和壮大中产阶层，使社会更加稳定、更加和谐。

三　中国社会建设未来的发展阶段

从社会发展规律的视角看，社会建设作为社会主义事业总体布局"四位一体"中的一大建设，要完成的历史任务宏大而又艰巨，既要进行保障改善民生的各项社会事业建设，又要进行包括社会事业体制在内的社会体制改革的创新；既要加强社会管理、社会安全体制的建设，又要进行社会理念、社会规范的建设；既要加快收入分配关系的调整，有效调节过高收入，扭转四种差距扩大的趋势，促进社会公平正义，又要积极培育中产阶层，促进其发展壮大，加快优化社会结构的步伐，使之形成与经济结构相平衡、协调的社会结构。所以，社会建设将是一个长期的历史过程。

从国内外进行现代化建设的经验和教训看，结合中国目前的基本国情，中国的社会建设未来的发展将经历以下三个阶段。

第一阶段，也就是我们目前正在做的，即先从人民群众最关心、最现实、最紧迫要求解决的保障和改善民生事业、社会事业建设做起，着力解决好"就业难、上学难、看病难、社保难、住房难、养老难"等基本民生问题；并从加强和创新社会管理入手，解决影响社会和谐稳定的突出问题，

①　国家统计局编《中国统计年鉴 2011》，北京：中国统计出版社，2011 年 9 月，第 45、109 页。

化解社会矛盾，解决社会问题，加强源头治理，标本兼治，最大限度地防止和减少社会矛盾的产生，最大限度地增加社会和谐因素，促进社会公平正义。"十二五"期间，我们能把保障改善民生事业、社会事业和创新社会管理这两件大事做好了，我们的社会建设就上了一个台阶，经济社会协调发展就前进了一大步，就可以转到社会建设的第二阶段。

第二阶段，要着力推进社会体制改革，创新社会政策，完善社会管理。推进新型的城镇化，破解城乡二元结构，逐步实现城乡一体化。拓宽社会流动渠道，培育和壮大中产阶层，构建一个合理、开放、包容的社会结构，使之与经济结构相协调。从改革发展的历史过程来观察，中国社会建设的第二阶段也可以看作社会体制改革的攻坚阶段、决定性的阶段，时间约在"十三五""十四五"期间。这个关键阶段过好了，中国就跨过了现代化社会的门槛。据国内外不少经济专家的预测，中国的经济发展前景很好，再持续保持 8% 左右的增长，增长 20 年将是完全可能的。关键是要搞好社会体制改革和社会建设。

第三阶段，随着社会主义市场经济体制不断完善，经济建设持续健康较快发展，到 21 世纪中叶，经济达到中等发达国家水平，形成现代型的经济结构。社会建设经过社会体制改革，将加速发展，使社会体制逐步完善，社会管理体系更加健全，社会流动渠道更加畅通，中产阶层更加壮大，社会组织广为发展，社会结构更为优化，形成一个与社会主义市场经济体制相适应、与现代经济结构相协调的现代社会结构，形成一个橄榄型的社会结构，为全面、协调、可持续发展提供一个良好的社会环境。

社会建设的三个阶段，实质也就是中国实现社会现代化的全过程。当然，这三个阶段的发展，并没有一个截然分开的界限，将会是互有交叉地进行。现在全国各地正在进行各种形式的社会建设和社会管理的实践与探索，创造了很多新的经验和新的模式，经过一段时间之后，经过各种经验、各种模式的交流和比较，一定会涌现出适合中国特色、适应经济社会发展的需要、符合历史规律的社会建设的理论和实践模式。

搞好社会建设，要先进行
社会体制改革[*]

去年我们在北京开了一个会，请郑校长参加。这个会的主题是社会建设与社会管理。我们在下面做了一些调查。外面还是叫社会建设与社会管理。我讲几个问题。

第一个问题，经济与社会发展的形势。

当前的社会矛盾，主要是经济与社会发展不协调。现在的问题是经济发展很好，但社会矛盾很突出。现在统计的问题很多，一般是领导需要什么，统计就给什么，包括城市化率等。国家统计的公安系统刑事犯罪数量，1978 年是 55.8 万件，2010 年是 597 万件[①]，而且还有"不破不立"的情况。因为有"破案率"的考查，所以"不破不立"。反正总的情况是：经济报喜，社会报忧。这 30 多年我们抓经济建设，成绩很大，经济形势很好，但社会形势不大好。

我们经济体制改革了，社会发生了深刻的变化，社会结构也有大的变化。但是相对于经济，社会发展滞后了。我们做了一个研究：我们现在经济已达到工业社会中期阶段的水平，按照国际上对于工业社会中期阶段的社会指标来看，我们现在的社会发展落后于经济发展约 15 年。有人问，改革开放才 30 多年，怎么落后约 15 年？这是因为 1978 年的时候，社会与经济相比已经滞后很多了。1978 年的时候，GDP 中二、三产业占 72%，但1978 年的城市化率不到 20%。[②]

---

  * 本文源自经作者修改的会议记录打印稿。该文稿系陆学艺于 2012 年 6 月 30 日在社会治理问题内部研讨会上的发言记录稿。原稿无题，现标题为本书编者根据发言内容拟定。——编者注

  ① 国家统计局编《中国统计年鉴2011》，北京：中国统计出版社，2011 年 9 月，第 931 页。

  ② 国家统计局编《中国统计年鉴2011》，北京：中国统计出版社，2011 年 9 月，第 45、93 页。

现在中国有几个很严重的体制问题：一是城乡二元结构；二是城市内部的二元结构。2011 年的城市化率达到 51.3%[①]，但这是按现在在城市暂住半年以上的人作为城市人口统计的，如果按照 2000 年前的统计指标，城市化率不会超过 35%。现在有 2 亿多农民工，他们在城市工作、生活，但他们还是农业户籍、农民身份。城市内部对本地人实行的是一种政策，对外来人口实行的是另一种政策。

现在之所以出现看病难、上学难等多种问题，很大原因是社会体制还没有改革。如果医疗体制不改、医院体制不改的话，那么投的钱再多，效果也不会太好。所以一定要进行包括社会事业体制在内的社会体制改革。

一个是社会结构滞后于经济结构的结构性矛盾，另一个是已经实行了的社会主义市场经济和基本上还没有经过根本改革的社会体制产生的体制性矛盾，这是现在产生诸多社会问题、社会矛盾的主要原因。

第二个问题，社会建设战略目标的提出。

党的十六大明确提出，到 2002 年，我们已经实现了人均 GDP 1000 美元的目标，但是我们的小康还是不均衡的。所以，还要用 10~20 年来实现小康。这个同处于社会主义初级阶段的判断是一致的。

十六届四中全会第一次提出了要构建社会主义和谐社会，同时提出了"加强社会建设和管理，推进社会管理体制创新"[②]。2006 年十六届六中全会，专门就构建社会主义和谐社会若干重大问题做出了决定，提出"必须坚持以经济建设为中心，把构建社会主义和谐社会摆在更加突出的地位"[③]。十七大在原来社会主义现代化建设的经济建设、政治建设、文化建设"三位一体"的总体布局基础上，加进了社会建设，发展为"四位一体"的总体布局，并写进了新修改的党章中，这标志着中国的社会主义现代化建设进入了以社会建设为重点的新阶段。[④]

第三个问题，下一步社会建设到底怎么搞？

现在面对经济报喜、社会报忧的局面，主要有三种意见：一是主张进行政治体制改革；二是主张深化经济体制改革，继续抓 GDP；三是主张抓

① 国家统计局编《中国统计摘要 2012》，北京：中国统计出版社，2012 年 5 月，第 40 页。
② 《中共中央关于加强党的执政能力建设的决定》，北京：人民出版社，2004 年 9 月，第 25 页。
③ 《中共中央关于构建社会主义和谐社会若干重大问题的决定》，北京：人民出版社，2006 年 10 月，第 3 页。
④ 《中国共产党第十七次全国代表大会文件汇编》，北京：人民出版社，2007 年 10 月，第 144 页。

社会体制改革，加强社会建设。我们认为，应该选择先进行社会体制改革，加强社会建设，原因有四条。

第一，这是全面建设小康社会的要求。珠三角、长三角地区和一些大城市，人均 GDP 都超过了 1 万美元，但是社会指标还差，基本上都还没有达到。

第二，加快转变发展经济方式。已经讲了十多年了，一直转不过来。我认为，是社会体制改革、社会建设抓晚了的原因。转变经济发展方式，不光是经济的问题，还有改革社会体制的问题，还要调整社会结构，内需才能增加，市场才能扩大。

第三，目前许多社会问题、社会矛盾，必须通过调整社会政策、加强社会建设、加快社会事业的发展，才能逐渐得到解决。

第四，为今后政治体制改革和政治建设做好准备。现在还不是政治体制改革的时候，尤其是社会矛盾频发的时候。我们现在要检讨的是，构建社会主义和谐社会、社会建设提出来 8 年了，但至今关于社会建设到底要建什么、社会建设怎么建、到底是搞社会建设还是搞社会管理，还没有取得应有的共识。

从国际、国内的实践和理论看，社会建设就是建设社会现代化。中国现在经济现代化已经基本实现，但是社会现代化还差得远，政治现代化也还差得远。正确的顺序，应该是：经济现代化、社会现代化、政治现代化和文化现代化。可以提新的"四个现代化"。

现在进行社会建设，目标就是要实现社会现代化。我们在成都做了近一年的调研，总结现阶段进行的社会建设，主要有以下八个方面的内容。

（1）民生事业和社会事业建设。

（2）分配制度改革。现在蛋糕已经做得很大，但是分蛋糕的规则还不完善，引出很多问题。

（3）基层社区建设。现在基层治理是个大问题，2011 年，城市人口达到 6.9 亿，比 1978 年增加了 5 亿人，但是整个城市基层框架没有相应变动。最多的时候有城市 666 个，现在只有 650 多个。① 现在最大的问题是：区以下的基层怎么管？是增加、加强街道这一级机构，还是取消街道，由区直接管社区？北京市的朝阳区，现有 420 万常住人口，取消了街道，这要怎么管？广东省有不少城市的街道管理 60 万至 80 多万人，但正式的公务员编

---

① 国家统计局编《中国统计摘要 2012》，北京：中国统计出版社，2012 年 5 月，第 40、41 页。

制是 28 人，这怎么能管好！社区是自治组织，几万人的大社区，怎么自治？所以，我认为现在应该划小街道和社区的规模，加强这两级的组织建设。

（4）社会组织。2011 年全国有 45 万个左右，远远不能适应现阶段社会治理的需要，还需要大大发展。

（5）社会规范。我国已经实现了工业化、城市化，人们的生产方式、生活方式发生了根本的改变。新的社会，一定要有新的社会规范。这需要一个比较长期的历史过程。

（6）社会管理。社会管理是社会建设的一个重要组成部分，这几年在社会管理方面，做了很多工作，很有成绩。但是只搞社会管理，显然还不够，还必须搞社会建设。

（7）社会体制的改革和建设。

（8）社会结构。社会建设最重要的是要落实到社会结构的优化。要形成与社会主义市场经济相适应、与现代化经济结构相协调的社会结构。

总体来说，自 2004 年提出社会建设以来，构建社会主义和谐社会，社会建设工作已在全国各地陆续展开，形势是很好的，经济社会不平衡、不协调的状况有所好转，但 2008 年金融危机以来，这方面的工作有所削弱。2010 年政法部门提出化解社会矛盾、创新社会管理、公正廉洁执法三项重要工作，从部门来说，这是要肯定的。2011 年，在全国大规模地开展了加强和创新社会管理工作，取得了很大成效。但在有些地区和部门，把加强社会管理变成了维稳，变成了控制，这是个大问题。还是应该回到十六届六中全会决定的方针上来，主要抓社会建设。真正治本的是社会建设。社会管理主要是治标，要标本兼治。

三点建议。一是要坚持以经济建设为中心，把构建社会主义和谐社会建设摆到更加突出的位置上。二是要建立社会建设委员会。现在很多省区把社会建设和管理的任务放在综治办，这是不行的。要像搞经济建设建立发改委一样，社会建设应该建立正式和专门的机构来执行。三是要搞好社会建设，必须进行社会体制的改革。现行的社会体制，包括社会事业体制，基本上是 20 世纪 50 年代按计划经济体制的要求建立起来的，不根本改革这种社会体制，社会建设是建不好的。

社会建设论纲[*]

一 "社会建设"的提出

2002 年召开的中共十六大对形势做出了全面深刻、富有远见的分析，明确指出："我们胜利实现了现代化建设'三步走'战略的第一步、第二步目标，人民生活总体上达到小康水平。……必须看到，我国正处于并将长期处于社会主义初级阶段，现在达到的小康还是低水平的、不全面的、发展很不平衡的小康。"[①]

2001 年，我国国内生产总值达到 109655 亿元，人均 8622 元。按当年人民币与美元平均汇率，1 美元等于 8.277 元计，折合 1041 美元，[②] 已经达到小平同志提出的人均 1000 美元的小康社会的目标。

"我们要在本世纪头二十年，集中力量，全面建设惠及十几亿人口的更高水平的小康社会，使经济更加发展、民主更加健全、科教更加进步、文化更加繁荣、社会更加和谐、人民生活更加殷实。"[③]

全面小康社会的目标和任务提得好。六条中第一条是经济建设，第二条是政治建设，第四条是文化建设，其余三条都是后来提出的社会建设的内容。当时还没有提出社会主义和谐社会的战略目标，但已提出"社会更

---

[*] 本文源自作者手稿，原稿写于 2012 年 8 月 1 日。原稿似不完整，现依据已发现文稿刊印。——编者注

[①] 《中国共产党第十六次全国代表大会文件汇编》，北京：人民出版社，2002 年 11 月，第 17 ~ 18 页。

[②] 参见国家统计局编《中国统计年鉴 2011》，北京：中国统计出版社，2011 年 9 月，第 44、220 页。

[③] 《中国共产党第十六次全国代表大会文件汇编》，北京：人民出版社，2002 年 11 月，第 18 页。

加和谐"的思想。重点在"政治建设和政治体制改革"一章中，提出要形成"民主团结、生动活泼、安定和谐的政治局面"。十六大报告，两次提到"和谐"，正确反映了广大群众的民意和迫切要求。

2003 年，我国遇到了"非典"的侵袭。10 月召开的十六届三中全会，讨论了关于完善社会主义市场经济体制的若干问题。在总结十六大以来所取得的重大成就的同时，把当时存在的问题概括为：城乡之间、区域之间、经济与社会、人与自然、国内发展和对外开放等五个方面发展不平衡、不协调。所以全会决定，要"按照统筹城乡发展，统筹区域发展，统筹经济社会发展，统筹人与自然和谐发展，统筹国内发展和对外开放的要求"，进一步明确社会主义市场经济体制的目标和任务。并且就在《中共中央关于完善社会主义市场经济体制若干问题的决定》中明确指出："坚持以人为本，树立全面、协调、可持续的发展观，促进经济社会和人的全面发展。"①

这次会议的重大贡献是明确提出了以人为本的科学发展观。把当时存在的诸多经济社会问题和矛盾，明确概括为五个方面的不平衡、不协调，提出了要统筹兼顾这五个方面的发展，以完善社会主义市场经济体制，以促进经济社会和人的全面发展。缺点是没有明确经济社会发展不平衡、不协调是最主要的矛盾。事实上，城乡、区域等方面的发展不平衡、不协调，也就是经济社会发展不平衡、不协调的内容和表现。

2004 年 9 月，十六届四中全会的主题是关于加强党的执政能力建设，并就此做出了相应的决定，指出要"不断提高驾驭社会主义市场经济的能力、发展社会主义民主政治的能力、建设社会主义先进文化的能力、构建社会主义和谐社会的能力、应对国际局势和处理国际事务的能力"②。

在论述不断提高构建社会主义和谐社会的能力的时候，着重点是讲，坚持最广泛、最充分地调动一切积极因素，形成全体人民各尽所能、各得其所而又和谐相处的社会。一共讲了五点，第三点讲加强社会建设和管理，推进社会管理体制创新。通篇主要讲了如何创新社会管理，社会建设只是提到了，但没有做重要的论述。

9 月 19 日，十六届四中全会通过了《中共中央关于加强党的执政能力建设的决定》。得到了全党全国的普遍响应，议论最热烈的是关于构建社会

---

① 《中共中央关于完善社会主义市场经济体制若干问题的决定》，北京：人民出版社，2003 年 10 月，第 12、13 页。

② 《中共中央关于加强党的执政能力建设的决定》，北京：人民出版社，2004 年 9 月，第 8 页。

主义和谐社会与社会建设，认为这是党中央提出的新概念、新理论，是新时期提出的新的战略目标。其时的新闻媒体、电视广播热议和谐社会、社会建设、社会管理的话题。党中央顺应民意，在 2005 年春节后就举办省部级主要领导干部专题研讨班，就构建社会主义和谐社会的理论和实践问题进行研讨，并做出了相应的工作安排。至此构建社会主义和谐社会的实践和理论研究，就在各地区各部门蓬勃开展起来。

二 构建社会主义和谐社会与社会建设

十六大以来政界、学界在中央文件和各种论著中提出了"社会和谐""和谐社会""构建社会主义和谐社会""建设社会主义和谐社会""社会建设和管理""社会建设""社会管理"等一系列新名词、新概念、新理论，反映了我国社会主义现代化建设事业发展到了一个新的重要阶段的新要求和新探索，现在已经成为广大干部和群众的广泛实践，很有必要把这些概念、理论的含义，以及它们之间的相互关系弄清楚。

"社会和谐"是对一个社会运行状态的描述，相对应的是社会不和谐、社会混乱、社会不安定。所以说，社会和谐是中国特色社会主义的本质属性，是国家富强、民族复兴、人民幸福的重要保证，是全国各族人民的共同愿望。社会和谐是一个历史过程。

"和谐社会""社会主义和谐社会"是我们党和国家在社会主义现代化事业战略机遇期、发展的关键时期提出的一个战略目标。十六届六中全会的《中共中央关于构建社会主义和谐社会若干重大问题的决定》中说，"我们要构建的社会主义和谐社会，是在中国特色社会主义道路上，中国共产党领导全体人民共同建设、共同享有的和谐社会。……按照民主法治、公平正义、诚信友爱、充满活力、安定有序、人与自然和谐相处的总要求"[1]，努力形成全体人民各尽所能、各得其所的和谐社会。

和谐社会作为新时期战略目标的提出，既符合我国正处于战略机遇期、社会矛盾凸显期广大干部群众的强烈愿望，又像"小康社会"一样，符合中国优秀的文化传统，具有中国特色、中国气派，是为各族人民喜闻乐见的长远奋斗目标，建成社会主义和谐社会是我们的共同理想。这同中国各

---

[1] 《中共中央关于构建社会主义和谐社会若干重大问题的决定》，北京：人民出版社，2006 年 10 月，第 5 页。

族人民历来就期盼国泰民安、太平盛世的憧憬是一脉相承的。当然古人向往的国泰民安，是小农经济传统社会时期的太平盛世。我们现在要构建的社会主义和谐社会，是工业化、城市化、现代社会的太平盛世，内涵是不同的。但就各得其所、安居乐业、社会和谐、国泰民安等方面讲，百姓的期盼是一致的，所以社会主义和谐社会的战略目标一经提出，就得到了全国各族人民的普遍认同，而且很快就被贯彻落实到社会主义现代化建设的实践中。建设和谐农村、建设和谐社区、建设和谐单位、建设和谐城市的行动已在全国各地展开，起到了精神变物质的巨大作用。古人说"一言可以兴邦"，好像有些夸大。实践证明，一个正确的、科学的、切合时代需要的概念和理论的提出，确实可以起到唤醒群众、鼓舞群众、动员群众、推动社会前进或某项历史任务的实现，这在历史上是屡见不鲜的。当今社会，提出社会主义和谐社会这个战略目标，就是一个范例。

有学者指出，改革开放 30 多年来，有三大创新的理论，极大地推动了中国的改革开放和社会主义现代化事业的发展。一是 1987 年的社会主义初级阶段理论；二是 1992 年提出的社会主义市场经济理论；三是 2004 年提出的构建社会主义和谐社会理论。我认为这个说法是很有见地的。

社会现代化的一个"活样本"*

一

《社会现代化：太仓实践》一书即将正式出版，这本书分上、下两册，上册为"总结篇"，下册为"理论篇"。该书选择在党的十八大即将胜利召开之际出版，是很有意义的。可以用一句话来概括，即：该书可以让全国广大的理论工作者、各级领导和广大群众看到一个诠释中央关于"加强社会建设、创新社会管理"战略设计的实践"样本"和"例证"。

党中央从十六届四中全会开始就逐步提出加强社会建设的要求，十七大明确把社会建设和经济建设、政治建设、文化建设并列写进党章中。几年来，各地区、各部门、各类研究机构和专家学者提出和发表了一系列贯彻中央指示精神的建议、著述、论文和调研报告，可谓议论众多、热闹非凡。

专家学者们的这些文章和谈话大多还停留在研究阶段、论证阶段、设计阶段。而社会建设和社会管理从根本上说是一个实践过程。虽然实践离不开研究，但这个研究是指实践性研究、实践是研究性实践。《社会现代化：太仓实践》这本书，正是在总结中实践、在实践中研究、在研究中再实践的产物。如同"五谷丰登"那样，满仓的粮食是通过耕耘、播种、培植、浇水、管理一直到收割、脱粒、进仓这个复杂过程的最终结晶，天上掉不下大米来。社会建设、社会管理也是这个道理，再好的设计，再深的研

---

* 本文源自《社会现代化：太仓实践》（陆学艺、陆留生主编，北京：社会科学文献出版社，2012 年 10 月），第 1～10 页。原稿写于 2012 年 8 月 28 日，系陆学艺为该书撰写的序言，现题为本书编者根据序言内容所修改。该文还以《建设社会现代化的一个"样本"（序言）》为题刊载于中国社会学会农村社会学委员会主办内部刊物《统筹城乡经济社会发展论坛通讯》2012 年第 12 期（2012 年 12 月 15 日）。——编者注

究，最终还是要通过全国上下各级部门的大量实践才能出成果、出效益。《社会现代化：太仓实践》一书正是为全国提供一个县级市如何让社会建设和社会管理真正落地、生根、开花、结果的样本，以供人们比照、借鉴、参阅、思考。当然，太仓的实践经验是初步的，但有这样一个经过解剖的"样本"放在面前，对全国进一步推进社会建设和社会管理有着重要的借鉴意义和参考价值。

确立这个课题，选择太仓这个点，我们是经过精心考虑的。2010 年底，中国社会学会和北京工业大学在北京召开"中国社会建设与社会管理学术研讨会"，全国一百多名与会者大多是社会学专家和学术研究机构的领导，其中还有一位是来自江苏太仓市基层实践者的代表。在同该市这位代表交谈时，我们提出了一个设想：请太仓市承担起总结近五六年来推进社会建设和社会管理的初步经验的任务。通过对一只"麻雀"的解剖和分析，为全国各地贯彻落实中央指示，寻找一条鲜活的实践路径，从而引导理论探索向实践层面展开，使中央指示真正在全国各地落地、生根、开花、结果。这个设想，对中国社会科学院社会学研究所来说无疑是对社会建设和社会管理理论研究的一种深化和拓展。社会学研究所的任务是既要有理论研究，又要寻找实施途径和方案，这就需要基层的支持、配合和参与。这位代表回到太仓，向中共太仓市委、太仓市人民政府做了汇报。太仓市委、市政府认为，研究这个重点课题正逢其时，是他们进一步贯彻落实科学发展观的一种积极实践和自觉需要。该市市委书记陆留生当即表态：中国社会科学院在太仓确立这个课题是对我市工作的一个重要推动，太仓正处在基本实现现代化的关键时刻，特别需要坐下来认真地回顾总结一下近几年来的各项工作，系统地思考下一步推进社会建设和社会管理的大政方针。陆书记的表态和社会学研究所的想法不谋而合，如同"两心合一心，天愿人作成"。在太仓市委、市政府的大力支持下，2011 年 3 月双方各成立了课题组，并立即开始调研。在一年多的时间里，北京课题组的同志七下太仓，得到了太仓市委、市政府领导的大力支持，在与太仓课题组的同志密切合作和相互帮助下，双方很快完成了调查、研究和写作任务。书的上册由太仓课题组写作，下册由社会学研究所课题组写作。

确立江苏太仓作为社会建设和社会管理的研究对象，这是客观研究的选择。太仓这个县级市在社会现代化方面大致有如下五个特点值得我们去做深入的研究。

一是太仓地处我国经济最为发达的东部地区，该市和上海接壤，隶属苏州。长期以来，该市的经济发展高速推进，经济总量一直名列全国百强县（市）的前列。2011年，该市的人均GDP为1.5万美元，已达到世界中等发达国家的先进水平。太仓经济的高增长、快发展为推进社会现代化提供了强大的物质基础，这种现实优势值得我们高度关注。

二是太仓长期以来坚持经济社会协调发展的做法，虽然在发展中也凸显过这样那样的社会矛盾，也出现过一些经济和社会发展不平衡、不协调的问题，但总体而言，太仓社会结构并没有出现严重的滞后现象，而是控制在一个合理的限度内。2008年底，全国各地35名专家专门到该市考察、研讨太仓的经验时，一致认为，经济和社会协调发展造就了独特的太仓发展之路。中国社会科学院原常务副院长汝信认为："经济和社会均衡发展，太仓为我们树立了一个非常好的榜样。"太仓身处全国普遍呈现"经济一条腿长、社会一条腿短"的大环境中而能"独树一帜"，这种执着追求"经济社会协调发展"的做法值得我们高度关注。

三是太仓地处苏南地区，长期以来该市是闻名中外的苏南模式的忠实执行者和积极实践者。大家知道，早期的苏南模式是工业化发展的典型，把经济总量做大是不计成本、不遗余力的。随着形势的深入发展，特别是科学发展观提出后，苏南从20世纪末以来就自觉地促进发展方式的转变，走上了一条更符合全面协调、可持续发展之路，把以人为本、关注民生作为经济发展的出发点和落脚点。苏南是一个不断出新、经常出彩的地方，同时也是"经验先出、问题先现"的地方。研究太仓，也就是研究苏南。总之，通过研究太仓，能找到苏南模式走上科学发展新路的轨迹，在太仓身上可以感受苏南翻天覆地的变化，看到经济社会发展的趋势和动向，凭这一点也值得我们高度关注。

四是太仓和苏南地区其他县（市）一样，正在全力以赴地向基本实现现代化目标迈进。在进军现代化的征程中，他们把实现社会现代化和实现经济现代化放到了同等重要的位置。实现经济现代化在太仓和苏南已不是一件难事，但是，实现社会现代化还要做许多开创性的工作。在这个宏大而复杂的系统工程面前，太仓和苏南一样，借助"第二个率先"，即基本实现现代化的有利之机，全面规划了社会现代化的布局，争取在"第二个率先"中交出推进社会现代化的令人满意的答卷。太仓正在做的基本实现社会现代化重任的战略设计值得我们高度关注。

五是按照建设社会现代化需要经历三个发展阶段的基本过程来衡量：太仓第一阶段的任务已经"破题"，第二阶段的任务开始"起步"，第三阶段的任务正在"设想",这是极不容易的事,在全国已经处于比较领先的地位。可以认为,太仓离基本实现社会现代化虽然还需要 5 年、10 年或更长一点时间,但如今他们正处在承上启下、继往开来的关键时期,总结过去、剖析今天、展望明天是一件十分紧迫的事情。总之,太仓多年来为推进社会现代化所付出的一切和太仓今后再接再厉更上一层楼、再攀新高峰的设想值得我们高度关注。

鉴于以上五个"值得我们高度关注",确定太仓这个调查研究点确实是个很好的选择。除此之外,还有一个特别的历史背景和原因,这就是:中国社会科学院社会学研究所早在 20 年前就在太仓设立了长期固定的调查点,成立了中国社会科学院社会学研究所太仓经济社会研究中心。20 年来,双方密切合作,先后完成了几个重大课题的调研任务,出版了《中国的一个小康市——太仓小康社会实录》《苏南精神文明建设模式》《城市化:苏南现代化的新实践》《苏南模式与太仓实践》等多部著作并推向社会,引起了巨大的反响。这次,在新的历史时期,社会学研究所和太仓再一次合作研究"社会现代化",这既是扩大双方合作成果的新机遇,也是深化研究社会现代化的新举措。太仓不仅有良好的研究价值优势,而且有一批 20 年来跟社会学研究所各位专家志同道合、同舟共济、心心相印的"草根式"专家。他们长期生活、工作在太仓,对周围发生的一切有敏锐的观察力、科学的推断力和高瞻远瞩的思考力。社会学研究所和这样一些在当地有相当影响力、对理论研究有一定把握力的人合作,完成这个课题的研究,是有十分把握的。

二

社会建设就是建设社会现代化。经过几年来政界和学界的努力,关于社会建设的内涵、任务、目标和途径等问题,在理论上正在逐步厘清。但如何在全国把理论研究转化为实践还是一个庞大的系统工程,有太多的事要做,有太多的问题有待破解。《社会现代化:太仓实践》为我们完成这个转化过程提供了一个"样本"。

在推进社会现代化的进程中,太仓总体的思路是:以推进经济社会协调发展为主线,以实现社会现代化为目标,以坚持"多元普惠、和谐善治"举措为路径。太仓社会建设的基本做法是"三个大力推进":大力推进民生建设,以实现基本公共服务均等化为突破口,营造城乡一体、普惠共富、公平和谐的社会"大家庭";大力推进制度建设,以强化基层民主,构建政府、市场、社会协调网络为主体,建设和经济现代化相适应的社会现代化新格局;大力推进生态建设,以构建江南水乡特色的现代田园城市为目标,打造能提振"精气神"和宜业、宜居的幸福新太仓。太仓的总体思路和基本做法,就太仓现阶段所做的工作而言,无疑是很正确的,说它是太仓经验也好,太仓模式也好,都是可以的。当然,随着社会现代化的层层推进和三个阶段任务的全面完成,相信不久之后的太仓可能会产出更多经验和更好的理论,完成实践和理论上的突破,这是肯定的。

本书阐述的太仓现有的经验,其中不乏许多理论和实践上的真知灼见。太仓的经验大致可以给予我们如下四个方面的启发。

(1)太仓的经验告诉我们,基层单位要推进社会现代化必须坚持以人的观念转变为先、目标设计以转轨为先、运作方略以转型为先的路径。推进和实现社会现代化在基层是一个从不断"量积"到"质变"的过程。要从实践运作中坚定不移地打开社会现代化这道大门,需要各级党政领导和广大干部群众来一轮思想领域里的"转型",就是需要从思想观念上、服务宗旨上、运作方式上真正从原有的习惯性思维和套路中解放出来,在总结中提升,在否定中创新,真正把中央指示精神的要义"以人为本""和谐社会""民生优先"等一点一滴地渗透到每一项、每一步、每一时的实践中去。太仓经验的可贵之处是他们能在前几年经济正处在蒸蒸日上的大发展的时候,就开始意识到自己正面临社会矛盾爆发期和凸显期,已经做出了"在坚持经济建设为中心的条件下,把构建社会主义和谐社会摆到突出位置",像抓经济建设那样去着力抓社会建设的决策。这个决策的做出来自中央指示精神的推动,也来自发展中负面效应的倒逼,更为重要的是他们完成了思想观念上的转变和发展方式的转型。这种在实践中自觉认识自己、改造自己、提高自己的勇气是十分宝贵的。

(2)太仓的经验告诉我们,社会建设和经济建设是互为动力、互为依托的关系,两者协调发展是推进社会现代化的真谛。早些年,太仓"以经济建设为中心""把经济搞上去作为工作的头等大事"的做法有没有错?不但没有错,而且是完全必要、非常重要的。太仓要是没有经济的高速增长、财富的高速积累,能把太仓的各项社会建设搞得像今天这样兴旺发达吗?那是不可能的。推进社会现代化是需要大量的钱财的,是需要有雄厚的物质基础做底气的。"浅水养不了大鱼""无本之木成不了森林"。中央从2004年开始提出"社会建设"的议题,到今天已经近八年了。中央一再强调要加强"社会建设"，但同时也强调要保持经济的持续增长，要大力实施经济的转型升级，要更好地提高经济发展的质量，等等。特别是在 2012 年全国经济增长指标有所回落的苗头露头时，中央更是及时地做出经济发展要"稳中求进"的指示。实践告诉我们，社会建设、民生建设，如果没有经济的持续增长，就是一句空话。改革开放三十多年来，我作为专业的研究工作者，长期到基层调查，到过全国各地，对基层党政工作进行过很多次的调查研究，可以说是一个比较能"接地气"的人吧。我深知，我们的社会研究必须在基层的实践中去寻找路径和答案。社会现代化的研究更是如此，现代化建设如果没有全国在基层做实践工作的广大干部群众的共识、共知、共创、共行是根本行不通的。而其中最为关键的是我们专业研究工作者在经济建设和社会建设协调发展上能真正做到与上下"同气相求""同道相应"，达成共识。在前一阶段关于社会现代化的研究和讲课中，我都把经济社会协调关系放在重要的位置。我的观点是：前一时期经济建设中出现的种种问题、凸显的种种矛盾并不是"以经济建设为中心"本身的问题，而是经济社会的协调发展工作没有做好的问题，存在的这些社会问题和矛盾，只要我们认识到了，是可以纠正的。社会现代化有很多很重要的任务要通过实践探索，在实践中得到解决。例如，管理问题、体制问题、结构问题、公正问题等，这些改革和调整既需要人们的自觉和自信，也需要强大的经济实力做后盾。社会问题说到底有很多也是经济问题，要通过继续发展经济才能解决。有人认为推进社会现代化不应该再像过去那样把经济建设放在第一位，这种想法是一种误解，也是不切实际的。

（3）太仓的经验告诉我们，社会现代化是一个艰巨复杂的系统工程，是需要长期积累、积小胜为大胜的历史过程。它不仅需要让民众增加幸福感之"量"，更需要通过社会变革给民众更多幸福之"质"，说到底就是要改变社会的现状，塑造现代化的社会新格局。根据实现社会现代化需要经历三个阶段的设想（即：以改善民生为主的第一阶段；以改革社会体制、理顺社会关系为主的第二阶段；构建现代社会结构的第三阶段），太仓对实现社会现代化的这个过程原来并不十分明确，一度认为社会现代化只是让老百姓的生活过得好就可以了，也就是社会上流传的"上班有份好收入，退休有个好保障，回家有个好环境"，仅此而已。在实践中，他们越来越感到光是以物质生活为主的"幸福"和真正意义上的社会现代化差距太大，于是他们设计的社会现代化的含义是"经济社会全面发展，城乡建设协调推进，生态环境显著改善，人民生活普遍富裕，民主法治不断健全"等。这显然比开始的认识要深入一步，离社会现代化的真实目标也靠近了一步。但是，随着实践的深入，太仓如今对推进社会现代化有了更为长期的思想准备和深刻的变革自觉。最近他们提出为了推进社会现代化，太仓要把力气花在"通过推进社会建设、创新社会管理，努力在全市造就一种在资源分配、利益关系、生存发展、道德行为上追求公平合理的价值理念、规则程序和制度保证的氛围"；提出要在20世纪八九十年代解决社会建设有没有"位置"、21世纪初解决社会建设"好不好"问题的基础上，不失时机地推进以社会公平正义为主要目标的"第三次转型"，造就"三个太仓"：和谐太仓、民本太仓、幸福太仓。太仓对社会现代化在认识上的这三次递进和飞跃，正是该市对社会现代化本身是个"历史过程"的一种觉醒。作为今天的基层领导能够获得这样的认识，实际上就是推进社会现代化的阶段性成果。2011年9月，太仓市正式成立了以市委书记、市长为组长，市委副书记为常务副组长的加强社会建设创新社会管理工作领导小组，下设加强社会建设创新社会管理工作领导小组办公室，具体规划、组织实施全市的社会建设和社会管理、实现社会现代化的任务。如今，在太仓，在率先基本实现现代化的大目标中，全力推进社会现代化的理念和观念已经深入人心，以改革现状、谋求创新发展为主的推进社会现代化的工作已在全市开展起来。太仓的经验告诉我们，推进社会现代化就要像当年搞经济建设一样，先要有一定的实践，要有及时的总结，及时的宣传推广，要有声有势，达成高度的共识，一步一步地实现社会、现代化建设这一重大而光荣的历史使命。

（4）太仓的经验告诉我们，推进社会现代化既要从更多地为人民群众谋求切身利益做起，又要引导民众从本地的实情出发，树立一个足以让全市干部群众人人向往的宏大目标，并带领干部群众去实践和探索，从而真正调动起"党委、政府、社会、民众"四个方面的积极性，造就上下一心推进社会现代化的良好氛围。太仓市在推进社会现代化的过程中，及时地向全市人民提出了一个把太仓建设为"现代田园城市"的令人为之向往的目标。这个目标的提出并不是好高骛远的空想，而是对太仓这座城市多年以来，特别是近二十多年来，经过长期建设，在江南水乡基础上形成现代城市新格局的写照。可贵的是，太仓至今还有40多万亩农田的广大空间，这就为未来建设成"现代田园城市"预留了运作平台。这在苏南、在江南实在是难能可贵的，非太仓莫属。建设"现代田园城市"这个目标的提出，对于太仓，对于苏南、江南是有很重要的现实和历史意义的。有关这方面的论述在本书上册第四章第三节第三目中做了长达 3 万字的极为详尽的分析，值得读者认真加以品读。当然，太仓建设"现代田园城市"的目标，虽然不是推进社会现代化的全部，但这是建设现代化社会最符合太仓实情、最具太仓特色、让人最为振奋、最具有闪光点的社会建设内容之一。"现代田园城市"不是人们简单想象的一种"形态性"建设，而是一个活生生包含社会现代化丰富内涵的社会深刻变革。可以这样说，"现代田园城市"太仓的建成之日，就是太仓社会现代化的实现之时。他们也认识到，要完成这一宏大目标，需要时间、勇气和信心，但是这一宏大目标带有巨大的激励性，也充满机遇、挑战、压力。太仓敢于向自己挑战，敢于把这个目标大胆亮出来，本身就是该市推进社会现代化的决心和信心所在。相信有了这样的目标做"灯塔"，太仓市的人民群众就不会把推进社会现代化仅仅看成一句口号；相反，民众会欢欣鼓舞、全力以赴地与党和政府一起，为实现这个宏大目标做出自己的贡献。我们高度赞赏太仓这一生动之笔，我们完全相信太仓能生龙活虎般地把社会现代化建设一步步向前推进。

三

《社会现代化：太仓实践》这部著作，在内容上有鲜活之感，而且在全书结构、内容安排、体例、写作上有独到之处。该书的特点大致体现在以下三个方面。

一是构思设计较好，能多角度地给人以完整的印象。该书采取上、下册分别论述的方法：上册基本上是"纵写"，重点反映太仓推进社会现代化的由来和过程，告诉读者太仓"干了什么""怎么干的"；下册大体上是"横写"，是撷取宏观、中观、微观的若干个横断面，重点揭示太仓社会现代化的"效果如何""出路何在"。这种写法如同列车行驶在双轨车道上，使全书产生内容立体化、角度多元化和论述多样化的效果。

二是上、下册作者的身份互补，使全书具有较强的可信度。该书上册的写作材料基础是一群实践工作者在各自不同的实践岗位上进行的总结，是执笔者在多达几十万字原始材料的基础上加以归纳、提炼、加工而成，有较为系统的经验和感受。该书下册则由中国社会科学院社会学研究所十几位年富力强的专业研究人士在资深研究员的带领和主持下，通过大量问卷调查和个案访谈，在 1200 个调查样本的基础上，站在全国和全局的高度上对太仓的实践做法进行点评和评论。双方作者分别从感性和理性两条脉络对同一主题、同一主体和同一主旨进行研究和剖析，所述的内容和观点比较客观及可信。

三是两册分别阐述的侧重点同中存异，这有助于读者更加全面地思考问题。一部著作贵在它的包容性。著作不同于文件，不能只是一个声音、一个调门、一个口径。由于所站的角度不同，由于作者思考的立足点不同，一本书中出现观点上的差异是难免的，也是有一定的积极意义的，它可以引起读者更大的兴趣和更多的思考。本书对太仓经验的总体评价当然是一致的，但在某些具体写法上也存在不同的看法，细心的读者可能会发现在诸如"推进社会现代化中既要坚持经济高速发展不动摇，又要把社会建设切实放到重要位置上来""地方党政部门如何既发挥好强大的政治优势，又要催生社会成长""社会治理体制和机制的创新，是不是一定要一步到位才好，还是允许逐步完善"等问题上各种观点并存，这些看法上的差异并不影响太仓经验的本质，对全书的价值而言更是无碍大局。总之，只要是客观存在的东西，哪怕是建设性的讨论和批评都会增强批判思维的力量，会给社会现代化事业带来很好的促进作用。

新时期的战略任务是推进社会建设[*]

社会管理是社会建设的一部分，社会管理实践也可以称为社会建设。了解社会建设的总体情况，对推进具体实践是有益的。所以，我给大家宏观地介绍一下当前社会建设和社会管理的形势。主要讲五点。第一，关于新世纪新阶段的认识和提法；第二，新时期的战略任务是推进社会建设；第三，社会建设的目标和主要任务；第四，社会建设的三个阶段；第五，重点推进社会建设的几个问题。

一 关于新世纪新阶段的认识和提法

我们正处在一个新的起点上，也就是处在一个转折点上，是一个转折时期，可以用"新的历史转折时期"来概括。这个转折时期有一些特征，在时间上是 2010 年前后。进入 21 世纪以后我们有"新世纪新阶段"的提法，从中央到学者都讲了很多。新阶段主要是什么？我们的主要任务是什么？

（一）中央关于"新世纪新阶段"的几种提法

最早提出来的是 2002 年，十六大报告指出"我国进入全面建设小康社会，加快推进社会主义现代化的新的发展阶段"①。

---

* 本文原载于《北京社会建设信息》（中共北京市委社会工作委员会、北京市社会建设工作办公室印发的内部资料）社会建设研究基地专报 2012 年第 21~25 期（总第 74~78 期）5 期连载，刊载日期为 2012 年 10 月 22 日。该文根据陆学艺教授 2012 年 9 月 15 日在北京国际城市发展研究院举办的"国际城市论坛 2012 年形势分析会"上演讲的录音整理，有删减，未经本人审阅。——编者注

① 《中国共产党第十六次全国代表大会文件汇编》，北京：人民出版社，2002 年 11 月，第 1~2 页。

2004 年，十六届四中全会最早提出"构建社会主义和谐社会"、"社会建设"和"社会管理"这些提法，会议文件指出"进入新世纪新阶段……我国改革发展处在关键时期"，在这样的情况下怎么加强党的建设、队伍的建设。①

2005 年，十六届五中全会，"我国经济社会发展进入新阶段""面向未来，我们站在一个新的历史起点上。"②

2006 年，十六届六中全会总结得最好，"我国已进入改革发展的关键时期，经济体制深刻变革，社会结构深刻变动，利益格局深刻调整，思想观念深刻变化"③。关于总的形势，这次会上讲得比较具体。

2007 年，十七大主要是讲"当代中国正在发生广泛而深刻的变革"。我们要"带领人民从新的历史起点出发，抓住和用好重要战略机遇期"。④

（二）2010 年我国进入新的历史转折时期

学界对于新阶段也有一些看法。《2012 年中国社会形势分析与预测》的总报告中有这么一段，"中国进入以城市社会为主的新成长阶段"⑤。也有学者提出，今天中国又面临一个新的历史转折时期。我个人认为，十六届五中全会提出，我国经济社会发展进入了一个新阶段，面向未来，我们站在一个新的历史起点上。这个"历史起点"，在我看就是"新的历史转折点"，也可以称为"我们进入了一个新的历史转折时期"，这个判断比较具体。2010 年这个"点"非常特殊，为什么是这样？我讲几点看法。

第一，2010 年，中国实现了从农业国家到工业化国家的转变。工业化国家的三条重要标准，中国都已实现。什么叫工业化社会？20 世纪 50 年代的时候不讲三次产业，工农业总产值里面工业总产值超过了农业总产值，就是工业化社会。现在看，如果按照那个标准，我们 1958 年就实现了，实际上我们 1958 年还不是真正的工业化社会。别说 1958 年，1978 年都不行，

① 《中共中央关于加强党的执政能力建设的决定》，北京：人民出版社，2004 年 9 月，第 23 ~ 25 页，第 1 ~2 页。
② 《中共中央关于制定国民经济和社会发展第十一个五年规划的建议》，北京：人民出版社，2005 年 10 月，第 3 页，第 2 页。
③ 《中共中央关于构建社会主义和谐社会若干重大问题的决定》，北京：人民出版社，2006 年 10 月，第 3 页。
④ 《中国共产党第十七次全国代表大会文件汇编》，北京：人民出版社，2007 年 10 月，第 2 页。
⑤ 汝信、陆学艺、李培林主编《2012 年中国社会形势分析与预测》，北京：社会科学文献出版社，2012 年 1 月，第 2 页。

1998 年也不完整。为什么这么说呢？一个国家从农业国家转为工业化国家，至少要有三条标准。第一条标准，三次产业中，二、三产业要超过农业，现在各省区市差不多达到。第二条标准，在就业结构里面，二、三产业就业劳动力要超过农业劳动力，这是 1997 年实现的，达到 50.1%。第三条标准，在城乡结构里面，城市常住人口要超过农村的常住人口，这是 2010 年年底才实现的。2010 年 11 月 1 日，第六次全国人口普查数据显示，城市人口达到 49.7%①，2010 年人口应该是到 12 月底统计为准，差的 0.3 个百分点 2010 年年底就达到了。所以，真正的工业化，别看北京等发达地区早实现了，但是到中西部去看，如到云南、贵州去看，可能现在有些地方还没有工业化。但是总体来说，2010 年，我们达到工业化国家的标准，这三条标准都实现了。

第二，2010 年，中国已经进入了世界上中等收入国家行列。世界银行 2010 年对全世界 190 多个国家和地区的人均 GDP 做统计分析。它定一个标准，人均 GDP 1006 美元以下是低收入国家，1007 ~ 3975 美元是下中等收入国家，人均 GDP 在 3976 ~ 12275 美元之间，是上中等收入国家，我们 2010 年人均 GDP 达到 4429 美元②，所以中国进入上中等收入国家。人均 GDP 在 12276 美元及以上叫高收入国家。但是，高收入国家不一定是现代化国家，有些石油国家很落后，但是他们的经济收入已经达到这个水平。

第三，2010 年，中国的经济总量超过了日本，成为世界第二大经济国家。按一个国家的经济总量来统计，我国进入 21 世纪以后，经济总量连续超过意大利、英国、法国、德国、日本。2000 年以前一直是第八、第九位，到 2010 年后，在经济总量上成为世界第二大经济体。

站在新的起点上，2010 年就是一个点。为什么以上说的三点都在 2010 年发生，或者是在 2010 年前后发生？这是值得研究的。我赞成前面学者讲的，我们正处在一个新的起点上，也就是处在一个转折点，是一个转折时期，可以用"新的历史转折时期"来概括。光讲"新阶段"，这个"新阶段"是相对的，总还有"新阶段"。这个"新阶段"具体指什么？我觉得新时期的特点是处于一个历史转折时期，这个转折时期有一些特征，在时间上是 2010 年前后。转折时期的特征还包括，整个国际形势、国内形势，特别是国内形势，有一些新的变化。所以，我们需要应对这个变化。我们已

①　国家统计局编《中国统计年鉴 2012》，北京：中国统计出版社，2012 年 9 月，第 105 页。

②　参见世界银行网站，https：//data. worldbank. org. cn/indicator/NY. GDP. PCAP. CD？view = chart。

经实行若干年的"以经济建设为中心",现在到了这个阶段,是不是应该按照十六届六中全会《中共中央关于构建社会主义和谐社会若干重大问题的决定》指出的,今后要建设社会主义现代化事业,实现全面小康社会,还"必须坚持以经济建设为中心,把构建社会主义和谐社会摆在更加突出的地位",要把社会建设作为战略重点,突出出来。

(三) 新历史转折时期的我国社会总体形势

关于当前社会的总体形势,中央已经提出"四大建设",即"经济建设、政治建设、文化建设、社会建设四位一体的中国特色社会主义事业总体布局"①。北京的社会学界对形势有一些共识,有四句话。

第一句话,经济形势很好。当然今年有一些特殊,同时也存在国际、国内的一些问题,但经济形势还是很好的,是世界上最好的国家之一,不像有些经济学家说得那么差,到了什么危机或者拐点了。我说的"转折点"跟这个"拐点"不是一回事。可以预言,今年中国农业肯定大丰收。今年美国干旱少雨,俄罗斯也不好,雨下到中国来了,下到中国最需要雨的地方——东北、西北、华北。北京的密云水库已经旱了 13 年,1998 年把水放了,到今年以前没有涨起来,今年涨起来了。下的这些雨,那都是钱,都是粮食。中国农业丰收是肯定的。我估计,今年的粮食至少增加 300 亿斤,就是 1500 万吨。在国际粮食短缺的时候,中国的粮食至少是丰收的,九连增也是肯定的。增长多少?我估计是 300 亿斤,可能还要多。这样的形势,最简单的概括就是"经济保 7 争 8"。现在快到十八大了,快到年底了,农业肯定丰收,经济保 7 是不会有问题的。有一个日本学者私下问我中国经济怎么样,在报上他们看到中国要硬着陆了,或者是要出现经济危机了。我说,你看到的是一些地区的情况,但是中国太大,光看一点不行。首先,东部一些地区比如广东、浙江、江苏这些地方今年出口压力很大,但是总的经济不是太差。中国百强县第一的昆山县,今年还是保持 5% ～ 6% 的增长速度,比以往差了。但是这一个县的 GDP 2400 亿元,财政收入接近 600 亿元,比西部一个省都好,今年只是增长没像以往那么多。前天晚上,晋江的宣传部部长来了,我问他怎么样,这是全国的前十名,他说基本上还能稳住,那就不错了。晋江共一百多万人,他有一百多个名牌,比如,九

① 《中国共产党章程 (修正案)》,《中国共产党第十七次全国代表大会文件汇编》,北京:人民出版社,2007 年 10 月,第 144 页。

牧王、七匹狼、安踏，都不得了，一个县级市上市公司有 33 个，就可以看到他的实力了，今年他也没有报上说得那么不好，基本上还是稳住了。其次，光看东部不行，现在中部、西部发展还是两位数。前几天成都的人和我说，今年起码能保证 13% ~ 14%，中国要看全部的形势，应该这样看。

第二句话，政治基本稳定。今年还有一个特殊的地方，就是世界各地，包括我们周边的国家，都在搞选举。我们下个月也要选。美国现在还不知道，中国的政治基本稳定，不会有太大事，虽然今年发生了一点问题，但大局没有事，基本稳定。

第三句话，文化繁而未荣。这是很重要的问题，文化"繁"是"繁"了，但是"繁"而未"荣"。

第四句话，社会矛盾凸显。这句话就关于社会建设，是中央的原话。我们现在处于发展的关键时期，一方面战略机遇期还在；另一方面，社会还处在调整时期，社会矛盾、社会问题、社会冲突多发、频发，这是我们要解决的问题。

二　新时期的战略任务是推进社会建设

我认为构建社会主义和谐社会，像全面小康一样是一个目标，是一个理想。怎么来实现？要通过社会建设和社会管理来实现，所以，我认为下一步的战略任务应该是加强和推进社会建设。

（一）关于新时期战略任务有三种主张

新时期，在经济社会不协调、不平衡的情况下，我们下一步的战略任务到底是什么？现在有三种主张。

第一种主张，是继续深化经济体制改革，继续抓经济发展，认为经济发展了，其他的问题都可以解决。中西部第一线领导干部大多是这种主张。全国人均 GDP 已经 5000 多美元了，中西部现在有的地区 2000 美元都不到，有些县市连工资开支都很难维持，就是这样的情况。这是个别地方，但总体来说，全国应该怎么办？

第二种主张，要进行政治体制改革，进行政治建设。这种主张在北京的干部里面也比较多。

第三种主张，下一步的战略任务、战略重点应该进行社会体制改革和社会建设。这种主张认为抓紧搞社会建设和社会管理。通过社会建设和社会管理能够解决这些问题。

（二）把社会建设作为新时期战略任务的四点理由

我认为，下一步应该像中央2004年提出来的，要构建社会主义和谐社会，要加强社会建设和社会管理。2006年，中央召开专门会议，提出要把构建社会主义和谐社会的建设放到更加突出的位置，后来十七大还专门讲了，要抓紧加快推进以改善民生为重点的社会建设，而且十七大修改党章，把社会主义事业建设由"三位一体"的总体布局改成"四位一体"的总体布局。全国主要是抓经济建设、政治建设、文化建设，这叫"三位一体"，到十七大修改党章后，加进了社会建设，变成"四位一体"。所以，我认为构建社会主义和谐社会，像全面小康一样是一个目标，是一个理想。怎么来实现？要通过社会建设和社会管理来实现，所以，我认为下一步的战略任务应该是加强和推进社会建设。将社会建设作为下一步战略任务，至少有四点理由。

第一，加强社会建设是实现全面建设小康社会的需要。全面小康是2002年十六大提出来的目标，后来统计局和有关方面制定了六大类23个指标，现在看这六大类指标里面，经济指标实现得最快、最好。2002年提出来目标，2004年、2005年制定出标准，现在每年都有监测指标，每年统计局的课题组都在统计监测各地各部门的建设进展情况。这六大类里面最好的是经济指标，2011年公布的2010年数据，全面小康已经达到80.1%了，比2002年提高了20个百分点，时间过半，任务完成也过半，这是很好的。但是仔细去看一看公布的数字，比如小康监测的蓝皮书里的数据，2020年的目标人均GDP是达到31400元，2011年的GDP从数据上看已经超过33000元[①]，但是扣除物价指数，还是以2000年的物价指数测算，我们现在是27600元，每年增加2000元，到2013年就可以实现全面小康，按不变价格计算，达到31400元都没问题。

但是再往下看关于民生类、文教类的指标就不容乐观了。特别是有几个指标，不光是没有达到，而且有的是倒退的。社会和谐和民主法制类一共七个指标，其中两个指标是倒退的。2000年的时候城乡差距已经达到了99.8%，就是1∶2.6，但是2010年倒退为70.3%，说明这几年城乡差距是

---

① 2011年我国人均GDP 35083元（参见国家统计局编《中国统计摘要2012》，北京：中国统计出版社，2012年5月，第21页）。

扩大了，同时基尼系数也是扩大的，基尼系数 2000 年已经完成了 98.6%，到了 2010 年倒退为 79.8%，社会安全指数 2000 年当时的标准已经达到了，现在 2010 年倒退为 95.6%。文教这个大类里面有三个指标，2010 年实现的程度只有 68%。这几大类都可以归为社会指标，经济指标超前完成，社会指标不光是没有完成，有几个指标还是倒退的。如果我们不抓紧搞社会建设，不改善民生，等等，全面小康的目标很难达到。

第二，加强社会建设是加快转变经济发展方式的需要。我们讲转变经济发展方式已经讲了十几年，原来讲的是转变增长方式，调整经济结构，要扩大内需。朱镕基当副总理的时候就讲，1995 年、1996 年的时候在讲，现在十几年过去了，内需就是扩大不上去。扩大内需按照经济学家的说法，光经济结构里面调整是调整不了的。现在全国 600 多种主要产品 90% 都是过剩的，在这里怎么调都不行。应该调整社会结构。人口统计里面城市人口超过 50% 了，但是其中有 2 亿多是农民工，他们的身份还是农民。我们现在说已经现代化了，其实是工业化了，现代化还没有实现，因为我们真正的农民还有 70%，2 亿多农民工的身份证还是农民，所以他们赚的钱不像我们那样敢花，他们回去要造房子，娶媳妇，或者是给儿子造房子，他们的钱是不敢花的，他们还是农民的消费。现在三个农民的消费还顶不上一个城里人，70% 的农民的消费只占 30% 城里人的 1/3。就这个比例，怎么扩大得了内需？有户口的城市居民家电都有了，手机都有了，房子也买不起。不调整社会结构是行不通的，要调整城乡比例，要调整农业、非农业比例，把人口结构、其他的社会结构调整过来。所以，现在社会结构严重滞后于经济结构，转变经济发展方式也得搞社会建设，而要调整社会结构必须通过社会建设来实现。

第三，加强社会建设是化解现在已经产生的众多社会矛盾、社会冲突，并从源头上防治和减少社会矛盾的需要。关于社会矛盾，中央文件上讲，当前"发展中不平衡、不协调、不可持续的问题依然突出"。我认为，现在的社会主要矛盾是经济发展和社会发展不平衡、不协调的矛盾，经济这条腿太长，社会这条腿太短，整个发展是畸形的。经济这条腿太长，这是相比较而言，经济还要发展。社会这条腿太短，我们这几年社会建设和社会管理不够，包括关于这方面的投入也不够。现在社会矛盾突出，比如说"上学难、看病难、养老难"讲了多少年了，就是没解决。这些问题牵扯到千家万户，就是社会建设、社会服务、社会管理不够的问题。现在我们加强社会建设和社会管理就是来解决这些问题，要是不从这上面解决，光从经济上投资，越投资压力越大。上次的四万亿投资，你去看看投给民生的有多少，投给社会建设的有多少，投给社会管理的有多少。所以说选择社会建设和社会管理也是减少社会矛盾，要从源头上化解这些社会矛盾和问题。

第四，加强社会建设。改革社会体制是为下一步进行政治体制改革、政治建设，打好基础，做好准备。从历史的经验看，经济发展到一定程度以后，不是先搞政治体制改革，而是要先搞社会体制改革，先搞社会建设，先搞社会民主化再搞政治民主化。我觉得中国应优先进行社会建设和社会管理，把社会民生问题解决好，比如说现在发展社会组织，群众在社会组织中，受到锻炼，先搞社会民主，再逐步推进政治体制改革。总之，下一步需要把社会建设作为重点。

三　社会建设的目标和主要任务

社会建设的关键包括社会体制改革，要按社会主义市场经济体系的要求改革社会体制，改革整套的体制机制。

（一）什么是社会建设？

社会建设的目标就是建设社会现代化。根据各国的经验，光靠经济现代化，社会不太平，还不行，一定还要搞社会现代化、政治现代化、文化现代化。社会建设的具体内容是什么呢？我们课题组讨论出了这么一个定义：社会建设是按照社会发展规律，通过有目的、有规划、有组织的行动，构建公平合理的社会利益关系，增进社会全体成员共同福祉，优化社会结构，促进社会和谐，实现社会现代化的过程。

（二）社会建设的内涵和主要任务

社会建设的具体内涵是什么？社会建设是中央提出的四大建设之一，它不只是改善民生、社会管理，也不只是办社会事业。我们把社会建设在若干年中的任务分成九类：①民生事业；②社会事业；③社会分配；④城乡社区；⑤社会组织；⑥社会规范；⑦社会管理；⑧社会体制；⑨社会结构。具体的内容如下。

第一，着力发展、改善和提高民生事业，不断提高人民群众的生活水平和生活质量。根据国家"十二五"规划里面的说法，民生事业包括就业、收入分配、住房、社会保障等。

第二，努力推进社会事业建设。社会事业建设与社会建设不是一回事，社会事业在中国通常包括教育、科研、文化、体育、医疗卫生等，这些都是公共服务，跟社会民生事业是一样的。国外把这些主要由政府提供的服务都叫公共服务。文化教育也好，医疗卫生等也好，一定要坚持均等配置、公平共享的原则，实现公共服务的均等化。现在矛盾之所以产生，不是少了医院或没有学校，主要是优势资源跟一般资源分配不合理，所以，这方面要通过体制改革来解决。

第三，改革完善社会分配体制，构建公平合理的社会利益关系。社会分配体制就是通常讲的"分蛋糕"。现在我们把蛋糕做大了，做得比原来1978年改革时设想的还要大。在"文化大革命"前，北京的建设只达到三环，但现在五环、六环都盖满了房子，甚至有人说要建七环，那就要建到河北省了。蛋糕做大了，但是切蛋糕的机制、规矩不合理，再加上有些切蛋糕的人心态不正，手还不干净，就出了大问题，这是现在社会矛盾的主要根源。国家关于分配体制的改革改了这么多年，文件起草了好几年还出不来，这就是问题。建立一个公平合理的分配体制，这是化解目前诸多社会矛盾的关键，也是关系改革发展成果惠及全国人民、实现共同富裕的必由之路。

第四，加强城乡社区建设。城乡社区是现代社会的基础，是人民群众生活的共同体，是实现人民群众自治的基层实体，承载着居民的各种权利。城乡社区建设的目标是建成符合现代化要求的基层社会治理结构。将来现代社会建立起来以后，到底城市怎么管，农村怎么管？原来中国80%的人在农村，现在中国50%的人已经进到城里来了。不管有没有户口，他住到北京，住到上海，住到城市里来了，怎么管，是一系列的问题。中国的老百姓在我看来太老实、太好了，应该是好管的。但现在管成这样，这不是我们的初衷。

目前的重点任务是要克服农村基层社区空心化、无人管理，城市基层社区人口过度膨胀、难以管理的困境。所以，要把社会建设和社会管理服务延伸到社会末梢，把更多的人、财、物投向基层，做好基层组织、整合基层资源、强化社会基础的工作。一方面，中国农村空心化，面临管理难题。中西部很多农村里人很少了，有的地方连村党支部书记或者村委会主任都出来打工，家里就剩下一些老头儿、老太太和小孩儿。

另一方面，农村人口涌进城市，中国城市社区同样面临困境。广东已成为中国人口第一大省，仅仅东莞一个市就超过1500万人，但它的行政管理机构设置仍然没有变化。比如，深圳布吉镇前几年的人口就是110万，110万人真是天下第一大镇了，110万的镇怎么管理？但这样的镇并不是一两个。虎门镇旁建了一个珠江大桥，将深圳和珠海两个大城市联系在一起。虎门的人口也超过了100万，但还叫虎门镇，八九十个人要管100万人。100万人的镇，在国际上都是特大型城市，我们还是一个镇长在管理。一个镇四五万人最好管理，超过十万都难管理。

20世纪八九十年代我也写过文章，提倡"小政府、大社会"。"小政府"能"小"得了吗？100万人只有几十个警察编制，管得了吗？但这样的情况现在很普遍。广州、珠江三角洲流入人口众多，城镇已经具备大城市规模，不改变行政级别，还是科级干部，还是镇长在管理，就面临管不了的困境。

前不久报纸上有消息说，安徽省铜陵市要撤掉街道，实行"区直管社区"，铜陵市才70万人，全撤销了街道，几个区管几十个社区，这样的城市规模是可以的。但是北京市朝阳区现在人口已经超过400万人，怎么撤销？区政府怎么管理几百个社区？一个社区原则上不超过四五千人，现在有的社区有四五万人。因为社区是一个生活共同体，互相能够照应，四五万人怎么照应得了？为什么现在社区管理这么乱，产生这么多问题？该建的行政机构没有建，名义上是精简政府、精简干部、精兵简政。现在财政收入几十亿，"文化大革命"前，居委会是没有脱产干部的，现在实际上有几十个，包括公务员编制、事业单位编制，还有临时工，管理混乱。经常是"农民工当城管、农民工管农民"，这当然容易出大事。

第五，大力培育和发展社会组织，确保社会组织有效规范运行。社会组织是现代社会不可或缺的主体之一，把人民群众组织起来，搞好社会建设和社会管理，进行社会整合的一种有效形式。社会组织的发育和运行，有利于社会自治、应对风险、化解社会矛盾，能够弥补政府不足、降低行政成本。现在社会组织全国已经超过47万个，还有发展的空间。

第六，要建立社会诚信体系，完善社会规范，建设社会主义现代化文明社会。社会规范是社会的价值性整合方式。这是文明社会一定要有的，有社会规范，才能互相信任。因为现在社会诚信体系不健全、社会规范缺失，造成诸多社会问题，要将法治与德治结合起来，弘扬中华民族的优秀文化和传统美德，建设社会主义核心价值体系。不断提高干部、群众的现代文明素养，政府率先、干部垂范，法治为准、强化他律，德治为本、完善自律，建立诚信社会。

第七，加强和创新社会管理。社会管理是实现社会现代化的基本手段之一，现代社会管理本质上以维护公共秩序为核心、人本化服务为先导，寓管理于服务之中。在十七大报告中有一段话专门论述社会管理创新。

创新社会管理是社会建设重要的组成部分，现在社会问题突出，2011年中央召开专门会议，政法部门开展化解社会矛盾等三大工作，非常不错。但是我们提出社会主义和谐社会的目标，和谐社会要通过社会建设来建起来，社会管理是它的一部分，光靠社会管理是管不了的。所以，2011 年 2月 19 日，胡锦涛总书记在讲话里讲了社会管理的八个方面后，紧接着说，要搞好社会管理，必须加快以改善民生为重点的社会建设。

社会管理和社会建设的关系要弄清楚，现在可以把工作链条延伸到教育、医疗两个大事业。要树立多方参与、共同治理的理念，形成"党委领导、政府负责、社会协同、公共参与"的格局，这是十六届四中全会提出来的原则。

第八，要进行社会体制改革，逐步建立和完善与社会主义市场经济体制相适应的社会体制。社会体制是社会建设的宏观架构，是资源和机会配置的体系化规制，社会体制渗透到社会建设的方方面面，是关涉权利平等、社会公正的顶层设计。社会体制的改革和完善是当前社会建设的关键，要像当年抓经济体制改革那样，抓好社会体制改革。

现在我们最大的问题是社会体制改革。在建立社会主义市场经济体制以后，经济走上了健康发展的道路。林毅夫在杂志上说，我们保证7% ~ 8%的增长速度 20 年到 30 年没有问题，我们社科院也是这么估计的。经济改革方面我们已经有经验了，体制很好，成绩很大，但是一个国家是两个体制、两个结构，不管什么主义，一定是好的经济结构、经济体制，好的社会结构、社会体制，这个社会才能运行起来。现在我们的问题是，经济体制好了，但是社会体制还不行。

20 世纪 50 年代是仿照苏联计划经济模式，当时的学校、医院、办公系统都是从苏联学习而来，为计划经济体制服务。现在苏联计划经济模式已经垮掉，中国也进行了市场经济改革。但是如人口体制、户籍制度，就是为计划经济服务的，这一套经济体制不在了，社会体制基本上没有变，说难听一点，还是"吃大锅饭"的体制，忙的忙死，闲的闲死。我们到现在不肯改。医院现在新出来一个词"医闹"，"闹"成这样，再投入也没有用。社会建设的关键包括社会体制改革，要按社会主义市场经济体系的要求改革社会体制，改革整套的体制机制。

第九，以培育和壮大中产阶层为目标，构建现代社会的"中间大、两头小"的橄榄型的社会结构。优化社会结构是社会建设最关键的核心任务。社会建设的最后目标是建成以中产阶层为主体的社会结构，工人少了，农民也少了。一个现代社会一定是中产阶层占40%以上的社会，我们现在大概还不到30%。改变目前社会结构滞后于经济结构的状况，使社会结构和经济结构相平衡协调，需要优化社会结构。

四　社会建设的三个阶段

2040年前后，中国经济达到中等发达国家水平，形成现代型的经济结构。可以说，这基本没有问题，只要不倒退，现在社会主义市场经济再接着往前走就可以实现。根据国内外的发展情况、中国现代化建设的情况，社会建设可以分成三个阶段。

第一阶段是我们现在正在做的两件大事：保障和改善民生事业、社会事业；化解社会矛盾，解决社会问题。这是"十二五"期间的主要任务，将为社会建设开局打好基础。

第一件事是从目前人民群众最关心、最直接、最现实、最迫切要求解决的保障和改善民生事业、社会事业做起，提高人民生活水平、提高人民的收入水平，办好社会事业，也就是把公共服务、社会建设做好。

第二件事是要从加强和创新社会管理入手，化解社会矛盾，解决社会问题，并加强源头管理，标本兼治，最大限度地防止和减少社会矛盾和社会问题的产生，增加社会和谐因素，促进社会公平正义。这两件大事，有相当一部分是在补课、还债。若干年前我们压缩了社会建设的投入，比如说教育和医疗的投入，现在需要还债。前几天新闻报道了一件事，一方面讲义务教育，另一方面还要搬桌子板凳去上学，所以解决这些问题都是在还债。第一阶段已经开始，有些地方快一点，有些地方慢一点。把这件大事办好了，就为社会建设开了一个好局。

第二阶段是十八大以后应着力推进社会体制改革，创新社会政策，完善社会管理，推进新型的城镇化，逐步实现城乡一体化。社会建设的第二阶段，应是社会体制改革的攻坚阶段，是决定社会建设成败的关键阶段，时间约在"十三五""十四五"期间。如果这个阶段做好了，中国的问题就好解决了。跟经济改革不一样，社会体制的改革，牵扯到很多利益集团。

为什么喊了这么多年学校教育改革、医疗改革就是改不好，不是没有能人，而是没有人下决心。实际上并不难，香港的医院、交通都办得不错。一些现代化国家也有通行的规矩，我们学过来就行，不是我们学不了，主要是不学。现代化建设，有些方面如公共服务等是有现成的经验的，我们是应该学的。第二阶段的突破口和关键是社会体制改革，如果说分配体制等这些社会体制不能改革，就不好办。

第三阶段是到了 21 世纪中叶，2040 年前后，中国经济达到中等发达国家水平，形成现代型的经济结构。可以说，这几乎没有问题，只要不倒退，现在社会主义市场经济再接着往前走就可以实现。社会建设要经过第二阶段的改革，改革后可以不断前进，社会体制逐步完善，社会组织广为发展，社会管理井然有序，社会结构不断优化，那时候的中国就可以实现社会现代化与和谐社会的建设，形成一个与社会主义市场经济体制相适应、与现代化经济结构相协调的现代化的社会结构。中国也就步入现代化的社会，社会建设的三个阶段，实质也就是中国实现社会现代化的过程。

当然，这三个阶段的发展，同前面讲到的我国经济建设、社会建设、政治建设、文化建设"四位一体"社会主义事业总体布局的发展一样，并没有一个截然分开的界限，而是互有交叉地进行。这是学术上的阶段性划分。前一阶段以经济建设为主，这个转折点就是要从以经济建设为主转到以社会体制改革、社会建设为主。所以有人说经济建设跟社会建设并重，也有说以经济建设为中心，以社会建设为重心，社会建设要加强。但社会建设只能说是重要，不能说是第一，经济建设永远是第一，这个没问题。但是也不要把经济建设当成唯一，只拼 GDP。GDP 越高的地方社会矛盾越多，全世界如此。现在全国各地正在进行各种形式的社会建设和社会管理的实践与探索，创造了很多新的经验和新的模式。20 世纪 80 年代的工业化，出现了一批经济建设模式，现在是创建社会管理、社会建设模式的时代。经过一段实践之后，经过各种经验、各种模式的交流和比较，一定会涌现出适合中国特色、适应经济社会发展的需要、符合历史规律的社会建设的理论和实践模式。

五　重点推进社会建设的几个问题

回顾总结起来，造成目前的经济社会不协调，有一个重要原因是我们忽略了对社会建设的投入，在社会事业、民生事业等方面欠了账。

第一，首先要统一思想，凝聚共识。对于是不是到了一个新的历史转折时期，是不是在"以经济建设为中心"的条件下把社会建设摆在突出的位置，是不是应该认识社会建设、社会管理的重要性，应该进一步统一思想。要开展关于构建社会主义和谐社会、社会建设的研讨，在理论上弄清楚中国在现阶段进行社会建设的必要性和必然性，要深刻认识社会建设是社会主义现代化事业不可逾越的一个阶段，以及怎样进行社会建设等基本问题，在全党、全国的干部群众中取得共识。

　　第二，要总结八年来，特别是十七大明确提出加快推进以改善民生为重点的社会建设以来，推进社会建设、创新社会管理的实践经验。各地区各部门已经做出了很多好的成绩，涌现了一批经济社会协调发展、社会和谐稳定的典型。要总结这些经验教训，也要发现一些普遍性的问题。现在要像当年推进经济建设那样，找到像"农村实行家庭联产承包责任制"和"抓大放小"、"国企改革"这样能推动大局的突破口。十六届四中全会以后已有不少关于社会建设的说法，但是具体实践的突破口在基层。一个县、一个市、一个乡镇或者一个学校、一个机关，如何能够按现代化的要求进行建设，这才是突破，这才是社会建设与社会管理的"温州模式""苏南模式"，这都是需要实践第一线的同志和学者研究的问题。

　　第三，组建社会建设工作委员会，统筹规划、组织协调推进社会建设工作。推进社会建设、创新社会管理一定要有一个相应的组织机构，凡是涉及中央决策的战略性大事，没有这样一个机构的支撑都是空话。大事决定了，机构建立了，有人真抓实干才可以。比如，计划生育是天大的难事，但是从中央一直到乡镇，一直到村都有计生委，都有计生干部办这件事，就办好了。而很多事情之所以没有成功，就是因为没有机构的支撑。比如，新农村建设已经有五年了，很多地方就刷刷墙，喊几个口号，不少地方甚至连这个词都忘了。这方面江西做得好，他们建了一个农工部，而且江西省委规定，凡是县、市、省的农工部长一定是常委，这就不一样，他们的新农村建设还在继续。十七大以来，包括北京在内，各地相继成立了社会工作委员会、社会建设工作办公室、社会管理办公室等，主抓社会建设和社会管理工作，也有由社会管理综合治理委员会或民政部门主管的。在各地的党政机构中，主管社会事业、社会事务、公共服务的部门很多，但缺少一个综合统筹的机构。应该建立一个类似发改委这样统抓社会建设的机构，赋予相应的职责，从组织上落实加强和推进社会建设。

　　第四，推进社会建设，要有相应人力、物力、财力的投入。回顾总结起来，造成目前的经济社会不协调，有一个重要原因是我们忽视了对社会建设的投入，在社会事业、民生事业等方面欠了账。目前医疗的投入已经超过 GDP 的 5% 了，在这一点上，中央改善民生的决心很大，财政已经在改革。但是要搞好社会建设，应该按照社会发展规律的要求，不仅要增加财力的投入，更要重视人力、人才的投入。按党的十六届六中全会提出的，要让主要领导来抓社会管理和社会建设，现在有的地方是省委副书记主管社会建设，工作推进情况就要好一点。

第五，推进社会建设，既要做好顶层设计，也要重视基层治理。社会建设是社会主义现代化事业总体布局中的一大建设，关系到各个方面，是一项大工程。推进社会建设一定要做好顶层设计，同时也要做好基层治理，从基层做起。中西部不少农村，中青年劳力走空了，村委会主任、村支书也打工经商去了。不少大中城市涌进了数以万计的人，一个社区几万人、一个街道几十万人，都要有新的治理方案和措施。学校、医院等社会公共服务单位，也应通过改革，建立新的体制机制。现在各地正在探索和实验，社会建设可能会像经济建设一样，会从基层社区、基层单位的改革和治理中取得突破。

社会体制改革要先行[*]

一 新时期的战略任务是推进社会建设

北京的社会学界人士对当前社会总体形势有一些共识，即四句话：经济形势很好，政治基本稳定，文化繁而未荣，社会矛盾凸显。我们现在处于发展的关键时期，一方面战略机遇期还在，另一方面，社会还处在调整时期，社会矛盾、社会问题、社会冲突多发频发，这是我们要解决的问题。

关于新时期战略任务有三种主张。第一种主张是继续深化经济体制改革，继续抓经济发展，认为经济发展了，其他的问题都可以解决。中西部第一线领导干部大多数是这种主张。第二种主张是要进行政治体制改革，进行政治建设，这种主张在北京的干部里面也比较多。第三种主张是进行社会体制改革和社会建设。我认为，下一步应该像中央 2004 年提出来的，要构建社会主义和谐社会，要加强社会建设和社会管理。

第一，加强社会建设是实现全面建设小康社会的需要。全面小康是 2002 年十六大提出来的目标，后来统计局和有关方面制定了 6 大类 23 个指标。现在看这 6 大类指标里面，经济指标实现的最快、最好。2011 年公布的 2010 年数据，全面小康已经达到 80.1% 了，比 2002 年提高了 20 个百分点，时间过半，任务完成也过半。但民生类、文教类指标就不容乐观了，不光是没有达到，而且有的是倒退的。比如，2000 年城乡差距已达 99.8%，就是 1∶2.6，但是 2010 年倒退为 70.3%，说明这几年城乡差距是扩大了，同时基尼系数也扩大了；社会安全指数 2000 年当时的标准已经达到了，

---

*　本文原载于国家经济体制改革委员会的内部刊物《改革内参》2012 年综合第 41 期，第 37 ~ 39 页，发表时间：2012 年 11 月 2 日。——编者注

263

2010 年倒退为 95.6%，文教这个大类里面有三个指标，2010 年实现的程度只有 68%，如果我们不抓紧搞社会建设，不改善民生，等等，全面小康的目标很难达到。[①]

第二，加强社会建设是加快转变经济发展方式的需要。我们讲转变经济发展方式已经讲了十几年，内需就是扩大不上去。按照经济学家的说法，扩大内需光在经济结构里面调整是调整不了的，现在全国 600 多种主要产品 90% 都是过剩的，在这里怎么调都不行，应该调整社会结构，人口统计里面城市人口超过 50% 了，但是其中有 2 亿多是农民工，他们的身份还是农民，他们赚的钱不像城里人那样敢花，他们回去要造房子，娶媳妇。现在是 3 个农民的消费顶不上 1 个城里人，占 70% 的农民的消费只占 30% 的城里人的 1/3，怎么扩大得了内需？现在，社会结构严重滞后于经济结构，转变经济发展方式也得搞社会建设，而要调整社会结构必须通过社会建设来实现。

第三，加强社会建设是为了化解已经产生的众多社会矛盾、社会冲突，并从源头上防治和减少社会矛盾。关于社会矛盾，中央文件上讲，当前"发展中不平衡、不协调、不可持续问题依然突出"[②]。我认为，现在的社会主要矛盾是经济发展和社会发展不平衡、不协调的矛盾，经济这条腿太长，社会这条腿太短，整个发展是畸形的。比如说"上学难、看病难、养老难"讲了多少年就是没解决，这些问题就是社会建设、社会服务、社会管理不够的问题。加强社会建设和社会管理就是来解决这些问题，要是不从这上面解决，光从经济上投资，越投资压力越大。上次的 4 万亿投资，你去看看投给民生的有多少，投给社会建设的有多少，投给社会管理的有多少，所以要从源头上化解这些矛盾和问题。

第四，加强社会建设、改革社会体制是为下一步进行政治体制改革、政治建设，打好基础，做好准备。从历史的经验看，经济发展到一定程度以后，不是先搞政治体制改革，而是要先搞社会体制改革，先搞社会建设，先搞社会民主化再搞政治民主化，我觉得中国应优先进行社会建设和社会管理，把社会民生问题解决好，在发展社会组织中是群众受到锻炼，先搞社会民主，再逐步推进政治体制改革，总之，下一步需要把社会建设作为重点。

---

① 参见国家统计局网站发布的专题分析报告《中国全面建设小康社会进程统计监测报告（2011）》，2011 - 12 - 19，http://www.stats.gov.cn/ztjc/ztfx/fxbg/201112/t20111219_16151.html。

② 《中国共产党第十八次全国代表大会文件汇编》，北京：人民出版社，2012 年 11 月，第 5 页。

二 社会建设的目标和主要任务

社会建设的关键包括社会体制改革，要按社会主义市场经济体制的要求改革社会体制，改革整套的体制机制。

社会建设是中央提出的四大建设之一，它不只是改善民生、社会管理，也不只是办社会事业，我们把社会建设在若干年中的任务分成九类：①民生事业；②社会事业；③社会分配；④城乡社区；⑤社会组织；⑥社会规范；⑦社会管理；⑧社会体制；⑨社会结构。

根据国内外的发展情况，中国现代化建设的情况，社会建设可分为三个阶段。

第一个阶段是我们现在正在做的两件大事：保障和改善民生事业、社会事业；化解社会矛盾，解决社会问题。这是"十二五"期间的主要任务，将为社会建设开局打好基础。其中有相当部分是在补课、还债，若干年前我们压缩了社会建设的投入，比如说教育和医疗的投入，现在需要还债。前几天新闻报道了一件事，一方面讲义务教育，一方面还要搬桌子板凳去上学。

第二阶段是十八大以后应着力推进社会体制改革，创新社会政策，完善社会管理，推进新型的城镇化，逐步实现城乡一体化。社会建设的第二阶段，应是社会体制改革的攻坚阶段，是决定社会建设成败的关键阶段。时间约在"十三五""十四五"期间，如果这个阶段做好了，中国的问题就好解决了。跟经济改革不一样，社会体制的改革牵涉到很多利益集团。

第三阶段是到了 21 世纪中叶，2040 年前后，社会体制逐渐完善，社会组织广为发展，社会管理井然有序，社会结构不断优化，那时中国就可以实现社会现代化与和谐社会的建设，形成一个与社会主义市场经济体制相适应、与现代化经济结构相协调的现代化的社会结构。

当然，这三个阶段是学术上的阶段性划分，同经济建设、社会建设、政治建设、文化建设"四位一体"社会主义事业总体布局的发展一样，并没有截然分开的界限，而是互有交叉地进行。所以有人说经济建设跟社会建设并重，只拼 GDP 不行，GDP 越高的地方社会矛盾越多，全世界都如此。

从"四位一体"到"五位一体"*

　　十八大的重大理论创新之一是把生态文明建设列入社会主义现代化事业总体布局，使原来的"四位一体"发展为"五位一体"的总体布局。胡锦涛同志在十八大的报告中说："建设生态文明，是关系人民福祉、关乎民族未来的长远大计。面对资源约束趋紧、环境污染严重、生态系统退化的严峻形势，必须树立尊重自然、顺应自然、保护自然的生态文明理念，把生态文明建设放在突出地位，融入经济建设、政治建设、文化建设、社会建设各方面和全过程，努力建设美丽中国，实现中华民族永续发展。"①

　　早在 20 世纪 70 年代，我国工业化建设还在初级阶段时期，中央领导就注意到工业对环境的污染问题，提出要防止污染、保护环境的警告。改革开放以后，在 20 世纪 80 年代，国家就成立环境保护局，以后又升格为环保总局，并在各地成立环保机构，开展大规模的环境保护工作。工业生产是社会化大生产，它的发展需要消耗大量的土地、矿藏和各种原材料，产生大量的废水、废气、废渣，稍不注意，就会造成资源破坏、环境污染等问题，损害人民群众的健康和幸福生活，危及地区和国家的可持续发展。十八大进一步明确要坚持节约资源和保护环境的基本国策，坚持节约优先、保护优先、自然恢复为主的方针，明确把生态文明建设列为社会主义现代化事业总体布局中的一大建设。这既是对几十年来环保工作的充分肯定，也是把近几年开展的资源节约型、环境友好型的循环发展、低碳发展、绿色发展等进步行动，总结概括为生态文明建设。这个新概念、新理论的提出，对于提高整个国家干部群众对于生态文明的认识，凝聚力量，使大家

---

　　*　本文源自作者手稿，原稿写于 2012 年 11 月 12 日。——编者注

　　①　胡锦涛：《坚定不移地沿着中国特色社会主义道路前进　为全面建成小康社会而奋斗——在中国共产党第十八次全国代表大会上的报告》，《中国共产党第十八次全国代表大会文件汇编》，北京：人民出版社，2012 年 11 月，第 36 页。

更加自觉地珍爱自然，更加积极地保护生态，投入生态文明建设，在实现当代人的利益的同时，处理好人与自然的和谐共存关系，"给自然留下更多修复空间，给农业留下更多良田，给子孙后代留下天蓝、地绿、水净的美好家园"①。这既是实现中华民族永续发展的需要，也是对全球生态安全做出的重大贡献。

国家建设总体布局的框架理论源头，最早是由毛泽东在 1940 年撰写的《新民主主义论》中提出来的：我们的目的，"在于建设一个中华民族的新社会和新国家，在这个新社会和新国家中，不但有新政治、新经济，而且有新文化"。还说："新民主主义的政治、新民主主义的经济和新民主主义的文化相结合，这就是新民主主义共和国，这就是名副其实的中华民国，这就是我们要造成的新中国"。②那时的中国，还是半殖民地半封建的农业社会，小农经济的汪洋大海，农民占 90% 以上。在这样的背景下，对未来做构想，勾勒出政治、经济、文化三大领域，是符合当时中国国情的。新中国成立之后，我们谋划国家建设布局时还常以政治建设、经济建设、文化建设为架构的。改革开放以后，1986 年，党的十二届六中全会，明确提出了以经济建设为中心，坚定不移地进行经济体制改革、坚定不移地进行政治体制改革、坚定不移地加强精神文明建设的总体布局。这个"三位一体"的总体布局，从党的十三大以后，一直到十六大，经济建设、政治建设、文化建设这三个方面的发展变动状况，在每次代表大会的报告中，乃至每次中央委员会全会的决定中，都一定是论述的主要内容，构成"报告""决定"的基本框架。直到 2004 年，中共十六届四中全会提出构建社会主义和谐社会与社会建设新概念、新理论，总体布局增加了社会建设，拓展为"四位一体"。2007 年，十七大修改党章，明确把经济建设、政治建设、文化建设"三位一体"的社会主义事业总体布局发展为经济建设、政治建设、文化建设、社会建设"四位一体"的社会主义事业总体布局。

这次党的十八大会议上，胡锦涛在报告中指出："新世纪新阶段，党中央抓住重要战略机遇期，在全面建设小康社会进程中推进实践创新、理论创新、制度创新，强调坚持以人为本、全面协调可持续发展，提出构建社会主义和谐社会、加快生态文明建设，形成中国特色社会主义事业总体布

---

① 《中国共产党第十八次全国代表大会文件汇编》，北京：人民出版社，2012 年 11 月，第 36 页。

② 《毛泽东选集》第 2 卷，北京：人民出版社，1991 年 6 月，第 663 页、第 709 页。

局，着力保障和改善民生，促进社会公平正义，推动建设和谐世界，推进党的执政能力建设和先进性建设，成功在新的历史起点上坚持和发展了中国特色社会主义。""建设中国特色社会主义，总依据是社会主义初级阶段，总布局是五位一体"①，使我国社会主义现代化事业的总体布局从"三位一体"发展到"四位一体"，这次十八大又扩展到"五位一体"，这既充分反映了我们党领导的中国特色社会主义现代化事业大步前进，取得了一个又一个胜利，进入新阶段的客观要求，也体现了我们党对执政规律、对社会主义现代化建设规律、对人类社会发展规律认识的不断深化。中国特色社会主义现代化事业的实践在不断前进，我们的认识理论与时俱进，这本身就是科学发展观的体现。

国际、国内的实践表明，现代化是工业革命以来一个世界性的历史过程，是指人类社会从传统农业社会向现代工业社会的大转变过程，它使工业主义渗透到经济、政治、文化、思想各个领域，引起深刻的相应变化，所以现代化是一个包罗宏富、多层次、多阶段的历史过程。②

实现现代化，将是一个很长的多阶段的历史过程，不同的发展阶段，有不同的发展目标和不同的历史任务，要采取相应的发展战略和发展方式。我国社会主义现代化事业总体布局从"三位一体"到"四位一体"，再扩展到"五位一体"反映了我国社会主义现代化建设进入了一个新的阶段。新世纪新阶段，"我们面临的发展机遇和风险挑战前所未有"③。一方面，经济平稳较快发展，综合国力大幅提升，2011 年，国内生产总值达到 47.3 万亿元，折合 7.3 万亿美元，位居世界第二。人均 GDP 达到 5447 美元，④ 已进入国际上中等收入国家行列。可以说，我国已经基本实现了经济现代化。另一方面，改革开放以来，我国的社会建设也取得了很大成就，社会结构发生了深刻的变动，但是相比较而言，我国的社会建设是滞后的，以致社会矛盾、社会问题凸显。十八大的报告中，胡锦涛同志指出的当前在前进道路上存在的六个困难和问题，第一个是经济领域的，其后五个都可以说是社会建设方面的。城乡、区域和居民收入分配差距依然较大，社会矛盾

---

① 《中国共产党第十八次全国代表大会文件汇编》，北京：人民出版社，2012 年 11 月，第 11 页，第 12 页。

② 参见罗荣渠《现代化理论与历史研究》，《历史研究》1986 年第 3 期，第 27 页。

③ 《中国共产党第十八次全国代表大会文件汇编》，北京：人民出版社，2012 年 11 月，第 2 页。

④ 国家统计局编《中国统计年鉴 2012》，北京：中国统计出版社，2012 年 9 月，第 44、234 页。

明显增多，一些领域道德失范、诚信缺失，一些干部领导科学发展能力不强，一些党组织软弱涣散，一些领域消极腐败现象多发。所有这些困难和问题都应该也可以通过加强社会建设和社会管理加以解决。

国际、国内的现代化实践表明，建设现代化社会是一个完整的大系统，不仅要实现经济现代化，而且必须要实现社会现代化、政治现代化、文化现代化和生态文明现代化。在这五大建设中，经济现代化是最主要的，经济是基础，是决定性的、第一位的，新中国成立63年来，特别是改革开放30多年来，在中国共产党的领导下，中国终于基本实现了经济现代化，才有了今天中国的繁荣昌盛，这是空前的伟大成就。但要建设"五位一体"的社会主义现代化社会，仅建设经济现代化是远远不够的，有些发展中国家经济建设的成就也相当好了，但因为没有进行社会建设、社会体制改革等方面的行动，就一直进入不了现代化国家的行列。

国际现代化实践的经验和教训启示我们，在经济建设取得一定成就之后，第二步就应该适时地重点加强社会建设，使经济社会协调发展。由于各种原因，我们进行社会建设方面是晚了一些，形成了经济这条腿长、社会这条腿短的尴尬局面，引发出了诸多的社会矛盾和社会冲突。在农业社会向工业社会、乡村社会向城市社会转变过程中，上述胡锦涛同志讲到的困难和问题的出现是必然的，也是进入现代化建设新阶段的表现，这光靠经济体制改革、经济结构调整，继续用经济手段是不行的。这里出现的主要是社会问题、社会矛盾，不同质的矛盾要用不同质的手段和方法才能解决，这就要通过加强社会建设和管理、调整社会结构等工作才能解决。

新世纪新阶段的社会主要矛盾表现在，已经是工业社会中期阶段的经济结构同还是工业社会初期阶段的社会结构之间的矛盾，十六届三中全会曾经揭示过，表现为城乡发展不协调、区域发展不协调、经济社会发展不协调、人与自然不协调、国内发展与对外开放不协调五对矛盾，提出要通过统筹兼顾来解决。其实这五对矛盾，主要矛盾是经济社会不平衡、不协调的矛盾，这要通过加强社会建设、改革社会体制、调整社会结构才能解决。2004年的十六届四中全会，提出构建社会主义和谐社会，并提出了加强社会建设和管理，是非常正确的，一经提出，就立即得到了广大干部和群众的热烈拥护。2006年，十六届六中全会专门就构建社会主义和谐社会若干重大问题做出决定，明确指出："把中国特色社会主义伟大事业推向前进，必须坚持以经济建设为中心，把构建社会主义和谐社会摆在更加突出的地位","推动社会建设与经济建设、政治建设、文化建设协调发展"。① 2007 年,十七大进一步提出:"加快推进以改善民生为重点的社会建设"②。可见自 2004 年十六届四中全会提出构建社会主义和谐社会这个战略目标和社会建设这个战略任务以来,社会建设和社会管理的工作已在全国蓬勃开展,取得很大的成绩。这次十八大的报告中,胡锦涛同志说:"社会建设取得新进步。基本公共服务水平和均等化程度明显提高,教育事业迅速发展……社会保持和谐稳定",③ 对社会建设的成就作了充分的肯定。

但是应该看到,新阶段、新时期的主要矛盾是经济社会不平衡、不协调的矛盾。过去几次重要会议讲到的"发展中不平衡、不协调、不可持续问题依然突出",不仅是经济发展中不平衡、不协调、不可持续的问题,而且主要是经济和社会发展中不平衡、不协调、不可持续的问题。而且,主要是因为社会建设滞后了,社会体制改革延迟了,社会这条腿短了,由此产生的不平衡、不协调、不可持续。新阶段的历史任务,就是要加强社会建设,加快社会体制改革,新阶段、新时期的战略重点,就是要推进社会建设。为此,提三点建议。

第一,在现阶段贯彻落实十八大精神,贯彻落实科学发展观,开展关于社会建设和社会管理的研讨,在理论上明确现阶段的主要矛盾的表现是经济社会不平衡、不协调的矛盾,弄清楚推进社会建设、社会管理的必然性和必要性,重申十六届六中全会的决定,坚持以经济建设为中心,把构建社会主义和谐社会提到更加突出的地位。重点推进社会建设,实现经济社会协调发展。

第二,把中国特色社会主义事业总体布局"五位一体"排序中的社会建设由第四位排到第二位。现有的排序是按先来后到的顺序排的。应该按社会主义现代化实践的逻辑顺序排。现代化的历史表明,经济建设达到一定程度后,就应该重点进行社会建设,社会建设是一个不可逾越的阶段,所以把社会建设排在第二,有利于统一思想、形成共识、凝聚力量,有利于重点推进社会建设。

---

① 《中共中央关于构建社会主义和谐社会若干重大问题的决定》,北京:人民出版社,2006 年 10 月,第 3 页,第 5 页。

② 《中国共产党第十七次全国代表大会文件汇编》,北京:人民出版社,2007 年 10 月,第 36 页。

③ 《中国共产党第十八次全国代表大会文件汇编》,北京:人民出版社,2012 年 11 月,第 4 页。

第三，建议中共中央、国务院在每年召开经济工作会议前后，召开一次社会建设工作会议。近期社会矛盾、社会问题多发，各种问题、各种意见很多，每年开一次工作会议很有必要；或者把社会建设工作的内容纳入经济工作会议，把会议名称改为全国经济、社会工作会议。

对社会建设地位的新审视[*]

现代化是一个国家或地区从传统农业社会向现代工业社会转变的历史进程，不仅要实现经济现代化，而且要实现社会现代化、政治现代化、文化现代化等。建设社会现代化，是一个新领域，还需要"摸着石头过河"，这也是我们今后工作的重点。

社会建设解决经济结构与社会结构失衡的问题

改革开放 30 多年来，我国坚持以经济建设为中心，基本实现了经济现代化。2010 年，中国的 GDP 达到 39.8 万亿元（约合 6.2 万亿美元）[①]，按不变价格计算，比 1978 年的 3645 亿元增长 20.6 倍，年均递增 9.9%。三大产业结构由 1978 年的 28.2：47.9：23.9 转变为 2010 年的 10.1：46.9：43.0。[②] 从整体看，我国经济结构已达到工业社会中期阶段水平，北京、上海等地已进入工业社会后期阶段。

与此同时，我国的社会建设也取得了很大成就，社会结构发生了深刻变化。但相比较而言，由于多方面的原因，社会建设还相对落后。根据国际学术界关于工业社会阶段发展的指标衡量，我国现在的经济结构已经达到工业社会中期阶段的水平，社会结构则还只是工业社会初期阶段的水平。

经济结构与社会结构是一个国家（或地区）最基本、最重要的两个结构，两者互为前提、相互支撑。国内外的经验和教训说明，经济结构不能

---

　* 本文原载于《北京日报》，2012 年 11 月 12 日第 22 版。——编者注

　① 《中华人民共和国 2010 年国民经济和社会发展统计公报》2011 年 2 月 28 日，见国家统计局网站全国年度统计公报页：http://www.stats.gov.cn/tjsj/tjgb/ndtjgb/qgndtjgb/201102/t20110228_30025.html。

　② 国家统计局编《中国统计年鉴 2010》，北京：中国统计出版社，2010 年 9 月，第 38 页。

孤军独进，社会结构可稍后于经济结构的变动，但如果长期滞后，就会阻碍经济结构持续变化，阻碍经济社会的协调发展。

我国进入以社会建设为重点的新阶段

早在 20 世纪 90 年代中后期，我国经济社会发展不平衡、不协调的问题业已显现。进入 20 世纪以来，党和政府高度重视经济社会协调发展的问题。2003 年，党中央提出要贯彻落实科学发展观，强调要以人为本，全面协调，可持续发展。2004 年提出构建社会主义和谐社会，加强社会建设和社会管理。2007 年召开的党的十七大，在原来经济建设、政治建设、文化建设"三位一体"的社会主义事业总体布局中，加进了社会建设，发展为"四位一体"的总体布局，并将这一重要内容写进了修改后的新党章中。这标志着我国的社会主义现代化事业进入以社会建设为重点的新阶段。2011 年 3 月，全国人大通过的"十二五"规划强调今后要以转变经济发展方式为主线，把保障和改善民生作为加快转变经济发展方式的根本出发点和落脚点。此后，全国各地的社会建设和社会管理工作蓬勃展开。

做好社会建设的任务十分艰巨。从长远发展和国际、国内的实践观察，社会建设的目标是建设社会现代化。它同建设经济现代化一样，将是一个复杂、艰难的长期历史任务。建设社会现代化，就必须实现民生事业现代化、社会事业现代化（例如教育现代化、科技现代化、医疗卫生现代化等）、社会体制现代化、社会管理现代化、社会组织现代化、社会生活现代化、社会结构现代化等。建设社会现代化，是一个宏大复杂的系统工程，是一项非常复杂、艰巨的任务，对此，我们要有足够的认识。

建设社会现代化是中国的战略任务

结合我国目前的基本国情观察分析，我国社会建设未来的发展将经历以下三个阶段。

第一阶段，也就是我们目前正在做的，即先从人民群众最关心、最现实、最紧迫要求解决的保障和改善民生事业、社会事业建设做起，着力解决好就业难、上学难、看病难、社保难、住房难、养老难等基本民生问题；并从加强和创新社会管理入手，解决影响社会和谐稳定的突出问题，化解社会矛盾，解决社会问题，加强源头治理，标本兼治，最大限度地防止和减少社会矛盾的产生，促进社会公平正义。这两个方面的工作，党的十七大以来正在大力推进，很有成效，是顺民意、得民心的工作。"十二五"期间，我们能把保障改善民生事业、社会事业和创新社会管理这两件大事做好，我国社会建设就上了一个台阶，经济社会协调发展就前进了一大步，即可转到社会建设的第二阶段。

第二阶段，要着力推进社会体制改革，创新社会政策，完善社会管理，破解城乡二元结构，逐步实现城乡一体化。要拓宽社会流动渠道，构建一个合理、开放、包容的社会结构，使之与经济结构相协调。构建一个合理开放的工业社会中期阶段的社会结构，这是社会建设最重要、最核心的任务。我们常说现在处于改革发展的关键时期。这一关键时期的关键工作就是要通过社会建设，特别是社会体制改革构建好一个合理的社会结构。要推进社会建设，就一定要进行社会体制改革，包括户籍制度、城乡体制、就业体制、社会保障体制和各项社会事业体制都要逐步进行改革，形成一个与社会主义市场经济体制相适应、相配套的社会体制。如果不进行或延缓社会体制改革，目前诸多的社会矛盾、社会问题就解决不好，也解决不了，社会结构调整也会受到影响。

第三阶段，随着我国经济达到中等收入国家水平，经过社会体制改革，社会体制逐步完善，社会管理体系更加健全，社会流动渠道更加畅通，社会组织广为发展，社会结构更为优化，形成一个与社会主义市场经济体制相适应、与现代经济结构相协调的现代社会结构，为全面、协调、可持续发展提供一个良好的社会环境，最终实现社会现代化，实现"民主法治、公平正义、诚信友爱、充满活力、安定有序、人与自然和谐相处的社会主义和谐社会"。

应尽快进入以社会建设为重点的新阶段[*]

2012 年 11 月 8 日开幕的中共十八大会议上，胡锦涛在报告中提及社会建设 9 次、社会管理 16 次，并强调要加快推进社会体制改革，这些论述使中国社会建设的未来走向被各界高度关注。中国社科院荣誉学部委员、中国社会学会荣誉会长陆学艺，多年来积极为社会建设出谋划策，成都城乡统筹、太仓社会现代化等地方实验的背后都有他的影子。11 月 25 日在接受《中国新闻周刊》专访时他说："现在有点像上世纪 90 年代，当时经济建设出现'苏南模式'、'温州模式'和'深圳模式'，下一步社会建设也会出现几个方向。"

社会建设是不可逾越的阶段

《中国新闻周刊》：当下有两个概念很流行，一是社会管理，二是社会建设，你怎么看两者之间的关系？

陆学艺：社会建设的内涵更丰富，社会管理只是社会建设的一部分，在这两年一些地方对社会管理的实践中，暴露出"管"得太多，这是对社会管理的片面理解所致，因此我更希望将社会管理纳入社会建设。

《中国新闻周刊》：近年来你一直倡导社会现代化理念，怎么理解？

陆学艺：我提出这一理念是基于三十多年来中国经济现代化目标已基本实现这样一个前提，以及社会建设与经济建设没有同步，以至于社会矛盾凸显这样一个现实。所谓社会现代化，就是指社会组织方式和能力的变

---

* 本文原载于《中国新闻周刊》2012 年第 45 期，发表时间：2012 年 12 月 10 日，系该刊记者专访陆学艺的访谈稿。原题为《陆学艺：应尽快进入以社会建设为重点的新阶段》，现题为本书编者根据该文内容所修改。——编者注

化过程，社会是相对于政府、市场而言的，该理念的一个很重要的方面就是社会、政府、市场三者的演变和互动关系，根本目的是实现经济、社会的协调发展，以弥补这么多年来经济发展迅速、社会发展滞后的问题。

《中国新闻周刊》：你认为这么多年来社会发展滞后的原因何在？

陆学艺：具体分析现实问题。改革开放至世纪之交，中国解决了经济短缺问题进而转变为经济总量较大的同时，伴随着的是分配不均，分配给农村的比例太低。占中国人口大多数的农民购买力相当低，经济现代化基本目标实现的同时，整个社会依然呈现农村社会特征，以至于社会矛盾丛生。一方面，这三十多年，农业 GDP 只占总量的10%，农业人口大量进城，这个成绩了不起，从社会变迁看，这是工业化、城市化的重要过程。另一方面，"两化"同时伴随贫富分化、城乡分化。现在的社会矛盾实际上是这两个分化造成的。中国现在虽然是工业社会了，但是人口素质整体较低，从过去的时代遗留下来较多问题。从社会学角度讲，这是体制性问题，因为社会改革滞后，经济建设的同时，社会建设没有同步。所以，现在我们一心一意搞经济建设的阶段应该告一段落了。

《中国新闻周刊》：中央也意识到了这一点。

陆学艺：对，一些提法也有所转变。比较"十一五"规划和"十二五"规划，后者提及未来发展的十个问题中六个涉及社会建设等方面，比过去比重更高。还有，从 20 世纪 80 年代以来，历次重要会议、重要文件都提出"坚持以经济建设为中心"的说法，"十二五"规划建议中打破惯例，没有讲，针对五年发展目标只是讲了一句："经济平稳较快发展。"这些都说明在前一阶段经济现代化目标基本实现后，必须进入一个经济、社会协调发展的新阶段，而这一阶段的重点应该是社会建设。

《中国新闻周刊》：你怎么看前一个阶段的社会建设效果？下一阶段要实现经济、社会"两条腿"同步走的关键应该在哪些方面？

陆学艺：就社会建设而言，以往由中央政法委主抓，曾提出过一些具体任务，但是从全国范围来看，还是有些窄，因为这些任务均将社会建设的重心与维稳挂钩，甚至有些地方将两者画上等号，这种情况下，社会管理的目标是稳定而非和谐。所以，这些年的实践经验证明，由某一个部门主管社会建设都容易偏，必须由中央统筹。另外，必须明确一点，就是光是管解决不了根本问题。实现和谐社会的目标也好，实现社会现代化也罢，重要的是社会建设，这是解决问题的关键。过去一段时期，中央围绕社会建设讲了六个部分，社会保障、教育、医疗等问题，这些都是很好的，但是还不够。要把社会建设提到更高的高度，明确社会建设是社会发展不可逾越的阶段，在经济现代化实现之后，社会建设是必须尽快进行的第二个阶段。

刚刚结束的十八大提出要加快推进社会体制改革。在我看来，社会建设主要包括民生事业和社会事业。这是中国目前正在做的，也是人民群众最关心、最现实、最紧迫要求解决的就业难、上学难、看病难、社保难、住房难、养老难等基本问题，还有资源分配、收入分配等，还有基层民主和自治、社区民主、社会组织放开等。在这里我特别想提出社会体制的问题，目前的社会体制是为经济服务的体制，包括二元结构、户籍问题等，亟须改革。另外，是社会结构问题。中国亟需一个现代化的社会结构，一个地方、一个国家实现经济结构现代化不难，但是社会结构如果不实现现代化，就一定会出问题。就国际社会而言，形成教训的样本就不少，拉美、伊拉克等地都是社会结构有问题，它们的城市人口虽然已经很多，但是因为社会结构不合理，以至于冲突不断甚至失控。现代社会真正的社会改革，就是要培育出橄榄型的社会结构，这是主体任务。

社会结构调整的突破口是城市化

《中国新闻周刊》：对社会结构的理解社会学界和经济学界的观点并不尽一致，尤其是在中产阶层的看法上，经济学界更侧重于以收入来衡量。另外，在优化社会结构的路径上，有社会学家提出社会重建理论。对于这些观点，你怎么看待？

陆学艺：中产阶层的问题我和经济学家吵了几年。他们将中产阶层与中等收入阶层混为一谈，我认为不妥。中产阶层不是钱多钱少的问题，更不是单纯依靠钱可以衡量的，它是一个职业概念，不能以钱来划分。另外，中产不是某一个阶层，而是若干阶层的总和。所谓中产，是指你拥有收入、声望和文化这三者的综合情况，要根据你占有的文化资源、经济资源、权力资源多少来划分是否属于中产。按照这一定义，目前中产阶层占总人口的 23% ~ 24%，一个社会现代化的国家该比例应在 40% 以上。而中国的情况比较特殊，就在于区域差距较大，北上广这样的城市和其他地方相比，中产阶层比重要高许多。要正确理解中国当下的社会结构，首先要清楚它和经济结构一样，由诸多分结构组成，除了前面分析的阶层结构，还包括人口结构、家庭结构、就业结构、城乡结构、区域结构和组织结构等。基于对这些结构的综合研究，我们得出一个结论：中国的社会结构大约滞后于经济结构 15 年，成为当前中国最大的结构性矛盾。有学者提出重建社会，形成国家、市场、社会三足鼎立的格局，是有道理的。不过，建设新的社会体制是个大问题，要从长计议，目前可以肯定的是，必须首先破除城乡分割的二元经济社会体制这一计划经济遗产。因此，我认为，中国下一步调整社会结构的突破口是推进城市化。

当代中国社会建设的目标与任务[*]

经过60多年的社会主义建设，尤其30多年改革开放和20年社会主义市场经济的发展，中国经济社会发生深刻变化。中国经济增速多年保持世界首位；2010年经济总量超过日本，成为世界第二大经济体，这是一个重要标志。总体看，中国经济现代化已经基本实现，进入工业社会的中期阶段。但是，当今中国同时面临着诸多困难和问题，贫富差距、劳资冲突、干群矛盾突出和社会矛盾多发成为时代困局。在迫切的共富期待和日益高涨的社会预期中，人们倍感公平正义的稀缺和珍贵。也就是说，经济与社会发展不协调的矛盾，成为当前中国的主要社会矛盾。我们课题组曾在《当代中国社会结构》一书中指出，社会结构已经严重滞后于经济结构。从世界发达国家的经验和教训看，一般是在经济改革之后、经济繁荣的基础上，紧接着要重点抓社会建设，抓社会改革，不断优化和调整社会结构，尤其要壮大社会中间阶层，然后以社会民主推进政治民主改革。由此我们认为，当前应该把社会建设作为新时期的战略重点，实现经济社会协调发展，克服"经济这条腿长、社会这条腿短"的不平衡困境。国内外的实践证明，社会建设是不可逾越的一个阶段。

近10年来，全国各地，先后不同程度地开展了社会建设实践，有的地方变化很大，如上海、北京、广东等地，但多数地方对社会建设的意义认识不足，进展不大，政府的举措不多，经济社会不协调及其引发的矛盾和问题尚未根本解决。原因有三：一是社会上一部分人的观念中仍然坚持"GDP主义思维"认为科学发展观就是要围绕GDP增长说话。二是近几年

* 本文原载中共中央党校主办的《理论动态》第1946、1947期（连载），发表时间为：2013年1月10日、1月20日。该文作者署名：当代中国社会建设研究课题组，执笔人：陆学艺、颜烨、谢振忠。——编者注

有惊无险的经济形势，使得"唯 GDP 论"又开始抬头。三是对社会建设总体部署不甚明确，对社会建设"建什么""怎么建"的问题不很清楚，一时社会建设出现"民生重点论""社会管理取代论"，这是失之偏颇的。民生、社会管理均是社会建设的一部分，而不能替代社会建设整体。

一 社会建设的实质就是要建设社会现代化

在学界，对于究竟什么是社会建设、社会建设的体系内容是什么、社会建设究竟要干什么等问题，存在很多争议。社会建设实践活动，古今中外、从来都有。随着中国经济社会的发展变迁，今天社会建设的内涵和外延已经发生了很大的变化。

社会建设内涵广泛，大体可以从三个维度理解：一是实体建设维度，诸如社区建设、社会组织建设、社会事业建设、社会环境建设等；二是制度建设维度，诸如社会流动机制建设、社会利益关系协调机制建设、社会保障体制建设、社会安全体制建设、社会管理体制建设等；三是结构调整维度，就是指客观存在的社会结构的优化和调整，包括人口结构、家庭结构、组织结构、收入分配结构、消费结构、城乡结构、区域结构和社会阶层结构等具体的社会子结构。相比较而言，社会实体建设提供公共产品、公共服务；社会制度建设则涉及确保社会和谐发展的社会体制机制；而结构调整是社会实体建设和制度建设的一种优化结果，是社会建设的核心指向。

近年，我们通过对全国大范围的经济社会建设实践调研，并参照国外的经验认为，社会建设，就是按照社会发展规律，通过有目的、有规划、有组织的行动，构建公平合理的社会利益关系，增进社会全体成员共同福祉，优化社会结构，促进社会和谐，实现社会现代化的过程。

从主体力量来看，社会建设同其他四大建设一样，涉及政府、市场、社会三大主体。相比较而言，经济建设是市场（企业）为主体、政府为主导、社会为补充的；社会建设则要以社会（公民社会）为主体、政府为主导、市场为补充。我们认为，社会建设具体包括如下五个方面、九个部分。

第一，民生、社会事业建设和社会分配，是社会建设的基础。民生、社会事业是社会主体生存发展的行动能力基础，即社会成员进行社会流动需要占有一定的资源机会，也是社会主体的基本权利，这是社会建设的基础，具有"社会适应功能"。其中，民生主要包括就业、收入分配和消费、住房、交通、社会保障等（即常说的衣食住行用）；社会事业主要包括教育、科学技术、文化和体育、医疗卫生等；社会分配问题是一个比较特殊的民生问题，维持社会行动者的基本生存，是一个涉及政府、市场、社会三者对于公共财政和资源机会配置的复杂问题。当然，民生不是社会建设的全部，但在当前是阶段性的重点。

第二，社会组织和城乡社区，是社会建设主体的行动载体，具有社会调适、社会整合的双重功能。相比较而言，社会组织兼具行动主体和行动载体的双重特性，是主体性载体；城乡社区则是主体行动的地理空间性载体。

第三，社会管理和社会规范，都是社会控制的基本方式，具有社会整合、系统整合、维持社会秩序的功能。相比较而言，管理是工具性维序手段，规范则是价值性理念整合；上述的社会组织、社区也是社会管理的主体和管理载体。社会管理不能替代社会建设，只是后者的重要组成部分；相对而言，社会管理是"治标"，社会建设是"治本"。

第四，社会体制，是社会建设内部的宏观性基本架构，是"顶层设计"。社会体制统帅整个社会建设体系，包括社会建设内部的结构性体制、外部的功能性体制以及各系统之间的整合性体制，如民生体制、社会事业体制、社区体制、社会组织体制、社会管理体制等，是资源机会配置、权利义务规定的体系化规制，是社会改革的中心环节和突破口，贯穿于整个社会建设的各个阶段和环节，也是改革的重点和难点。

第五，社会结构，是社会建设的核心。社会结构即是指占有一定资源、机会的社会成员的组成方式及其格局，前述的社会结构，其中的社会中间阶层壮大、橄榄型现代社会结构的形成，则是其中的核心。社会结构也是其他社会建设成就的一个重要表征或结果。

在中国社会主义现代化进程中，相比较而言，经济建设的基本目标是国家"富强"，政治建设的基本目标是政治"民主"，文化建设的基本目标是"文明"进步，而社会建设的主要目标则是社会"和谐"。所谓"和谐"，是指多元基础上的差异化认同，即求同存异、平等合作、友好相处。和谐，主要包括人与自然的和谐（生态文明建设）、人与社会的和谐；而人与社会的和谐又包括人与人之间的和谐（主要是阶层之间的和谐）、人的自我和谐（良好的心理状态）。"社会和谐"主要是指一种良好的社会状态；"和谐社会"则是指人类共同追求和实现的理想目标；"社会主义和谐社会"，是我们党带领全国人民为之奋斗的理想社会。社会学上"社会现代化"的主要内容，基本就是上述九个部分的现代化。

二　社会建设面临着复杂艰巨的形势和任务

（一）社会建设面临复杂的宏观形势

目前中国的主要矛盾是经济社会发展不协调、不平衡、不可持续。这也是我们提出务必加强社会建设的因由。具体而言，当前社会建设面临的宏观经济社会形势可分三方面来谈。

1. 从"五位一体"的总体布局看社会总体形势

如果从党的十八大所提出的"五位一体"总体布局看，当前中国总体经济社会形势可以总结为五句话：第一句话，经济形势很好。2008 年美国发生金融危机以来，中国经济形势有所波动，我们应对得当，很快就能实现持续平稳增长。今后 5～10 年"保 7 争 8"应该没问题，目前有的地方仍然保持 10% 以上的速度，发展形势仍然看好。第二句话，政治基本稳定。与其他一些国家比较，中国目前的政治大局基本稳定。第三句话，文化繁而未荣。目前文化的确很"繁"了，但粗制滥造的、商业炒作的、低级媚俗的不少，而体现时代特征、反映民族精神、适合大众需要、倡导公平正义、标示科技进步、引领道德风尚的精品文化和国际品牌文化产业并不昌荣。第四句话，社会矛盾凸显。一方面我们正处于所谓"战略机遇期"，另一方面，社会矛盾、社会问题、社会冲突频发。第五句话，生态环境破坏严重，制约着经济社会的可持续发展。

2. 从社会转型变迁看当前社会特征和形势

如果对照现代化的主要内容和社会转型的一般特征来分析和观察，中国现代化进入新的历史转折时期所表现出来的主要社会特征和形势大体如下。

第一，中国基本实现了从计划经济向市场经济转型。最主要的是社会主义市场经济体制已经基本确立，经济现代化基本实现。第二，中国已经进入世界上中等收入国家行列。2010 年世界银行按照一定的标准，对全世界 190 多个国家和地区的人均 GDP 做出一项统计分析认为，2010 年中国人均 GDP 达到 4429 美元①，已经进入上中等收入国家行列。第三，中国正在从封闭半封闭社会向民主开放社会转型。从改革开放以来的人口流动看，

---

① 参见世界银行网站，https://data.worldbank.org.cn/indicator/NY.GDP.PCAP.CD? view = chart。

农民工占流动人口主体，2010 年高达 2 亿人；再加上学生流、商人流、公务流、亲友流等，每年有小半个中国在流动。人口流动意味着传统封闭社会结构的解体、现代文明观念的逐步形成，也意味着从传统礼俗社会为主向现代法理社会为主的转型，更意味着社会阶层的成员上下流动。与此同时，随着互联网兴起和信息化社会形成，目前全国网民 5 亿多人、手机网民 4 亿多人，正在极大地激发社会民主和思想解放。第四，中国正在从农业社会向工业社会转型。第五，中国正在从乡村社会为主向城市社会为主转型。城市化是现代化的一个重要指标。2010 年，中国城市化人口首次超过农村人口，达到 50.1%，① 表明以城市人口为主体的社会结构逐步形成，这也是一个重大标志。

3. 城市化和城市社会现代化形势持续趋旺

城市化和城市社会现代化问题是今后较长时期中国社会建设务必面对的重要客观形势。

（1）未来一段时期，中国的社会建设主要就是城市社会现代化建设。这既包括城市数量的增长，又是指城市内部的经济、社会、文化、居民生活方式等由传统社会向现代社会转变的历史过程，包括城区规划、交通规划问题、城市内部公共安全问题、城市社会治理机制问题等。

（2）解决城市二元结构难题，是中国特色城市社会现代化的必由之路。破解城乡二元结构难题，只是在大的社会结构方面完成从农业社会向工业社会转变、从乡村社会向城市社会转变的第一步；与此相联系的是，我们必须接着解决城市内部二元结构问题。工业化和城市化是解决"三农"问题、统筹城乡发展、破解城乡二元结构的基本路径。快速工业化和城市化诱发了城乡、城际人口大规模迁徙，城市流动人口迅速增加，城市二元结构问题变得日益突出，对现行的城市公共服务和社会管理提出严峻挑战。城市二元结构主要表现在两个方面：一是外来流动人口产生的内外融合问题；二是农民向城镇和新型社区集中产生的城市问题。城市二元结构症结的实质根源在于，全国范围内尚未解决的农民工体制，主要就是农民工如何成为正式工人、如何成为真正市民的问题。这必须从根本上改革农民工体制，实现城市一体化，解决农民工身份和待遇的"半城市化"问题，这是一项事关全局的重大改革。农民工是新生代工人，是社会中间阶层发育

---

① 根据 2010 年 7 月第六次全国人口普查数据推测 2010 年底城市化率应超过 50%，参见本书《新时期的战略任务是推进社会建设》一文。——编者注

的生力军。这需要率先选点开展农民工问题大调查，弄清基本情况，从根本上制定解决农民工问题的方案、政策和实施规划。解决好农民工体制问题，就等于基本解决了实际存在的城市二元结构问题，相当多的社会矛盾和社会问题必然消解。

（二）社会建设整体尚处于初级水平

目前各项经济发展指标显示中国已经进入工业化中期，相当于当时发达国家的中等水平，但社会现代化水平还处于它们之前的初级阶段（如一些发达国家在工业化中期的中产阶层比重一般都会超出 40%，而中国现在仅 25% 左右）。当前中国社会现代化建设成就并不乐观，中国特色的社会建设的任务相当艰巨，具体体现如下。

1. 民生、社会事业方面多处于初级水平，社会分配还很不合理

2010 年，民生、社会事业投入不到 30%（发达地区已超出 30%，地区差异大），其中教育经费投入长期低于 4%（占国内生产总值），R&D 投入至今不到 2%（占国内生产总值），医疗卫生费用居民个人分摊比重高（2009 年占 37.5%，高出政府 10 个百分点、社会 2.4 个百分点），每万人大专以上学历者为 892 人（不到 1000 人），[①] 人均受教育年限为 8.5 年（发达地区高于 9 年），人口平均预期寿命 73.5 岁[②]（中级水平），每万人科技发明专利 1.7 项（非常低），每万人执业（助理）医师 17.9 个，居民养老覆盖率 28%，[③] 一线大城市的公共交通出行分摊率普遍低于 30%（三四线城市可能较高，但不适合人口大国的国情），人均住房建筑面积达 31.6 平方米（中级水平）。城乡居民收入差距为 3.31：1，越拉越大。[④]

比如，近年来媒体大量披露的校车安全事故，有着极端经济理性的印痕。随着 30 多年的计划生育政策推行和农村剩余劳动力举家进城，农村小学生大量减少。因此，一些地方政府及其教育部门为了整合资源，经济办学，扭曲国家政策，放弃"就近上学"原则，大量"撤点并校"，其结果导

---

① 以上数据参见国家统计局网站 2010 年相关数据及相应计算结果，http://data.stats.gov.cn/easyquery.htm？cn=C01。
② 参见国家统计局编《中国统计年鉴 2012》，北京：中国统计出版社，2012 年 9 月，第 106 页。
③ 每万人执业（助理）医师、居民养老覆盖率数据参见国家统计局网站 2010 年相关数据及相应计算结果，http://data.stats.gov.cn/easyquery.htm？cn=C01。
④ 人均住房建筑面积、城乡居民收入差距参见国家统计局编《中国统计年鉴 2012》，北京：中国统计出版社，2012 年 9 月，第 378 页，第 344 页。

致六七岁的小孩要么寄宿住校，要么每天远行跋涉或用车接送，农村的车况路况和司机驾驶技术都不足以胜任这样的繁重任务，因而事故难免发生。又如，在一些大城市里，优质学校、三甲医院等多数集中在市中心区，而郊区、边缘地带的民生资源却稀缺得多，中心地带的"极化效应"捆绑着土地价格和服务价格，人为造成土地的"级差地租"效应，造成中心区地段价格高昂的"挤压效应"，而其中的房价宏观调控长期难见效果，主要在于官商勾结作祟。总体看，目前民生、社会事业最大的问题：一是总量投入不足；二是这类资源、机会配置结构不合理，甚至于存在"碎片化"现象，即待遇条件因行业、地区差异而不同，尤其是社会分配差异不但没有缩小，反而拉大了；三是享受群体覆盖范围过窄。

2. 社区、社会组织、社会管理方面多处于低度水平

2010 年，全国平均每个城市街道管理 9.6 万人，东南沿海省市有不少街道管理十几万人、几十万人，管理百万人以上的街道也有几个。全国共有城乡社区约 68 万个，相当于每个社区容纳 2 万人左右（城镇的社区人口更多），而政府编制的公职人员非常少。全国每万人（登记注册）社会组织约为 3.5 个（非常少），每万人持证社会工作者大约 3 人（过少）。第二、三产业的每万名就业者劳动争议案件立案数为 12.5 件（有的经济发达地区超出 20 件），亿元 GDP 安全生产事故死亡率 0.201%，每万人刑事案件、社会治安案件立案数分别为 44.5 件、95.1 件。全国互联网信息化覆盖率为 34.2%。① 据广东调查，2010 年全省食品药品安全的公众满意度仅为 63.3 分。全国居民的各项综合安全感约为 75%（2008 年测量，低度中级水平）。

比如，社区管理、公共服务方面还很不到位。一个城市街道办事处只有几十个公职人员，却要管理几万人、几十万人乃至百万人。下面的一个社区有几千人，甚至还有几万人的，但社区公共服务和管理人员的编制只有几个，为的是节省政府成本和开支。社区人口大量增加，但行政上还是原来的区划和建制，很难实施有效管理，更难形成"熟人社区"。缺乏公民间的交流和互助，社区自治难以实行，基础不稳不牢，社会问题就会层出不穷，这也是刑事犯罪突出、社会治安较差的一个重要原因。其根本在于扭曲了"小政府、大社会"思想，或者说是对政府管理"低成本、高效率"

---

① 全国共有城乡社区数、全国每万人（登记注册）社会组织数、每万人刑事案件、社会治安案件立案数、全国互联网信息化覆盖率参见国家统计局网站（http://data.stats.gov.cn/easyquery.htm？cn=C01）2010 年相关数据及相应计算结果。

思路的矫枉过正。又如社会组织，与发达国家平均每万人 50 个以上、发展中国家每万人 10 个以上比较，目前中国的社会组织还很少，与当前的经济社会发展水平还有相当大的差距，发展空间很大。而且社会组织本身也存在多而散、服务能力不够、内部治理结构不合理、运行不规范等问题，存在"外部问题内部化"与"内部问题外部化"的双重困惑。由于政府过多承担社会事务，压力大、任务重、成本高，管得多，也管不好，该管的也没管好，还人为制造了许多新的社会风险，这就体现出体制性障碍影响社会现代化进程。

3. 社会结构变迁相当不合理

2011 年，城市化率达到 51.27%[①]（刚跨入中级水平门槛），中产阶层比重（占就业劳动者）约为 25%。"中国综合社会调查"（CGSS）数据显示，2010 年全国基尼系数已经突破 0.5，恩格尔系数为 39.76%（中级水平），第三产业从业人员占就业劳动者的 35.1%，城镇登记失业率为 4.1%（2009 年，CGSS 显示"调查失业率"在 9% 以上）。这些与社会现代化的要求相差很远。

比如，近几年每年公安机关立案的刑事案件中，盗窃、诈骗、抢劫三项侵财案发生率在 80% 以上，70% 以上发生在城市和城乡接合部。抓获的犯罪嫌疑人 70% 以上是流动人员，其中 70% 以上又是农民工，而遭遇此"三害"的人 70% 以上也是农民工。所以城市社会建设不加强、城市二元结构难题不解决，中国的现代化就是一句空话。再如，就业结构方面，体制内编制的员工与外来劳务派遣工之间处处存在"同岗不同工""同工不同酬"（派遣工干的是脏、累、差、险活儿，拿到的却是最低档工资，还基本没有社会保障）。一方面，体制内单位不断裁员，另一方面，体制外就业者无法就业增收，结果优势公共资源、机会多被体制内权力阶层垄断和占取。这其中，上层官员和富裕者的亲戚朋友往往通过潜规则交易，占据体制内较好的垄断位子，一度涌现出"官二代""富二代"等现象，结构性地排斥了普通社会中下层，因而社会正常合理的向上流动形成梗阻，现代化的社会结构发育缓慢。

4. 与市场经济相适应的现代社会规范尚未形成

在很多地方，居民对政府行为的满意度、社会诚信满意度、司法公正满意度都低于 70%，处于初级向中级的过渡状态。社会诚信和社会规范严

---

① 国家统计局编《中国统计年鉴 2012》，北京：中国统计出版社，2012 年 9 月，第 101 页。

重缺失或存在规范冲突。在市场化转型时期，一方面，旧有规范如"名分"式的传统等级权威治理失效，而适应市场发展的民主平等、自由竞争的新规范没有成型，社会一度存在社会规范"真空"，或者旧规范与新规范相互冲突（尤其发生于新老代际），人们无所适从。另一方面，社会结构性失衡，导致资源、机会过于集中在上层，而广大中下层资源机会匮乏，社会保障等民生资源不足，消费水平却同时被上层社会拉高，基本生存与消费攀高的压力同时增大，人的"本体性安全"受到严重威胁，其结果是社会各层翻越"道德底线"：既得利益的权贵阶层对各种资源甚至包括异性身体资源进行吞没或炫耀性消费，而社会中下层一些成员为了获得自身生存的资源、机会，坑蒙拐骗、欺生杀熟、出卖人格乃至身体资源。总之，符合社会正向发展的主流性社会规范呈现缺失或无序状态。

5. 社会体制改革尚未破题，体制机制相当不完善

政府、市场、社会三者之间的关系尚未完全厘清或"归位"。如城乡二元（户籍）体制、农民工体制等几个颇具中国特色的社会体制障碍依然存在。宏观性社会体制更不完善，突出的问题，如公共财政分配体制与压力型体制交织，钳制了社会建设。

总体看，一是中国社会建设有了一定基础，有少数指标如人口平均预期寿命、人均受教育年限、人均居住建筑面积、城市化率、综合安全感、恩格尔系数等，刚刚进入中级阶段的水平但大多数指标如高学历人数、社会组织数量、社会诚信满意度，尤其体现核心意义的中产阶层比重、基尼系数，还远没有得到优化调整，处于初级水平状态，制约社会现代化发展。二是与当时发达国家进入工业化中期阶段比较，中国很多社会现代化指标远远低于他们那个时段的实际水平，如当时美国等发达国家的中产阶层比重已超过45%，而今天中国的中产阶层人口只占25%左右。三是目前中国社会现代化存在区域性、行业性不平衡等问题，如北京、上海、深圳等的城市化水平已经超过65%，而全国总体水平刚超过50%，有的地方不到30%。北京、上海等的中产阶层比重已经超过40%，而很多地方的中产阶层比重还不到20%。因此说，目前中国的社会建设、社会现代化正处于从初级向中级水平过渡的阶段。这个过渡期或许是5年，或许是10年，还要看社会建设思路是否正确，社会政策和举措是否适时、得当。

（三）影响中国社会建设长期滞后的社会原因

一是施政理念原因。单极化思维和对社会变迁规律认识不足。从计划

经济时期的"极端政治理性"转向改革开放时期的"极端经济理性",都表现为一种单极现代性思维,以至于一些领导干部头脑中以及实践中存在着"重经济增长,轻社会建设""重社会管控,轻社会服务""重实务绩效,轻战略规划"的单向度观念。从近几年一些地方政府的工作报告或五年规划看,仍然过多地强调经济增长绩效及其考核,而忽视社会建设指标和投入,经济社会协调发展的顶层规划设计不足,或失误失当较多。比如,一些政府领导人长期以来固守城乡二元结构思维,对世界性人口流迁规律和城市化发展规律认识不足,结果各类交通及城区规划设计严重滞后于人口急剧流动,如同"人长高长大了,还穿着小时候的衣服",居民生活质量少有改观。

二是宏观体制原因。政府全能主义惯性与体制机制改革滞后。现在的市场化是一种全能政府主导下的市场经济,以至于出现经济市场化严重不足,而政治市场化、社会市场化却相当兴盛。对应的宏观体制的缺陷在于"政府全能,社会缺位,市场不足",微观、中观层面则是社会建设内部各种社会体制改革滞后于经济体制改革,这是许多经济社会矛盾产生且久解不决的一个重要原因。这与中国国情历史有关。政府全能主义的一个具体表现即是中央集权。分权制改革后,地方也产生了地方集权。与计划时期的意识形态化和权力强制不同,市场化条件下的集权则主要是经济利益集权。一旦集权内部产生既得利益的"体制惯性",任何大的改革都会遇到顽强的阻力,许多"惠民改革计划"及其成果都有可能被既得利益的"黑洞"(借用物理学的概念)所吞噬。政府全能主义"惯性"钳制了社会组织的发育及其正常功能的发挥,政府全包全揽使得企业和社会力量民主参与社会政策决策、社会建设事项不足。而且,一些领导者的思想价值观念、知识结构、面子心理对经济社会决策有着显著的"群体思维"影响,在市场化条件下,还夹杂着过多的自我利益、自我荣誉观念,结果导致决策失误失当的现象突出。

三是社会结构原因。资源、机会过于集聚社会上层,结构失衡。集权体制的"后遗症"即是经济领域过多地渗透政治权力因素,政治权力和经济利益相互嵌入和侵蚀,结果"政治市场化"和"市场政治化"并存,反而比经济市场化更加强劲,使得资源、机会过度集中于政府上级和社会上层,形成垄断性结构力量,钳制了"社会"本身的发育成长。垄断性结构左右社会资源、机会的调配,影响社会现代化进程。政治市场化、社会市场化的结果是,一些政府及官员在公共服务和公共管理方面,自利伦理替代了服务伦理，与民争利而诱发政企之间、官民之间、中央和地方之间非正常交易，使得公共服务、社会管理成为官商之间、官官之间的谋利手段，对于社会中下层的"体制性排斥"和"结构性排斥"越来越明显，底层维权也相当艰难。

三　社会建设近中期任务相当艰巨

根据前面的分析，我们认为社会建设在近中期要推进以下九个方面的工作。

（一）着力改善民生事业，满足城乡居民的基本需求

民生事业主要包括就业、收入分配、住房、社会保障等。就业是民生之本，要发挥全社会力量，千方百计扩大居民就业，确保公平就业、稳定就业、安全就业、高质量就业，尤其要缩小体制内与体制外的过大差距。住房方面要根据人口流迁与社会经济发展的关系，提高供应规模，大量增加保障性住房。坚持广覆盖、保基本、多层次、可持续方针，贯彻落实《社会保障法》，加快建设统筹城乡、惠及全民的社会保障体系。总之，要实现全民业有所就、劳有所得、住有所居、老有所养，持续增强社会阶层成员向上流动的社会适应能力的基础。

（二）加快社会事业建设，满足城乡居民的多元需求

社会事业主要包括教育、科研、文化、体育、医疗卫生等，在国外也叫公共服务。今后要加大力度，改革和完善提供公共服务的体制机制，全力发挥政府、市场、社会的三方作用，改变政府"单打一"的供给局面，既要通过"政府保基本"，保障城乡居民的基本需求得到满足，又要以需求为导向，通过市场化途径满足多层次需求。破除城乡户籍制度改革阻力，全力推进城乡社会事业一体化发展，按照行政性、公益性、经营性分类原则，不断改革现行事业单位体制，建立新的事业单位运行机制。总之，使得基本公共服务覆盖各类人群，让全民学有所教、病有所医、行有所通等，增强社会阶层成员向上流动的发展能力。

（三）改革和完善社会分配制度，公平配置资源、机会

改革和完善资源、机会在政府、企业、社会三者间的公平分配制度和

体制机制，实现劳有所得、藏富于民、发展成果人人共享，即要提高居民收入分配占国民收入分配的比重。积极探索建立居民收入增长和经济发展同步、劳动报酬增长和劳动生产率提高同步、收入分配宏观调控调节与企业工资集体协商同步、最低工资标准稳步提高与收入倍增富民计划同步的长效机制。既要加快建立领导干部财产收入申报制度，又要强调保障普通公民合法财产及其权利。规范收入分配秩序，保护合法收入，增加中下阶层收入，调节过高收入，取缔非法收入，不断壮大社会中间阶层规模。

（四）加强城乡社区自治，积极构建和谐的熟人社会

城乡社区是社会建设的基层实体，承载着居民的多种基本权利。城乡社区建设的目标是建成符合现代化要求的基层社会治理结构，完善基层社区自治机制，提升居民自治能力，达致睦邻友好、相扶关照、和谐相处。要按照实际情况，科学规划和确定街道、社区的管辖边界和规模。理顺社区与政府的关系，按照经济社会职能的分工，重新确定街道办事处的机构设置、干部配备，明确职能职责、权责关系、经费保障。积极探索常住居民与暂住居民和谐相处的方式方法，着力建立不同形态社区的内部融合机制。通过政策引导，充分发挥驻区的社会组织和单位、业主委员会、物业公司等社区共建的作用。建立健全社区联合议事机构，充分发挥其公共服务和社区治理的民主决策功能，真正实现"民生促民主，民主促和谐"的局面。以居民实际需求为导向，不断完善社区服务站，健全社区服务体系，充分发挥社会工作者和志愿者的作用，构建好社区居民互动共享的信息平台，为居民提供更好、更便捷的公共服务。总之要构建充满生机活力、人际融洽、成员归属感强、责任感重的现代性"熟人社会"。

（五）加快发展社会组织，培育和壮大公民社会主体

全社会要树立政社合作的理念，逐步实现政府、企业、社会组织三者职能分开、功能互补、资源共享、合作共建，有序释放政府过多承担的公共服务和社会管理职能，使社会组织逐步成为社会自治、应对风险、化解矛盾，以及弥补政府不足、降低行政成本的社会建设主体之一。大力改革社会组织的行政管理体制机制，坚持积极引导与依法管理并举，降低准入"门槛"，简化成立程序，全面推行登记、备案双规制，建立健全统一登记、各司其职、协调配合、分级负责、分类发展、功能分开、管办分离、分类监管，尤其要建立和完善第三方评价监督社会组织的管理体制机制。发挥

政府、企业、社会的作用，通过政府购买服务、建立专项基金、搭建孵化平台等方式，努力解决社会组织运营的实际困境。切实淡化社会组织的行政色彩和意识形态倾向，努力提高社会组织的社会化程度和自治功能，确保枢纽型社会组织充分发挥社会正向功能。切实转变工会、共青团、妇联以及大量行业性协会的职能，使之充分面向群众、服务社会。既要发挥社会中间阶层在培育和壮大社会组织中的作用，又要通过社会组织发展壮大社会中间阶层的规模，真正实现社会中间阶层与社会建设的互构推进。

（六）创新人本化社会管理，化解风险，维续社会良序

现代社会管理本质上是以应对社会风险、维护公共秩序为核心，以人本化服务为先导，寓管理于服务，最终要实现公民的自我社会管理。全社会要树立多方参与、共同治理的理念，尤其要有效改变政府对社会管理事务全包全揽、管紧管死的局面，通过管理的法律、体制机制、能力、人才队伍和信息化建设，不断加强政府、市场、社会的多元协同治理，重点发挥社会中间阶层在社会管理中的作用，努力构建和谐社会。建立一套能够覆盖各类人口的动态管理体系：建立健全关涉群众权益问题的利益协调、诉求表达、权益保障、矛盾调处等机制。发挥多元主体的作用，强化各类安全建设，遏制重特大事故。努力探索他律与自律相结合、法治与德治相结合的管理模式，确保社会主体依法司职，各负其责。实现常态管理，加强社会管理的制度化、规范化、常态化、专业化的长效体制机制建设。培养专业化的管理队伍，提高专业化管理水平。改革管理方式，推进科学管理、信息化管理，同时规范摄像头等社会治安技防手段的使用，按照管理辖区人口比例，合理配置公安警察队伍，警力下沉到基层。

（七）形塑现代化社会规范，培育社会主义文明新人

以诚信体系和社会文明建设为重点，不断完善社会规范。积极打造良好的法治环境，依法行政，司法公正，严格执法，努力建设法治型政府、廉洁诚信政府。积极开展全民的道德诚信教育、民主法治教育、公民意识教育，以及就业者的职业道德教育和敬业精神培育等，努力提高现代人的文明素养，政府率先、干部垂范，法治为准、强化他律，德治为本、完善自律，建立诚信社会。以富有特色的文体娱乐活动为载体，大力弘扬中华民族优秀的历史文化和传统美德，大力推进核心价值观宣传教育。建立健全社会诚信体系，完善社会信用信息平台和信息系统，加强社会信用网建

设。提升公民文明素养，倡导文明出行、规范行车、净化环境、合理消费，促进公共安全文明和生态文明建设。培育健康社会心态，秉着奋发进取、理性平和、开放包容的原则，融洽人际关系，培养公民积极健康向上的心理和心态。发展和完善专业的心理咨询机构和心理援助服务，建立健全精神卫生防治体系和高危人群心理干预机制，有效防范和减少社会极端行为。

（八）建立和健全与市场经济相适应的现代社会体制

中国现行的社会体制多数是在 20 世纪 50 年代以后，按照计划经济体制的要求逐步建立起来的，是为计划经济体制服务的。目前改革过的社会主义市场经济体制与基本还没有改革成功的社会体制并行，很不协调，这也是目前许多经济社会矛盾产生且久解不决的一个重要原因。因此，要推进社会建设，必须以社会体制改革为中心环节和突破口，不断改革和完善人、财、物的资源机会配置体制：一是明确政府、市场、社会的各自定位和功能，发挥"政府主导，社会主体，市场弥补"的各自作用，要像当初经济改革那样，政府要向社会简政放权，还权于民；二是逐步建立与社会主义经济体制相适应的社会体制，改变政府长期以来对社会服务和公共管理大包大揽的局面，放宽民营经济、社会组织参与兴办铁路、公路、教育、医疗等社会公共事业的条件；三是发挥社会组织、社会力量尤其社会中间阶层民主参与的作用，让群众成为社会建设决策、社会改革的主体，切实改变"强政府－弱社会"的格局；四要切实改变过去那种公共财政投入"重经济、轻社会"和"上强下弱"的局面；五是打破束缚各阶层成员在经济、社会、政治、文化各大领域交互流动的体制性障碍，尤其要拆除体制内与体制外的流动壁垒，确保成员依据自身能力条件与经济社会发展需求实现合理流动。总之，要解决政府的基层服务投入不足（缺位）、基层管控干预过多（越位）的双重困境，改变社会民主参与不够、能力不足、市场资源整合不力等状况。

（九）以壮大中产阶层为核心，调整和优化社会结构

构建一个合理开放的工业社会中期阶段的社会结构，这是社会建设最重要、最核心的任务。社会结构的调整和优化实质就是社会阶层结构的优化和调整，本质上就是中产阶层的发展壮大。现代化社会是一个中产阶层占主体、中产阶层人口占多数的橄榄型社会。壮大中产阶层队伍，需要在民生保障、社会事业发展方面着力打通社会中下层向上流动的通道，就要

加大教育投入，确保教育事业均等化，让广大底层成员的子女能均等地接受中高等教育，进一步促进社会流动，使社会中低阶层成员有更多的机会向中产阶层升迁。积极开展人力资源教育培训，盘活中产阶层发育的人力资本，提高现有二、三产业劳动力的文化素质和专业技能，广开二、三产业就业渠道，通过就业结构调整，不断促使职业结构趋高级化。建立和完善社会保障体系，减轻中低阶层在住房、税收等方面的民生压力。积极构建和谐劳动关系，建立健全三方的企业工资和福利谈判机制、社会监督机制，改善和减轻中低阶层劳动者的就业环境、岗位条件、劳动强度。

四 构建工作体制机制，进一步加快社会建设

社会建设是一项复杂的系统工程，目前需要各级党组织和政府首先有组织、有步骤、有规划地加以推进。要像当初抓经济建设那样抓社会建设，要形成共识，要有组织机构等相应的工作体系和机制，加大投入，培养人才，同时要发挥社会政策和社会工作的作用，当前可开展必要的先行试点。

（一）全社会形成共识，高度重视社会建设贯彻落实

从近年国内一些发达地区关于"十二五"规划的情况看，长三角、珠三角的一些县市，人均 GDP 都已经超过 1 万美元了，还在提今后要实现 GDP "三年翻番""四年翻番""五年翻番"的目标，而构建社会主义和谐社会与社会建设方面的目标和任务则比较空泛，认为可有可无，还没把社会建设放到应有的位置上，以至于社会矛盾和问题越来越多，群众的满意度和幸福指数不高。这很值得我们深思。因此，建议全党、全国、全社会应该形成共识，把思想认识统一到党的十六届六中全会关于构建社会主义和谐社会上来，"把中国特色社会主义伟大事业推向前进，必须坚持以经济建设为中心，把构建社会主义和谐社会摆在更加突出的地位"[1]，将十八大提出的"在改善民生和创新管理中加强社会建设"[2]，摆上党政的重要议事日程。除了前述的将社会建设放到"五位一体"的第二位以外，建议应像抓

---

① 《中共中央关于构建社会主义和谐社会若干重大问题的决定》，北京：人民出版社，2006 年 10 月，第 3 页。

② 胡锦涛：《坚定不移沿着中国特色社会主义道路前进 为夺取全面建成小康社会而奋斗——在中国共产党第十八次全国代表大会上的报告》，《中国共产党第十八次全国代表大会文件汇编》，北京：人民出版社，2012 年 11 月，第 31 页。

经济工作那样，每年召开一次中央社会建设工作会议，制定规划，协调各方力量，从上到下推进社会建设。由政府而社会，不断推进社会建设大业。

（二）全面建立完善社会建设工作体制机制

社会建设作为"五位一体"的一大建设，要像经济建设、政治建设那样，要有组织领导、人才培养、财物投入等体制机制作为工作抓手，以加快推进社会建设。

首先，要组建机构和班子，着力提供组织保证。当前，社会建设要像抓经济建设、抓计划生育那样，也应该建立一套相应的机构，配强班子，从组织上落实这个战略任务。自 2007 年 12 月北京市率先成立市委社会工作委员会（简称社会工委）、市政府社会建设工作办公室（简称社建办）5 年多来，做了很多工作，很有成效。以后各地陆续组建了相应的机构，也做了一些工作，但目前多数只是作为一个职能部门组建，有的还是临时性的，没有实权，办事不力，有的职能与现有的民政部门、发改委等部门还有交叉扯皮现象，领导体制还未理顺，实践效果还不理想，遇到种种障碍。这种状况必须从体制上改进，应该像当年进行经济建设那样，组建一个类似发改委那样的社会建设工作机构，赋予相应的权力和责任，统筹制定中长期规划，行使宏观规划、服务管理、组织协调、评估监督等职能，主持推进社会建设大业。

其次，要优化和整合资源，大力培养专门人才。中国改革开放的伟大实践表明，经济建设需要宏大的经济工作人才队伍，社会建设同样也需要宏大的社会工作人才队伍。社会建设也需要建立领导干部、工作人员、专业研究人员这三支队伍。要发挥组织优势，动员社会力量，形成千军万马搞社会建设的阵势。社会建设是一项新工作、新任务，需要有大批熟悉社会建设和管理的干部，今后既要从社会建设工作的实践中培养，也要像经济建设初期组建经济管理干部学院那样，组建社会建设或社会管理学院，培训大批社会建设的干部和专业人才，同时使之成为社会建设重大理论和实践问题调查研究的中心，成为党和政府加强社会建设的智囊机构之一。

再次，加大财力、物力投入，不断夯实物质基础。党的十六大以来，国家加大了对社会建设的投入，情况已有好转。但目前有一种风气，一说起抓好社会建设具体事项，很多人认为社会建设的投入已经占到总财政支出的 60% ~70%，其实有些事项、有些投入本身并不是真正的社会建设内容和款项。而且，一些政府由于已经形成了路径依赖，仍然习惯于投入经济建设方面。要像当初抓经济改革那样，按照社会建设 9 个方面来规划和投入，既要发挥政府合理财政支持的主力作用，也要发挥企业、社会组织参与投入财力、物力的作用，同时要有一套投入机制和办法，真正夯实社会建设的物质基础。

最后，要建立一套社会建设指标体系进行统计和监测。根据国内外已有研究和中国社会建设的体系内容，结合前面社会现代化的三个阶段划分，我们提出一套社会现代化的指标体系，作为社会建设的发展程度和水平的衡量和监测机制。其中有几个主要指标：（反映民生事业现代化水平的）人口平均预期寿命，（反映社会事业现代化水平的）人均受教育年限，（反映社会组织现代化水平的）每万人社会组织数量，（反映社区现代化、社会结构现代化水平的）城市化率、中产阶层比重、基尼系数，（反映社会管理现代化水平的）社会信息化率、公众综合安全感，（反映社会规范现代化的）社会诚信的公众满意度。这六项指标，基本上能涵盖和体现社会建设具体方面的现代化水平。

（三）开展社会建设试点工作

社会建设是新战略、新任务，没有先例。从全国形势看，目前中国的社会建设犹如 20 世纪 80 年代初的经济建设那样，各地都在进行社会建设和社会管理的探索和实践，有些地方的社会建设和管理已经做出了很多好的成绩，应该科学总结这些经验，加以推广。各地可以像当初抓经济建设试点那样，抓社会建设试点。要善于运用已有经验，事先做好规划，制订方案，可以选 2～3 个有代表性的区、县作为试点，选派相应的干部，组成社会建设试点工作领导小组，在试点中发现问题、吸取教训、总结经验，再逐步推广。全国也可以选取 1～2 个省份重点试行社会建设。

当代中国社会建设研究[*]

实现现代化，完成中华民族伟大复兴，是中国人民百年来的夙愿。经过 30 多年改革开放的探索和发展，我国经济社会已经发生深刻变化。社会主义初级阶段、社会主义市场经济、社会主义和谐社会这三大中国特色理论的创新和实践，将中国现代文明建设推向新的高度、新的水平。沿着改革开放开创的中国特色社会主义道路，中国经济建设成就举世瞩目，新型工业化、信息化、城镇化和农业现代化快速推进，中国正在经历真正的"千年未有之大变局"。然而，相对于经济建设的辉煌成就，其他领域的建设则明显落后，尤其是社会领域，社会结构还不合理，社会体制亟待改革，社会矛盾和问题凸显，和谐稳定压力较大。人民对实现公平正义、过上美好生活、社会更加和谐，有着新向往和新期待。

当前，中国面临社会发展与经济发展不协调的新矛盾，亟须进行新的战略调整。党的十六大以来，在构建社会主义和谐社会的理论认识和实践发展中，社会建设在社会主义事业总体格局中的地位日益彰显，中国现代化建设进入了新的历史转折时期。这一时期，要更加突出社会建设的国家发展战略地位，开启以社会建设推动社会现代化、促进实现全面现代化的新发展阶段。要以社会体制改革为突破口，改革国家 – 市场 – 社会关系失衡的体制，不断调整优化以阶层结构为核心的社会结构，逐步实现社会经济协调发展。

一 中国现代化正处于新的历史转折时期

新中国成立以来的现代化探索和实践，经历了三次重大历史转折。每

---

* 本文源自《当代中国社会建设》（陆学艺主编，北京：社会科学文献出版社，2013 年 7 月），第 2～37 页，原文为该书的总报告，写于 2013 年 2 月 25 日，现题为本书编者根据总报告内容拟定。——编者注

一次重大转折，都基于解决特定历史时期的社会矛盾，经历实践探索、思想碰撞、深刻反思、逐步定型的过程，确定新的战略任务，进入新的历史阶段。

（一）中国正处于第三次历史转折时期

第一次重大历史转折时期，从 1949 年中华人民共和国成立到 1956 年社会主义制度基本建立。这一时期，通过社会主义改造，改变旧中国一盘散沙的局面，把全国人民"组织起来",① 完成从新民主主义社会向社会主义社会的过渡，确立了社会主义基本制度，奠定了中国现代化建设的根本政治前提和制度基础，开启了社会主义制度建设的历史阶段。第二次重大历史转折时期，从 1978 年党的十一届三中全会召开到 1987 年党的十三大召开。这一时期，通过拨乱反正，实行改革开放政策，让人民"活跃起来"②，提出社会主义初级阶段"三步走"战略，初步探索建立社会主义市场经济体系，开启了以经济建设为中心的历史阶段。

从党的十六大召开至今，中国现代化建设进入第三次重大历史转折时期。这一时期，所要完成的历史任务是，在继续坚持以经济建设为中心的前提下，实行社会发展与经济发展并重的战略方针，遵循社会规律，加强社会建设，解决社会经济发展不协调的矛盾，让社会更加"和谐起来"③，开启以社会建设推动全面现代化的新阶段。应当看到，从全党全国的理论认识和现代化建设实践来看，这一过程目前还没有完成。

关于对当前现代化建设所处阶段的总体判断，中共中央有过很多表述。十六大报告指出，"我国进入全面建设小康社会，加快推进社会主义现代化的新的发展阶段"④；2004 年，十六届四中全会指出，"进入新世纪新阶段……我国改革发展处于关键时期"⑤；2005 年，十六届五中全会指出，

---

① 毛泽东：《中国人民大团结万岁》，《毛泽东选集》第 5 卷，北京：人民出版社，1977 年 4 月，第 9 页。

② 邓小平：《改革开放使中国真正活跃起来》，《邓小平文选》第 3 卷，北京：人民出版社，1993 年 10 月，第 232 页。

③ 郑必坚：《牢牢把握党的十八大主题》，《人民日报》，2012 年 11 月 23 日第 6 版。

④ 江泽民：《全面建设小康社会，开创中国特色社会主义事业新局面——在中国共产党第十六次全国代表大会上的报告》，《中国共产党第十六次全国代表大会文件汇编》，北京：人民出版社，2002 年 11 月，第 1～2 页。

⑤ 《中共中央关于加强党的执政能力建设的决定》，北京：人民出版社，2004 年 9 月，第 1～2 页。

"我国经济社会发展进入新阶段""全面建设小康社会的关键时期""面向未来，我们站在一个新的历史起点上。"[①] 2006 年，十六届六中全会认为"我国已进入改革发展的关键时期"[②]；2007 年，十七大报告提出"抓住和用好重要战略机遇期"[③]；2012 年，十八大报告又使用了"新世纪新阶段""新的历史条件下"[④] 等提法。学界也提出很多说法，如："中国改革正面临一个新的至关重要的战略转折阶段。"[⑤] 今天的中国又面临"一个新的历史转折时期"[⑥]。2012 年，中国社会科学院《2012 年中国社会形势分析与预测》提出"中国进入了以城市社会为主的新成长阶段"[⑦]。我们认为，当前中国现代化建设正处于"新的历史转折时期"，是基于当前社会转型[⑧]面临的主要社会矛盾和现代化实现程度做出的判断，表明中国现代化发展的阶段特征和发展战略转变的特征。

社会主义现代化是全面的现代化。从新中国成立到 21 世纪中叶实现现代化，百年进程现在已经走过 60 余年。如果说第一个 30 年进程是国家（政治）建设的艰辛探索，第二个 30 年进程是经济建设的成功实践，那么，加强社会建设，促进社会发展进步，则是未来 30 年中国发展的主题[⑨]。现代化发展的一般规律和中国现代化实践要求昭示：社会建设的时代已经到来。

[①] 《中共中央关于制定国民经济和社会发展第十一个五年规划的建议》，北京：人民出版社，2005 年 10 月，第 1、2、3 页。

[②] 《中共中央关于构建社会主义和谐社会若干重大问题的决定》，北京：人民出版社，2006 年 10 月，第 3 页。

[③] 胡锦涛：《高举中国特色社会主义伟大旗帜　为夺取全面建设小康社会新胜利而奋斗——在中国共产党第十七次全国代表大会上的报告》，《中国共产党第十七次全国代表大会文件汇编》，北京：人民出版社，2007 年 10 月，第 2 页。

[④] 胡锦涛：《坚定不移沿着中国特色社会主义道路前进　为全面建成小康社会而奋斗——在中国共产党第十八次全国代表大会上的报告》，《中国共产党第十八次全国代表大会文件汇编》，北京：人民出版社，2012 年 11 月，第 3、13 页。

[⑤] 汪玉凯：《中国改革面临战略转折》，《同舟共进》2007 年第 7 期

[⑥] 钱理群："'农村发展组'：八十年代的改革互动"，《炎黄春秋》2012 年第 9 期。

[⑦] 汝信、陆学艺、李培林主编《2012 年中国社会形势分析与预测》，北京：社会科学文献出版社，2012 年 1 月，第 2 页。

[⑧] 社会转型的一般内容大体有六方面，即：从计划经济到市场经济、从传统农业社会到现代工业社会、从乡村为主到城市为主、从礼俗社会到法理社会、从封闭半封闭社会到民主开放社会、从同质性强到异质性强的社会转变（参见陆学艺、李培林主编《中国社会发展报告》，沈阳：辽宁人民出版社，1991 年 11 月）。应该还要加上中产阶层为主体的"橄榄型"现代化社会结构。——作者注

[⑨] 沈原从转型社会学的角度进行了阐述。参见沈原《又一个三十年——转型社会学视野下的社会建设》，《社会学研究》2008 年第 3 期。

（二） 当今中国的主要矛盾是社会发展与经济发展不协调

中国现代化过程展现的阶段发展特征和战略转折特征，是由不同历史时期的世情、国情、社情交织形成的主要矛盾决定的。新中国现代化第一次重大历史转折时期面临的主要矛盾是无产阶级与资产阶级的矛盾，即需要巩固新生政权；第二次重大历史转折时期面临的主要矛盾是人民日益增长的物质文化需要同落后的社会生产之间的矛盾，即需要解决人民温饱问题；第三次重大历史转折时期面临的主要矛盾，则是社会与经济发展不协调的矛盾，这是关乎全面建成小康社会、实现共同富裕、构建社会主义和谐社会的核心问题。这一主要矛盾，具体地体现为以下几个方面的不协调。

第一，经济发展成就显著，社会问题相对突出。在社会领域，出现了邓小平晚年曾指出的"发展起来以后的问题不比不发展时少"[1]，有些问题甚至非常突出。如违规征地拆迁、环境污染、劳资冲突导致的群体事件占绝大多数，社会影响突出，社会治安和刑事案件立案数是改革前的10倍多。对于这些问题，十六大以来党的各次会议都做了实事求是的概括。

第二，经济总量扩张迅速，发展成果共享不足。人们的社会需求、公共服务、社会福利没有随经济发展同步得到相应满足。2010年中国经济总量已经位居世界第二位，人均国内生产总值是1978年的79倍。但是，城乡居民收入增长远低于经济增速：2010年城镇居民人均可支配收入仅是1978年的56倍，农村居民人均纯收入仅是44倍；[2] 在国内生产总值占比中，全国民生、社会事业投入不到30%，其中教育经费投入长期低于4%，研发投入至今不到2%，医疗卫生费用居民个人分摊比例高（2009年占37.5%，高出政府投入10个百分点、社会投入2.4个百分点），居民养老覆盖率仅28%。[3] 国家财政支出大部用于经济建设投资，积累率从1978年的38.2%，提高到2011年的49.2%，影响了最终消费，导致上学难、看病难、就业难等突出问题。

第三，经济活力有效释放，社会活力仍受抑制。市场经济改革的目的之一是促进各种经济要素自由流动，最大限度激发经济活力。改革开放以

---

① 《邓小平年谱 （1975～1997）》（下），北京：中共中央文献出版社，2004年7月，第1364页。

② 参见国家统计局编《中国统计年鉴2012》，北京：中国统计出版社，2012年9月，第46、344页。

③ 参见国家统计局网站2010年相关数据及相应计算结果，http://data.stats.gov.cn/easyquery.htm？cn＝C01。

来，作为经济要素的劳动人口按照市场规律加速向城市流动和聚集，但是，作为具有社会属性的人在社会管理、社区建设上受到流动和居住限制。作为一种后果，抑制社会活力的同时也抑制了经济活力。中国有 2 亿多农民工在城乡之间如候鸟般流动，加上其他人口流动等，每年有半个中国在流动。但目前流动人口管理比较传统、落后，户籍管理仍沿袭封闭社会旧制，农民工在城里没有安身立命之处，与城市职工"同岗不同工""同工不同酬"，处于"半城市化"状态。① 不稳定的生存状态导致刑事犯罪突出、社会治安较差：近几年的刑事案件中，70% 以上的盗窃、诈骗、抢劫等侵财案发生在城市和城乡接合部，70% 以上的犯罪嫌疑人是流动人员，其中 70% 以上是农民工，而受害人 70% 以上也是农民工。同时，城市人口高度集中居住，但行政区划和建制基本没变：一个城市街道办事处只有几十个公职人员，却要管理十几万人、几十万人、上百万人，一个社区有几千人，甚至数万人，但社区公共服务和管理人员的编制却很少，很难实施有效管理。这也是社会管理混乱、刑事犯罪、治安状况不好的一个重要原因。

第四，经济组织化水平较高，社会组织化程度偏低。企业是最基本的经济单位，企业的数量、组织化程度和市场参与度，是市场经济发展和市场活力的重要标志。改革以来，民营经济蓬勃发展，民营企业数量激增，截至 2012 年 9 月，民营经济总量占比超过了全国的 60%，民营企业数量超出 1000 万户②。同样，社会组织的数量、社会事务参与度也反映了社会的组织化程度和社会发展、社会活力水平。中国的民间社会组织、社会企业发展缓慢，登记注册的民间社会组织（社会企业）2012 年仅为 45.75 万个，与发达国家每万人 50 个以上、发展中国家每万人 10 个以上比较，目前中国的社会组织仅为每万人 3.5 个，与当前的经济发展水平极不相当。并且，社会组织本身也存在服务能力不够、治理结构不合理、运行不规范等问题。

第五，经济结构日益现代化，社会结构处于初级阶段。中国经济结构已处于工业化中期阶段：产业产值结构从 1985 年"二一三"转向"二三一"结构（2011 年农业总产值已经低于 10%），二、三产业产值已占主体。

---

① 王春光：《农村流动人口的"半城市化"问题研究》，《社会学研究》2005 年第 5 期。
② 资料来源：2012 年度《中国民营经济发展形势分析报告》，http://cppcc.people.com.cn/n/2013/0203/c34948 - 20414890.html。

1997 年的就业结构：在第二、三产业就业劳动力达到 50.1%，已是就业主体。按照世界银行的标准①，2010 年中国人均 GDP 达到 4429 美元，已进入上中等收入国家行列。但是，我国社会阶层结构尚处于当时发达国家的初级阶段水平，如真正意义上的中产阶层仅占 25%（1951 年美国中产阶层达到 45%②），2012 年城乡居民收入差距为 3.1∶1，结构性差距缩小困难，城市人口虽首次超出农村人口，达到 50.1%，但 40% 多的农村人口生产不到 10% 的国民生产总值，存在严重的结构性"倒挂"。而且，流动人口大量增加和农民工体制问题交织，造成城市内部二元结构问题相当突出。本课题组曾经研究得出目前的"社会结构滞后于经济结构约 15 年"的结论③，客观反映了中国社会结构与经济结构不协调的状况。

第六，市场经济规则日渐成熟，现代社会规范尚未建立。市场经济讲求平等、自由竞争，也追求民主开放和法制经济。但由于传统礼俗社会的名分、等级规范不断嬗变或解构，现代法理社会规范始终难以成型，市场经济领域盛行潜规则，出现不义取财、道德滑坡等现象，以至于法治松弛、腐败严重、人性沦丧等，不少地方群众对政府和官员的诚信评价满意度较低，"仇官""骂官"现象较为突出。

第七，经济体制改革不断深化，社会体制改革尚未破题。经过 30 多年的产权、国有企业、股份制、金融和财税制度、外汇制度改革，社会主义市场经济体制基本确立。但是，原有的社会体制很多还未触动，至少没有取得突破性进展。从宏观层面看，存在"强政府 - 强市场 - 弱社会"的格局，很多领域仍然沿袭政府"单打一"。结果是：一方面，政府过多承担社会事务，压力大、任务重、成本高，管得多，也管不好，该管的没管好，还人为制造了许多新的社会风险；另一方面，政府一方独大，钳制了"社会"（公民社会）的自身发育壮大。从中观层面看，城乡二元体制、户籍制度、社会事业体制、社会组织体制、社会管理体制等，依然是计划经济时期遗留下来的。

关于社会发展与经济发展不协调的问题，中央早在 1997 年十五大报告

---

① 其标准是：人均 GDP 1006 美元及以下是低收入国家；1007~3975 美元是下中等收入国家；人均 GDP 在 3976~12275 美元之间是上中等收入国家；人均 GDP 在 12276 美元及以上，叫高收入国家。——作者注
② 〔美〕C. 莱特·米尔斯：《白领：美国的中产阶层》，杨小东等译，杭州：浙江人民出版社，1987 年 6 月，第 84 页。
③ 陆学艺主编《当代中国社会结构》，北京：社会科学文献出版社，2010 年 1 月，第 3 页。

就提出来了。2003 年，党的十六届三中全会基于发展过程中的"五个不协调"，提出了"五个统筹"的新要求，其中就包括"统筹经济社会发展"。党的十七届五中全会和十八大继续重申"发展中不平衡、不协调、不可持续问题依然突出"，我们认为，这不单纯是经济发展领域的问题，更应当理解为在整个现代化过程中经济发展与社会发展的不平衡、不协调、不可持续。不平衡，是城乡和区域经济社会发展、社会阶层资源机会配置、社会利益关系的不平衡；不协调，是经济体制与社会体制、经济结构与社会结构、经济发展与社会发展的不协调；不可持续，是不触及社会体制的经济改革，不顾及社会发展和经济发展的不可持续。因此，社会与经济发展不协调是当前时期的主要矛盾，统筹社会经济发展，使经济社会平衡协调发展是当前和今后一个时期最要紧抓的大事情。

毛泽东同志在《矛盾论》中指出："在复杂的事务发展过程中，有许多的矛盾存在，其中必有一种是主要的矛盾，由于它的存在和发展规定或影响着其他矛盾的存在和发展。……捉住了这个主要矛盾，一切问题就迎刃而解了。"[1] 总之，社会与经济发展不平衡、不协调的问题长期没有解决好，除了我们工作不到位等原因外，主要还是因为存在着体制性、结构性的障碍，严重影响着我国现代化大业的进程。

二　加强社会建设是现代化不可逾越的阶段

面对目前中国社会发展和经济发展不平衡不协调的困境，政界、学界提出了今后关于改革发展的多种战略选择，概括起来主要有三种主张。第一种主张认为，要继续深化经济体制改革，继续集中主要精力抓经济发展，认为经济发展了，其他问题都可以迎刃而解；第二种主张认为，社会经济发展不协调的根本原因在于政治体制改革滞后，要求加快政治体制改革，加强政治建设；第三种主张认为，中国下一步的战略任务、战略重点应该是加强社会建设，进行社会体制改革，通过解决民生问题、创新社会管理、推动社会重建、调整优化社会结构等，促进社会经济协调发展。

从发达国家工业化进程看，在工业化初期，往往注重经济增长和技术进步。到了工业化中期，经济高速发展，社会问题增多，因而社会与经济协调发展成为重要课题。到了工业化后期或后工业社会，则是整个社会全

---

① 《毛泽东选集》第 1 卷，北京：人民出版社，1991 年 6 月，第 320～322 页。

面协调发展。因此，我们主张在新的历史转折时期，把加强社会建设作为中国未来现代化建设的战略重点，符合经济社会发展规律，符合社会主义现代化建设规律，符合中国国情和当前实际。在下一个历史阶段，应当从国家宏观发展战略出发，在坚持经济建设为中心的前提下，实行社会建设与经济建设并重的战略方针，把社会建设摆到重要的战略地位，推进社会与经济协调发展。

（一）加强社会建设是现代化必经阶段和战略要求

把加强社会建设作为中国现代化下一个阶段的战略重点，有以下几方面的具体实践理由。

第一，全面建成小康社会的需要。全面建成小康社会是中国特色社会主义现代化的重要战略目标。2002 年，党的十六大报告指出当时"人民生活水平总体达到小康水平"，但"还是低水平的、不全面的、发展很不平衡的小康"，因此，"要在 21 世纪头 20 年，集中力量，全面建设惠及十几亿人口的更高水平的小康社会"[1]；2012 年，十八大提出"确保到二〇二〇年实现全面建成小康社会宏伟目标"[2]。

十六大提出全面建设小康社会目标后，国家有关部门制定了六大类 23 个指标的体系[3]。对照当时的指标看，2010 年全面小康已经达到 80.1% 了，比 2002 年提高了 20 个百分点，时间过半，任务完成也过半，这是很好的。从监测数据看，经济指标实现得最快最好（比 2000 提高了 25.8%）：2020 年的目标人均 GDP 是达到 31400 元，若按 2000 年的不变价格计算，2013 就能实现这一目标。但是，社会和谐、文化类指标提高较慢，特别是有几个指标还出现倒退：2000 年城乡差距已经达到 99.8%（即 2.6∶1），但 2010 年倒退为 70.3%（即 3.23∶1），城乡差距反而扩大；基尼系数 2000 年已完成了 98.6%（即 0.412），但到了 2010 年倒退为 79.8%（即 0.481），意味

---

① 江泽民：《全面建设小康社会，开创中国特色社会主义事业新局面——在中国共产党第十六次全国代表大会上的报告》，《中国共产党第十六次全国代表大会文件汇编》，北京：人民出版社，2002 年 11 月，第 17 ~ 18 页。
② 胡锦涛：《坚定不移沿着中国特色社会主义道路前进 为全面建成小康社会而奋斗——在中国共产党第十八次全国代表大会上的报告》，《中国共产党第十八次全国代表大会文件汇编》，北京：人民出版社，2012 年 11 月，第 15 ~ 16 页。
③ 具体参见国家统计局研究所《中国全面建设小康社会进程统计监测报告（2011）》，国家统计局网站（统计分析栏），2011 年 12 月 19 日。

着居民收入分配差距持续扩大;① 社会安全指数 2000 年已经达到了，2010
年倒退为 95.6% 。文教类三个指标 2010 年仅实现 68% ，比 2000 年提高不
到 10% 。实现全面建成小康社会的目标，已经不到 8 年的时间，如不抓紧
加强社会建设，好几个指标就有落空的危险。

第二，加快转变经济发展方式的需要。转变经济发展方式，扩大内需
是发展的战略基点，也是最大的结构调整。10 多年来，中国一直在强调要
努力转变经济发展方式，但收效甚微。这表明在目前仅仅依靠调整经济结
构是不够的，还需要通过社会结构调整，开拓发展领域，改善社会环境，
创造社会财富，促进居民增收，扩大内需，才能奏效。目前中国城市中有 2
亿多农民工还没有实现市民化，保障不足，收入偏低，无力消费。有一部
分农民工，有些积蓄，也不敢消费，他们要攒钱回农村造房，娶妻成家。
广大农民整体收入很少，只有城市居民收入的 1/3，购买力很低。在这样的
社会结构背景下，扩大内需是很困难的。因此，需要通过改革社会体制、
调整社会结构来推进经济发展方式的转变，即要通过合理配置资源、机会，
提高社会中下阶层的收入水平，改善教育、就业、社保等问题，确保他们
的基本生存能力和发展能力，形成以中产阶层为主体的消费市场，促进新
社会阶层的兴起和发展，才能使市场经济的活力充分显现。

第三，解决当前突出社会矛盾和社会问题的需要。如前所述，当前社
会矛盾和社会问题主要是社会建设滞后的结果。过去 30 多年，经济改革带
来了经济高速的发展，但是经济改革的本质是利益结构的调整，在以效率
为核心原则的利益调整下，导致利益分化失衡，蛋糕做大了，但分蛋糕的
规则没有定好，分得很不好，进而引发诸多的社会矛盾和社会问题。"上学
难""看病难""就业难""社保难"已经喊了很多年，我们不能充耳不闻。
人民的呼声，就是时代要解决的问题。近年来，党和政府关注民生，在经
济上增加了大量的投入，正在逐步解决这些问题。实践表明，仅有资金投
入还不够，还必须加强社会建设。社会建设就是要从社会的层面，按照社
会公平公正的原则，对此进行调整，即要建立和完善一系列以资源、机会
公平公正配置为主导原则的新社会体制，建立一个公平合理的改革发展成
果共享的体制和机制，才能解决这些矛盾和问题。

第四，奠定政治体制改革社会基础的需要。政治体制改革不是少数杰

---

① 　国际标准：基尼系数 0.2 以下为绝对平均，0.2 ~ 0.3 之间为相对平均，0.3 ~ 0.4 之间为相
对合理，0.4 ~ 0.5 之间为差距较大，0.5 以上为差距悬殊或两极分化。

出人物和个人意志的产物，而是源于社会对政治改革的迫切需要，尤其需要通过社会建设培育政治建设和政治改革的社会条件。民国初年，广大志士仁人寻求宪政民主、民主共和等，但都最终归于失败，原因就在于当时的中国社会刚刚脱胎于皇权体制，封建思想依然根深蒂固，因而直接推进民主政治，基本上不具备经济社会条件。改革开放30多年来，现代化的经济基础基本具备，通过基层民主选举，人们经受了民主政治的教育和训练，但还缺乏强大的以中产阶层为主体的公民社会。因此，我们认为，目前中国应首先通过改革社会体制，合理配置资源、机会，扩展中产阶层发展的基本能力；发展好社会组织，发挥其作用，培育和提高广大社会中下层的民主意识和参政议政能力，形成一个相对稳定合理的现代社会结构，为全面推进政治改革奠定民主基础、制度基础和社会基础。国内外现代化历史发展的经验和教训表明，在社会矛盾、冲突多发频发的阶段，显然不是全力进行政治体制改革的好时机。

第五，促进形成现代国家文明秩序的需要。无论是经济建设，还是社会建设、政治建设、生态文明建设，最终都要形成现代文明秩序（有时候社会建设与文化建设相互交织）。文化建设的所有层面，特别是社会规范层面、价值观念层面、习俗制度层面，本身既在塑造社会力量，也是社会发展的一个表现。从社会学角度看，人的社会化就是社会文化的传播和传承、规范行为的养成和社会性格的培育；从社会结构角度看，优秀的文化习得是培育现代中产阶层的主要"指标器"，促使中产阶层成为社会道德高尚、主流价值引导、个人行为规范、生活消费趋良、引领时代潮流的社会群体。中产阶层还是现代社会思潮的倡导者、文化改革的"急先锋"、公益文化事业的引领者和提供者、现代文化产业的生产者和消费者。因此，社会建设在促进新兴中产阶层形成的过程中，本身推动了文化建设，促进了现代文明秩序的形成。

第六，在经济建设基础上适时加强社会建设，是现代化国家发展的普遍性规律。国际上，有效深化社会改革、成功实现稳定繁荣的例子屡见不鲜。如，美国工业化中期（1920～1960年），在1929～1933年发生全球性经济危机，"罗斯福新政"成为挽救美国的"福音书"。"罗斯福新政"前期主要是经济复兴政策，中期逐步进入社会改革领域，营建社会保障体系，推动工会建设，促进劳资谈判，提高底层工人的待遇，恢复再分配体系，等等。近20年后，1951年社会学家米尔斯出版的《白领》一书指出，新老中产阶层占总人口比重达到45%，社会不断进步，逐步奠定了第二次世界大战后美国繁荣的基础。日本是又一个基本成功实现经济社会协调发展的范例。第二次世界大战后，日本推行新自由主义，推行经济民主化，确立政府主导型的市场经济和出口导向型的国民经济发展战略，走"技术立国"之路，经济逐步发展繁荣。与此同时，日本政府推行社会改革，如实行"教育机会均等"，加强企业工会建设，通过"国民收入倍增计划""全民皆年金，全民皆医疗"的社保制度建设、制定"萧条产业法"，保护就业和传统家庭制度等，到了 20 世纪 70 年代中后期，日本全民收入分配基本均等，就业稳定，冲突较少，"一亿皆中流"的中产阶层社会和"福利社会"全面形成。① 这些是中国可以借鉴的较好经验。而拉美国家则是社会改革不足导致社会动荡的一个反例。20 世纪 90 年代之前，大多数拉美国家推行出口替代的经济发展战略，政府有效干预经济，一度实现繁荣。但推行新自由主义路线的政府，在社会发展领域无所作为，以至于出现了严重的分配不公，基尼系数普遍超过 0.6，社会治安每况愈下，犯罪率急速上升，谋杀率从 20 世纪 70 年代的万分之八上升到 20 世纪 90 年代的万分之十三，社会上层政治腐败盛行。② 缺乏强大的中产阶层，这是社会结构断裂、社会问题层出不穷的原因，教训深刻，值得汲取。

总之，现代化是一个从传统社会向现代社会整体性、全方位变化的过程，同时也是一个阶段接着一个阶段有序建设的过程。当经济发展到一定程度的关键时期，就必须通过有目的、有规划、有组织的建设行动，实现社会、政治、文化等方面的现代化。综合判断基本国情和当前经济社会发展形势，中国已经处于确立社会建设为战略重点的新的历史阶段，条件充分，任务迫切，机遇难得，不可错失。

（二）提出和探索社会建设是一个不断深化的过程

"社会建设"写进党的文献成为大政方针，是对中国改革开放伟大实践进行反思、对社会发展经济发展不协调矛盾的认识持续深化的过程。③ 2002

---

① 高柏：《日本经济的悖论——繁荣与停滞的制度性根源》，北京：中国商务出版社，2004年；林易：《二战后日本的经济与社会发展战略》，载谢立中编《经济增长与社会发展：比较研究及其启示》，北京：社会科学文献出版社，2008 年 11 月，第 207～222 页。

② 江时学：《拉美的社会问题及其启示》，载谢立中编《经济增长与社会发展：比较研究及其启示》，北京：社会科学文献出版社，2008 年 11 月，第 71－77 页。

③ 早在改革开放初期，邓小平等中央领导同志就强调要"坚持两手抓，两手都要硬"，即一手抓物质文明，一手抓精神文明；一手抓经济建设，一手抓打击各种犯罪；一手抓改革和建设，一手抓法制建设。这后"一手"就包含社会建设的思想。

年，党的十六大就明确提出，还要用 18 年的时间全面建设小康社会，使"经济更加发展、民主更加健全、科教更加进步、文化更加繁荣、社会更加和谐、人民生活更加殷实"①，其中的"社会更加和谐"可以视为"社会建设"的最初表达。

2003 年，在抗击非典灾害的过程中，中央深刻意识到改革发展的不平衡性、不协调性和不可持续性，因而党的十六届三中全会明确提出要"坚持以人为本，树立全面协调、可持续的科学发展观"，并且提出"五个统筹"的新要求②，其中"统筹经济社会发展"就是我们前述所指的主要问题，表明新的历史转折时期社会经济协调发展的重要性。

2004 年，党的十六届四中全会明确提出"构建社会主义和谐社会""加强社会建设和管理，推进社会管理体制创新"③。这是中央文件第一次提出"社会建设"这个概念，但文件没有做具体的阐释。

2005 年初，胡锦涛同志在省部级主要领导干部专题研讨班上更加明确地指出，社会主义现代化总体布局要从经济建设、政治建设、文化建设"三位一体"，发展为包括社会建设在内的"四位一体"，④ 并要求加强对国内外、党内外历史上关于社会主义社会建设理论的研究，深刻认识到社会体制改革、社会结构调整滞后所产生的诸多社会问题。

2005 年 10 月，党的十六届五中全会通过的《中共中央关于制定国民经济和社会发展第十一个五年规划的建议》指出，要"开创社会主义经济建设、政治建设、文化建设、社会建设的新局面""必须加强和谐社会建设。……更加注重经济社会协调发展，加快发展社会事业，促进人的全面发展；更加注重社会公平，使全体人民共享改革发展成果""建设社会主义和谐社会，必须加强社会建设和完善社会管理体系"。⑤ 这次会议对于加强社会建设的

① 江泽民：《全面建设小康社会，开创中国特色社会主义事业新局面——在中国共产党第十六次全国代表大会上的报告》，《中国共产党第十六次全国代表大会文件汇编》，北京：人民出版社，2002 年 11 月，第 18 页。

② 《中共中央关于完善社会主义市场经济体制若干问题的决定》，北京：人民出版社，2003 年 10 月，第 13 页。

③ 《中共中央关于加强党的执政能力建设的决定》，北京：人民出版社，2004 年 9 月，第 23 ~ 25 页。

④ 胡锦涛：《在省部级主要领导干部提高构建社会主义和谐社会能力专题研讨班开班式上的讲话》（2005 年 2 月 19 日），《中国特色社会主义年鉴》（2006 ~ 2007），北京：京华出版社，2007 年 9 月，第 16 页。

⑤ 《中共中央关于制定国民经济和社会发展第十一个五年规划的建议》，北京：人民出版社，2005 年 10 月，第 4、6、27 页。

重要性已经有了更为深入的论述。

2006 年，党的十六届六中全会专门为构建社会主义和谐社会若干重大问题做出决定，这一决定是构建社会主义和谐社会与社会建设的一个纲领性文件，它明确提出，"建设中国特色社会主义现代化事业，一定要在坚持经济建设为中心的条件下，把构建社会主义和谐社会的建设提到更加突出的位置""着力发展社会事业、促进社会公平正义……推动社会建设与经济建设、政治建设、文化建设协调发展"①，且第一次把一系列关于社会建设的概念如"社会结构""社会体制""社会组织""社会工作""社会政策""社会心态""社会认同"等，写入决定。

2007 年，党的十七大将实现社会主义现代化事业总体布局的"四位一体"写入新修改的党章，并提出要"加快推进以改善民生为重点的社会建设"，对社会建设的理论做了初步界定，指出："社会建设与人民幸福安康息息相关。必须在经济发展的基础上，更加注重社会建设。"② 十七大修改党章时，将党的奋斗目标修改为"把我国建设成为富强民主文明和谐的社会主义现代化国家"③，加入"和谐"这个概念，明确社会建设目标是和谐、进步。

2010 年，党的十七届五中全会通过的《中共中央关于制定国民经济和社会发展第十二个五年规划的建议》，更加具体地部署了"十二五"时期社会建设的主要任务是"加强社会建设，建立健全基本公共服务体系"④，深刻认识到社会公共服务滞后于人们的社会需求，成为社会主义现代化的新矛盾和新问题。2011 年，中央又专门召开了省部级主要领导干部社会管理及其创新专题研讨班，以此推进社会建设和加强社会管理。

2012 年，党的十八大提出"全面落实经济建设、政治建设、文化建设、社会建设、生态文明建设五位一体总体布局，促进现代化建设各方面相协调"⑤

① 《中共中央关于构建社会主义和谐社会若干重大问题的决定》，北京：人民出版社，2006 年 10 月，第 3、5 页。

② 《中国共产党第十七次全国代表大会文件汇编》，北京：人民出版社，2007 年 10 月，第 36 页。

③ 《中国共产党第十七次全国代表大会文件汇编》，北京：人民出版社，2007 年 10 月，第 144 页。

④ 《中国共产党第十七届中央委员会第五次全体会议文件汇编》，北京：人民出版社，2010 年 10 月，第 41 页。

⑤ 胡锦涛：《坚定不移沿着中国特色社会主义道路前进　为全面建成小康社会而奋斗——在中国共产党第十八次全国代表大会上的报告》，《中国共产党第十八次全国代表大会文件汇编》，北京：人民出版社，2012 年 11 月，第 8 页。

"在改善民生和创新管理中加强社会建设""加强社会建设，是社会和谐稳定的重要保证"等新的论断，并载入新修改的党章中。明确强调："加强社会建设，是社会和谐稳定的重要保证，必须从维护最广大人民根本利益的高度，加快健全基本公共服务体系，加强和创新社会管理，推动社会主义和谐社会建设。""加强社会建设，必须以保障和改善民生为重点。提高人民物质文化生活水平，是改革开放和社会主义现代化建设的根本目的。"[①]

自中央提出社会建设以来，全国各地先后不同程度地开展了社会建设实践和理论探索，不少地方都做出了很大成绩，如北京、上海、广东、成都、南京、大庆等地。但多数地区对社会建设的战略意义的认识还不到位，所以，采取的政策和举措不多、进展不大，经济社会发展不协调及其引发的矛盾和问题没有得到很好解决。在新的历史转折时期，有相当多的人已经感到社会发展和经济发展不平衡的矛盾重重，和谐社会、社会建设的目标和任务已经提出来了。但由于种种原因，他们对为什么下一步要推进社会建设，社会建设到底建什么、怎么建等基本问题还不清楚，所以，抓社会建设的行动就迟缓了。在遇到像 2008 年全球金融危机那样情况的时候，就又回到单一抓经济建设的老路上。

战略选择上出现反复，表明加强社会建设是一项重大的系统性任务，不可能一蹴而就。改革开放之初，在是否进行经济体制改革、如何推进产权制度改革等问题上，也多有争论和反复，这说明人们对于社会规律的认识和把握，有一个实践，认识，再实践，再认识……循环往复、不断上升的漫长过程。

三　社会建设的实质是建设社会现代化

究竟什么是社会建设？社会建设在现代化建设中处于什么地位、发挥什么作用？社会建设的基本目标和实质是什么？应该坚持哪些基本原则？这是应该首先要弄清楚的问题。

（一）多种社会建设主张共同指向社会现代化

近几年，国内社会各界就社会建设"建什么""怎么建"等问题展开了

[①] 《中国共产党第十八次全国代表大会文件汇编》，北京：人民出版社，2012 年 11 月，第 31 页。

讨论，大致形成了四种不同的理论观点（见表1）。

表 1　目前国内社会学界关于社会建设的四种不同观点

不同观点	基本理论视角	基本目标	实践切入	主要政策
民生事业论	社会福利思想 社会需求理论	构建满足人们需求的民生、社会事业体系	改善衣食住行用和教科文卫体事业	发挥政府、市场、社会的作用，投资民生社会事业
社会管理论	社会冲突理论 社会控制理论	协调社会关系，化解社会风险，确保社会良序	构建中国特色社会主义的社会管理格局	强化政府的管理控制权，重点应对社会矛盾
社会结构论	社会结构理论 阶层关系理论	构建现代社会结构尤其现代社会阶层结构	着力壮大中产阶层，促进社会经济结构变迁	调整资源和机会在不同领域的优化配置
社会重建论	市场转型理论 公民社会理论	完善和实现政府、市场、社会三者鼎立关系	积极构建"市民社会"和"能动社会"	培育社会组织，确保和实现公民权利

第一种，民生事业论。这种观点认为社会建设主要是发展民生和社会事业，主张社会建设要以民生为重点。即：要大力推进就业、住房、社会保障、科技、教育、文化、卫生等各项民生事业和社会事业；建立健全公共服务体系，推进基本公共服务均等化；加快收入分配制度的改革，增加城乡居民收入，调整收入分配关系，完善再分配调节机制，加快扭转社会成员之间收入差距扩大的趋势直至合理的水平；统筹协调城乡各社会阶层的利益关系，使改革和发展惠及全体人民，走共同富裕道路。

第二种，社会管理论。这种观点认为社会建设主要是加强和创新社会管理，实现社会安定有序。主张应以解决影响社会和谐稳定的突出问题为突破口，提高社会管理科学水平；不断完善"党委领导、政府负责、社会协同、公众参与"的社会管理格局，逐步建立健全中国特色社会主义社会管理体系；通过政府主导、多方参与，规范社会行为、协调社会关系、促进社会认同，秉持社会公正、解决社会问题、化解社会矛盾、维护社会治安，应对社会风险，为经济社会发展创造既有活力又有秩序的基础条件和社会环境，促进社会和谐。

第三种，社会结构论。这种观点主张社会建设主要是调整和优化社会结构，促进经济社会协调发展。中国已经实现了由农业社会向工业社会转型，由计划经济体制向社会主义市场经济体制转轨，人们的生产方式、生活方式、人际关系以及思想意识、道德观念、价值取向均发生了很大的变化，并产生了许多社会矛盾和社会问题，需要加快社会建设，建立新的社会秩序，促进社会进步；同时要进行社会体制改革，创新社会政策，调整和优化社会结构，建立与社会主义市场经济相适应、与经济结构相协调的社会体制和结构；认为社会建设的核心任务就是要构建一个合理的现代社会结构，构建以中产阶层为主体的社会阶层结构。

第四种，社会重建论。这种观点主张在社会建设中促进社会的发育，实现政府、市场与社会良性互动的格局。社会建设的根本目标是要建设一个能制约权力、驾驭资本、遏制社会失序的社会主体；在工业社会条件下，不仅要有市场、有政府，还要有发育良好的社会，健全的社会是市场经济的基础。从工业化社会几百年历史看，市场经济并不是万能的，市场本身有失灵的时候，所以必须有政府适时地加以调控，而政府也并不是万能的，总有失误的时候，所以要有良好健全的多种社会组织，最终形成市场、政府、社会良性互动的格局。在工业化、信息化、社会化大生产的条件下，必须有发育良好的社会环境，整个经济社会才能健康有序地可持续发展。

这四种观点的差异是明显的，但在实践和理论上也有相通之处，都涉及政府、市场、社会各自的作用和社会体制机制改革完善，都涉及资源机会的配置、权利义务的保障和实现，都肯定中产阶层的形成和壮大对社会进步的促进作用。

在中国社会主义现代化事业"五位一体"的总体布局中，相比较而言，经济建设的基本目标是国家"富强"，实质是实现经济现代化；政治建设的基本目标是政治"民主"，实质是推进政治现代化；文化建设的基本目标是"文明"进步，实质是文化现代化；而社会建设的主要目标则是社会"和谐"，实质是社会现代化；生态文明建设的基本目标是协调人与自然、资源及环境的"共生"，即生态现代化。所谓"和谐"，是指多元基础上的差异化认同，即求同存异、平等合作、友好相处。和谐，主要包括人与自然的和谐（生态文明建设）、人与社会的和谐；而人与社会的和谐又包括人与人之间的和谐（主要是阶层之间的和谐）、人的自我和谐（良好的心理状态）。"社会和谐"主要是指一种良好的社会状态；"和谐社会"则是指人类共同追求并期望实现的理想目标；构建"社会主义和谐社会"，是执政党带领全国人民为之奋斗的理想社会（五大现代化的简要比较见表2）。

表 2　经济、社会、政治、文化、生态五个现代化简要比较

	经济现代化：富强	社会现代化：和谐	政治现代化：民主	文化现代化：文明	生态现代化：共生
目标内容	经济增长 物质丰富 生活小康 国家富强	安全健康 权利保障 公平正义 和谐有序	管理科学 服务高效 民主法治 政局稳定	规范诚信 价值恒正 精神愉悦 文明进步	资源节约 低碳环保 代际公平 永续发展
主要指标	国民生产总值及增速； 产业结构匹配合理度	基尼系数；安全感；城市化率；中产比重	民主参与率；政府诚信度；公共服务满意度	社会诚信满意度；文化生活满意度	单位 GDP 能耗率；公众环保满意度
核心命题	成本 - 收益 投入 - 产出	行动 - 结构	权力 - 权利 权利 - 义务	规则 - 价值	资源 - 环境

我们认为第三种社会建设观点更符合当前中国的实际，且具有可操作性，进行社会建设就是要以改革社会体制为中心环节和突破口，以优化社会结构为核心，不断实现社会现代化，即以社会领域的现代化建设尤其是社会结构现代化，促进整个社会的和谐。

（二）社会建设的内涵和结构化体系

在中国，关于"社会建设"的较明确提法可溯及 20 世纪初。1917 年孙中山先生撰写了《民权初步（社会建设）》，并于 1919 年收入其所著《建国方略》，社会建设成为其国家总体建设构想的重要组成部分，内容上大体包含民权、民生建设，"教国民行民权"。[①] 1933 年，社会学家孙本文创立《社会建设》刊物，次年撰写《社会学原理》一书，末章辟专节论"社会建设与社会指导"，认为"依社会环境的需要与人民的愿望而从事的各种社会事业，谓之社会建设。社会建设之范围甚广，举凡关于人类共同生活及其安宁幸福等各种事业，皆属之。"[②] 这些是早期社会贤达人士关于社会建设的探索。随着中国经济社会的发展变迁，今天社会建设的内涵和外延已经发生了很大的变化。

本课题组根据近年对全国大范围的经济社会建设实践调研，并参照国外的经验认为，所谓社会建设，是指按照社会发展规律，通过有目的、有规划、有组织的行动，构建公平合理的社会利益关系，增进社会全体成员共同福祉，优化社会结构，促进社会和谐，实现社会现代化的过程。这应

[①]　孙中山：《建国方略》，北京：华夏出版社，2002 年 10 月，第 300～301 页。
[②]　孙本文：《社会学原理》（下册），台北：商务印书馆，1974 年 11 月，第 244 页。

该被视为社会建设的定义。

从定义看，社会建设内涵广泛，大体可以从三个维度理解：一是实体建设维度，诸如社区建设、社会组织建设、民生社会事业建设等；二是制度建设，诸如社会流动机制建设、社会利益关系协调机制建设、社会保障体制建设、社会安全体制建设、社会管理体制建设、社会运行体制建设等；三是结构调整维度，就是指客观存在的社会结构的优化和调整，包括人口结构、家庭和组织结构、收入分配和消费结构、城乡和区域结构、社会群体和社会阶层结构等。[①] 相比较而言，社会实体建设提供公共产品、公共服务，社会制度建设则涉及确保社会和谐发展的社会体制机制，而结构调整是通过社会实体建设和制度建设的一种优化结果，或者说是社会建设的核心指向。

从主体力量来看，社会建设同其他四大建设一样，涉及政府、市场、社会三大主体。相比较而言，经济建设是市场（企业）为主体、政府为主导、社会为补充的；社会建设则要以社会（公民社会）为主体、政府为主导、市场为补充；但是，不同阶段有不同的主导性力量（下文分析）。在这样的主体分析框架下，我们将社会建设的内容进行整合，分为9个方面，形成一个有机的内容结构体系（见图1）。

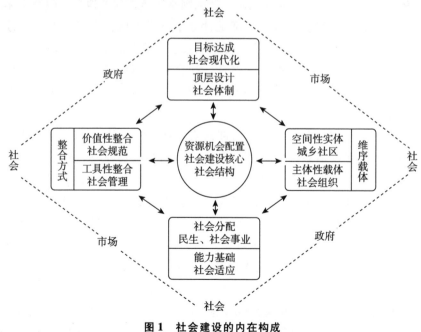

图1 社会建设的内在构成

---

① 陆学艺主编《当代中国社会结构》，北京：社会科学文献出版社，2010年1月，第10～12页。

从图 1 具体构成内容看，我们认为，社会建设领域主要包括民生、社会事业、收入分配、城乡社区、社会组织、社会规范、社会管理、社会体制和社会结构这 9 个方面。作为一个有机整体，这 9 个方面分别在社会建设领域有着不同的地位和功能，组合起来看，大体有以下几点。

（1）民生、社会事业和收入分配，是社会建设的切入点和基础。民生、社会事业是社会成员（也是主体）生存发展的行动能力基础，即社会成员进行社会流动需要占有一定的资源、机会，也是社会主体的基本权利，具有"社会适应功能"。其中，民生主要包括就业、收入分配和消费、住房、交通、社会保障等（即所谓的衣食住行用）；社会事业主要包括教育、科学技术、文化和体育、医疗卫生等（即所谓的教科文卫体）；收入分配是一个比较特殊的民生问题，维持社会行动者的基本生存和发展，是一个涉及政府、市场、社会三者对于社会资源配置的复杂问题。当然，民生不是社会建设的全部，但在当前阶段性特别重要，是需要解决好的大问题。

（2）社会组织和城乡社区，是社会建设主体自治的行动载体，具有社会调适、社会整合的双重功能。相比较而言，社会组织兼具行动主体和行动载体的双重特性，是主体性载体，社区则是主体行动的地理空间性实体。

（3）社会管理和社会规范，都是社会学意义上的社会控制方式，具有社会整合、系统整合、维续社会秩序的功能。[①] 相比较而言，管理是工具性维序手段，规范则是价值性理念整合。社会管理不能替代社会建设，只是社会建设的重要组成部分。相对而言，社会管理是"治标"，社会建设是"治本"。

（4）社会体制，是社会建设内部的宏观性基本架构，是"顶层设计"，统帅整个社会建设体系，包括社会建设内部的结构性体制、外部的功能性体制以及各系统之间的整合性体制，如民生体制、社会事业体制、社区体制、社会组织体制、社会管理体制等，是资源机会配置、权利义务规定的体系化制度，是社会改革的重要环节和突破口，贯穿于整个社会建设各个阶段和环节，也是改革的重点和难点。

（5）社会结构，是社会建设的核心。社会结构即是指占有一定资源、

---

①　在社会学上，把系统之间的关系调整称为"系统整合"，把社会行动者之间的关系整合称为"社会整合"。此两个概念最早应是吉登斯的老师洛克伍德在 1976 年的一篇文章里提出的。参见〔澳〕马尔科姆·沃特斯《现代社会学理论》（第 2 版），杨善华等译，北京：华夏出版社，2000 年 4 月，第 114、122 页。

机会的社会成员的组成方式及其格局，包括城乡结构、区域结构、组织结构、分配结构、消费结构、阶层结构、人口结构、家庭结构等①，尤其社会中间阶层的壮大、橄榄型现代社会结构的形成，则是社会建设的核心目标。社会结构也是其他社会建设成就的一个重要表征或结果。

（三）社会建设的基本目标

结合中国社会建设实践，从上述关于社会建设的界定看，社会建设要实现以下几个具有宏观意义的总体目标。

1. 构建公平合理的社会利益关系

社会是一个利益关系的集合体，妥善处理各方面的社会利益关系、促进社会利益关系的动态协调，是社会建设的重要目标之一。各个阶层、各个领域的社会利益关系不平衡、不协调，是造成当前社会矛盾和社会问题的重要原因。如果说调整经济利益关系的核心原则是经济资源的市场化最优配置，追求经济效率，那么，社会利益关系的调整有其内在的价值取向，追求社会生活领域内资源、机会的合理配置，追求社会公平。

2. 增进社会全体成员共同福祉

人是目的。满足人的需求，促进人的发展，增进社会全体成员的共同福祉，是社会发展的终极诉求。共同福祉，简而言之就是社会全体成员的共同福利，就是要通过资源、机会的优化配置，以"先富"带动"后富"，最终实现"共同富裕"，确保全体社会成员共享经济社会发展成果，不断提高社会生活质量，增进社会权利，满足不同社会成员的多层次需求。

3. 优化社会结构尤其是阶层结构

优化社会结构的实质是资源、机会在不同社会成员中的合理配置。合理配置资源、机会，就要明确政府、市场、社会三者合理的行动边界和权利边界；更重要的是围绕中产阶层的发展壮大和"橄榄型"社会结构的形成，有效调整人口结构、城乡区域结构、组织结构、分配结构、消费结构等，化解经济社会结构不协调的矛盾，最终达致社会各阶层的和谐共存。

4. 促进社会和谐，实现社会现代化

社会现代化既是社会建设的实质，也是理想目标，要通过社会建设实践活动，实现公平正义、保障人的基本权利、保障安全发展、缩小贫富差

---

① 陆学艺主编《当代中国社会结构》，北京：社会科学文献出版社，2010年1月，第10～12页。

距，最终达致社会和谐。建设社会现代化，就其内容来说，必须实现民生事业现代化、社会事业现代化（如教育现代化、科技现代化、医疗卫生现代化等）、社会体制现代化、社会管理现代化、社会组织现代化、社会生活现代化、社会结构现代化等，核心是要构建一个现代化的社会结构，促进各阶层成员和谐发展。从国内外现代化建设的历史来看，社会现代化建设同经济现代化建设一样，将是一个艰难、复杂、长期的历史任务，显然不是五年十年能够实现的。对此我们应有充分的认识。

（四）社会建设的基本原则

原则是实现社会建设目标的基本要求。下面着重从基本理念、核心结构、工作体制三方面进行阐述。

1. 基本理念：坚持以人为本、保障基本权利

社会建设的根本就是以人为本，保障人的基本权利。从权利内容看，包括经济、社会、政治、文化等基本权利[1]；从权利发展阶段或层次看，包括生存权、发展权、享有权。一个好社会、现代社会，就是人的基本权利必须得到切实保障和满足的社会。对于执政党及其政府来说，"人本"权利是以"民本"思想来推进实现。以人为本强调对所有人，对应的是"物本""事本"概念；以民为本强调与"君权""官本""权本"对等（如"民贵君轻"的思想理念），强调要利民、惠民、养民、爱民，所谓"民惟邦本，本固邦宁"，即社会建设必须充分尊重人民主体地位和首创精神。今天的中国不但需要建设一个与"强政府"相对应的"市民社会"，更需要一个抵御市场过度侵蚀的"能动社会"，即社会建设本身，要发起"进步运动"，不断壮大"社会"，保障人的基本权利。这就需要政府敢于和善于赋权、放权给"社会"，改革社会体制。

2. 核心结构：坚持公平正义、共建共享

公平正义是中国特色社会主义的内在要求，是社会和谐的基本条件。中国 30 多年来的经济建设已经较好地解决了资源、机会配置的效率问题，目前推进的社会建设所要解决的则是公平正义的问题。经济社会结构不协调表明当前社会公正受到了冲击和挑战，同时社会结构内部出现了分化，

---

[1] 民事权利、政治权利、社会权利这三大公民基本权利可参见：Thomas Humphrey Marshall, *Citizenship and Social Class and Other Essays*, Cambridge University Press, 1950；中译文参见〔英〕T. H. 马歇尔：《公民权与社会阶级》，刘继同译，《国外社会学》2003 年第 1 期。

社会公正受到侵蚀。社会建设以秩序和进步为基本取向，公正配置资源与机会是其核心命题。它需要以社会体制改革、公共财政分配体制改革为主要工具，以社会结构调整作为中间变量和观测指标，达成社会现代化的目标诉求。在市场经济条件下，资源与机会的配置主要通过市场来实现，针对市场失灵的缺陷，国家主要应当通过社会领域的调控来校正市场偏差。社会建设同样要通过程序公正与实质公正两种方式来实现公平正义。

3. 工作体制：坚持有序推进、统筹协调

"五位一体"的社会主义现代化总体布局中，五大建设是一个完整系统的有机整体，本身有一个逻辑程序和相应的先后次序。我们现在采取了"经济建设、政治建设、文化建设、社会建设、生态文明建设"的表述方式，但是，从现代化发展的一般规律来看，其位序应该是经济建设、社会建设、政治建设、文化建设、生态文明建设（其中文化、生态文明建设往往渗透和融入其他三大文明建设之中）。首先，我国的社会生产力仍不发达，以经济建设为中心在任何时候都绝不能动摇，经济建设应当居于总体布局的首位；其次，社会建设的位序前移是现阶段构建社会主义和谐社会的战略目标决定的；再次，社会建设较之政治建设和文化建设，实践上的操作性更强，阶段性目标应该较先实现。其实，"三位一体"布局的位序在党的历史上也进行过几次调整，这是由一定阶段的中心任务或工作重心决定的。新中国成立之初，中国社会主义建设的布局次序一度是政治、经济、文化；改革开放以来，党的工作重心转移到经济建设上来，布局就调整为经济、政治、文化的次序；现阶段构建社会主义和谐社会被摆在更加突出的位置，社会建设的位序也应当进行调整。当然，加强社会建设，也要注意统筹协调社会建设与其他四大建设的关系。此外，就社会建设内部构成而言，也应整体协调、各有侧重，确定先后次序和阶段性重点，鼓励发达地区在社会建设的各方面走在全国前列。

四 社会建设的九大任务和三个阶段

社会建设是总体布局中的一大建设，显然不仅仅是民生事业、社会管理等能包含的。任务十分艰巨。这里结合前面提出的社会建设具体 9 个方面的内容，重点围绕社会体制改革完善和社会结构优化调整，简要勾勒中国社会建设今后的主要任务。具体实施尚需随着社会经济协调发展实践进行确定。

（一）社会建设九个方面的任务

1. 着力改善民生事业

民生事业主要包括就业、收入分配、住房、社会保障等。就业是民生之本，要发挥全社会力量，千方百计扩大居民就业，确保公平就业、提高就业质量，尤其要缩小体制内与体制外的过大差距。住房方面要根据人口流动与社会经济发展的关系，扩大供应规模，大量增加保障性住房。坚持广覆盖、保基本、多层次、可持续方针，贯彻落实《社会保障法》，加快建设统筹城乡、惠及全民的社会保障体系。努力使全体人民业有所就、劳有所得、住有所居、老有所养，持续增强社会各阶层成员向上流动的社会适应能力基础。

2. 加快推进社会事业

社会事业主要包括教育、科技、文化、体育、医疗卫生等领域。今后要加大力度，改革和完善基本服务提供的体制机制，大力发挥政府、市场、社会的三方作用，既要通过"政府保基本"，保障城乡居民的基本需求得到满足，又要以需求为导向，通过市场化途径满足多层次需求。全力推进城乡社会事业一体化发展，按照行政性、公益性、经营性分类原则，不断改革现行事业单位体制，建立新的事业单位运行机制，使得基本公共服务覆盖各类人群。

3. 改革收入分配制度

改革和完善资源和机会在政府、企业、社会三者间的公平分配制度和体制机制，实现劳有所得、藏富于民、发展成果人人共享。要提高居民收入分配占国民收入分配的比重，积极探索建立居民收入增长和经济发展同步、劳动报酬增长和劳动生产率提高同步、收入分配宏观调控调节与企业工资集体协商同步、最低工资标准稳步提高与收入倍增富民计划同步的长效机制。规范收入分配秩序，保护合法收入，增加中下层收入，调节过高收入，取缔非法收入，不断壮大社会中产阶层规模。既要建立领导干部收入财产申报公示制度，也要保护广大中下层社会成员的合法收入、合法财产和产权。

4. 加强城乡社区自治

城乡社区是社会建设的基层实体，承载着居民的多种基本权利。城乡社区建设的目标是建成符合现代化要求的基层社会治理结构，改善基层社区自治机制，提升居民自治能力，达致睦邻友好、相扶共照、和谐相处。

要按照实际情况，科学规划和确定街道、社区的管辖边界和规模。理顺社区与政府的关系，按照经济社会职能的分离，重新确定街道办事处的机构设置、干部配备，明确职能职责、权责关系、经费保障。积极探索外来人口与本地居民和谐相处的方式方法，着力建立不同形态社区的内部融合机制。通过政策引导，充分发挥驻区的社会组织和单位、业主委员会、物业公司等社区共建的社会作用。建立健全社区联合议事机构，充分发挥其公共服务和社区治理的民主决策功能，真正实现"民生促民主，民主促和谐"的局面。以居民实际需求为导向，不断完善社区服务站，健全社区服务体系，充分发挥社会工作者和志愿者的作用。构建好社区居民互动共享的信息平台，为居民提供更好、更便捷的公共服务。要把基层社区构建成充满生机活力、人际关系融洽、成员归属感强、责任感重的现代版"熟人社会"。

5. 加快发展社会组织

全社会要树立政社合作的理念，逐步实现政府、企业、社会组织三者职能分开、功能互补、资源共享、合作共建，有序释放政府过多承担的公共服务和社会管理职能，使社会组织真正成为社会自治、应对风险、化解矛盾，以及弥补政府不足、降低行政成本的社会建设主体之一。大力改革社会组织的行政管理体制机制，坚持积极引导与依法管理并举，降低准入"门槛"，简化成立程序，全面推行登记、备案双规制，建立健全统一登记、各司其职、协调配合、分级负责、分类发展、功能分开、管办分离、分类监管，尤其要建立和发挥第三方评价监督社会组织的管理体制机制；发挥政府、企业、社会组织的各自作用，通过政府购买服务、建立专项基金、搭建孵化平台等方式，努力解决社会组织运营的实际困境。切实淡化官办社会组织的行政色彩和意识形态倾向，努力提高社会组织的社会化程度和自治功能，确保枢纽型社会组织充分发挥社会正向功能。切实转变工会、共青团、妇联以及大量行业性协会的职能，使之充分面向群众、服务社会。既要发挥社会中产阶层在培育和壮大社会组织中的作用，又要通过社会组织发展以扩大中间阶层的规模，真正实现中产阶层与社会建设的互构推进。

6. 加强创新社会管理

现代社会管理本质上是以应对社会风险、维护公共秩序为核心，以人本化服务为先导，寓管理于服务，实现公民的自我管理为主的社会治理格局。全社会要树立多方参与、共同治理的理念，尤其要有效改变政府对社会管理事务全包全揽、管紧管死的局面，通过管理的法律、体制机制、能力、人才队伍和信息化建设，不断加强政府、市场、社会的多元协同治理，重点发挥社会中间阶层在社会管理中的作用，努力构建和谐社会。建立一套能够覆盖各类人口的动态管理体系，建立健全关涉群众权益问题的利益协调、诉求表达、权益保障、矛盾调处等机制。发挥多元主体的作用，强化各类安全建设，遏制重特大事故。努力探索他律与自律相结合、法治与德治相结合的管理模式，确保社会主体依法司职，各负其责。实现常态管理，加强社会管理的制度化、规范化、常态化、专业化的长效体制机制建设。培养专业化的管理队伍，提高专业化管理水平。改革管理方式，推进科学管理、信息化管理，同时规范摄像头等社会治安技防手段的使用，按照管理辖区人口比例，合理配置公安警察队伍，警力下沉到基层。

7. 建立健全社会规范

以诚信体系和社会文明建设为重点，不断完善社会规范。积极打造良好的法治环境，依法行政，司法公正，严格执法，努力建设法治型政府、廉洁诚信政府。积极开展全民的道德诚信教育、民主法治教育、公民意识教育，以及就业者的职业道德教育和敬业精神培育等，努力提高现代人的文明素养，政府率先、干部垂范、法治为准、强化他律、德治为本、完善自律，建立诚信社会。以富有特色的文体娱乐活动为载体，大力弘扬中华民族优秀的历史文化和传统美德，大力推进核心价值观宣传教育。建立健全社会诚信体系，完善社会信用信息平台和信息系统，加强社会信用网建设。提升公民文明素养，倡导文明出行、规范行车、净化环境、合理消费，促进公共安全文明和生态文明建设。培育健康社会心态，秉着奋发进取、理性平和、开放包容的原则，培养公民积极健康向上的心理和心态；发展和完善专业的心理咨询机构和心理援助服务，建立健全精神卫生防治体系和高危人群心理干预机制，有效防范和减少社会极端行为。

8. 加快改革社会体制

中国现行的社会体制多数是在 20 世纪 50 年代以后，按照计划经济体制的要求逐步建立起来的，是为计划体制服务的。目前社会主义市场经济体制与还没有改革成功的社会体制并行，很不协调，这也是目前许多经济社会矛盾产生且长期得不到解决的一个重要原因。因此，要推进社会建设，必须以社会体制改革为中心环节和突破口，不断改革和完善人、财、物的资源机会配置体制：一是明确政府、市场、社会的各自定位和功能，发挥"政府主导，社会主体，市场调节"的各自作用，要像当初经济改革那样，政府要向社会简政放权，开放社会空间。二是逐步建立与社会主义经济体制相适应的社会体制，改变政府长期以来对社会服务和公共管理大包大揽的局面，放宽民营经济、社会组织参与兴办交通、文化、教育、医疗、体育等社会公共事业。三是要改革公办的科学、教育、医疗、文化等事业单位的体制、机制，使之与社会主义市场经济体制相适应，调动这类事业单位各类人员的积极性，办好公共服务，满足广大人民群众的需要。四是发挥社会组织、社会力量尤其是社会中间阶层民主参与的作用，让群众成为社会建设决策、社会改革的主体，切实改变强政府－弱社会的格局。五要切实改变过去那种公共财政投入"重经济、轻社会"和"上强下弱"的局面。六是打破束缚各阶层成员在经济、社会、政治、文化各大领域交互流动的体制性障碍，尤其要拆除体制内与体制外的流动壁垒，确保成员依据自身能力条件与经济社会发展需求实现合理流动。此外还要解决政府对基层服务投入不足（缺位）、基层管控干预过多（越位）的双重困境，改变社会民主参与不够、能力不足、市场资源整合不力等状况。

9. 调整优化社会结构

构建一个合理开放的工业社会中期阶段的社会结构，这是社会建设最重要、最核心的任务，也是中国第二轮经济社会改革发展要解决的关键问题。社会结构的调整和优化实质就是社会阶层结构的调整和优化，本质上就是中产阶层的发展壮大。壮大中产阶层队伍，需要在民生保障、社会事业等方面努力扩展社会中下层向上流动的通道，进一步促进社会流动。积极开展人力资源教育培训，盘活中产阶层发育的人力资本，提高现有二、三产业劳动力的文化素质和专业技能。广开二、三产业就业渠道，通过就业结构调整，不断促进职业结构趋高级化。

世界现代化建设的历史表明：现代化社会的主体人群是中产阶层，现代社会的社会阶层结构是"两头小、中间大"的橄榄型。拥有最多的经济资源、政治资源、文化资源的群体是极少数，拥有这些资源最少的群体也是极少数，中产阶层是这个橄榄型社会占大多数的主体人群。据国内外学者的研究，工业化中期阶段的国家，中产阶层应该占总就业劳动人口的40%左右，工业化后期的国家中产阶层应在50%以上，才能形成橄榄型的社会结构，这个国家才能平衡、协调、稳定、可持续发展。我们课题组测算，当今中国的中产阶层约为28%～30%，离建成橄榄型社会结构还有不小的差距。我们应该进行相应的改革，加快发展壮大中产阶层，这是我国下阶段进行社会建设的战略性任务。

（二）社会建设发展的三个阶段

结合中国目前的基本国情，中国社会建设未来的发展将经历以下三个阶段。

第一阶段，也就是我们目前正在做的，即先从人民群众最关心的、最现实、最紧迫的民生事业、社会事业建设做起，着力解决好就业难、上学难、看病难、社保难、住房难、养老难等基本民生问题；并从加强和创新社会管理入手，解决影响社会和谐稳定的突出问题，化解社会矛盾，遏制社会冲突，加强源头治理，标本兼治，最大限度地防止和减少社会矛盾的产生，促进社会公平正义。这两个方面的工作，十七大以来正在大力推进，很有成效，顺乎民意，赢得民心。"十二五"期间，如果能把保障改善民生社会事业和创新社会管理这两件大事做好，我国社会建设就上了一个台阶，社会经济协调发展就前进了一大步。

第二阶段，要着力推进社会体制改革，创新社会政策，完善社会管理。推进新型的城镇化，破解城乡二元结构，逐步实现城乡一体化。拓宽社会流动渠道，发展壮大中产阶层，构建一个合理、开放、包容的社会结构，使之与经济结构相协调。构建一个合理开放的工业社会中期阶段的社会结构，这是社会建设最重要、最核心的任务。我们常说现在处于改革发展的关键时期。这一关键时期的关键工作就是要通过社会建设，特别是通过社会体制改革构建一个合理的社会结构。中国现行的包括社会事业在内的社会体制，还是在计划经济体制时期形成的。要推进社会建设，就一定要进行社会体制改革。要像当年搞经济建设先搞经济体制改革一样，先搞社会体制改革。如果不下决心搞社会体制改革，社会建设是搞不成的。如果不搞户籍体制改革、不破解城市二元体制，城市就不可能一体化，城乡更不可能一体化。许许多多积累多年的社会问题就解决不了。就业体制、社会保障体制和社会事业体制都要逐步进行改革，形成一个与社会主义市场经济体制相适应、相配套的社会体制。"十二五""十三五"将是社会体制改革的最关键时期，社会体制改革这一关过好了，中国的社会建设就会走上康庄大道，就会像经济建设那样突飞猛进，而如果不进行或延缓社会体制改革，或者说社会改革不成功，那现在的许多社会矛盾、社会问题就会长期拖下去，成为现阶段发展的陷阱。所以下一个十年，是中国的社会体制改革、社会建设最关键的时期。

第三阶段，2020 年以后，经过社会体制改革，社会体制逐步完善，社会管理体系更加健全，社会流动渠道更加畅通，社会组织广为发展，社会结构更为优化，形成一个与社会主义市场经济体制相适应、与现代经济结构相协调的现代社会结构，为全面、协调、可持续科学发展提供一个良好的社会环境。十六届六中全会提出的"民主法治、公平正义、诚信友爱、充满活力、安定有序、人与自然和谐相处的社会主义和谐社会"的目标，也就实现了。

当然，这三个阶段的划分是相对的，并不是截然分开的，未来的实践过程将会是互有交叉地进行，只是在第一个阶段凸显第一方面的工作。在不同的阶段、不同的地区，针对不同的实际情况，将有不同的做法。正像经济建设一样，搞好社会建设，建设社会现代化，是一个新领域，还需要我们"摸着石头过河"，这也是我们今后5年、10年、20年工作的重中之重。相信随着社会建设的深入实践，社会现代化终会实现，从而最终实现社会主义全面的现代化，实现中华民族的伟大复兴。

五　加强社会建设的政策建议

构建社会主义和谐社会与社会建设这两个重要的新概念都是在十六届四中全会上提出来的。社会主义和谐社会是贯穿中国特色社会主义事业全过程的总体战略目标，社会建设则是实现这一目标的重要手段。构建社会主义和谐社会与社会建设的历史任务提出以后，全国开展了丰富的社会建设实践，取得了很大成绩，创造了很多新经验，但也出现了一些问题。如何在"社会建设取得新进步"的基础上，继续推进社会建设，当前有以下几项工作要做。

（一）深入学习研究社会建设理论，审视矛盾，凝聚共识

社会建设是一项生动实践，更是党在构建社会主义和谐社会理论框架下的理论创新，围绕这一理论提出的新思想、新观点、新论断，正在学界、政界、社会层面的争论、研究中逐步趋向成熟。新的实践需要新的理论指导，更需要理论的广泛普及。胡锦涛同志在2005年2月21日中央政治局第20次集体学习时强调了社会建设理论研究的重要意义，提出，"要加强马克思列宁主义、毛泽东思想、邓小平理论和'三个代表'重要思想关于社会主义社会建设理论的研究""加强对我国历史上关于社会建设理论的研究"

"要注意研究国外社会建设理论"。[1]

学习研究社会建设理论，最基本的就是要准确判断发展形势，正视、分析主要矛盾。面对 21 世纪以来"经济报喜，社会报忧"的局面，我们看到经济发展和社会发展构成一对矛盾。应当看到，当前，长期存在的经济短缺问题已经基本得到解决，矛盾的主要方面已从经济方面转到社会方面。因此，十六届六中全会明确提出："必须坚持以经济建设为中心，把构建社会主义和谐社会摆在更加突出的地位。"[2] 加强社会建设，解决社会矛盾和社会问题成为时代的要求。对发展战略做适当的调整，是完全必要的。但是，要把社会建设摆到与经济建设同等重要的位置，还很不容易。从近期各地"两会"公布的材料看，31 个省、区、市的政府工作报告中，24 个省、区、市的经济增长指标在 10% 以上，高出中央预期好几个百分点。过度追求经济增长速度，必然大量增加政府投资，"加强社会建设"就排不上位置。经济发展和社会发展就会更加不平衡、不协调，社会矛盾、社会冲突就会越来越严重。据有关调查，中国当前的情况是，越是经济发展好的地区，社会矛盾、冲突越多，民众对政府的满意度越低，幸福感也越低。就满意度看，城市比农村低，东部比中西部低，收入高的阶层比中低收入阶层低，文化水平高的人比文化水平低的人低。值得我们深思。

推进社会建设，首先要在理论上把矛盾和问题的实质分析清楚。要通过对社会建设实践的总结和理论研究，深刻认识当前我国经济社会形势的阶段性特征，把构建社会主义和谐社会摆在更加突出的位置，在实践中切实加强而不是淡化社会建设，这对解决好经济社会发展不协调这对矛盾是有利的。

（二）系统、整体推进社会体制改革，突破瓶颈，带动全局

中国经济建设取得成功的一条基本经验，是从改革高度集中的计划经济体制入手。如果不进行以包产到户为主的农村改革，不进行国有企业改革，不把广大农民、工人、知识分子的生产积极性调动起来，就不会有经济发展的辉煌成就。进行社会建设，也要从改革现行的社会体制入手，通过社会体制改革，把社会各界构建社会主义和谐社会的积极性调动起来。

---

[1] 参见《加强调查和研究着力提高工作本领　把和谐社会建设各项工作落到实处》，《人民日报》2005 年 2 月 23 日第 1 版。

[2] 《中共中央关于构建社会主义和谐社会若干重大问题的决定》，北京：人民出版社，2006 年 10 月，第 3 页。

近几年，关于改革的议论、研讨很多，小改小革也有一些，但类似"包产到户""国企改制"那样震动全国、影响全局、惠及后世的大改革至今还没有。以往的改革，多数都集中在经济领域和政治领域。当今，中国正在转入以社会建设为重点的新的历史阶段，改革应该选定在社会领域进行，重点是改革社会体制。社会体制像经济体制一样，是一个大系统，包括城乡体制、区域体制、劳动就业体制、社会分配体制、社会事业体制、社会保障体制、社会组织体制、社会管理体制等。所有这些社会体制，都是在 20 世纪 50 年代以后逐渐建立起来的，是适应计划经济要求，为计划体制服务的。改革开放以后，社会体制虽然进行过各种形式的改革，有些取得了一定成效，有些并不成功，有些还在探索，有些甚至还没有破题。可以说，社会体制基本上还没有按照与社会主义市场经济体制相协调的要求改变过来。

推进社会建设，必须改革社会体制，而且要首先改革对全局有重大影响的社会体制。总结经济社会改革和发展的经验教训，现行的城乡二元结构的社会体制，就是这样一个影响全局的社会体制（当然它也是经济体制，但主要是社会体制）。社会体制改革从破除城乡二元结构体制入手，取得突破、获得成功，有利于推动其他社会体制的改革，也将是中国社会建设取得的标志性进展。

60 年来，城乡二元体制已经渗透到中国经济社会的方方面面，根深蒂固、盘根错节，已经成为产生诸多社会矛盾和社会问题的渊薮。"三农"问题、农民工问题、城市内部二元结构问题、刑事犯罪、社会治安多发问题、上访上告以及群体事件等多年困扰我们，迟迟得不到解决的矛盾和问题，都直接或间接产生于城乡二元结构和体制，不改革、破除这个体制，许多问题就解决不好、解决不了。改革城乡二元体制，任务艰巨，但又非改不可，已经不能再拖下去了。经过 30 多年的改革开放和市场经济体制改革实践，对于城乡二元结构体制一定要改的认识逐渐一致，改革的条件也正在成熟。部分省市已经开展了多年统筹城乡综合改革实验，积累了一定的改革经验。在进入以社会建设为重点的新的历史时期，着手对城乡二元结构体制进行改革，是一定会成功的。这将成为带动其他社会体制改革的突破口，为推动社会建设打下良好基础。

（三）遵循社会建设原则，积极稳妥地推进城市化

新中国成立 60 多年来，要实现工业化，从来就没有过什么争论，即使

在"文化大革命"期间，还是在"工业学大庆"的口号下进行的。城市化则在"三年困难时期"就不提了，导致中国的城市化水平很低，1978 年城市化率只有 17.9%，甚至低于 1958 年的水平。2005 年，中央在制定"十一五"规划时，城镇化被重新提及。① 2010 年，制定"十二五"规划的建议中，提出"要积极稳妥推进城镇化"②。十八大后，2012 年 12 月，中央经济工作会议明确指出："积极稳妥推进城镇化，着力提高城镇化质量。……要围绕提高城镇化质量，因势利导、趋利避害，积极引导城镇化健康发展。"③并且对城镇化的方针、道路做了简要的阐述。

对于中国要不要城市化、要什么样的城市化（大城市还是小城镇）、怎么样实现城市化等重大问题，政界和学界长期存在争论。但农业就业人口向非农产业转移、农村人口成为城市人口，是不可阻挡的历史潮流，中国也是如此。改革开放特别是 1992 年以后，数以亿计的农民，通过各种方式、途径，进入各级各类城市和乡镇。1995 年，中国的城镇人口只有 35174 万，城市化率为 29%；2011 年增长到 69079 万，16 年间以年均 2119 万人的增速增长，增加 33905 万人，增长幅度达 96.4%，城市化率达到 51.27%，实现了中国式的城市化。以农民工为主体的大量外来人口进入城市，为中国的经济发展注入活力，创造了巨大财富，这是中国经济繁荣的一个基本原因。但是，农村人口在短时期内向城市聚集，城市基础设施等物质条件难以满足，相应的组织、制度、政策未能适时调整，临时应对措施多于系统规划，由此产生了住房紧张、环境污染、交通拥堵、城市贫困、社会治安失序、犯罪增加、社会矛盾和社会冲突频发等"城市病"。特殊的中国国情、快速的城市化进程，形成了当前特殊的城市人群，如何管理好城市，使七亿多城市人口能够各得其所、和谐相处，形成既有活力又有秩序的城市社会生态，是摆在我们面前的一项重大历史任务。

根据世界现代化的经验，工业化和城市化一般应相辅相成、协调推进，城市化水平与工业化水平相适应。但是，中国的城市化长期滞后于工业化，这本身是社会发展滞后于经济发展的表现，也是形成社会经济发展不平衡、

---

① 参见《中共中央关于制定国民经济和社会发展第十一个五年规划的建议》，北京：人民出版社，2005 年 10 月，第 17 页。

② 《中国共产党第十七届中央委员会第五次全体会议文件汇编》，北京：人民出版社，2010 年 10 月，第 22 页。

③ 《中央经济工作会议闭幕 部署明年六大任务》，参见中国网财经频道，2012 - 12 - 17，56http://finance. china. com. cn/news/special/zyjjgz/20121217/1191587. shtml。

不协调的重要原因。中国的城市化从 20 世纪 90 年代中期以后开始加速发展，目前城市化率在 50% 以上。中国城市化体现了正负两方面的效应：一方面缓和了城市化长期滞后于工业化的矛盾，促进了经济持续高速增长，推动了社会公共事业的发展；另一方面，在城市化的具体实现路径上，采用效率优先原则，甚至动用行政手段，搞所谓的"以地生财""经营城市"，低价征占农民土地，推行"土地财政"，使"土地城市化"大大快于"人口城市化"，形成了数以千万计的失地失业农民群体。与城乡二元体制相联系，在解决人口城市化问题过程中，形成了中国特有的农民工体制。近 30 年来，数以亿计的青壮年农民进入城市，从事二、三产业的劳动，为国家创造了巨大财富，但至今收入很低，缺少社会保障，享受不到应有的公共服务。有学者说，他们和城市的关系是经济上接纳、社会上排斥。农民工是城市的劳动者，但身份是农民。据国家统计局统计，2009 年全国有 2.3 亿农民工，其中 8445 万人在本乡镇就业，被称为离土不离乡的农民工；有 1.45 亿人在本乡镇以外就业，被称为离土又离乡的农民工。1.45 亿农民工（加上随居家属，约有 2 亿人）分布在全国各个城市里，过着与城市户籍居民不同的生活，形成了中国特有的城市二元社会结构，由此产生了许多社会矛盾和问题。

工业化和城市化是一个国家现代化建设的两翼。按分类学规则，城市属于社会领域，城市化应属于社会建设范畴。城市化应按照社会建设的原则，坚持以人为本，坚持公平正义，保障人的基本权利，促进人的全面发展。针对中国的城镇化现状，要因势利导、趋利避害，引导城镇化健康发展。

第一，要把推进城镇化纳入社会建设总体规划。按社会建设的原则，指导城镇化的规划和发展，改变城市建设为实现经济目标服务的方针。建议中共中央、国务院召开一次城镇化工作会议，专门就城镇化指导方针、几个重大问题进行讨论并做出相应的决定。正确处理好社会建设、城市建设和经济建设的关系。

目前，中国城市化正处于加速发展的时期。现阶段积极稳妥推进城镇化，着力提高城镇化质量，首先要从实际出发，先解决好存量问题，使 2 亿多"半市民化"人口能够分期分批次融入城市。同时，要加快城市的基础设施和公共服务体系的建设，积极扩大城市容量，组织、管理、安置好 2 亿多城市外来人口和 5 亿多城镇户籍人口，再逐步有序地扩大增量。当然，各地城市情况不同，不能一刀切，对于城镇化率较低的省区，则应尽快放开增量。特别应当指出的是，2010 年国家提出"要积极稳妥推进城镇化"的方针后，不少省市将其看作发展经济的好时机，加快了土地城市化的步伐，有的城市甚至搞强制拆迁、平坟，征占农民的耕地和宅基地，加剧了社会矛盾和冲突，是应当注意的错误倾向。要坚决制止这种不厚道的"城市化"行为。

第二，积极推进农民工市民化，实现城市内部一体化。20 世纪 80 年代，为适应二、三产业发展的需要，在城乡分治的户籍制度下，农民工是作为一种权宜之计的就业方式产生的。随着中国经济持续快速发展，数以亿计的农民工涌进城市，成为"世界工厂"的主体力量，成就了中国的辉煌，也惠及世界。但这套由权宜之计发展而成的农民工体制，在充分发挥正向功能的同时，弊端也日益显现。特别是在推进以人为本、坚持公平正义、保障人的基本权利、促进社会和谐、促进人的全面发展的新型城市化时期，现行的农民工体制已经弊多利少、日益不得人心，必须尽快改革。农民工体制是目前城市二元社会体制的基本元素，通过改革破解农民工体制，使农民工成为市民，使城市二元社会成为城市一元社会，就为推进新型城市化开辟了道路，也为破解城乡二元结构、实现城乡一体化打开了突破口，是一举数得的重大措施。经过多年的研讨、探索，各方面的认识渐趋一致，几个试点城市有了成功的实践，也总结了改革方式、步骤等方面的经验。大势所趋，当前应该是国家作出改革农民工体制决断的时候了。

（四）建立组织机构，完善工作体制，协调推进社会建设

社会建设是总体布局中五大建设之一，重点加强社会建设，必须要有强有力的组织协调和工作机构。六十多年来的历史经验表明，凡是党中央决策的战略任务，只要有组织保证，有机构、有人员贯彻落实，就能有效实现。在经济建设方面，不同时期成立了计委、体改委、发改委等机构，主持经济体制改革、经济建设，取得了成功。也有一些大事，由于缺乏组织保证，未能完成预期任务。2006 年，十六届六中全会作出了《中共中央关于构建社会主义和谐社会若干重大问题的决定》之后，北京市在 2007 年 12 月就成立了社会工作委员会和社会建设工作办公室，此后，上海、广东、大庆、成都、南京也相继成立社建委或社会工委，主管社会建设和社会管理，做了富有成效的工作，创造了很多经验。2011 年春天以后，各地相继成立了社会建设工作办公室或社会管理办公室，主持社会建设和社会管理的工作，也做出了很多成绩。

近几年，有的地区是通过组建社会建设机构开展工作，多数地区是通过组建社会管理机构开展工作。比较而言，还是组建社会建设工作机构，如社会工作委员会和社会建设工作办公室较为恰当。成立社会建设工作机构，既可以开展社区建设、推进公共服务，也负责发展社会组织，同时也可以进行社会管理，能够涵盖社会建设的全部工作。组建社会管理机构，在解决社会突出问题、维护社会稳定的特定的时期是可以的，但要重点加强社会建设，机构名称就有失恰当。从社会建设的实践层面看，北京、上海等地组建了社会建设工作委员会，做了很多工作，也很有成绩。但是在实践过程中，他们遇到了这样那样的问题，靠社建委本身协调不了、解决不了。现行行政管理体制中，主管社会建设方面具体工作的部门很多，如社会事业方面，科学、教育、文化、医疗、体育都有相应的机构，还有民政局、信访局等，并不缺少管某项事业的机构，而是缺少一个统筹规划、综合协调的机构。因此，加强社会建设，应当建立一个类似于发改委那样的机构。建议把发改委中的社会司、就业和收入分配司等职能部门分出来，组建社会建设工作委员会，赋予相应的职责，统筹规划、组织协调社会建设的发展和改革，从组织上落实加强推进社会建设的任务。

（五）总结推广地方经验，鼓励创造社会建设典型模式

加强社会建设，要坚持把地方首创和顶层设计结合起来，善于从丰富的社会建设实践中总结经验。当前，不少地方在推进社会建设和社会管理方面已经做出了很多成绩，涌现了一批促进社会经济协调发展、维护社会和谐稳定的典型地区和具体经验。总结好这些典型经验，加以宣传推广，对于在全国范围普遍推进社会建设事业具有重要意义。有些地区，在等上级关于社会建设的"顶层设计"，以便贯彻执行。其实，好的"顶层设计"，一般是从总结基层实践创造出的先进经验，经过升华形成的。社会建设是一项新的历史任务，更加要注重实践、坚持实事求是，从实际出发，从解决实际问题出发，更加注重创新，更加注重总结经验。

在调查研究、总结经验的过程中，既要发现和总结一些地区和部门单位的先进经验，也要注意发现一些带有普遍性的问题。要找到像"家庭联产承包责任制"和"抓大放小"、"国企改革"那样能够推动社会体制改革和社会建设的突破口。与此同时，也要善于发现和总结某个市、某个县、某个乡镇或某个学校、某个医院等地区、单位开展社会建设、社会管理、社会体制改革的典型经验。

现在，社会建设、社会管理的实践已经在全国各地蓬勃展开，各种先进的、创新的典型正在不断地涌现出来。参照经济建设的经验，现在像 20 世纪 80 年代一样，正是创造和涌现社会建设的"温州模式""苏南模式"的时候。我们应该到社会建设的第一线去，及时发现并总结这些新模式，加以完善推广，这对社会建设是有益的。

（六）加大社会建设投入，切实做好财力物力和人才保障

未来大规模地开展社会建设，应同经济建设一样，要有相当规模的人力、财力、物力的投入。造成目前"经济这条腿长，社会这条腿短"的不平衡局面的一个重要原因，就是长期忽视了对社会建设的投入，在民生事业、社会事业、公共服务等领域欠账较多，出现了民众"看病难、上学难"等问题。中央提出加快推进以改善民生为重点的社会建设以来，各级政府加大了对民生的投入，情况已经有很大好转。但因为欠账太多，特别是中西部、贫困地区，由于财政困难，在教育、医疗、养老等方面仍有很多问题有待解决。我们应该按照十六届六中全会的决定，"健全公共财政体制，调整财政收支结构，把更多财政资金投向公共服务领域，加大财政在教育、卫生、文化、就业再就业服务、社会保障、生态环境、公共基础设施、社会治安等方面的投入。"① 真正加大对社会建设的投入，发展民生事业、社会事业、公共服务，使人民共享改革发展成果。如此，社会矛盾、社会问题就会大幅减少，对经济发展反而有利。

加强社会建设，更要重视人力和人才、干部的投入。十六届六中全会强调："各级党委要把和谐社会建设放在全局工作的突出位置，把握方向，制定政策，整合力量，营造环境，切实担负起领导责任。"并明确指出：要"建设宏大的社会工作人才队伍。造就一支结构合理、素质优良的社会工作人才队伍，是构建社会主义和谐社会的迫切需要。"② 在经济建设过程中，我们选拔、培养造就了一支规模宏大的经济工作者队伍，要把社会建设事业办好，同样需要选拔培养造就一支宏大的社会工作者队伍。

中国现在的社会工作者队伍还非常弱小，领域分散，未成合力。一是人们对社会工作不够了解，"社会工作"还没有形成一定的社会氛围；二是

---

① 《中共中央关于构建社会主义和谐社会若干重大问题的决定》，北京：人民出版社，2006 年 10 月，第 18 ~ 19 页。

② 《中共中央关于构建社会主义和谐社会若干重大问题的决定》，北京：人民出版社，2006 年 10 月，第 35、38 页。

社会工作者的归属机构、单位还没有普遍地建立起来，全国至今只有三个省市和少数几个市县建立了社会建设工作委员会或领导小组。许多从国外归来的社会学专业、社会工作专业毕业的本科生、硕士和博士研究生找不到对口就业岗位（国内此类毕业生也有这个问题），不少人只好改行就业；三是社会工作者数量严重不足。有关方面估算，现在全国的专业社会工作者大约有 8 万人（因为没有专门机构进行统计，只是估计数），这与 13 亿多人口的大国极不相称。据统计，2004 年美国的专业社会工作者有 56.2 万人，平均每千人有 1.9 名社会工作者。我国现在的经济社会发展水平还低，按每千人配备一名专业社会工作者，约需 135 万人，缺口实在太大了。从事社会建设的领导干部同样存在人员严重缺乏的问题。

我们应该按照十六届六中全会的决定，"坚持正确的用人导向，选好配强领导班子，注重培养选拔熟悉社会建设和管理的优秀干部。""加强专业培训，提高社会工作人员职业素质和专业水平。制定人才培养规划，加快高等院校社会工作人才培养体系建设，抓紧培养大批社会工作急需的各类专门人才。"① 与此同时，要组建社会建设工作委员会，把社会工作各方面的人员组织起来，并在实践中锻炼提高，逐步扩大，建成宏大的社会工作者队伍，同时广泛动员各种社会力量，共同推进社会建设大业。

---

① 《中共中央关于构建社会主义和谐社会若干重大问题的决定》，北京：人民出版社，2006 年 10 月，第 36 页，第 38 页。

社会建设时代已经来临[*]

本书是国家社科基金重大项目"当代中国社会管理体制创新研究"的成果，同时也是当代中国社会结构变迁研究课题组继《当代中国社会阶层研究报告》（2002）、《当代中国社会流动》（2004）、《当代中国社会结构》（2010）之后完成的第四部研究报告。自 2010 年以来的两年多时间里，课题组成员在四川省成都市、江苏省太仓市、广东省深圳市、广州市、南海市和北京市朝阳区、大兴区、顺义区、延庆县等地的城市和农村进行了深入调研，研究了大量的文献资料，邀请国内相关领域知名专家召开了 10 余次课题研讨会，数易其稿，最终完成了这个研究报告。

本书的研究主题源于对中国经济社会发展时代特征的深刻观察和系统思考。这个特征用一句话概括，就是"社会建设时代已经来临"。

经过 60 多年的社会主义建设，尤其是 30 多年以改革开放为主要特征的现代化建设，中国在经济领域取得了巨大成就，综合国力逐步增强，人民生活水平不断提高，已经达到工业化中期阶段。同时，社会领域也发生了深刻变化，但这种变化表现出与经济发展不协调的特征。总的来说，就是经济发展了，社会问题却层出不穷，社会不稳定、不和谐的因素增多，社会矛盾和冲突频发。社会发展与经济发展的不协调，已经成为当前主要的社会矛盾。如何解决这一矛盾，是时代向我们提出的重大课题。

2002 年，党的十六大把"社会更加和谐"作为全面建设小康社会的重要目标之一。此后，社会主义和谐社会建设的图景日渐清晰，实现这一目

---

* 本文源自《中国社会结构与社会建设》（陆学艺著，北京：中国社会科学出版社，2013 年 8 月），第 341~349 页。原稿写于 2013 年 3 月 3 日，系《当代中国社会建设》（陆学艺主编，北京：社会科学文献出版社，2013 年 7 月）一书的前言，收录于该文集《中国社会结构与社会建设》时改为现题。作者署名为"当代中国社会结构变迁研究课题组"，陆学艺定稿。原稿写于 2013 年 3 月 3 日。——编者注

标的路径也逐步明确。2004 年，十六届四中全会第一次提出"构建社会主义和谐社会"和"社会建设"的概念。2006 年，十六届六中全会通过《中共中央关于构建社会主义和谐社会若干重大问题的决定》，明确提出要"着力发展社会事业、促进社会公平正义……推动社会建设与经济建设、政治建设、文化建设协调发展"①。2007 年，十七大提出要"加快推进以改善民生为重点的社会建设"②，将实现社会主义事业总体布局发展为包括社会建设在内的"四位一体"写入新的党章。2012 年，十八大提出要"在改善民生和创新管理中加强社会建设"，"加强社会建设，是社会和谐稳定的重要保证。必须从维护最广大人民根本利益的高度，加快健全基本公共服务体系，加强和创新社会管理，推动社会主义和谐社会建设"。③

社会建设是党和国家在新世纪、新时期、新形势下提出的一个重大的理论和实践命题，具有重要的里程碑意义。从新中国成立到 21 世纪中叶实现现代化，百年征程已经走过 60 余年。如果说第一个 30 年进程是国家基本制度建设的艰辛探索，第二个 30 年是经济建设的成功实践，那么进行社会建设、促进社会和谐进步，则是未来 30 年中国发展的主题。

从近十年来社会建设的理论发展和实践探索来看，对于为什么在现阶段要重点加强社会建设，社会建设建什么，怎么建，仍然有一些重大问题需要明确和取得共识。本课题组为此做了长期的调查研究，以下是我们的认识。

第一，社会建设滞后导致经济社会发展不协调，是现阶段我国社会的主要矛盾。

改革开放以来，中国经济持续快速增长，成绩斐然，2010 年经济总量超过日本，成为世界第二大经济体，总体来看，我国的经济结构已进入工业化社会的中期阶段。然而，在经济报喜的同时，却出现社会报忧。正如党的十八大报告所指出的，城乡区域发展差距和居民收入分配差距明显；社会矛盾明显增多，教育、就业、社会保障、医疗、住房、生态环境、社会治安等关系群众切身利益的问题突出，部分群众生活比较困难；一些领

---

① 《中共中央关于构建社会主义和谐社会若干重大问题的决定》，北京：人民出版社，2006 年10 月，第 5 页。

② 胡锦涛：《高举中国特色社会主义伟大旗帜　为夺取全面建设小康社会新胜利而奋斗——在中国共产党第十七次全国代表大会上的报告》，《中国共产党第十七次全国代表大会文件汇编》，北京：人民出版社，2007 年 10 月，第 36 页。

③ 胡锦涛：《坚定不移沿着中国特色社会主义道路前进　为全面建成小康社会而奋斗——在中国共产党第十八次全国代表大会上的报告》，《中国共产党第十八次全国代表大会文件汇编》，北京：人民出版社，2012 年 11 月，第 31 页。

域存在道德失范、诚信缺失的现象。从社会各个方面测量，当前中国的社会结构尚处于工业化社会的初期阶段。社会结构滞后于经济结构，表现为社会经济发展不平衡、不协调，这已成为当前我国社会的主要矛盾，是全面建成小康社会、实现社会主义现代化的短板。从理论上分析：经济发展与社会发展是一对矛盾，在解决了长期存在的短缺经济问题以后，矛盾的主要方面转到社会方面来了。因此，加强社会建设、解决社会矛盾和问题成为时代的要求。对发展战略作适当的调整，在坚持经济建设为中心的前提下，把社会建设摆到重要战略地位，实行社会建设与经济建设并重的方针，有利于促进经济与社会协调发展。

第二，现代化发展的经验和教训表明，社会建设是现代化不可逾越的阶段。

面对目前我国社会经济不协调的形势，学界、政界提出了关于改革发展的多种战略选择。有人认为，要继续深化经济体制改革，继续集中主要精力抓经济发展；有人认为，社会经济发展不协调的根本原因在于政治体制改革滞后，要求加快政治体制改革，加强政治建设。我们认为，我国下一步战略任务的重点应该是加强社会建设，有以下几方面的实践理由。

一是全面建成小康社会的需要。对照十六大后国家有关部门制定的六大类 23 个全面建设小康社会指标的体系，2010 年全面小康已经达到 80.1% 了，比 2002 年提高了 20 个百分点，其中经济指标实现得最快最好；但是社会和谐、文化类指标提高较慢，有几个指标反而倒退：2000 年城乡差距指标已经达到 99.8%，但 2010 年倒退为 70.3%；基尼系数、社会安全指标等都还不如 2000 年的水平。总体经济指标已经超前完成，但社会指标不仅没有完成，有的还倒退。距离实现全面建成小康社会的目标，已经不到 8 年的时间，如不抓紧加强社会建设，好几个指标就会落空。

二是加快转变经济发展方式的需要。10 多年来的实践表明，仅仅依靠调整经济结构是不够的，达不到转变经济发展方式的目的，更需要通过改革社会体制、调整社会结构来推进经济发展方式的转变，即通过合理配置资源、机会，提高社会中下阶层的收入水平，改善教育、就业、社保等问题，培育社会中产阶层，才能扩大内需，才能从根本上再现市场活力。

三是解决当前突出的社会矛盾和社会问题的需要。经济改革带来了经济高速发展，蛋糕做大了，但分蛋糕的规则没有定好，也没有分好，引出了许多社会矛盾和问题。现在社会上看病难、上学难、养老难等问题，不是仅增加投入就能解决的，还要通过社会体制改革，建立和完善公平公正配置资源和机会的新社会体制，才能从根本上解决这些矛盾和问题。

四是为全面推进政治体制改革做好准备的需要。国内外现代化历史发展的经验和教训也表明，在社会矛盾、冲突多发频发的阶段，进行政治体制改革，显然不是好的时机。政治体制改革一定要搞，我们现在也在搞，但要全面推进政治体制改革现在还不是时机。邓小平同志在 1985 年讲过，"四个现代化，其中就有一个国防现代化。如果不搞国防现代化，那岂不是只有三个现代化了？但是，四化总得有先有后。军队装备真正现代化，只有国民经济建立了比较好的基础才有可能。所以，我们要忍耐几年"①。在社会主义事业总体布局中的五大建设，也应该是"有先有后"的。在经济建设取得巨大成就、社会矛盾又相对突出的时候，就应加强社会建设，通过社会体制改革把社会建设好。如把社会组织发展起来，人民就能够在基层、在社会组织中受到锻炼。先搞社会民主，再搞政治民主，先做好准备，再全面推进政治体制改革。

应当指出，在经济建设取得成功的基础上适时加强社会建设，也是现代化国家发展的一般规律。国际上有效加强社会改革和社会建设、成功实现稳定繁荣的例证很多。如美国的"罗斯福新政"，通过经济复兴政策、社会领域改革，培育了一个较大的中产阶级，奠定了战后美国繁荣的社会基础；战后日本振兴国民经济，全面推行社会改革，加强社保制度建设，1970年代后期形成了"一亿皆中流"的社会和"福利社会"。拉美国家则因社会改革不足导致社会动荡、社会结构断裂，陷入"拉美陷阱"；苏联在社会改革不到位、社会基础不牢的情况下，贸然推行大幅度政治改革，以致亡党亡国。殷鉴不远，足以为戒。

现代化建设是一个漫长的历史过程，也是一个阶段接着一个阶段进行重点突破的过程：当经济发展到一定程度的关键时期，就必须通过有规划、有组织的建设行动，实现社会、政治、文化等方面的现代化。综合判断基本国情和当前经济社会发展形势，我国已经处于确立社会建设为战略重点的新的历史转折期，条件充分，任务迫切，机遇难得，不可错失。

第三，社会建设的基本目标、基本原则和主要任务。

社会建设的目标就是建设社会现代化。相比较而言，经济建设的基本目标是国家"富强"，实质是实现经济现代化；政治建设的基本目标是政治

---

① 邓小平：《在军委扩大会议上的讲话》，《邓小平文选》第 3 卷，北京：人民出版社，1993年 10 月，第 128 页。

"民主"，实质是推进政治现代化；文化建设的基本目标是"文明"进步，实质是建设文化现代化；社会建设的基本目标是实现社会"和谐"，实质是建设社会现代化；生态文明建设的基本目标是协调人与自然、资源、环境的"共生"，实现生态文明现代化。

美国著名学者亨廷顿认为："现代化是一个多方面的变化过程，它涉及人类思想和活动的一切领域。"[①] 他还认为：现代化是一个系统过程，一个因素的变化将联系并影响其他各种因素的变化，现代化的各种因素极为密切地联系在一起。所以，现代化是从传统社会开始，到现代社会建成的一个长期进化过程。[②] 所以，一个国家要实现现代化，仅仅实现经济现代化是不够的，还必须同时或接着实现社会现代化、政治现代化、文化现代化等。从现代化发展的规律和当下中国国情看，下一阶段，中国就应该重点进行社会现代化建设。

所谓社会建设，是指按照社会发展规律，通过有目的、有规划、有组织的行动，构建公平合理的社会利益关系，增进社会全体成员共同福祉，优化社会结构，促进社会和谐，实现社会现代化的过程。这就要以改革社会体制为中心环节和突破口，着力推进社会建设，逐步实现社会现代化。

社会建设的基本目标就是建设社会现代化，实现社会和谐、进步。社会建设的基本原则是坚持以人为本，保障人的基本权利；坚持公平正义，实现共建共享。当前中国的社会中各个阶层、各个领域的社会利益并不平衡、不协调，这是形成社会矛盾和社会问题的重要根源。调整经济利益关系的核心原则是经济资源的市场化最优配置，追求经济的效率；社会利益关系的调整有其内在的价值取向，理应是追求社会领域内资源和机会的合理配置，追求社会公平正义。在这里，社会建设遵循的基本原则与经济建设是不同的。

从社会建设任务的构成看，社会建设的领域和主要任务包括基本民生、社会事业、社会分配、城乡社区、社会组织、社会规范、社会管理、社会体制和社会结构九个方面。社会建设的内涵是一个有机整体，这九个方面分别在社会建设领域有着不同的地位和功能。

第四，遵循社会建设原则，积极稳妥推进城市化。

---

① 亨廷顿：《变革社会中的政治秩序》，北京：华夏出版社，1998 年 10 月，第 32 页。
② 转引自钱乘旦《世界现代化历程》，（总论卷）南京：江苏人民出版社，2010 年 3 月，第 15 页。

工业化和城市化是一个国家实现现代化的两翼。工业化和城市化应相辅相成，协调推进，城市化水平与工业化水平相适应。按分类学规则，城市属于社会领域，城市化应属于社会建设范畴。城市化建设理应按照社会建设的原则，坚持以人为本，坚持公平正义的原则，保障人的基本权利，促进人的全面发展。由于各种原因，我们的城市化建设是被纳入经济建设范畴的，自觉不自觉地按照市场经济规则行事。前一阶段出现的"经营城市""土地生财""土地财政""城市二元结构"等现象，就是把城市化、城市建设也作为加快 GDP 增长、创造经济效益的表现，必然的结果是大量滋生社会矛盾、社会问题和群体事件，加快了环境污染、垃圾围城、资源破坏、交通拥堵等"城市病"的蔓延。近几年，阴霾迷雾弥漫多个城市群，引起很多市民的不安。坊间已经喊出了"是健康第一，还是 GDP 第一"的呼声，这是对城市化方针不当的直接批评。目前，中国的城市化还处于加快发展的阶段。建议有关方面，召开一次城市工作会议，专门研讨城市化的指导方针，就若干重大问题作出相应的决定。把城市化纳入社会建设的总体规划中，按照社会建设的基本原则，正确处理好社会建设、城市建设同经济建设的关系，围绕提高城市化的质量，因势利导，趋利避害，积极引导城市化健康发展。

　　第五，推进社会建设，必须进行社会体制改革，并要从对全局有影响的体制改革开始突破。

　　社会体制改革是社会建设的重要任务，更是社会建设顶层设计的大事。社会体制问题没有改革好，就不可能真正有效地解决现阶段诸多的社会问题，社会建设也不可能顺利进行。现阶段我国社会建设必须聚焦深层次的体制性问题，在社会体制改革上取得实质性的突破，唯此才能真正有效地从整体上推进社会建设。

　　改革开放以后，中国经济体制改革取得了成功，才有后来经济发展的辉煌成就，而社会体制虽然也进行了改革，但改革成功的不多，有的甚至还没有破题。改革过的经济体制与还没有改革成功的社会体制并行，是目前许多经济社会矛盾产生的一个重要原因。社会体制改革的滞后，已经影响了经济改革的推进。一些经济学家指出，中国的经济改革已经进入"深水区"，面临的阻力和困难在加大，其实就因为现在不触及社会体制改革的经济体制改革已经不可能顺利进行了。社会体制改革的目标，是要逐步建立与社会主义市场经济体制相适应的社会体制。进行社会体制改革，首先要改革对全局有重大影响的社会体制。现行的城乡二元结构的社会体制就是这样一个影响全局的社会体制，社会体制改革从破除城乡二元结构体制入手，取得突破、获得成功，有利于推动其他社会体制的改革，也将是中国社会建设取得的实质性进展。

第六，调整优化社会结构，培育造就一个宏大的中产阶层。

构建一个与经济结构相协调的工业社会中期阶段的社会结构，是社会建设最重要、最关键的任务。调整优化社会结构，核心任务是优化社会阶层结构，形成一个"两头小，中间大"的橄榄型社会阶层结构。在这种社会阶层结构中，占有经济资源、政治资源、文化资源最多的阶层是极少数，拥有这些资源最少的社会阶层也是极少数，中产阶层是这个橄榄型社会占大多数的主体人群。中产阶层是现代社会中社会管理、社会组织发展的中坚力量，是社会主流价值的引领者。社会规范的倡导者和遵守者，也是社会稳定的维护者，这是由他们所处的社会政治地位决定的本质属性。据国外学者研究，工业化中期的国家，中产阶层应占总就业人口的40%左右，才能形成橄榄型的社会结构，这个国家才能平衡、协调、稳定、可持续发展。

一个国家在经济高速增长，特别是在进入工业化中期阶段前后时，正是中产阶层大发展的黄金时期。中国现阶段正处于这样一个中产阶层大发展的阶段。但据我们测算，当今中国的中产阶层规模占28%～30%。这主要是我国社会建设滞后、社会体制改革还不到位、社会流动渠道还不畅通等问题造成的。当然，也与我们这些年来在主流媒体、重要文件中不使用"中产阶层"这个概念有关。其实中产阶层和中等收入群体不是一个概念，中产阶层并不能用收入来定义，有关方面用中等收入者、中等收入群体来代替是不妥的，引出了很多歧义和误解。有些人明明是中产阶层，但不敢理直气壮地自我认同。我们在几个城市调查，用客观指标推算，中产阶层的比重已经较高，但主观认同中产阶层的比重却很低。

我们应该加快社会体制改革的步伐，创新社会政策，调整就业结构，推进就业结构趋高级化，畅通社会流动渠道，包括给中产阶层正名，加快培育造就一个宏大的中产阶层，这是我国进行社会建设的战略任务。

第七，推进社会建设，要把握社会现代化发展规律，实施分阶段推进的战略。

现代化的不同阶段有着具体的不同目标，这些目标的完成构成现代化全部进程。我们认为，就现阶段而言，开展社会建设、实现社会现代化将经历三个阶段。第一阶段，在"十二五"期间，把保障改善民生社会事业和创新社会管理这两件大事做好，社会建设就开了个好局，为社会体制改革作了准备，抓好了基础，也推进了社会经济协调发展。第二阶段，在"十二五"后期和"十三五"期间，着力推进社会体制改革，创新社会政策，完善社会管理，破除城乡二元结构，逐步实现城乡一体化，形成一个与社会主义市场经济体制相适应的社会体制。第三阶段，2020年以后，形成一个与社会主义市场经济体制相适应、与现代经济结构相协调的现代社会结构，形成橄榄型的社会结构。当然，这三个阶段的划分是相对的，并不是截然分开的，未来的实践过程将会互有交叉地进行，只是在某一个阶段凸显某一方面的工作。在不同的阶段、不同的地区，针对不同的实际情况，将有不同的做法。社会建设分阶段推进，符合中国国情，也是现代化一般规律的表现。可以预见，通过三个阶段的社会建设，到2040年前后，中国将全面进入现代化国家行列。

第八，社会建设是一项需要社会各种力量发挥能动作用的建设过程。

推进社会建设，既要考虑经济社会发展的宏观背景，解决大矛盾、大问题，也要做好社会建设本身的体制机制方面的实务性工作。一要深入研讨关于构建社会主义和谐社会与社会建设的理论和实践问题，进一步正视矛盾、凝聚共识，真正从理论上、思想上完成未来时期国家发展战略的重大调整。二要组建一个强有力的总体统筹规划、综合协调管理的社会建设组织机构，完善工作体制机制。建议组建社会建设工作委员会，全面负责社会建设的发展和改革，制定中长期规划，尽快改变目前各地社会建设机构不统一、上下不协调、职能不完备、工作不得力的局面。三要注意总结推广先进地区加强社会建设的实践经验，鼓励创建社会建设的各种典型和模式，鼓励地方首创精神与顶层设计相结合，创造、形成、完善、推广一批深具影响的社会建设模式。四要加大对社会建设的物力、财力和人力投入。国家和地方财政支出应更多地倾向于社会领域，大力发展民生事业、社会事业、公共服务，使人民共享改革发展成果；要加大人力资源投入，选拔培养造就一支宏大的社会建设人才队伍，包括社会工作者队伍、领导干部和实际工作者队伍，以及社会建设研究人员队伍等。

以上八点认识，是我们研究当代中国社会建设的体会，也是本书阐述的主要内容。我们力图通过对问题的分析与提炼，为当前中国社会建设与社会管理提供实践的参考与理论的支撑。当然，社会建设是一项崭新的实践，也是理论研究的新领域。本书的出版，希望能够抛砖引玉，得到社会各界，特别是社会建设和管理实践第一线的同志和社会学同行的批评与指正，希望有更多学者加入社会建设的研究中来，共同关注这一时代命题。

城镇化与社会建设和社会管理[*]

党的十八大明确指出："建设中国特色社会主义，总依据是社会主义初级阶段，总布局是五位一体，总任务是实现社会主义现代化和中华民族伟大复兴。"[①] 十七大已在原来经济建设、政治建设、文化建设"三位一体"的社会主义现代化事业总体布局的基础上，增加社会建设，发展为"四位一体"的总体布局。这次十八大又增加了生态文明建设，形成了"五位一体"的总体布局，这是我们党对中国特色社会主义现代化事业的新认识、新概括，是中国特色社会主义理论的新发展，对于指导社会主义现代化建设的实践有着极其重要的意义。

国内外现代化建设的实践表明，现代化事业是一个庞大的系统工程，经济建设是现代化建设的基础，极其重要，处于中心的位置，没有经济的现代化，现代化就无从谈起。但是，国内外的实践也表明，仅仅实现经济现代化，还不能实现现代化，还必须要全面推进社会建设、政治建设、文化建设、生态文明建设和其他各方面的建设，才能全面建成现代化国家。

在今天这个以"贯彻十八大精神，深化社会体制改革"为主题的论坛上，我想重点讲一讲城镇化与社会建设和社会管理问题。

一 经济建设和社会建设

党的十八大报告指出："发展中不平衡、不协调、不可持续问题依然突出。"[②] 这是对目前形势的一个重要判断，现在有关方面对此仅仅理解为经

---

[*] 本文源自作者手稿。该文稿系陆学艺于 2013 年 5 月 10 日在"贯彻十八大精神，深化社会体制改革论坛"上的发言提纲，似不完整。——编者注

[①] 《中国共产党第十八次全国代表大会文件汇编》，北京：人民出版社，2012 年 11 月，第 12 页。

[②] 《中国共产党第十八次全国代表大会文件汇编》，北京：人民出版社，2012 年 11 月，第 5 页。

济发展中不平衡、不协调、不可持续的问题，所以主要强调进行经济体制改革、调整经济结构等方面去解决。我们认为发展中不平衡、不协调、不可持续依然存在，主要是指经济发展与社会发展不平衡、不协调、不可持续的问题。改革开放以来，经济建设得很快、很好，取得了辉煌的伟大成就；社会建设，也取得了很大的进展。但比较而言，已经形成了经济这条腿长、社会这条腿短的不平衡局面。许多经济问题、社会矛盾、社会问题是由此产生的。我们应该在坚持以经济建设为中心的前提下，把社会建设摆到更加突出的位置，着力加强社会建设，推进经济社会协调发展。就长远来看，这对经济建设也是有利的。

马克思主义认为经济是基础，社会、政治、文化是上层建筑，经济基础一般地表现为起主要的、决定的作用，上层建筑是被决定的，是为经济基础服务的。但是上层建筑又有反作用，在一定的条件之下，上层建筑又转过来表现其为主要的、决定的作用。改革开放 30 多年来，在中国共产党的领导下，通过经济体制改革、经济发展，中国已经从一个以农业、农村为主的社会，转变为工业化、城市化的社会，已经从实行计划经济体制的社会转变为实行社会主义市场经济体制的社会，已经从一个贫穷落后的国家转变为上中等收入的国家。也就是说，中国社会的经济基础已经发生了根本性的变化，与此同时，我国的政治、社会、文化等上层建筑也发生了很大的变化。但是比较而言，我国的上层建筑相对滞后了，目前出现了经济形势大好，而社会、政治形势不太好，出现了许多形形色色的盛世乱象，可以用上层建筑滞后来加以解释。

上层建筑滞后于经济基础的现象，这在历史上是屡见不鲜的。这一方面是由社会、政治、文化等上层建筑的本质决定的，它们总是随着经济基础的变化而变化，它们有自身发展的规律，所以滞后是必然的；但另一方面，这种滞后有一定的限度，超过这种合理的界限，成为阻碍经济基础发展的障碍的时候，就一定要通过改革、革新的方式来解决，使上层建筑与经济基础相适应，更好地为经济基础发展服好务。

二　工业化和城镇化

工业化和城镇化是一个国家建设现代化的两翼。从各现代化国家发展的历程看，工业化和城镇化是相辅相成、协调推进的。工业化是现代化的经济基础，城镇化是现代化的载体，城镇化的发展水平要与工业化水平相适应。

从分类学的原则分析，工业化属于经济范畴，属于经济建设；城镇化属于社会范畴，属于社会建设。现代化国家的经济基础是工业化，把工业化建设好了，实现了经济现代化，经济建设也就建设好了。我们通常把现代化国家，称为工业化国家、后工业社会等。城镇化是现代化的载体，把城镇化建设好了，实现了社会现代化，社会建设也就建设好了。

现代化国家是实现了高度工业化、高度城市化的国家，是工业文明的社会，它的前身是农业、农村为主的传统国家，是农业文明的社会。

民生与社会事业建设

平均数掩盖了很多问题*

2008 年 1 月 3 日上午，中国社会科学院举行了"2008 年"社会蓝皮书"发布会暨中国社会形势报告会"。一年一出的"社会蓝皮书"备受各方关注，本刊采访了"社会蓝皮书"的主编、著名社会学家陆学艺教授，请他解读了一些与当前中国社会形势有关的问题。

1. "社会蓝皮书"所说的"社会建设"的具体内涵是什么？

陆学艺：总体来说，"社会建设"不等于"社会事业的建设"，党中央提出的构建社会主义和谐社会，需要通过社会建设来实现，不仅是指建设科、教、文、卫、体这些社会事业，还必须跟经济发展协调起来。

2. 协调包括哪些方面？

陆学艺：第一，社会建设应该包括跟经济发展相协调的社会结构，社会结构的核心部分是社会阶层结构，这应该是一个"两头小、中间大"的社会结构；第二，应该建立一个和现代社会相适应的社会流动机制；第三，现代化社会应该有社会组织的建设，现在，我们的民间社会组织还太少；第四，还应该有社会管理体制，特别是我们的城市化进程之后，城市怎么管理？另外，科、教、文、卫、体这些社会事业当然要建设发展。我只是简单地提到这几个方面，社会建设显然不止这些内容。

3. 十七大报告提到"加快推进以改善民生为重点的社会建设"，"以改善民生为重点"，对这一点你如何解读？

陆学艺：这几年，我们国家的经济总体上发展得很快，GDP 总量快成为世界第三了，但我们的经济发展牺牲了环境，牺牲了消费，牺牲了第三产业的发展。国外的消费率大都在 60% 以上，我们都降到 50% 以下了。现在

---

 * 本文原载于《南方人物周刊》2008 年第 2 期，发表时间：2008 年 1 月。该文为该刊记者对陆学艺的专访稿，《领导文萃》2008 年第 8 期（2008 年 4 月 15 日）转摘。——编者注

应该解决这些事情，所以要以改善民生为重点。

4. 从 GDP 来看，都是很好的数据，但这些平均统计数据似乎无法显现出贫富之间更具体的问题，你怎么看？

陆学艺："改善民生"里有一大块讲的就是社会保障，社会保障就是二次分配，一次分配要讲究效率，二次分配要讲究公平，现在二次分配太少，该向富人收的税没有收上来，对发达地区收的税也不够，所以发达地区和落后地区之间、贫富之间的差距就拉大了，社会不平衡会引起一些矛盾和问题。

5. 有专家认为是高房价压抑了消费。

陆学艺：这是一个方面，但只是小部分，更大的是整个国民收入的分配格局不对，老百姓的收入还是少，养老人、小孩要花钱，医疗也主要靠自己，教育也需要花很多钱。以前，国家财政收入不够，现在国家有钱了，天灾人祸这一块国家要管，做到十分公平很难，但一定要做。

6. 2008 年"社会蓝皮书"显示，2007 年城镇居民人均可支配收入的增长约 13%，超过了 GDP 的增长。

陆学艺：这只是指城镇居民，农村人口的人均可支配收入是远远不够的。大部分人还是在农村，真正的城镇居民连 30% 都不到。农民工是城镇居民吗？他们的收入增长超过 GDP 了？平均数掩盖了很多问题，大多数人其实都在平均数以下，这个社会怎么能行？

7. 从"社会蓝皮书"统计的结果来看，城镇居民的满意程度在下降，农村居民的满意程度在提高。

陆学艺：我们刚开始做这方面统计的时候也纳闷，出现这样的状况不是一年两年了。农村这么穷，满意程度怎么会比城镇高呢？其实人和人的目标不一样，这几年国家出台了不少惠农政策，不收税了，还有补贴，这些他们都是看得见的，所以满意度高。城市居民对这一块已经习惯了，他们不是跟农村比，不是跟自己比，而是跟发达地区比，跟发达国家去比，而且他们知道的东西也多。这是世界性的现象，不光是中国，美国这方面的满意程度也不高。

8. "社会蓝皮书"中的统计显示，2007 年，近 500 万高校毕业生中，至今仍然有 100 万人没能找到工作。

陆学艺：我们的高校现在是 22% 的毛入学率，从国际上来说，还是落后的，但是现在已经安排不出去了。这是两方面的问题。一方面是我们的国民素质要提高，能上大学的人越多越好，但是现在的就业机制和创业机制有问题。另一方面，在外国，是没有人统计大学生失业率的，像比尔·盖茨那样，他就什么业？他找几个人就开公司了。国外都是自谋职业，自己去找，不行就自己先开个小店什么的，哪有一下就到国家机关的。我们的学生现在就业的目标很高，这样不行。

9. 2008 年来了，奥运会对社会建设的作用大吗？

陆学艺：这个还没有专门研究过，奥运会对经济肯定有推动作用，对于社会建设来说，奥运场馆建设、关注环境等，这也算是社会建设了。

10. "社会蓝皮书"指出，2008 年将成为中国改革开放的新界标，你怎么理解这句话？

陆学艺：2008 年这一年非常特殊，不光是奥运会，更重要的是改革开放 30 年，也是 2009 年新中国成立 60 周年的准备年。中国人喜欢讲 60 年，60 年实际上是两个 30 年，2008 年还是十七大之后的第一年，另外，我觉得，2008 年，中国在国际上的地位还是会往上走的。

"上学难""上学贵"是特殊阶段的特殊问题*

近些年来，社会上对"上学难""上学贵"的呼声比较高，特别是对医疗和教育有较多的意见，有的人甚至认为这些问题是改革造成的，并以此作为否定改革的一条重要现实依据。其实，对于这个问题，应作理性分析。

改革开放以来，我国在教育方面做了很多的工作，取得了显著的成绩，这一点首先要充分地肯定。这些成绩主要体现在：一是基本普及了九年义务教育。现在全国小学学龄儿童入学率达到99.3%，初中教育毛入学率达到97%。① 改革开放以来，特别是20世纪80年代、90年代，全国的"两基"教育，即基本普及九年义务教育，基本扫除青壮年文盲，经过20多年的工作，基本上实现了。这对我们这样一个人口大国来说实在是不容易的。二是高等教育有了跨越式的发展。从1999年扩招以后，不到十年工夫，我国的高等教育从精英教育阶段跨入了大众化阶段。扩招以前，我们每年只招108万大学生，到了2006年，我们招546万大学生，平均每年扩招50多万人。我们现在在校的大学生是2500万人，毛入学率已经达到21%。② 达到这个程度是非常不容易的，西方国家用了上百年的时间，我们只花了不到十年时间。这些成绩为我们从人力资源大国变成人力资源强国奠定了基础。

近几年社会上也出现了"上学难""上学贵"的问题。为什么产生这些问题？我认为有两方面的原因：一个是客观的原因。我们调查这一代人的家长，这些家长出生在20世纪50、60年代。他们上学的时候遇上"文化大革命"，到考大学的时候，因为1966年以后大学就停招了，一直到1977年，

---

* 本文原载于《北京日报》2008年3月17日第17版理论周刊。——编者注

① 国家统计局编《中国统计年鉴2009》，北京：中国统计出版社，2009年9月，第805页。

② 国家统计局编《中国统计年鉴2009》，北京：中国统计出版社，2009年9月，第795页。

小平同志说了话才重新恢复高考。他们这一代没有上大学。到他们工作了，又遇上经济建设，人才难得、人才贵，有学历、有文凭的人工作好找，得到重用，待遇也好。所以这一代人都想要求子女能够上大学。我们做过几次调查，到 20 世纪 70 年代、80 年代出生的孩子的家里去访问，80% 以上的家长都希望他们的子女能上大学。包括一些农民工，就算吃尽千辛万苦，也要让他们的子女上好学校，能上大学，希望上名牌大学，当然最好是清华、北大。这种心理很普遍，形成了社会风气。但是教育资源总是有限的，不管怎么建，还是不够的。现在我们每年招 50 多万人，但是还有多一半的考生进不来，比 1977 年、1978 年的几十个人考一个，要好得多了。另外一个是人们的观念原因。中国历来重视教育，中华民族有尊师重教的传统美德。重视子女的教育是好的，但问题是现在大家都想享有比较好的教育，目标都向好的学校集中。在社会上，从小学、中学就开始竞争，都想上重点学校。所以怎么喊减轻学生负担都不行。这个事情已经好多年了，现在小学生的书包越来越重。我想，这种竞争的背后，实际上是家长的竞争。

一方面客观上有如此强烈、普遍和比较高的要求，教育资源不能满足；另一方面当今的经济条件、财政体制拨款不到位。本来，教育是公共产品，办教育主要应由国家财政来支撑。以前国家财政状况不好，现在好了，但财政给予教育的拨款，到现在还是相当不足。《教育法》规定，教育经费要达到 GDP 的 4%，这几年绝对数字在增加，但是 4% 就没有达到过。高中和大学经费不充裕，必然加重学生的负担。加上教育体制改革还没有相应地跟上，管理不到位，非教学人员多，学校开支大，教学成本高，学校以各种名目向学生收费。这就是"上学贵"的原因。当然，还有一方面是学生家长为了使子女能到重点学校学习，想办法交的额外费用。这两者的含义是不同的。

"上学难""上学贵"是我们国家在特殊阶段出现的特殊的社会现象。好在党和政府已经注意到这方面的问题，正在采取各种措施逐步解决这些问题。这次人代会上，温家宝总理在政府工作报告中着重指出，要加大教育事业投入，推进教育改革创新，让孩子们上好学，办好人民满意的教育，提高全民族的素质。这充分体现了我们国家注重社会建设、着力改善民生、坚持优先发展教育的方针正在贯彻落实。随着经济持续平稳快速增长，社会全面进步，上述特殊阶段出现的"上学难""上学贵"的问题一定会得到有效的解决。

转型时期农村社会管理和扶贫开发[*]

当代中国农村社会管理暨武陵山扶贫开发与社会建设学术研讨会今天开幕了。会议得到了贵州省委、省政府的高度重视，为我们创造了这么好的开会环境。我代表到会同行向你们表示衷心感谢。

这个会有两个主题：一是研讨社会建设和社会管理问题，二是研讨武陵山铜仁地区的扶贫开发问题。我讲几点意见。

一 把社会建设作为下一阶段的主要任务是理性的选择

中国今后一个相当长的阶段的主要任务是：在继续坚持以经济建设为中心的背景下，把社会建设和社会管理摆到突出的地位，实现社会现代化。

改革开放30多年，在党的领导下，我们办成了一件大事，经济建设取得了很大的成绩，实现了经济的现代化。2010年我国的GDP达到40.12万亿元[①]，经济总量跃居世界第二，成为世界工厂。经济结构达到工业社会中期阶段的水平。但自20世纪90年代中期以后，社会矛盾、社会冲突、社会问题突出了，城乡差距、贫富差距扩大，两极分化，诈骗盗窃增加、社会治安恶化，行贿受贿、贪污腐败、刑事犯罪大量增加，上访上告、群体事件频发，劳资关系、干群关系、党群关系紧张。面对这种经济报喜、社会报忧的状况，如何使得经济持续增长，如何消解这些社会矛盾，保持社会稳定，使经济社会协调发展，国内、国外有多种议论。下一步重点进行社

---

[*] 本文源自陆学艺《社会建设论》，北京：社会科学文献出版社，2012，第105～110页。该文系陆学艺于2011年10月26日在"当代中国农村社会管理暨武陵山扶贫开发与社会建设学术研讨会"上的演讲。——编者注

① 国家统计局编《中国统计年鉴2011》，北京：中国统计出版社，2011年9月，第44页。

会体制改革，推进社会建设，还是进行政治体制改革，进行政治建设？这是必须明确的。

党中央全面分析了国内国际的大局，审时度势，科学决策。2003年10月，党的十六届三中全会提出了要落实科学发展观；2004年十六届四中全会明确提出，要构建社会主义和谐社会，要加强社会建设和社会管理；党的十七大，修改了中国共产党党章，将社会主义现代化"三位一体"的总体布局发展为包括社会建设在内的"四位一体"的总体布局，这标志着中国进入了以社会建设为重点的新阶段。

选择社会建设和管理作为下一个阶段的主要任务，是理性的选择，符合经济社会发展规律，符合国际经验，符合中国的国情，是正确的。

第一，这是转变经济发展方式的需要，可以扩大内需。进入21世纪以来，中国成了世界工厂，生产了大量的产品，需要通过外贸出口。1996年就开始讲扩大内需，但是，内需不足的问题一直没有解决。2008年金融危机以来，这个问题越来越大。十七届五中全会通过的"十二五"规划建议提出要"把保障和改善民生作为加快转变经济发展方式的根本出发点和落脚点"①。这句话就把经济和社会结合起来了。如果我们今后加强改善民生，把科、教、文、卫、体等社会事业和公共服务搞起来，会为经济开拓一个大的市场，从而实现可持续发展。

第二，这是解决社会问题和社会矛盾的需要。仔细分析，我们在分配方面，在教育、社会保障等民生方面的投入太少了。通过社会建设和社会体制的改革，改善民生，增加公共服务的供给，可以解决不少的矛盾。

第三，为将来政治体制改革和政治建设做好准备。我认为，现在让我们加快政治体制改革，就是一个陷阱。美国把伊拉克打下来，只死了10个人，但后来搞战后治理，死了快5000人，还乱得不行，只能乖乖地走了。我们显然不能这样做，而是要通过社会建设，把民间组织建起来，在民间组织中把民主选举、民主决策、民主监督等能力训练出来，再搞政治体制改革就很容易了。所以，我觉得今后一段较长的时间里要搞社会建设和社会管理，这个决策是英明的，是完全符合国情的。

现在不少人问什么是社会建设？社会建设的目标就是实现社会现代化。有些人认为社会建设就是搞社会事业建设或者社会管理，这显然是不对的。

---

① 《中共中央关于制定国民经济和社会发展第十二个五年规划的建议》，《中国共产党第十届中央委员会第五次全体会议文件汇编》，北京：人民出版社，2010年10月，第19页。

2011 年上半年我们在四川成都市做了一个较长期的调查研究。社会建设作为四大建设之一，是一个宏大的系统工程，根据我们的研究，至少有八个方面的内容：（1）民生事业建设；（2）社会事业建设；（3）农村和城市基层社区、基层组织的建设；（4）发展社会组织；（5）社会管理；（6）社会规范的建设；（7）社会体制改革；（8）优化社会结构。社会建设的核心任务是要建设一个与经济结构相适应的现代的社会结构。从理论上分析，我们已经达到了工业社会中期阶段的经济结构，但社会结构还处在工业社会的初期阶段，现在的社会结构落后于经济结构 15 年左右，这是现在产生诸多社会问题、社会矛盾、社会冲突的根本原因。不改变现在的社会结构，中国就太平不了。

从国际和国内发达地区的经验来看，今后社会建设和社会管理的发展大致会经历以下三个阶段。

第一个阶段，要大力加强民生和社会事业建设，也就是我们现在正在做的，解决目前遇到的"上学难、看病难、住房难、养老难"等亟待解决的问题。同时，要加强和创新社会管理，解决社会稳定的问题。现在各级干部在社会稳定方面牵扯的精力太大。20 世纪 80 ~ 90 年代，我们到各地去调查，地方干部主要关心的是招商引资和经济发展，会跟我们讲 GDP 怎么样了，财政收入怎么样了。但是，现在他们最担心的则是哪里有突发的事情或群体事件了。"十二五"期间如果把这两件事情做好，就可以进入下一个阶段。

第二个阶段，要进行社会体制改革。现在中国的一个很大的矛盾就是经济已经实现了社会主义市场经济体制，当然还有问题，但社会体制基本上还是 20 世纪 50 年代计划经济体制时期形成的，科、教、文、卫、体，比如社科院、医院、大学等，实际就像一个大的国有企业，还是吃大锅饭，凭良心办事，效率不高，服务态度不好。科、教、文、卫、体改了多少年，但还是铁饭碗，能进不能出，能上不能下。这几年说钱投得不少，但还是做不好，原因就是体制有问题。要改革体制很难，会触动相当一部分人的利益，但如果不改，社会建设这一关就过不了。就像经济体制改革，如果没有 20 世纪 80 年代的包产到户，没有 20 世纪 90 年代中期朱镕基领导的国有企业改革，那么今天的经济绝不会发展到这个程度。希望寄托在"十三五""十四五"时期，如果社会建设这一关过不了，我国就有可能落入中等收入陷阱，或者叫"拉美陷阱"。

第三个阶段，经过社会体制改革，社会事业大发展，二元结构问题解决了，城乡一体，社会流动加快，社会组织大量发展，社会结构得到优化。现在看来，中国要实现社会主义现代化，经济方面问题不大，国内、国外的预测都很好，下个 10 年总量超过美国，每年保持 8%～9% 的速度，维持 20 年左右没有问题。但是，社会建设现在还正在进行，如果把社会建设坚持进行到底，也就为政治建设做了准备。现在不是搞政治改革的时候，而是搞社会体制改革的时候。

二　加快工业化、城镇化是扶贫开发的根本出路

扶贫开发是贵州发展的一个重要方面。贵州的扶贫开发，一定要通过贵州的经济社会全面发展，特别是经济发展解决。

从历史的经验看，扶贫问题、贫困问题，光靠救济、帮助和转移支付是解决不了的。在从北京来贵州的路上，我同中国扶贫开发协会执行副会长林嘉𫘪同志讨论：长期以来，扶贫开发搞来搞去都是在农业、农村系统里面搞。凡是贫困的地方，都是山老边穷，与"农"字头有关。贵州的扶贫也取得了很大的成就，基本解决了温饱的问题，这是很大的成绩。但要彻底改变贫困面貌，使将来不返贫，能够富得起来，光靠传统的老办法已经不够了。是不是可以考虑改一个方式，搞工业扶贫，发展商业、服务业扶贫，这是符合社会发展和社会转型要求的。现在是工业化大发展的阶段，无工不富，没有抓好工业发展，这是贵州富不起来的根本原因。就我的经验看，把今后的发展定在加快工业化、城镇化发展上，是符合省情、民情的。2010 年我到安顺去考察了几天，贵州也好、安顺也好，人多、山多、地少，发展农业很不利，但发展工业就不是劣势了。山多、空间多、矿产多、能源多，就是有利条件。日本、韩国都是山多地少的国家，他们用了 30～40 年的工夫就建成了现代国家。日本有许多仪器工业，都建在山区。今后，包括武陵山区、铜仁地区等地，在现有基础上，农业还是要做，但在发展工业上是不是能多做些文章、多下点力气？

我昨晚看了些材料，贵州现在户籍人口 4100 万，占全国的 3%，GDP 占全国的 1%，3% 的人去分 1% 的财富，那肯定是穷的。我还算了笔账，全国 1978 年的 GDP 是 3645.2 亿元，2010 年是 40.12 万亿元，30 年 GDP 涨了 109 倍。[①] 2010 年贵州的 GDP 达到 4594 亿元，比 1978 年的 46.62 亿元增长

---

① 国家统计局编《中国统计年鉴 2011》，北京：中国统计出版社，2011 年 9 月，第 44 页。

了97.5倍。这30年中，贵州跟贵州比，是大大发展了，但是同全国比，位次是下降了。几个倒数第一，可能和这个有关。贵州经济为什么发展不起来，主要是因为工业没有发展起来。2010年贵州4594亿元的GDP中，一产占13.7%，二产占39.2%，三产占47.1%，看起来是"三二一"的现代经济结构的格局①。但三产比例之所以高，是因为工业创造的增加值太少，一共只有1800亿元，还抵不上昆山一个县级市创造的GDP。贵州全省的上市公司只有19家，可福建晋江一个县级市上市公司就有33家。这几年西部大开发给贵州投入了大量的资金，航空、铁路、公路、水利等方面准备了很多条件，现在应该是发展工业的阶段。

贵州省委、省政府的"十二五"规划，已经提出工业强省战略、城镇化带动战略，要实现"加速发展、加快转型、推动跨越"的战略。我觉得这两个大的战略是正确的，是符合贵州现阶段的省情的。"十二五"规划提出，到2015年工业增加值比2010年增加150%，达到4500亿元，城市化率达到40%。现在的问题是如何贯彻落实省委、省政府这个重要的战略决策，如何实现"十二五"规划。完成这个规划，那么贵州的经济就上了一个大台阶，扶贫工作也就会大大前进一步。

怎么发展工业？我提几点看法。

第一，要培养本地的企业家。贵州有500万~600万农民工，这里面有相当一部分人已经在外打工多年，有了一定的资金、关系、技术、经营能力，又是本地人。要把这部分人调动起来，给予有力的支持，鼓励他们回来创业办厂。

第二，招商引资。我在成都发现了"东资西移"的现象，发展工业不一定非建在平地上，特别是贵州的自然资源、矿产资源等条件很好。

第三，要发挥现有的本地中央企业的作用。中共贵州省委原书记曾经说过，贵州是"墙里面上天入地，墙外面刀耕火种"。中央企业有责任为地方发展提供技术等方面的支持。

第四，国家要支持工业。国际、国内的有些大项目可以引进到贵州来。

---

① 贵州2010年的GDP及其三大产业的比例参见：《2010年贵州省国民经济和社会发展统计公报》，贵州省人民政府网站，http://www.guizhou.gov.cn/zfsj/tjgb/201709/t20170925_825732.html，2015年1月22日。贵州1978年的GDP参见：国家统计局国民经济综合统计司编《新中国六十年统计资料汇编（1949-2008）》，北京：中国统计出版社，2010年1月，第872页。

第五，从体制上进行改革，人才上进行培养。要支持体制内的一些人才办企业。

总之，贵州大致相当于苏南 20 世纪 90 年代初期阶段的水平，这几年贵州经济发展很快，应抓紧这个时机，继续在这个基础上把经济搞上去。

三　扶贫开发与社会建设和社会管理的关系

贵州要把经济搞上去，"十二五"规划提出，GDP 要达到 8000 亿元，城市化要达到 40%。目标很宏伟，这将是一个跨越式发展的阶段。在大力发展工业化的同时，要处理好经济与社会的关系。

第一，既要学习发达地区过去搞工业化的经验，同时也要吸取教训。

我是苏南人，苏南搞工业，经济发展得很快，但也犯了不少错误，牺牲了农业，牺牲了农民，牺牲了环境，牺牲了精神文明，有些是后悔都来不及的。我在太湖边上长大，太湖现在污染很厉害，里面的鱼都不敢吃了，土壤都污染了。贵州在发展工业的时候，一定要吸取这样的教训，金山银山，还是要绿水青山。

第二，发展经济的同时，要把社会建设和社会管理搞好。

只搞 GDP 挂帅肯定是不行的。要拿出相当的力量办教育、办医院。现在贵州的人均受教育年限是 7.1 年，而全国是 8.5 年，相差 1.4 年。相当一部分地区还有代课老师。人力资源不开发，人力资源水平不提高，搞工业化是不行的。

我觉得现在存在一个大的问题，中央一个文件既管广州、北京，又管贵州，这肯定是不行的。譬如社会管理，贵州的社会管理与北京、广东、苏南、温州的社会管理显然不是一回事。我去调查北京的一个村，本地人 5000 人，外地人 3 万人，很乱，最后实行"封村管理"，把村子的进出口都卡住了。北京 1100 万的户籍人口，外来人口 800 万，而贵州是 4100 万，走了 600 万。所以，贵州的社会管理肯定和北京的社会管理不一样。不能要求贵州提供和发达地区一样的社会保障和公共服务，但不搞是不行的。

第三，要处理好工业化同城市化的关系。

贵州的城乡差距超过全国的城乡差距。2010 年，全国的城乡收入比是 3.33∶1，贵州是 4.07∶1，可能贵阳更大。搞工业不能牺牲农业，不能牺牲农村。建议贵州借鉴成都统筹城乡经济社会发展综合配套改革的经验，在发展工业化的过程中不能使城乡差距进一步扩大。

　　建议做好省、地、县的具体发展规划：第一，工业化的规划；第二，城市化的规划；第三，公共服务与社会建设的规划，以此推进今后贵州的发展。希望贵州的扶贫能够健康有序地启动，取得更大的成绩。

城乡义务教育均等化改革的成都实践[*]

　　城乡一体化发展中的两个深层次的改革难题都属于公民基本权益均等化的范畴：一是城乡居民社会保障权益的均等化；二是城乡义务教育的均等化。造成城乡义务教育非均等化的主要原因有三个方面：一是城乡之间经济和社会发展的差距；二是公共财政投入的制度设计；三是教育体制的城市偏向。由于历史原因，化解这个难题不仅需要制度改革来推动，而且需要加强社会管理来保障教育体制改革的可持续性。成都市青羊区教育局自 2003 年以来就致力于破解城乡义务教育均等化的难题，历时 9 年，每一步都走得很平实。

一　青羊区的教育管理制度改革

　　提升农村学校的统筹层级，创造教育投资均等化的条件。苏泊乡原来是青羊区管辖下的郊区乡，乡镇整合时合并了文家乡，户籍人口近 5 万，外来人口 2 万多。全乡有 11 所小学，按照原来的教育管理体制，两所中心小学是"乡办乡管"，其余 9 所农村小学乡、村合办。2003 年成都市开始城乡一体化的改革和建设，苏泊乡改变建制为街道办事处，全乡学校的管理层级随着行政体制转换从"乡办乡管"上升到了区教育局，这是一个十分重要的学校管理体制的改革，是实行城乡义务教育均等化的基础，要比全国义务教育体制开展从"乡镇管理"提升到"县办县管"提前了 2 年。

　　青羊区的绿舟小学，现有学生 1000 多人、教师 40 多名。该校原名文家乡七里沟小学，是一所村办学校，校址最初设在一座已有 50 多年历史的古

---

　　* 本文原载于《中国乡村发现》2011 年第 2 期，发表时间：2011 年 12 月 31 日，作者：陆学艺、蒋中一。本文相关数据来自作者调研过程中获得的资料。——编者注

庙里。和市区学校相比，农村学校一般都缺乏功能教育设施，没有音乐、美术、网络和技能教室，缺乏专职的师资。弥平素质教育上的差距，是破解城乡义务教育均等化难题的难点。在统筹城乡区域规划和建设中，绿舟小学移址重建。成都市政府规定，承担城乡一体化规划建设的开发商，必须承建区域内的学校、医院等公共设施，建设资金主要来自土地出让金，区财政给予一定补贴。绿舟小学的基建投资为 2100 万元，全部来自土地出让金，设备投资 200 万元，由区教育局拨款，现在绿舟小学的功能教室齐全，由于学校地处农村，素质教育确定为园艺、观赏鱼和禽畜饲养，校舍和庭院绿树成荫、鸟语花香，环境优于市区学校。

青羊区教育局还实行了一项配套制度改革：市区学校和农村学校的生均公用经费按同一标准拨付，2011 年的标准是生均 905 元。区教育局一位副局长解释说，教育资源的分配在传统上就有"叠加效应"，这几乎是一个毋庸置疑的规则，在新增教育资源分配过程中，他们在"削峰填谷"还是"填谷追峰"的取向上反复权衡，最后采取了"填谷追峰"的做法，以此来构造新增资源偏向农村学校的长效机制。

青羊区还实行校长职级制，促进"校长"资源的流动来提高管理效率，校长期满卸任后，必须以教师身份进入下一轮竞聘。到 2007 年年底，青羊区 11 所农村小学，实现了校长交流的全覆盖。

青羊区实行教育管理制度改革后，学校的组织性质发生了实质性改变，基本摆脱了行政等级和经营管理的束缚，学校班子的职能趋向单一化：更有效地组织教育和提高质量。青羊区教育制度改革取得的深层次成果是，把政府提供的义务教育打造成名副其实的公共服务产品。

二　教师资源的开放式管理

均衡配置城乡的教师资源，提高农村学校的教育质量。青羊区从改革教职工的人事制度入手，成立了"青羊区教育人才管理服务中心"，教师从"校管校用"改为"区管校用"，实行全区统一的职薪、奖酬标准和教师调配规则，建立了教师资源区域内共享的流动平台，从管理制度上构造了教师资源的重组机制。

在新的教师管理体制下，青羊区教育局开放了学校的教育管理职能，以市区名校泡桐树小学为龙头，把绿洲小学、红碾小学和康河小学组织为城乡学校发展共同体，称为"泡桐树学校集团"，以此推动"城乡共享优质教师资源"的制度化建设。学校集团在校长层面建立"治校经验"和"学校资源互补"商讨制度，在教师层面定期开展教育经验的校际交流活动，并在学校集团内成立"特级教师工作室"，对优秀教师的成长给予定点帮扶和指导。青羊区在全区的中、小学中，已经组织了9个这样的"学校集团"。绿洲小学的教师还可以分期参加成都市教育局设立的"城乡教师师徒结对制度"的培训计划，到市区窗口小学"跟岗培训"，接受30个学时的观摩教学，并以"跟岗培训"的骨干教师作为专业引领者，参加城乡教师共同成长的研修团队。

这些制度设计，对青羊区的教师资源实行了开放式的社会管理，在"学校集团"、青羊区和市级三级层面，组成了优质教育资源网络式的共享机制，通过提高整体教育质量的制度运作方式，推进城乡教育服务水平的均等化。

三　外来农民工子女义务教育的均等化

在苏泊街道管区内居住的外来农民工群体有2万多人，是该区最大的弱势群体。青羊区教育局城乡义务教育均等化规划的7个方面，有一项是"高度关注弱势群体子女接受义务教育的问题"。青羊区政府规定：外来农民工居住一年以上，并且已经办理了临时居住证的家庭，其子女可以在本区入学。以下是在绿舟小学3个农民工子女家长的随访情况（见表1）。

表1　农民工子女家长的随访情况

家长的姓名、年龄和学历	夫妇的就业情况	子女的年龄和学历	原籍和在本区居住的年限	如何知晓可以就地入学？是否缴了学费？	原来的打算
夏春梅31岁，初中	夫：灯箱厂工人妻：家政	子8岁二年级	绵阳居住5年	找到区里的告示看的，没缴学费	独自带儿子回乡上学
罗水蓉30岁，小学	夫：涂料厂工人妻：卖早点	子7岁一年级	南充居住7年	到街道办事处询问的，没缴学费	独自带儿子回乡上学
张翠珍37岁，初中	夫：家电修理工妻：超市打工	女13岁初一	云南大理前后8年	丈夫告诉的，没缴学费	曾为女儿上学回乡4年

从以上调查可见，入学政策对他们家庭的影响大体相同：（1）家庭团聚了；（2）满意学校的教育质量；（3）上学负担较轻。他们的忧虑也是相同的：上高中的费用很高，但都打算缴费上学。从随访的案例中可以清楚看到，城乡义务教育均等化是加强社会管理的一个重要方面，外来农民工

家庭的团聚和和睦，是实现包容性增长和增进弱势人群幸福感的社会基础。

四　成都市的发展规划

苏泊街道和绿舟小学的城乡义务教育均等化制度改革，属于同区内的改革。而在城区和市辖县之间，成都市建立了城乡教育干部和教师"双向对流支教"制度。青羊区与蒲江县建立了"对口支教"对子，青羊区的名师和教育干部到蒲江县定期开设专题讲座，并派出 4 名教育干部和 17 名优秀教师到蒲江县任职或支教；蒲江县组织教育干部到青羊区培训，2010 年接受培训的干部 60 余人，并委派 11 名教育干部到青羊区挂职锻炼，组织 370 多名教师到青羊区学习交流。通过双向互动，市区先进的教育理念、管理模式和优质的教育资源辐射到了蒲江县。但在现有的区、县财政管理体制下，更高层次地提升区、县之间义务教育均等化水平很困难，成都市政府正在规划财政体制的进一步改革，"建立市级统筹的义务教育财政投入机制，加大市级财政转移支付的力度，缩小区、县财政投入差距"。由此可见，成都市提出教育发展水平要达到"中西部第一、全国一流"，此言非虚。

提高农民的健康水平是提高我国
人口素质的关键[*]

我国是一个农民大国，2011 年，我国的城市化率才刚刚突破 50%^①，还有将近一半人口生活在农村。在城市中，还有 2 亿多人属于农民工，从社会意义上讲，这部分人中很大一部分还是农民。可以说，虽然我们在经济上已经进入工业社会的中期阶段，但是在社会结构上，我国依然是一个农民大国。农民构成了我国社会结构中庞大的底层，是占人口绝大多数的部分。

提高我国农民的健康水平是提高我国人口素质的关键。当前，城乡居民的健康水平还存在很大的差距，农民在预期寿命、死亡率、儿童身体发育等各项健康指标上与城市居民存在很大差距。居民的健康状况是衡量一个国家或者地区经济社会发展状况的综合指标。城乡居民健康水平的差距实际上是我国城乡经济社会差距的一个表现，因此，加快农村发展、缩小城乡差距是缩小城乡居民健康差距、提高农民健康水平的基础和前提。

新中国成立以来，我国城乡居民的健康状况有了极大的改善，城乡居民的人均预期寿命大幅提高，这是一个了不起的成就。这一成就的取得很大程度上要归功于中国在经济发展水平还比较低的条件下，在农村率先建立起比较好的基本医疗服务体系，特别是中国农村的合作医疗制度和"赤脚医生"制度。这对农村居民健康水平的提高起了至关重要的作用，世界卫生组织对此做了高度的评价，认为是发展中国家解决农村医疗问题的典范。

---

* 本文源自《地位与健康——农民的健康风险、医疗保障及医疗服务可及性》（赵卫华著，北京：社会科学文献出版社，2012 年 12 月），第 1～4 页。原稿写于 2012 年 9 月 20 日，系陆学艺为该书撰写的序言，现题为本书编者根据序言内容所拟定。——编者注

① 国家统计局编《中国统计年鉴 2012》，北京：中国统计出版社，2012 年 9 月，第 101 页。2011 年城镇人口占全国总人口的 51.27%。

中国农村率先改革，在农村推行家庭联产承包责任制，把土地等其他生产资料承包给农民，农民获得了土地的使用权，获得了生产经营自主权，这调动了广大农民的生产积极性，解放了生产力，农业生产、农村经济都有很大发展，农村社会也发生了很大的变化。但是由于各种原因，农村第二步改革被推迟了，在原来计划经济体制条件下形成的城乡二元经济社会结构不仅没有被破除，有些方面还更加严重了。在经济上，城乡收入差距，改革初期是缩小的，后来反而扩大了。在社会方面，虽然宣布实行义务教育，但很多农村还是靠乡镇集资来办的，农村已建的合作医疗制度，因为村集体经济衰弱，无力支撑，卫生部门的力量主要在城市，所以农村三级医疗网多数网破人散，许多农村的"赤脚医生"所剩无几。我2001年底参加过一次中央领导同志在中南海召开的农村工作座谈会。会上有位部门的领导同志专门讲了他对中部地区一个县的农村合作医疗破败状况的调查，得出一个结论，当时的农村合作医疗已经不仅是名存实亡，而且是名亡实亡，当地的青年农民已经不知"合作医疗""赤脚医生"为何了。当时的农村经济状况好了，温饱问题已经解决了，但是缺医少药的状况比改革开放前还严重了。许多农民得了病，只好"小病拖，大病扛"。有些农民大病拖成重病，住了医院，即使幸运，治好了，也要背一身债，成了困难户，多少年翻不过身来。这种因病致贫户还占不小的比例。他讲时，举了很多例证，有名有姓，有事实，有数据，最后，他建议中央要重视并采取措施解决农村缺医少药的严重问题。他讲完，主持座谈会的领导同志就站了起来，对大家讲，都说改革开放以后什么都好了，成绩怎样怎样，事实并非完全如此。刚才讲的农村现在缺医少药的情况连人民公社时期还不如，就是一例。这是个大问题，是事关广大农民群众健康和素质的重大问题，也是事关农村脱贫致富的大问题。会议以后，要专门研究，制定相应的政策和措施来解决这个大问题。2002年10月，中央召开了全国农村卫生工作会议，专门研讨重建农村医疗体系等问题。2002年11月，中国共产党第十六次全国代表大会的报告中提出要"建立适应新形势要求的卫生服务体系和医疗保健体系，着力改善农村医疗卫生状况，提高城乡居民的医疗保健水平"①。2003年，中共中央、国务院决定，在农村建立新型农村合作医疗制度。开始，"新农合"的标准比较低，国家出20元，农民出10元。经过近几年的

---

① 《中国共产党第十六次全国代表大会文件汇编》，北京：人民出版社，2002年11月，第30页。

努力，现在"新农合"已经基本覆盖全部农村，有 8 亿多农民加入了"新农合"，随着财力的增长，标准也提高了。2010 年，政府出 240 元，农民出 60 元，这样，农民看病、住院的费用，很大一部分能报销了，有效地缓解了看病难、看病贵的问题。

但是，应该看到，农民的健康问题不仅仅是看病难、看病贵的问题。在工业化、城市化和现代化进程中，农民的健康面临着比以往更多的新威胁。作为一个庞大的社会底层群体，农民承受着比其他群体更多的健康风险。工业化带来的环境污染、食品安全等更多地威胁着农民的健康，由工业化带来的各种职业病和职业风险，其主要威胁群体也是农民工。但是，新中国成立以后，在计划经济体制的背景下，农民和农民工的社会权利"天然地"被排斥在国家正式体制的保障之外。虽然近 10 年来已有了很大的改善，但是城乡二元经济社会结构仍未破除。农民作为一个身份群体，还主要依靠传统家庭的力量来抵抗现代化的系统风险。缺乏应有的体制保护、健康权利缺失仍然是当前农民健康面临的深层次问题。

一般来说，经济社会发展将带来人的健康水平的提高，但是当我们检视中国农民的健康状况时，可以看到，从 20 世纪 90 年代起，农民的健康状况，特别是青壮年劳动力的健康状况却出现了一个显著的下降态势。这恰恰反映了 20 世纪 90 年代中期以来农村的发展状况：农村经济社会发展缓慢，农民的相对经济社会地位下降。从这一点来说，如何改善中国农民的健康问题，不仅仅是改善其医疗问题，而更主要的是必须破除城乡二元经济社会结构，实行城乡一体化，从而使综合的农村经济社会全面发展、农民权利得到应有的保护。这一问题非常值得研究。

赵卫华同志撰写的《地位与健康——农民的健康风险、医疗保障及医疗服务可及性》一书从城乡关系和农民的社会经济地位这样一个宏观的社会学命题出发，研究了当前农民的健康状况和健康风险，新型农村合作医疗制度对缓解农民看病难、看病贵的作用和效果，现有的医疗服务体系对农民医疗服务可及性的影响问题。书中通过大量翔实的数据展现了城乡经济社会差距以及城乡居民的健康差距，揭示了工业化进程中农民所面临的不断增加的健康风险，分析了当前农民工职业病防治面临的制度困境，对新型农村医疗保障的制度绩效进行了全方位的分析和评估，并对当前农村医疗服务体系的状况，特别是乡镇卫生院的状况进行了调研分析。该书比较全面地分析了当前提高农民健康水平所面临的种种问题和困境，是一本视野开阔、有价值的研究农民健康问题的书，很值得一读。

值得各级领导干部认真研读的
一个研究报告[*]

——向扶贫开发实践地区领导干部推荐一个好报告

　　最近，贵州民族大学的孙兆霞教授给我寄来他们课题组做的一个扶贫开发模式创新研究报告《构筑发展的社会基础——武陵山区（贵州）扶贫开发与社会建设调研项目的发现与思考》，这个题目引起我的注意和研读的兴趣。因为我们这几年一直在研究社会建设和社会管理等问题，虽然对社会建设与扶贫开发还没有深入的研究，但是从社会建设角度去研究扶贫开发，无疑是一个很好的视角。以往相关的扶贫开发研究大多采用的是经济学视角，讨论的是资金问题、项目和产业问题、招商引资问题等经济方面的问题，而很少从社会基础上去考虑扶贫开发问题。实际上，贫困问题不纯粹是一个经济问题，而且还是一个社会、文化和生态问题。党的十八大提出，要"全面落实经济建设、政治建设、文化建设、社会建设、生态文明建设五位一体总体布局，促进现代化建设各方面相协调"[①]。这对推进我国扶贫开发模式创新具有极其重要的指导意义。孙兆霞课题组在十八大之前已经把这一重要思想贯彻到对扶贫开发的创新研究中，无疑有着超前的眼光。当然，从他们的研究报告中我们看到的是，他们之所以具有超前性，还在于他们脚踏实地的实地调查，从中发现了扶贫开发如果没有夯实社会基础，就难以取得实质性的预期效果，不能有效地、可持续地解决贫困人

---

　　[*]　本文源自作者修改的打印稿，写于 2012 年 12 月 15 日。文中推荐的《构筑发展的社会基础——武陵山区（贵州）扶贫开发与社会建设调研项目的发现与思考》是由贵州省人大、贵州省扶贫办组建课题组，聘请专家学者们做的一个扶贫开发模式创新研究报告。——编者注

　　[①]　胡锦涛：《坚定不移沿着中国特色社会主义道路前进　为全面建成小康社会而奋斗——在中国共产党第十八次全国代表大会上的报告》，《中国共产党第十八次全国代表大会文件汇编》，北京：人民出版社，2012 年 11 月，第 8 页。

口的贫困问题。从这一点看，这个报告不仅具有超前性，而且具有很强的可操作性和应用性。具体地说，该报告的价值体现在以下三个方面。

第一，问题抓得准、分析得透。该报告深刻地指出当前的扶贫开发做法至少存在效率低、扶贫对象参与不够、扶贫对象土地经营收益权没有可靠保证、扶贫资源配置与扶贫对象的需求存在明显的偏差、行政路径依赖严重、生产性公共服务短缺、农村合作机制缺乏等问题。之所以存在这些问题，是因为以往的扶贫开发主要重视投入、规模效益、产业等经济方面的工作，而忽视了对扶贫对象的组织、引导，充分发挥扶贫对象的能动作用。例如，可以组织扶贫的社会共同体，扶贫工作者和扶贫对象一起共同把扶贫工作做好。实践证明：扶贫既是一项重要的经济工作，也是一项重要的社会工作。扶贫工作既是经济建设的一部分，也是社会建设的一部分。

第二，重视地方经验和智慧。该报告试图挖掘总结在扶贫开发实践中一些地方取得的一些成功经验。该报告总结了务川草地生态畜牧发展经验、德江整村推进和整合资源经验、湄潭产业良种繁殖经验，这些经验揭示的是社会建设与扶贫开发良性互动的关系，而不仅仅是经济发展经验。

第三，提出了深度的、可操作的政策建议。我印象最深的是，该报告提出了将产业扶贫的目标主要锁定在贫困群体身上而不是大户身上，注重贫困农民再生产能力的系统性成长以及他们的主体性，将社会福利建设与产业扶贫结合起来，构建生产性公共服务系统，建立专门化的产业扶贫和社会建设基地，等等。如果这些建议能得到采纳，我相信，现有的扶贫开发工作一定会更有效、更可持续。

由此，我觉得孙兆霞教授的研究报告是建立在深入的调查基础上的，提出的建议有很强的科学性和可操作性，为我国扶贫开发实践提供了很好的新思路。因此，我觉得这是一个科技含量很高的、很有价值的研究报告，值得正在开展扶贫开发实践的地区的领导干部好好地研读和借鉴。

社区与社会组织建设

志愿者工作是功在当代、利在千秋的大事业*

很高兴回无锡来参加志愿服务工作研讨会。因为这个会在无锡开，中央文明办给我打电话约我参会，我一口答应，提前结束了在台湾的学术会议赶回来。

会前我提交了论文，不念了，补充讲三点。

一 构建社会主义和谐社会需要有一支宏大的志愿者队伍，开展大规模志愿服务

改革开放以来，我国的经济发展取得了巨大的成就，这是我们事先没有料到的。当时以为经济发展了，许多问题就迎刃而解了，没有想到表面问题解决了，大量的新的社会问题、社会矛盾产生，更多了，这也是我们没有想到的。

根本原因是，经济改革了，经济发展了，经济结构调整了，但是社会体制没有相应改革，社会建设没有相应发展，所以出现了经济这条腿长、社会发展这条腿短，经济社会发展不平衡、不协调是产生当前诸多矛盾的原因。经济社会发展不协调、不平衡是当前中国社会的主要矛盾。

十六届四中全会提出了要构建社会主义和谐社会和进行社会建设的决定。十六届六中全会又专门做了研讨，明确指出今后仍要以经济建设为中

---

* 本文源自作者手稿。该文稿系陆学艺于 2010 年 6 月 25 日在中共中央宣传部、中央文明办于无锡召开的"全国志愿服务工作研讨会"上的发言提纲，现根据该提纲整理成文。原稿无题，现标题为本书编者根据发言内容所拟定。《人民日报》2010 年 6 月 26 日第 5 版刊登了《发展志愿服务事业 推进社会文明进步——全国志愿服务工作研讨会发言摘编》，其中陆学艺的发言摘编题为《立足我国现实，总结经验》。——编者注

心，把构建社会主义和谐社会摆在更加突出的地位。十七大又明确指出要加快推进以改善民生为重点的社会建设，这是完全正确的。抓住了解决主要矛盾的关键。

从现实的情况看，现在社会上收入分配不公平，城乡差距、地区差距、贫富差距很大，贪污腐败屡禁不止，刑事犯罪增加数倍，社会治安不好，还有群体事件，等等。最近又发生了大兴农民残杀全家，南平一个人残杀幼儿园儿童，富士康农民工连续跳楼！这些负面的信息频传。

怎么来认识这些矛盾？我们原来是农业社会、农村社会，现在变成了工业社会、城市社会；我们原来是计划经济体制社会，现在变为社会主义市场经济体制社会；生产方式、生活方式都发生了根本性的变化，但是思维方式、生活习惯还没有变过来；原来是单位人，现在是社会人；原来是熟人社会，现在是生人社会。于是产生了种种社会矛盾、社会问题。这些矛盾和问题，需要从根本上通过改革、通过进一步发展来解决。同时也需要开展各种各样的社会工作、志愿者服务来解决，来缓解。例如，下岗失业者生活困难，这些人员需要帮扶。再如，生老病死，过去农村是靠家庭、靠村里的邻居的帮助。现在是生人社会，都住单元房，对门住的人都不认识，需要开展志愿者服务。这种帮扶不仅是物质上的帮助，还有精神上、心理上的帮扶。例如，大学里开展心理咨询，帮助不能适应学习生活的大学生；中小学生上网，成为网虫，上了网瘾，也需要心理辅导和干预。又如，深圳富士康跳楼的都是 80 后、90 后的青年，这些问题需要很好地解决。前不久，中央开了纪念"中国关心下一代工作委员会"成立 20 周年大会，五老（老干部、老教师、老战士、老专家、老模范）言传身教，给大家讲革命传统，规劝不良行为，弘扬社会正气。

总之，我们正处在这样一个大变革、大调整、大发展的时代，有相当一部分人，特别是一些弱势群体阶层的人需要我们在物质上、精神上给予关心帮助，使他们能适应这个社会，适应这种变革，使社会和谐。志愿者的工作能起到弘扬正义、规范社会、移风易俗、提倡公益事业的作用，这是构建和谐社会的一个重要组成部分。这是功在当代、利在千秋的大事业。

这次会议在无锡开，无锡这几年的工作令人瞩目。无锡的经济发展取得了很大的成绩，2009 年 GDP 4992 亿元，按常住人口 619 万计，人均80646 元，折合 11806 美元，已达到了我国台湾的水平。无锡这几年开展幸福社会建设，几年前在这里开过全国慈善活动大会，现在在志愿者服务、社会建设方面也有成就。无锡在经济上创造了奇迹，今后希望家乡在社会建设、构建和谐社会方面也做出优异的成绩来。这次会在太湖开很有意义。

历史上看，3000多年前，周太王的儿子泰伯、仲雍让位来江南，当年这是政治佳话。同时，他们也是开拓江南的大志愿者。他们自觉自愿地把中原文化、农业技术带到江南，教民耕作，筑城立国，才有了后来的经济文化的繁荣。

二　新时期开展志愿服务工作，党和政府要起动员、组织、宏观协调和规范的作用

党和政府历来重视开展志愿服务工作。早在20世纪80年代，中央就提出要在物质文明建设的同时，加强精神文明建设，成立了"五讲四美三热爱"活动委员会。后来，民政部有社区志愿者服务，团中央、团委系统有青年志愿者服务。这两支队伍前些年都做了大量工作，开展了很多有意义的活动，工作卓有成效，在社会上产生了很好的影响。现在由中央文明办和各地文明办来牵头统一领导，非常合适，也非常必要。

20多年以来，中国在志愿服务和志愿者队伍建设方面已经打下了一个很好的基础。十六届六中全会明确指出，要"以相互关爱、服务社会为主题，深入开展城乡社会志愿服务活动，建立与政府服务、市场服务相衔接的社会志愿服务体系"[1]。党的十七大指出："深入开展群众性精神文明创建活动，完善社会志愿服务体系，形成男女平等、尊老爱幼、互爱互助、见义勇为的社会风尚。"[2]

根据中央精神，中央精神文明建设指导委员会专门下发了《关于深入开展志愿服务活动的意见》，对开展志愿活动作了全面的部署，各地的党委、政府也十分重视。这几年的志愿服务发展到了一个新阶段，开展了各种各样的志愿服务活动。到2009年底，登记在册的志愿者队伍已有3047万人，在社会上产生了很广泛的影响。

但发展还是不平衡的。总的来说，队伍规模还偏小，开展的志愿服务活动还比较少，与我们这样的大国地位不相适应。我们目前正处于社会转型期，需要有更多的志愿者开展更多的志愿服务，以帮助更多需要帮助的

---

[1]　《中共中央关于构建社会主义和谐社会若干重大问题的决定》，北京：人民出版社，2006年10月，第24~25页。

[2]　《中国共产党第十七次全国代表大会文件汇编》，北京：人民出版社，2007年10月，第34页。

个人、群体和弱势阶层，促进科学发展，促进社会和谐。在这方面，我们各级文明办的同志，要起到积极地组织动员、组织规范和引导的作用，使志愿服务工作组织化、制度化和法制化。

目前有三件工作要做：一是要建立各行各业和各种年龄的志愿者协会，全国要建立中华志愿者协会，尽可能地扩大志愿服务的队伍，尽可能多开展各种志愿服务活动。二是要着手推进全国性的志愿服务的立法，使开展社会志愿服务纳入法治的轨道。对社会志愿服务的内涵、性质，志愿者服务的权利和义务做出明确的规定，对志愿服务管理体制、志愿者考核标准、志愿者的保险和保障，也要有相应的规定，为志愿服务和志愿者队伍建设提供制度保障。这种法规各地可先搞，最后形成全国性的法规。三是总结推广各地进行志愿服务的经验，还要总结推广发达国家和我们港台地区开展志愿服务的经验。他们起步早，已有一定的经验，要恰当地进行总结和推广，使之成为适合中国国情的、有特色的中国志愿服务体系。白求恩就是这方面的典范。我们这次会议就很重要，就发挥了总结推广的作用。

三　志愿服务者与受服务者的互动关系

按照社会理论，志愿服务者和受服务的人员之间的关系是互动的、互惠的。表面上说，志愿服务者是做了好事，帮扶了需要帮扶的人、弱势个人。但实质上在这种帮扶过程中，在无私奉献的实践过程中，在进行这种奉献、友爱、互助、进步的过程中也教育了自己，提升了自己。一是提高了自己实际工作的能力；二是使自己的觉悟升华，纯洁了自己的灵魂，实现了人生的价值。做好事，做善事，得好报。善有善报，这是中国古人已经总结的普遍经验。

所以，我们的党委、政府、文明办，要动员组织更多的人、更多的单位开展志愿服务，使志愿者服务的队伍不断扩大。这既是社会建设的需要，是构建和谐社会的需要，同时也是提高全民素质、移风易俗、纯洁社会、推进社会全民进步的需要。哪个地区、哪个单位开展志愿服务的工作做得好，那里的科学发展、社会和谐就做得好。有关部门要把这样的工作纳入政府的考核范围。

在这里我要特别提到，党和政府、文明办要特别关注一部分已经先富起来的阶层及其子女，要组织他们多参加志愿服务的活动。实在说，这些年来，这个阶层的名声不大好，社会责任承担得很不够。特别是他们的后代，出现了一些飙车族、炫富族，社会影响不好，令人担忧。大家提起富二代、官二代，摇头的多。像我们省的陈光标同志这样的董事长是少数。其实，历史上无锡的很多工商业者是做慈善事业的。我们要培养、动员、组织这些老板多做一些志愿服务的活动。北京组织过光彩事业，效果很好，但不够普及。

这两年，我们江苏省委党校组织富二代到党校去学习、培训，对此社会上有不少议论。这样的事可先做，未见效果前少宣传。我认为这是好事，是一件很重要的、有意义的工作。我建议党委、政府、文明办要有意识地组织富二代、官二代的人员参加志愿服务活动，组织他们到贫困的农村去，到工厂去，到基层去，开展各种志愿服务，使之在实践中认识国情、认识社会、认识中国人民，使他们在志愿服务中得到锻炼，提高他们的觉悟，提高他们的素质，这很有必要。由此，培育出更多陈光标这样的董事长来，培育出更多的荣毅仁这样的人物来，培养出一批中国的比尔·盖茨这样的人物来，这对改善劳资关系、城乡关系、贫富关系是很有必要的。这是很重要的，也是很有意义的。

如何促进志愿者队伍建设[*]

　　21 世纪以来，我国已进入社会建设的新阶段，社会建设越来越明显地体现为包括以民生为重点的社会事业、社会管理和社会服务等诸多方面的内容，这不仅关系到人民的幸福安康，更关系到社会主义和谐社会的建设。在发展社会事业、有效进行社会管理和提供社会服务等方面，不仅需要一支宏大的社会工作人才队伍，同样需要一支宏大的志愿者队伍。

　　经过 20 多年的发展，我国志愿服务事业和志愿者队伍建设已有了长足的发展。根据有关统计，截至 2009 年底，全国注册的志愿者队伍人数为3047 万人①，开展了多种多样的志愿者服务活动，取得了很大的成功，在社会上产生了广泛的积极影响。当然，我国志愿服务事业和志愿者队伍建设还面临以下问题：第一，由于我们的志愿服务事业开展时间还不长，有些同志对志愿服务和志愿者队伍建设认识还不深，对志愿服务事业和志愿者队伍建设在推动精神文明建设方面的作用认识不足，领导重视不够，组织和参与不够，注册志愿者规模还偏小。尽管我国注册志愿者已达到 3047 万人，总量可观，但与我国 13 亿人口基数相比，志愿者的规模还亟待扩大。第二，全国性志愿服务立法滞后，有关志愿者的权利和义务不明确，尤其是对志愿者的权利规定有待进一步明确。各地志愿服务发展不平衡、不协调，有的已制定了法规或成立专门组织，志愿服务事业和志愿者队伍建设

<hr/>

　　* 本文源自人大复印报刊资料《精神文明导刊》2010 年第 8 期，原文出自"中国文明网"，该文原为作者为 2010 年 6 月 25 日中共中央宣传部、中央文明办在无锡召开"全国志愿服务工作研讨会"提交的论文《社会建设新形势下的志愿服务和志愿者队伍建设》，"中国文明网"刊载时改为现题，内容有少量所删节。《理论参考》2011 年第 6 期转载了该文。——编者注

　　① 《共青团中央：中国已有规范注册的志愿者 3047 万人》，中华人民共和国中央政府网站，2009 年 12 月 5 日，http：//www. gov. cn/jrzg/2009 - 12/05/content_ 1481083. htm。

逐步走向规范，有的还处于学习探索的起步阶段。第三，缺乏对志愿者和志愿服务管理及协调的机构。尽管我国有关部门组织管理志愿者和志愿服务，但由于各种原因，这种管理具有很大的局限性，导致志愿者和志愿服务多头管理、条块分割、缺乏协调。志愿者队伍的招募、培训、管理等方面还缺乏应有的标准。

志愿服务事业和志愿者队伍建设面临的这些问题是发展中的问题，是前进中的问题，发展中的问题要用发展的办法来解决。因此，在深化志愿服务事业和志愿者队伍建设工作中，要立足我国现实，总结已有经验，借鉴海外成熟经验，重在实践，要在开展各种志愿服务中不断总结，在一些重要方面取得实质性的突破，切实推动我国志愿服务事业和志愿者队伍建设工作进入新阶段。

1. 加大宣传力度，让志愿服务深入人心。"奉献、友爱、互助、进步"既是精神文明建设所必备的核心价值，也是志愿服务的重要理念，加大志愿服务理念的宣传力度，是推动志愿服务事业和志愿者队伍建设不可缺少的一环。要像当年宣传向雷锋同志学习那样去宣传志愿服务的理念，让志愿服务的理念家喻户晓、深入人心，并自觉地付诸各种志愿服务的实践中。

2. 加快成立中华志愿者协会的步伐。志愿者队伍建设是一项开创性工作，也是一项充满希望、大有可为的阳光事业。我国志愿服务事业和志愿者队伍建设并没有经过多长时间，已经在规模数量上有了迅猛的发展，在服务领域方面也有了极大拓展。近年来各种形式的志愿服务活动发展迅速，党员志愿者、社区志愿者、职工志愿者、青年志愿者、大学生志愿者、民营企业主志愿者、巾帼志愿者、家庭志愿者、老年志愿者、扶残助残志愿者、红十字志愿者、治安志愿者、科普志愿者、助老志愿者、环保志愿者等各类志愿服务队伍如雨后春笋般地兴起，成为精神文明及和谐社会建设的重要力量之一。但是，这样一支数量庞大、涉及领域广泛的志愿者队伍却没有一个组织领导机构，不仅制约了志愿服务事业开展和志愿者队伍的发展壮大，同时也抑制了目前现有志愿者队伍力量的有效发挥。因此，建议加快成立中华志愿者协会的步伐，让这一组织尽快投入到组织协调志愿服务事业和志愿者队伍建设工作中去，推动志愿服务事业开展和志愿者队伍建设。

3. 加快推进全国性志愿服务的立法进程。完善的法律是志愿服务事业和志愿者队伍建设稳步推进的重要前提。中央精神文明建设指导委员会加紧组织相关部门加强立法工作调研，制定全国性和地方性相结合的志愿服务法，对包括志愿服务内涵、性质、志愿者权利义务等在内的诸多方面做出明确规定；对志愿者服务管理体制、志愿者的考核体系、志愿者保险和保障等问题进行深入研究，提出符合实际的政策建议，制定并争取尽快出台相关志愿服务法律法规，为志愿服务事业和志愿者队伍建设提供制度保障。

4. 积极借鉴成功经验，推进志愿服务事业和志愿者队伍建设。从总体上看，我国志愿者队伍建设还处于初期发展阶段，要走出一条符合我国特色的志愿者队伍建设路子，一方面要积极借鉴西方发达国家和发达地区志愿服务事业和志愿者队伍建设的成功经验，另一方面要坚持实践，探索总结我国已有的志愿服务事业和志愿者队伍建设的成功经验，加快推动志愿服务和志愿者队伍建设的步伐。

志愿服务作为一种跨国界的国际行为，在许多发达国家和我国港澳台地区具有广泛的群众基础和良好的社会声誉。我国在推动志愿服务和志愿者队伍建设进程中，有必要借鉴发达国家和我国港澳台地区志愿服务事业和志愿者队伍建设及法规体系和运作机制等方面的成功经验，这会有利于加快我国志愿服务事业和志愿者队伍建设。

构建和谐社会，就要加强社会
建设和社会工作[*]

我作为会议主办方，向不远千里万里来参加会议，特别是从日本和中国台湾、香港地区来的学者和教授们表示热烈的欢迎！

社会工作学科在中国恢复重建得比较晚，从 1988 年北大成立第一个社工专业算起，至今也不过 23 年的历史。我们北工大的社工学科是 2001 年建的，是我们人文学院建的第一个专业，今年正好 10 年，今天召开这个会，也有纪念的意义。社会工作在中国历来都有，新中国成立后先是建了内务部，后改为民政部，主要就是做的社会工作。还有工会、青年团、妇联，当然那个时候叫群众工作，不是很主流的中心工作。20 世纪 80 年代，崔乃夫当民政部部长。有一次，赵紫阳总理问他：你这个民政部是做什么的？崔乃夫答：我这个民政部工作做得好，你就不觉得它的存在；如果做得不好，那国家、社会的麻烦就大了，问题就多了，你就会感到它的存在和重要了。

社会工作这个学科非常重要。随着我们的经济发展，我们的社会已经变为工业社会、城市社会，人们的生产方式、生活方式发生了根本性变化，由此也产生了种种社会矛盾和社会问题。这就是说出现了问题，社会工作的重要性就越来越明显了。恩格斯说过，社会需要，那比办十所大学的推力还大。社会工作正是适应社会需要应运而生的。

随着我国改革开放的深入，经济发展突飞猛进，在经济方面取得举世瞩目的伟大成就的同时，社会矛盾、社会问题也大量产生，出现了经济社

---

* 本文源自作者手稿。该手稿系陆学艺于 2011 年 5 月 21 日在北京工业大学召开的"当代中国社会建设与社会工作研讨会"开幕式上的发言稿。原稿无题，现标题为本书编者根据发言内容所拟定。——编者注

会发展不协调的状况。

2004 年党的十六届四中全会提出了构建社会主义和谐社会的战略目标，同时第一次提出了要推进社会建设和社会管理的任务。2006 年党的十六届六中全会专门就构建社会主义和谐社会若干重大问题作出了决定，并且提出了要组建一支宏大的社会工作人才队伍。党的十七大修改党章，把社会建设纳入社会主义事业总体布局，由"三位一体"发展为"四位一体"。从此，构建社会主义和谐社会，加强社会建设、社会管理和社会工作成为社会的热点问题。

社会学系、社会学专业，社会工作系、社会工作专业在各地纷纷建立。现在全国的社会工作专业已超过 200 个，社会学系接近 100 个。每年有上万名本科生、硕士生、博士生考进社会学系、社会工作系深造，标志着社会学的春天来了！

有学者说，中国改革开放后，前 30 年是经济发展、经济学的黄金时期，今后 30 年是社会建设、社会学、社会工作发展的黄金时期。

今天我们在这里研讨社会建设和社会工作，就是响应中央的号召，研讨在当前的经济社会形势下如何做好社会工作，使经济社会协调发展，使经济发展得更好更快，使社会更加和谐稳定；同时，也要研讨我们的社会学、社会工作队伍如何为社会建设、经济社会协调发展服务，使我们的社会与社会工作专业发展得更快、更好！费孝通先生讲过，国家现代化建设需要社会学，社会学也要在为国家的社会主义现代化服务的实践中发展繁荣起来。

我今天特别高兴！看到了这个会来的同志有很多新面孔。若干年来，我开过很多会，不管在北京开、上海开还是广州开，不管是开社会学理论研讨会、社会工作会议，还是婚姻家庭问题、农民工问题研讨会，开来开去都是几个老面孔。今天不同，来了很多年轻人，收到的论文作者是陌生人多，发言名单也是如此。这很好，标志着我们社会学、社会工作后继有人，新的队伍正在成长，大有希望。预祝大家茁壮成长！

社区党建与社区自治的整合是社区理论建设上的一个有益的探索[*]

在我国城市的公共治理体系中，社区是属地治理的基本单元，对社区问题的研究一向是社会学关注的重点领域。以王永平研究员为核心的广州市委党校（广州行政学院）研究团队，长期关注城市治理问题，通过调查研究形成了一批有重要价值的研究成果，这本《广州社区党建与社区自治》就是其中之一。

社区这个概念最早是1887年德国社会学家滕尼斯在《社区和社会》一书中提出来的。他认为社区是在同一地域里，由具有共同习俗和价值观念的人群组成的社会共同体。人们关系密切，守望相助，存在一种富有人情味的社会关系。随着工业化、城市化的发展，社区的含义已经发生了很大的变化。社区这个概念被不断赋予新的内容，社区是社会的基本单元，是现代社会的基础，是人民群众生活的共同体，是实现人民群众自治的基层组织，承载着居民的各种权利和义务。

20世纪30年代，费孝通等学者把社区这个概念引入中国。开始，它只是在学术界特别是社会学界内部作为学术问题研讨。中华人民共和国成立之后，在城市建立街道和居民委员会，在农村建立乡（镇）、行政村作为基层社会的基本单元。1978年改革开放，经济蓬勃发展，工业化、城镇化浪潮席卷全国，这大大加快了社会流动。城市中很多原来在机关、企事业单位里的人流向社会，农村中的青壮年劳动力涌向城市，他们需要得到社会应有的公共服务。原来的街道、居民委员会架构已不能适应这种需要。20

---

[*] 本文源自《广州社区党建与社区自治》（王永平主编，北京：社会科学文献出版社，2013年7月），第1~5页。原稿写于2012年12月30日，系陆学艺为该书撰写的序言，现题为本书编者根据序言内容所拟定。——编者注

世纪 80 年代中期，天津、沈阳、武汉等城市的民政部门与社会学工作者合作，开展各种公共服务，引入社区这个概念，把在街道、居委会层级开展的这类公共服务，统称为"社区服务"。随着社区服务在全国广泛推进，社区这个概念由书斋走向社会，成为通用的名词，得到社会的认同。

1991 年，民政部提出社区建设的设想，并专门召开社区建设理论研讨会，提出要在继续推进社区服务的基础上，改革城市基层社会管理体制，强化社区功能，要把社区建成包括社区文化、社区医疗、社区教育等诸多社区工作的平台，使社区成为城市基层管理体制的重要载体，实行新社区制。1998 年，国务院决定把民政部原基层政权建设司更名为基层政权和社区建设司。2000 年，中共中央办公厅、国务院办公厅转发了《民政部关于在全国推进城市社区建设的意见》。从此，我国社区建设进入了一个新的发展阶段，社区制在全国大中城市得到广泛推行，社区成为家喻户晓的概念，社区成为与广大居民生产、生活息息相关的基层社会单元。在城市社区取得很好成绩的背景下，国家把社区建设推向农村，在农村开展多种社区服务工作，把农村社区建设放到城市社区建设同等的地位，使我国的社区建设进入城乡并举的新阶段。2006 年 10 月，中共十六届六中全会明确指出，要"全面开展城市社区建设，积极推进农村社区建设，健全新型社区管理和服务体制，把社区建设成为管理有序、服务完善、文明祥和的社会生活共同体"①。

20 多年来，国家主导、各级地方党委和政府积极推行的社区建设和社区服务已取得很大的成就。在城市，社区委员会、社区居民委员会已经普遍建立，成为区、街道下的基层组织，取代了原来的居民委员会（有的城市把街道改称为"社区委员会"，居委会仍保留原名），开展各种社会管理和公共服务工作；在农村，有一部分村民委员会也已改称为社区委员会，大多数还是沿用原来的名称，但也建立社区服务站，开展相关的公共服务。现在社区建设、社区服务还在全国继续推进和完善中。

我国的社区建设，是适应改革开放以后经济体制改革、经济发展急剧变化的需要，由国家主导、各级政府自上而下推进的，以在新形势下建立新的管理体制的基层组织为目的，以开展社区服务为重点，以提高居民生活质量、促进人的全面发展为宗旨，建设环境优美、治安良好、人际关系

① 《中共中央关于构建社会主义和谐社会若干重大问题的决定》，北京：人民出版社，2006 年 10 月，第 26 页。

和谐、社会稳定的新型社区的一系列工作。这同当年滕尼斯讲的社区含义是不一样的，就是同现在欧美诸多现代化国家实行的社区制也是不一样的。最大的不同是，我们的社区行政意义很重。我们的社区本来就是由居民委员会、村民委员会演变而来的，承担着很多行政职能，而欧美各国的社区实行的是自治制。但是，既然都称为社区，相同的方面也是很多的。我们开展的社区服务，很多内容同它们是一致的。往后，这类的社区服务会越来越多，同它们的一致性也会越来越多。

社区自治方面，我国《中华人民共和国城市居民委员会组织法》规定："居民委员会是居民自我管理、自我教育、自我服务的基层群众性自治组织。"①《中华人民共和国村民委员会组织法》规定："村民委员会是村民自我管理、自我教育、自我服务的基层群众性自治组织，实行民主选举、民主决策、民主管理、民主监督。"② 可见，社区是基层群众性自治组织，实行民主自治是题中应有之义。当前，因为社区刚从居民委员会、村民委员会转型过来，社区同街道、乡（镇）的各种关系还未理清，特别是由于整个国家和地区经济社会发展水平还比较低，居民的收入水平也比较低，社区建设的财力、物力都还需要依靠政府拨付，社区干部和工作人员的开支还需要政府补贴，所以，实现社区自治，将是一个较长的历史过程。在一些地区，特别是经济比较发达的地区，在探索现阶段如何建设民主自治的新型社区方面，做出了很多努力，积累了很多经验。一批多种形式的社区自治模式正在涌现。

在社区建设过程中，如何做好社区党建问题，是一项新工作，也是一项新任务。党组织是社区组织结构中的政治核心，在社区建设各项工作中，贯彻党的方针路线，起领导保障作用。社区建设，是我国现代社会的基本建设，是中国特色社会主义民主政治的重要组成部分。虽然我国进行社区建设的时间还不长，但已经取得了很大的成就，构建了社区体制的基本框架，逐步适应了经济社会发展的需要。在党和政府的领导下，社区建设一定要持续进行下去，不断探索、不断实践、不断总结、不断完善，适合国情、民情的中国特色社区自治体制一定会逐步建立起来。

在 20 世纪 90 年代开始的社区建设过程中，在把原居民委员会改制为社

---

① 《中华人民共和国城市居民委员会组织法》，颁布时间 1989 年 12 月 26 日，颁布单位为全国人民代表大会常务委员会。法规来源：http:// www.npc.gov.cn/npc/xinwen/2019 – 01/07/content_2070251.htm。

② 《村民委员会组织法学习读本》，北京：中国民主法制出版社，1998 年 11 月，第 154 页。

区委员会时，多数城市有两项组织措施：一是由城区街道向社区委员会派进脱产、半脱产的干部和工作人员，原来居民委员会是没有专职干部的；二是在社区委员会构建时建立社区党支部，并且明确规定党支部的领导核心作用。后来把企事业单位中的党员关系也转到社区。在目前社区组织结构中，主要有两个部分：一是党组织，是社区组织体系的领导核心；二是社区自治组织。就我国目前的基本国情而言，社区自治、社区工作离不开党的领导，要通过做好党建，做好各项社区服务，推进社区自治。而社区自治是将来发展的基本方向，今后如何做好社区党建、如何推进社区自治、如何把这两项工作结合好，是社区建设面临的难题，也是社区建设研究需要探索回应的重要理论问题。

《广州社区党建与社区自治》一书，直面当前社区建设中的两大难题，足见作者们对社区建设实践前沿的洞悉、对理论探索的勇气与担当。本书尝试把社区党建与社区自治加以整合，在社区理论建设上是一项有益的探索，很值得重视和研读。

广州市是中国的历史文化名城，也是近代革命的策源地，更是改革开放的前沿阵地。改革开放以来，广州得风气之先，率先进行了经济体制改革，创造了"三来一补"为特色的工业发展的珠江模式，使经济蓬勃发展，一路领先。与此同时，广州在政治体制改革、社会体制改革等方面也走在前面。广州的社区服务、社区建设开展得都比较早，这是因为广州经济发展迅速，社会急剧变化，社会变得复杂多元，需要社区服务，需要社区建设。一个比较普遍的现象是，经济越发达的地区，成绩先出，经验先出，与此同时，矛盾也先出，问题、难题也先出，广州就是这样一个发达城市。所以，广州的社区服务、社区建设面临的问题具有代表性、前沿性。以王永平同志为组长的中共广州市委党校课题组，利用党校学员多、分布广，与基层有广泛联系的独特优势，针对广州的社区建设开展了长期的调查研究，梳理广州开展社区党建与社区自治工作的历程，分析了社区党建与社区自治面临的问题与挑战，提炼了广州推进社区党建与社区自治的创新经验，也做出了详细的分析，提出了对策建议。本书不仅有益于广州社区建设的深入开展，也为各地加强党领导下的充满活力的社区建设和形成基层群众自治体制提供了有益的借鉴。

本书的一个重要特点就是将理论研究建立在实证调研的基础上。最近30 年，在社会学研究方面引进了大量国外的理论，这是非常必要的，但应用国外理论一定要与中国的实际相结合，照搬照抄是不行的。社区、社区自治等理论是引进来的。但中国的社区怎么建、社区自治怎么搞，一定要从中国的国情出发，一定要调查研究清楚实际状况，并使两者结合起来，一定要能解决实际问题，推动社会发展和进步。王永平同志主持研究的这项课题，注意理论层面的研究与社区党建及社区自治案例研究的结合，从城市社区建设的实际出发，运用了大量通过深入开展实地调研所得到的一手资料，得出了比较符合实际的分析结论。这是中国社会学研究的优良传统，在今天依然值得大力倡导。

永平同志领导的研究团队近年来在社区问题研究领域已经出版了多部著作，其成绩十分值得庆贺。但是，国外开展社区工作已经有 100 多年的历史，我们的社区工作还只能说是刚刚起步，社区建设面临的许多新情况和新问题，依然有待我们进一步去研究和探索。我衷心祝愿永平和他的研究团队能在这条研究道路上继续深入探索，不断取得新的成绩。

社会形势与社会发展

中国的社会转型和体制转轨变革
深具中国特色[*]

　　20 世纪初，晚清著名的思想家梁启超先生曾指出，中国正在发生"千年未有之变局"。20 世纪早期的革命使中国结束了两千多年的封建帝制，1949 年新中国成立，中国人民从此站起来了，而 1978 年的改革开放则真正使中国走上了繁荣富强的道路。如今，改革开放 30 周年，抚今追昔，感慨良多。

　　新中国成立之后，中国进行了大规模的工业化建设，同时建立了计划经济体制，虽然投入了大量人力、物力和财力，也取得了巨大成就，初步建立了工业国家的基础。但是直到 1978 年，农业劳动力仍占 70.5%，农村人口仍占 82.1%①，中国还是个农业国家。

　　中国真正实现历史性的大变局，是在 1978 年之后。1978 年 12 月 18 日，中国共产党第十一届中央委员会第三次全体会议做出了实行改革开放的重大决策，由此开启了中华民族的复兴伟业。

　　改革开放以来，中国大大加快了由传统的农业、农村社会向工业化、城市化的现代社会转型的步伐，果断地由计划经济体制向社会主义市场经济体制转轨。胡锦涛总书记在纪念改革开放 30 周年大会上指出，"我国成功实现了从高度集中的计划经济体制到充满活力的社会主义市场经济体制的伟大历史转折。""实现了从封闭半封闭到全方位开放的伟大历史转折"。②

---

　*　本文源自《伟大的历程——改革开放 30 年》（陆学艺主编，北京：知识产权出版社，2009年 8 月），第 1～2 页。原稿写于 2009 年 5 月，系陆学艺为该书撰写的序言，现标题为本书编者根据序言内容所拟定。——编者注
　①　国家统计局编《中国统计年鉴（2005）》，北京：中国统计出版社，2005 年 9 月，第 93、118 页。
　②　《在纪念党的十一届三中全会召开 30 周年大会上的讲话（2008 年 12 月 18 日）》，《新华每日电讯》2008 年 12 月 19 日，第 1 版。

对原来计划经济体制改革的成功，极大地推进了工业化、城市化的发展，加速了向现代社会的转型，而社会转型的加快和成功，反过来又推进体制改革和转轨的深化与持续进行。这种社会转型和体制转轨的同步进行，互为动力，相互促进，成为改革开放 30 年来推动我国经济建设取得巨大成功、社会结构发生深刻变化的动因。

应该说，1978 年以来中国的社会转型和体制转轨有中国自己的特点，相比其他国家类似的变迁和改革，中国的社会转型就变迁的规模、变迁的路径和变迁的深刻程度来说，都是当代世界舞台上难得一见的。比较同样从计划经济向市场经济转型的苏东各国变革的激进性和短暂性特点，中国的制度变革表现出渐进性和持续性的特点，渐进式改革成为"中国模式"的特点；而比较西方国家在建立市场经济过程中出现的一些矛盾和摩擦，中国在从计划经济向市场经济转型过程中出现的社会结构的变化、社会阶层的分化及各利益集团之间的摩擦和冲突就表现得更直接，对人们的思想意识、价值观念和行为方式的冲击和影响更大。也就是说，中国的制度变迁及改革道路的错综复杂是独特的，深具中国特色。

实践的复杂性和独特性为广大的理论工作者提供了极好的研究机会和研究素材，而对中国 30 年来的改革和变迁进行研究，总结经验，并对中国未来的发展提出积极的对策和建议，也是所有理论工作者义不容辞的责任。

北京工业大学人文社会科学学院成立于 2000 年 3 月，我受邀出任学院院长一职。近 10 年的时间，学院发展迅速：从纯粹承担公共课教学到拥有 4 个本科专业、3 个硕士学位点，从单纯的公共课教研室到建立了系、所、研究中心等，尤其是一支高素质的承担教学科研任务的教师队伍迅速成长起来。30 年的改革实践为教师们的科学研究提供了肥沃的土壤。近些年，人文社会科学学院的教师们在马克思主义中国化研究、社会结构与社会发展研究、社会建设研究以及文化产业研究等方面形成了一定的研究积累，也产生了一批有质量、有价值的研究成果。

为纪念改革开放 30 周年、推动学院的科学研究以及加强教师之间的成果交流，人文社会科学学院于 2008 年 3 月开始酝酿组织"纪念改革开放 30 周年征文活动"，6 月发出征文通知，此项活动得到了学院教师的积极响应，10 月底收集征文 30 余篇。经过评选，若干篇论文分获一、二、三等奖，从中挑出 29 篇文章，经过几番修改，如今文稿即将面世。

30 年的改革开放是一项伟大的工程，教师们的研究也仅是管中窥豹，对于存在的不足和偏差，诚恳希望得到各界专家和学者的批评指正。

中国道路与社会发展[*]

1990 年，中国社会学会第三届理事会成立，中国社会学会副会长郑杭生提议每年开一次学术年会。学会秘书处接受了这个提议，从 1991 年开始，每年召开一次年会，围绕着国家现代化事业发展和社会学学科发展问题进行讨论，这些都是中国社会学会应承担的任务。社会学年会越开越大，原来只有 100 多人，现在发展到 800 多人，这表明我们社会学的队伍越来越壮大了，讨论的问题越来越受到人们的关注。

今年的议题是"中国道路与社会发展"。现在国内、国际讨论中国经验、中国崛起、中国模式的文章很多，都在总结中国的经验。这从一个侧面反映出中国改革发展的伟大成就，"中国道路"是一种提法，还有探求中国未来趋势的内涵。我个人认为谈到中国未来可以从两方面讲。

从经济方面讲，中国走上了社会主义市场经济体制之路之后，这 30 年成绩巨大，经济总量翻了四番，可以说基本过关了。今后会越来越好，潜力还很大。今年经济总量将超过日本，为世界第二，外国人预测我国 15 年后总量能赶上美国。2040 年，综合国力赶上美国，2060 年人均 GDP 超过美国。如金融问题解决得好、高新技术迎头赶上，这条路是可以走通的。

但是就世界历史看，一个国家要实现现代化，经济当然是基础，经济指标当然是重要的，但仅仅经济发展了还是不够的。人均 GDP 达到几千美元乃至上万美元，社会建设、政治建设等上不去，还不是现代化，而且经济也保不住，还有可能倒退。20 世纪 70 年代的伊朗、80 年代的拉美社会，就是如此。特别是苏联，战后苏联的经济建设、军事发展繁荣。20 世纪 70 年代、80 年代也曾经是欧洲第一、世界第二，人均 GDP 近万，但他们的社

---

    * 本文源自作者手稿。该文稿系陆学艺于 2010 年 7 月 25 日在中国社会学 2010 年年会论坛上的讲话稿。——编者注

会结构没有调整，社会建设没有搞好，不搞政治建设，干部终身制，干部老年化，与美国搞军备竞赛，结果一场风波，苏联就垮了，这是前车之鉴。

从这些年的实践看，中国经济社会发展不平衡、不协调。在 2002 年就提出"低水平""不全面""很不平衡"。2003 提出"五个不协调"，如城乡、地区、经济社会不协调，但主要是经济社会发展不协调。2004 年中央提出构建社会主义和谐社会和加强社会建设，这个目标和任务一提出，就得到党内党外、全国人民的普遍拥护。党中央也顺应民意，2005～2007 年，连续讨论了两年多，并且在 2006 年专门召开十六届六中全会，全会作出了《中共中央关于构建社会主义和谐社会若干重大问题的决定》（以下简称《决定》）。《决定》明确提出，要以经济建设为中心，把和谐社会建设摆到突出的位置上来。各地也这样做了，有了相应的成绩。可惜 2008 年金融风暴一来，为了应对危机的冲击，中央做出了保增长、保民生、保稳定的决定，这是正确的，但是一些部门又转到抓 GDP 上来，把社会建设放到脑后。有些社会问题更加严重了，近几个月来发生了凶杀案件。还是要重申十六届六中全会的《决定》，今后相当一个时期，要补社会建设这一课，这个坎不过，中国的现代化是建不成的。

要动员全党全国的力量，把社会建设这个重要课题研究好。现在北京、上海已经建立了社会工委，已经做了不少工作，做出了不少成绩。但他们遇到了困难，例如他们开展社区服务、社会组织的管理等工作，原来都有相应的机构在做。应该做的社会建设是总体协调统筹，整合人的工作还没有得到相应的授权。我看到一位社会工委书记，他对我说：我们正在摸着石头过河。

社会建设已经在十七大上被写入党章，列为四大建设之一。社会建设显然不只是社会事业的建设，社会建设在理论上、实践上还有许多工作要做。对此，我们社会学家、社会工作者应该自觉地担当起这个历史重任。像经济学家们当年搞以经济建设为中心时所做的那样，普遍地投入社会建设的第一线去，和干部群众一起搞社会建设这个事业。去调查社会建设，研究社会建设，研究社会建设的新情况。总结新经验，发现新问题，提出新办法、新方案，写出新建议、新对策来，久而久之也就会创造出社会建设的理论体系和方法来。社会建设需要社会学、社会工作。社会学家们要在参加社会建设的伟大实践中成长起来，涌现出一大批社会学家来，社会学也就会在社会建设的过程中繁荣壮大起来。

2005 年 1 月 21 日，社会学的春天来了。2008 年 7 月 19 日，胡锦涛总书记有批示："专家们的来信中提出的问题需要深入研究。要从人才培养入手，逐步扩大社会学研究队伍，推动社会学发展，为构建社会主义和谐社会服务。"2009年他又在中国社会科学院党组关于加强社会学发展的报告上批示"同意"。可以看到，党和国家对社会学的殷切希望。

是该大家做出贡献的时候了。从大楼里、从书斋里、从计算机房走出来，理论联系实际，参加到轰轰烈烈的社会建设的行列中来，去创造社会学学科的繁荣吧！

当前的经济社会形势[*]

正确认识和判断形势，是我们确定发展目标、方针和任务的根据和出发点，这是我们多年来进行革命和建设并取得成功的一条基本经验。十七届五中全会全面系统地分析了当前国内国外的形势，据此制定了第十二个五年规划。

我们如何来认识当前的经济社会形势？有一个方法，就是研读这个文件，对照此前的文件，例如"十一五"规划和十七大以来的文件，看有哪些是新的提法，有哪些是有所改变的？还有哪些话是以前经常说的，现在不说了。然后结合全文研究，就能比较全面深刻地认识当前的形势。

第一，"十二五"规划建议的新话语、新提法。

"十二五"规划建议共 12 节 56 条 18693 个字，有以下重要的新的话语、新的提法。

（1）在"指导思想"一节中有：深入贯彻落实科学发展观。以科学发展为主题，以加快转变经济发展方式为主线。

（2）坚持把保障和改善民生作为加快转变经济发展方式的根本出发点和落脚点。

（3）完善城市化布局和形态，按照统筹规划、合理布局、完善功能、以大带小的原则，遵循城市发展客观规律，以大城市为依托，以中小城市为重点，逐步形成辐射作用大的城市群，促进大中小城市和小城镇协调发展。

（4）适应国内外形势新变化，顺应各族人民过上更好生活新期待，在"推进农业现代化，加快社会主义新农村建设"一节中指出：建设农民幸福

---

* 本文源自作者手稿。该文稿系陆学艺于 2010 年 11 月 26 日在南京所作的十七届五中全会文件学习辅导报告稿。——编者注

生活的美好家园。

（5）在"十二五"规划建议的最后一条，党中央号召：全党同志要充分发挥推动科学发展、促进社会和谐的先锋模范作用。树立正确的政绩观，努力作出经得起实践、人民、历史检验的实绩。

第二，"十二五"规划中有些提法有所改变。

（1）"十一五"规划建议等文件，当分析到发展不利的条件时，多数都是讲，我国正处于并将长期处于社会主义初级阶段。"十二五"规划建议改了："同时，必须清醒地看到，我国发展中不平衡、不协调、不可持续问题依然突出。"[①] 随后就讲了 10 个方面的问题，其中 4 个是经济问题，6 个是社会建设方面的问题。

（2）在第 32 条，讲合理调整收入分配关系时，有较多的新的提法。首先，努力提高居民收入在国民收入分配中的比重，提高劳动报酬在初次分配中的比重（在第 4 条中还讲，努力实现居民收入增长和经济发展同步、劳动报酬增长和劳动生产率提高同步）。其次，努力扭转城乡、区域、行业和社会成员之间收入差距扩大趋势。这一说法，在"十一五"规划建议中是这样说的：努力缓解行业、地区和社会成员间收入分配差距扩大的趋势、这里把"缓解"改为"扭转"，意义明显不同了。原来只讲了两大差距，"十二五"规划建议改为四大差距（增加了城乡差距和行业差距）。

第三，有些说法，以前是常讲的，"十二五"规划建议中却不再讲了。

（1）从 20 世纪 80 年代以来，历次重要会议、重要文件，都有"要坚持以经济建设为中心"的说法，"十二五"规划建议不讲了。

（2）从第一个五年计划起，每次讲发展目标，都会提出 5 年发展的数字指标。如"十一五"规划建议中就有："'十一五'时期要实现国民经济持续快速协调健康发展和社会全面进步，取得全面建设小康社会的重要阶段性进展。主要目标是：在优化结构，提高效益和降低消耗的基础上，实现二〇一〇年人均国内生产总值比二〇〇〇年翻一番；资源利用效率显著提高，单位国内生产总值能源消耗比'十五'期末降低 20% 左右。"[②]。这已经是数据最少的规划了。"十二五"规划建议连这两个数据都不提了，只

① 《中国共产党第十七届中央委员会第五次全体会议文件汇编》，北京：人民出版社，2010 年 10 月，第 16 页。

② 《中共中央关于制定国民经济和社会发展第十一个五年规划的建议》，北京：人民出版社，2005 年 10 月，第 7 页。

讲了一句："经济平稳较快发展。"①

当然，在"十二五"规划建议这个重要文件中，有很多新话，有很多改动的话和没有讲的话，我只是择要提出这九点。从这九点并结合文件的全文，来认识我们国家当前面临的形势和我们的任务。当前的形势可以概括为以下四点：经济形势很好，政治基本稳定，文化繁而未荣，社会矛盾凸显。

经济形势很好。大大超过了原来的计划目标，2010 年的 GDP 将达到 38 万亿元，比 2005 年的 18.5 万亿元翻了一番多，平均增长超过 10%。人均 GDP 也翻番了，以美元计，从 1730 美元增长到 4250 美元，进入上中等收入国家行列。经济增长从 2003 年起，除 2008 年 9.6%、2009 年 8.7% 外，年年超过 10%，年年超过每年定的指标。2005 年超英，2007 年超德，2010 年超日，连超三国，真是"大跃进"，这是巨大的成绩，怎么估计都不过分。

但是经济发展这样快，好得有点过分。10% 的增长率，主要是靠投资拉动的，而在投资中，主要是靠地方政府投资拉动的。中国现在的经济竞争，还主要不是企业竞争，而是地方政府之间的竞争，是市长与市长的竞争。谁筹到款，借到钱，投资多，经济增长快，谁就胜出，升迁就快。2005 年全国贷款余额 19.46 万亿元，2009 年达到 39.96 万亿元，② 主要是地方政府、国有大企业贷的。有经济学家说，美国的次贷危机是银行把钱贷给还不起钱的个人造成的；中国是银行把钱贷给还不起钱的地方政府，而这些地方政府的领导，贷的时候根本就没有想还。此风如不刹，后果是极其严重的。

这几年的经济增长，主要是靠投资拉动的，平均在 50% 以上。而且主要是政府投资，这就必然挤占了对农村、对社会建设的投入，挤占了对居民的公共服务、对居民分配收入的投入（北京、上海等地已经有 5 年未涨工资了）。这样高的经济增长，代价太大，绷得太紧，所以文件指出"是不可持续的"。

政治基本稳定，社会大局是稳定的。

文化繁荣了，多元化，异彩缤纷。但"下里巴人"太多，"阳春白雪"太少，繁而未荣。

① 《中国共产党第十七届中央委员会第五次全体会议文件汇编》，北京：人民出版社，2010 年 10 月，第 20 页。

② 国家统计局编《中国统计摘要 2010》，北京：中国统计出版社，2010 年 5 月，第 79 页。

社会矛盾凸显。社会治安不好，刑事犯罪案件发生率居高不下，2009年达到 558 万件，贪污腐败、大案、要案多发，官民冲突、群体事件频发。国家为此费了很大力气，但总是降不下来，维而不稳，花了钱，平安总是买不来。当前有两件大事，群众反应强烈。

一是物价上涨。根据国家统计局公布的数据，2010 年 10 月的 CPI 为 4.4%，已经预告 2010 年的物价将超过年初预定的 3% 的目标，特别是蔬菜、水果、肉蛋等食品类的商品价格涨幅很大，直接影响到广大中低收入群众的生活，银行存款成了负利率，民众意见很大。

二是近几年地方刮起了一股逼农民上楼、强拆农民住房、抢占农民宅基地的黑风，已经波及 20 多个省市，有的省市整村整乡整县地强拆，手无寸权、手无寸铁的农民无力抵抗，造成数以万计的农民流离失所、失业，已引发多起规模较大的群体事件，后果极其严重。

这两件大事，一个主要发生在城市，一个主要发生在农村，看来是两回事，其实根源是一个，都是为了片面追求经济发展的高速度。前面说过，我们的经济增长，主要靠投资拉动，靠地方政府和国有企业贷款投资拉动。2005 年的贷款余额 19.46 万亿元，2009 年增长到 39.96 万亿元，当年新增贷款额 10 万亿元，贷款哪里来的？主要靠发行货币等支撑，M_2（广义货币）2005 年是 29.9 万亿元，2009 年达到 60.6 万亿元，2009 年新增 13.1 万亿元，2010 年又增 9 万亿元以上。2005 年的 M_0（流通中的现金）2.4 万亿元，2009 年猛增到 3.82 万亿元。[①] 社会上钱多了，流动性大了。钱多了，物价就必然上涨。

强拆农民住房、抢占农民的宅基地的，好像是政府官员和无良的房地产商，其实真正的推手还是片面追求经济发展的高速度。这些年来，地方官员搞"经营城市"，大肆侵占农民的耕地，贱买贵卖，以地生财，制造GDP，升官发财。前几年国家亮出了要确保 18 亿亩的耕地是红线，谁也不许动，严防死守，官员们没辙了，于是想出了拆农民房子，占农民宅基地，再通过土地部门在城郊区置换耕地指标的主意，瞒天过海，还是要通过抢夺农民的土地生财，创造 GDP，好由此得到升迁。

这次文件最后一条讲了：要树立正确的政绩观，努力做经得起实践、人民、历史检验的实绩。这句新话，就是表示，指挥棒要换了。

---

① 国家统计局编《中国统计摘要 2010》，北京：中国统计出版社，2010 年 5 月，第 78 页。

中国进入了以城市社会为
主的新成长阶段[*]

根据 2010 年 11 月 1 日第六次全国人口普查结果，全国城镇常住人口占比达到 49.7%[①]，2011 年城镇人口占比超过 50%，这是中国城市化历史上具有里程碑意义的一年。从此，中国进入了以城市社会为主的新成长阶段。

有两点值得我们关注。

第一，这标志着中国进入了工业化社会的时代。我们在 20 世纪 50～60 年代学"政治经济学"的时候，老师讲什么叫工业化社会，按照《联共（布）党史简明教程》的定义，一国的工农业总产值中，工业总产值超过农业总产值，这个国家就实现了工业化。实践证明，这个定义是不全面的。学术界普遍认为，判断一个国家是不是工业化社会，应该有三个条件：一是这个国家的国民生产总值中，第二、三产业的比重要超过 50%；二是在第二、三产业就业的总劳动力占比要超过 50%；三是在这个国家的总人口中城镇人口要超过 50%。以此来衡量，早在 20 世纪 50 年代后期，中国第二、三产业增加值占比就超过了 50%。到 1997 年，中国第二、第三产业就业的劳动力超过 50%。[②] 由于各种原因，中国城市化发展曲折缓慢、长期滞后于工业化。2011 年城市化率超过 50%，这标志着中国进入了工业化国家的行列，这是有十分重要的历史意义的。

---

[*] 本文源自作者手稿。该文稿系陆学艺于 2011 年 12 月 19 日在《2012 年中国社会形势分析与预测》（2012 年"社会蓝皮书"）发布会上的演讲稿。该文收录于陆学艺《"三农"续论：当代中国农业、农村、农民问题研究》，重庆：重庆出版社，2013 年 5 月。手稿原题为《2012 年社会蓝皮书发布会》，收入《"三农"续论》时改为《在 2012 年社会蓝皮书发布会上的演讲》，现标题为本书编者根据演讲内容修改。——编者注

[①] 国家统计局编《中国统计年鉴 2011》，北京：中国统计出版社，2011 年 9 月，第 96 页。

[②] 国家统计局编《中国统计年鉴 1998》，北京：中国统计出版社，1998 年 9 月，第 56、128 页。

第二，2011年中国的城镇人口超过50%，这标志着几千年农业农村社会、农民历来占绝大多数的大国，从此结束了乡土社会，进入了以城市社会为主体的新成长阶段。

从世界发达国家城市化的历史看，一个国家的城市化率超过50%这个临界点后，城市化发展就更快了。从欧洲看，1945年的城市化率达50%，50年后，到1995年，欧洲的城市化率接近90%。可以预见，2011年之后，中国的城市化将更快更好地发展。未来几年，将有两个方向的变化：一是已进入城市的1.64亿农民工会逐步转变为正式的工人和正式的市民，融入城市社会，改变现在城市内部的二元结构；二是每年将有数以千万计的农民进入城市。

本书的总报告指出，城市化的发展，不仅是50%的人口比重的变化，而且人们的生产方式、职业结构、消费行为、生活方式、社会关系、价值观念等都将发生极其深刻的变化。

从经济上看，一个农民进入了城市，成为市民，成为第二、第三产业的职工，他对社会的贡献会增大，他的收入会增加，他的消费也会增加，生活方式会逐渐改变，这部分新市民会成为庞大的、稳定的消费群体。这样，我们谈论已久的扩大内需的预期，才能真正实现。所以城市化的健康有序发展，将成为推动我国经济持续平稳较快发展的一个有力支撑。从经济层面上讲，本报告认为我国从此进入了以城市社会为主的新成长阶段。

2000年以后，我国每年平均新增加城市人口2065万人，城市化率每年提高1.35个百分点[①]。2011年以后，中国的城市化将进入一个更好更快发展的时期。这次经济工作会议[②]上中央又专门提出了"要根据全国主体功能区规划确定的功能推进发展、科学引导城市群发展"[③]。

如何使今后中国城市化发展得更快更好，这是中国今后几十年要办好的一件大事。过去30年，我们把中国的工业办得又快又好，现在把这件大事办好，不仅对实现中国的现代化有非常重要的意义，而且对世界也是件大事。

美国经济学家斯蒂格利茨说，21世纪人类最大的两件大事：一是高科技带来的产业革命，另一个就是中国的城市化。把这件大事办好，今后要做很多事情。

---

① 参见：国家统计局编《中国统计年鉴·2011》，北京：中国统计出版社，2011年9月，第96、93页。

② 指2011年中央经济工作会议。——编者注

③ 《人民日报》2011年12月15日，第1版。

社会管理与社会政策

对《努力加强和创新社会管理》讲稿的几点建议[*]

一 对《努力加强和创新社会管理》的总体评价

讲稿分五个部分，从论述社会管理基本概念开篇，最后落到完善社会管理格局，改善社会管理方式，五部分安排得当，逻辑合理，结构完整。讲稿论述了在新阶段新形势背景下，加强和创新社会管理的必要性、紧迫性，论述了改革和创新社会管理体制，探索和遵循社会管理规律，做好社会管理，更好地解决社会问题，消解社会矛盾，促进社会和谐与社会进步。文中有不少亮点，有新意，有新话，有新的观点。有论有据，有说服力，总体说，是一篇较好的讲话稿。但也有一些问题，有些提法需要进一步探讨斟酌。讲稿要进一步补充修改，使之更加完善。

二 几点修改建议，供参考

第一，关于社会管理的基本概念

社会管理是一个新概念、新理论、新学科。2002 年十六大提出了"社会要更加和谐"，提出了政治体制改革，深化行政管理体制改革。2003 年十六届三中全会提出了科学发展观，强调要及时化解各种矛盾，确保社会稳定和有序进行，强调要实现经济领域改革和社会领域改革相协调。2004 年十六届四中全会提出要提高构建社会主义和谐社会的能力，提出加强社会

---

* 本文源于作者手稿。该稿写于 2010 年 8 月 17 日，系作者对国家行政学院撰写的《努力加强和创新社会管理》讲稿的评论和修改建议。——编者注

建设和社会管理之后，不久这个概念就逐渐在社会上传开了，引起了学术界的重新注意。近几年已经有不少论述。

社会管理学是社会学的一个分支学科。1995 年中国出版了《社会管理学概论》，是归入"社会工作丛书"出版的，是作者在为社会工作专业学生开设的"社会管理学概论"课程所编讲义基础上写成的。讲稿对社会管理的概念做了新的界定，把维系社会秩序定位为社会管理要实现的目标，是一种新的提法，有新意，有根据，也符合实践需要（现在很多方面是无序的、失序的），是站得住的。在文字上再做些加工，更精炼一些。但从前后文看，讲稿中几次讲到关于社会管理与社会建设关系时的提法，则值得商榷。这实际上是社会管理的定位问题。

社会管理很重要，特别是在现阶段，我们党和政府特别重视社会管理。自 2004 年中央正式提出"加强社会建设和管理，推进社会管理体制创新"以来，得到社会的普遍认同。各级党委和政府认真贯彻落实，开展了一系列的工作，在实践和理念方面都取得了可喜的成就。2004 年十六届四中全会提出"加强社会建设和管理，推进社会管理体制创新"，并且提出要"深入研究社会管理规律，完善社会管理体系和政策法规，整合社会管理资源，建立健全党委领导、政府负责、社会协同、公众参与的社会管理格局"[①]等。十六届五中全会提出："建设社会主义和谐社会，必须加强社会建设和完善社会管理体系。"[②] 在十六届六中全会通过的《中共中央关于构建社会主义和谐社会若干重大问题的决定》中，讲到构建社会主义和谐社会的指导思想、目标任务和原则时指出："以解决人民群众最关心、最直接、最现实的利益问题为重点，着力发展社会事业、促进社会公平正义、建设和谐文化、完善社会管理、增强社会创造活力，走共同富裕道路，推动社会建设与经济建设、政治建设、文化建设协调发展。"[③] 十七大修改党章时，把"社会建设"写入了修改的党章总纲中，从而使中国社会主义事业总体布局由经济建设、政治建设、文化建设"三位一体"，发展为经济建设、政治建设、文化建设、社会建设"四位一体"。在胡锦涛同志的报告中讲得更加明确："社会建设与人民幸福安康息息相关。必须在经济发展的基础上，更加

---

① 《中共中央关于加强党的执政能力建设的决定》，北京：人民出版社，2004 年 9 月，第 25 页。
② 《中共中央关于制定国民经济和社会发展第十一个五年规划的建议》，北京：人民出版社，2005 年 10 月，第 27 页。
③ 《中共中央关于构建社会主义和谐社会若干重大问题的决定》，北京：人民出版社，2006 年 10 月，第 5 页。

注重社会建设，着力保障和改善民生，推进社会体制改革，扩大公共服务，完善社会管理，促进社会公平正义，努力使全体人民学有所教、劳有所得、病有所医、老有所养、住有所居，推动建设和谐社会。"①

从十六届四中全会到十七大，关于推进社会主义和谐社会和社会建设的理论逐步完善。社会建设作为四大建设之一，其内涵主要包括：发展社会事业、改善和保障民生、扩大公共服务、协调社会利益关系、调处社会矛盾，推进社会体制改革，完善社会管理，促进社会公平正义，等等。

所以应该把社会管理定位在社会建设的组成部分。社会管理固然很重要，但它是社会建设的组成部分，这点要明确。正像经济管理很重要，但就经济建设和经济管理的关系来讲，经济管理是经济建设的组成部分。

就学科来说，社会管理学是一门新兴学科，是社会学的一个分支学科。早在 20 世纪 90 年代中期，各地开始设立社会工作学科和社会工作专业。社工专业有这门"社会管理学"的课，1995 年厦门大学社会工作专业的几位老师参照国内外的资料编写了讲义，随后在厦大出版社出版了。

第二，关于更加重视源头治理

讲稿的第三部分和第四部分都讲要重视源头防治。明确指出："……在上述前提下，从社会管理本身来讲，就是构建源头治理体系，使关口前移，防止、减少、弱化社会问题和社会矛盾的产生。"

这个设想很好，应该成为构建社会主义和谐社会的指导思想。讲稿说："要努力摆脱总是事后应对的被动局面，要更多地把工作重心从治标转向治本；从事后救急转向源头治理，从源头上不断加强社会建设，更加重视民生，从源头上实行关口前移，使社会矛盾不转化不激化。"

关口前移，加强源头治理，从治标转向治本，这是很正确的，符合构建和谐社会的本意，也符合中国传统的善治理念，要"釜底抽薪"，不要"扬汤止沸"。《孙子兵法》上讲："上兵伐谋，其次伐交，其次伐兵，其下攻城。""百战百胜，非善之善者也；不战而屈人之兵，善之善者也。"② 把矛盾消灭在未发之前，至少要把矛盾解决在萌芽状态，这是善治。

我们现在往往是矛盾积累成堆了，乃至爆发了，再当救火队、消防队去扑火、救火，既被动，又费力，更费钱，损失很大，（经济的、政治的）

① 《中国共产党第十七次全国代表大会文件汇编》，北京：人民出版社，2007 年 10 月，第 36 页。

② 《孙子兵法·谋攻篇》，《孙子全译》，贵阳：贵州人民出版社，1992 年 9 月，第 21 页，第 19 页。

成本很高。

当然要改变目前这种被动应付的局面，涉及很多方面，是安邦定国、长治久安的大问题，需要从长计议，不是一个会议能解决的。但提出源头治理，把关口前移，这个设想很好。可以从当前社会矛盾多发、频发的几个方面治起。

如户籍制度问题。我们现行的户籍制度是 20 世纪 50 年代后期，为适应计划经济体制而建立的，是计划经济的重要组成部分，也是为计划经济服务的。应该说，这套户籍制度，在当时的历史条件下，还起过一定的作用。但自改革开放以来，特别是实行社会主义市场经济体制以来，这种"城乡分治一国两策"的户口体制，是形成城乡二元经济社会结构的主要政策和体制性原因，与社会主义市场经济体制格格不入，很不相称，由此产生了许许多多的社会问题和社会矛盾。

再如农民工体制。改革是从农村开始的，农村实行家庭联产承包责任制之后，农业连年增产，农民连年增收，三年工夫农村就解决了温饱问题，而且有了余粮余钱，还有多余的劳动力，这正是发展工业化城市化的好机会。但因为户籍制度未改，农村只好就地办工业，于是就有了乡镇企业，有了离土不离乡、进厂不进城的农民工。到 20 世纪 80 年代中期，城市开始改革。特别是 1992 年以后，城市二、三产业大发展，搞社会主义市场经济，城市需要劳动力。这本来是户籍制度改革的好机会，农民强烈要求进城，甚至出钱买户口，但户籍制度还是不改。于是就有了离土又离乡的农民工，日积月累，到 2008 年，据农业部门统计，全国已有 2.4 亿农民工，其中离土不离乡的有 8500 万人，离土又离乡的有 1.55 亿人。

这是一个数以亿计的庞大的劳动者群体，20 多年来为国家、为社会主义建设创造了数以亿计的巨大财富，为我们国家从农业国转变为工业国、变成世界工厂、变成经济大国立下了汗马功劳。从三峡大坝到青藏铁路，从高速公路到高速铁路，从奥运场馆到世博园区，从港口码头到机场空港，从高楼大厦到楼堂馆所，有哪一项不是凝结着农民工的汗水？他们的业绩将彪炳在中国工业化城市化的史册上。但是仅仅因为户籍制度，使 2 亿多工人身上仍刻着农民的烙印。有位学者说，因为他们至今还是农民工，他们过着两栖生活，是候鸟式的群体；因为他们是农民工，在城市是边缘群体，他们为城市做贡献，但享受不到城市的公共服务；因为他们是农民工，同工不能同酬，他们是城市里的贫困群体；因为他们是农民工，20 多年了，身份久久不能改变，也不知何时能改变，他们是一个没有预期的群体；他们身不由己，人在漂居无定状态，心也在漂，不知漂向何处？他们是个漂泊的群体。他们受到的待遇太不公平了，第一代农民工能忍能耐，他们的对照坐标是家乡更加贫困的生活，他们挺过来了，多数也回乡去了。现在农民工的主力，多数是80后、90后了，他们的对照坐标是城市的同龄人，他们常常感到不公和不平，渐渐地他们形成了恼怒怨恨的群体。这就是现在社会矛盾、社会问题多发、频发的重要原因。

从国家统计局的社会统计看，1985年全国立案的刑事犯罪案件，54.2万起；2007年全国立案的刑事犯罪案件480.75万起，增长7.9倍。在刑事犯罪案中，属于盗窃、抢劫、诈骗这三类侵财型的，1985年占43.6%，到2007年这三类侵财型案件占79.1%。[①]另外，据有关部门统计，这么多的刑事犯罪案，70%发生在城镇。而在特大城市和大中城市中，抓获的犯罪嫌疑人70%以上是外地人，而这些抓获的外地户籍的犯罪嫌疑人中70%以上的是农民工。再有，据有关部门统计，这些犯罪农民工的侵害对象，70%以上也是农民工。从这五个70%以上的事实，我们可以看出，当今中国有很大一部分社会问题和社会矛盾，源自现行的已经很不适应社会主义市场经济体制要求的户籍制度及由此产生的农民工体制。从国家层面说，重视源头治理，就要下决心下大力气改革户籍制度，从根本上治理农民工体制。国家如果能把这个问题解决好了，犯罪案件犯罪人数能减少一半。这是源头治理的一个大的方面。

此外，当然还有如房屋拆迁、征用农民的土地的问题，这在工业化、城市化进程中是必然产生的。从已经实现工业化、城市化国家的历程看，没有哪个国家产生过像我们这几年那样引起如此剧烈的社会矛盾和冲突的拆迁，这是因为我们至今还在用计划经济的办法、用政府的力量在征地、去拆迁。关键的一条是：他们是按市场经济的原则去做的。

关于加强源头治理，这一节的设想和提法很好，但这一节中的七个目，可考虑写得更加丰满些。这七个目的次序也可考虑做些调整。

第三，关于结尾

讲稿的结尾写得很好，强调了社会管理的重要性，必要性，对领导干部提出了要求，并对各级行政学院提出了要求，提出要增加社会管理培训的班次，增设社会管理相关课程，加强社会管理相关学科、相关教材建设。这些设想和提法都很好，我作为一个老的社会学工作者看了很兴奋。构建

社会主义和谐社会、进行社会建设已经 6 年了，已经取得了很大的成就，但在理论、学科方面，建树还很少。社会管理作为一门学科，至今这方面的论著很少，有水平的教研人员很少，至今没有一本水平较高的教材，学科建设还很落后。现在由行政学院牵头来做这件事，加强学科建设，我们社科院、社会学会可以合作来做。例如可以成立一个社会管理的专业委员会，把全国社会管理教研的力量组织起来，共同来建设好社会管理这门学科，国家也特别需要，在这方面可以大有作为的。

这一节还可对领导干部，特别是对发达地区的领导干部多讲几句，使结尾讲得更丰满一些。

发达地区领导干部要把力量放到社会建设、社会管理上来。我最近到长三角、珠三角去，他们的 GDP 已经人均 1.5 万美元了，但还是在提三年翻番、四年翻番。如何把力量转到经济社会协调发展上来，转到社会建设、社会管理上来，很有必要。

加强和创新社会管理具有重大战略意义

——访中国社会学会名誉会长陆学艺[*]

胡锦涛在省部级主要领导干部社会管理及其创新专题研讨班开班式上发表重要讲话强调：扎扎实实提高社会管理科学化水平，建设中国特色社会主义社会管理体系。讲话明确提出了当前和今后一个时期加强和创新社会管理的指导思想、基本任务、重点工作。如何深刻领会讲话精神？日前记者采访了中国社会学会名誉会长陆学艺。

陆学艺的第一句话就直奔主题："加强和创新社会管理具有重大战略意义。"他说，要充分认识新形势下加强和创新社会管理的重大意义。所谓新形势，是指我们前 30 年以经济发展为主的阶段转入经济社会协调发展的新阶段。新任务，就是我们在坚持以经济建设为中心的同时，要加快保障和改善民生的社会事业建设，把构建和谐社会摆在更加突出的位置，实现经济社会协调发展。

一 发展的阶段性变化要求加强和创新社会管理

陆学艺指出，在一个国家或地区发展的不同阶段，发展面临的主要任务会呈现阶段性变化。在发展的初级阶段，解决人们的温饱问题，满足人们的基本物质生活需求，是发展要完成的首要任务。但是，随着社会生产力的发展，温饱问题得到解决，人们对物质生活以外的精神文化需求和全面发展的需求越来越迫切，经济发展本身也对科技、教育、社会环境提出更高的要求，加强社会建设、提高社会管理的科学化水平，就成为新阶段

---

[*] 本文原载于《光明日报》2011 年 3 月 1 日第 7 版。该文系该报记者专访陆学艺的访谈稿。——编者注

的主要任务。

陆学艺强调，改革开放 30 多年来，我国经济持续快速增长，综合国力有了极大提高，人民生活水平得到很大改善。然而，在经济建设取得巨大成就的同时，也出现了一些社会问题和矛盾。对此，我们党十分重视。十六大提出，要"全面建设惠及十几亿人口的更高水平的小康社会，使经济更加发展、民主更加健全、科教更加进步、文化更加繁荣、社会更加和谐、人民生活更加殷实"①。十六届四中全会又提出构建社会主义和谐社会。十七大报告还专门论述了加快推进以改善民生为重点的社会建设。十七大通过的《中国共产党章程（修正案）》中，把党的奋斗目标由原来的"把我国建设成为富强民主文明的社会主义国家"改为"把我国建设成为富强民主文明和谐的社会主义现代化国家"，强调经济建设、政治建设、文化建设、社会建设"四位一体"的中国特色社会主义事业总体布局。② 这标志着发展的阶段性变化要求加强和创新社会管理。

二　加强和创新社会管理的主要内涵和主要任务

陆学艺指出，什么是社会建设？怎样在现阶段中国特有的国情下进行社会建设、提高社会管理的科学化水平和建设中国特色社会主义社会管理体系？这是我们首先要弄清楚的大问题，也是进行社会建设和管理的重要前提。他介绍了目前国内关于社会建设的四种主要观点。

第一种观点，认为社会建设应以保障和改善民生为重点，大力推进就业、社会保障和科技、教育、文化、卫生等各项社会事业建设，推进基本公共服务均等化，促进社会公平正义，加大收入分配调整力度，使发展成果惠及全体人民，走共同富裕道路。这可被称为"社会事业建设派"。

第二种观点，认为社会建设当前要加强和创新社会管理，应以维系社会秩序为核心，通过政府主导、多方参与，规范社会行为、协调社会关系、促进社会认同、解决社会问题、化解社会矛盾、维护社会治安、应对社会风险，为人类社会生存和发展创造既有秩序又有活力的基础运行条件和社会环境，促进社会和谐。这可被称为"社会管理派"。

---

① 《中国共产党第十六次全国代表大会文件汇编》，北京：人民出版社，2002 年 11 月，第 18 页。

② 《中国共产党第十七次全国代表大会文件汇编》，北京：人民出版社，2007 年 10 月，第 144 页。

第三种观点，认为社会建设是适应我国由农业社会向工业社会转型，由计划经济体制向社会主义市场经济体制转变，适应人们的生产方式、生活方式和人际关系的变化，并面对由此产生的社会矛盾和问题，有组织、有计划、有目的地进行各种有利于改善和保障民生、建立新的社会秩序、促进社会进步的社会行动。同时，进行社会体制改革，创新社会政策，调整和优化社会结构，建立与社会主义市场经济体制相适应、与经济结构相协调的社会结构。这可被称为"社会结构派"。

第四种观点，认为我国目前社会建设的根本目标是要建设一个能制约权力、驾驭资本、遏制社会失序的社会主体，建立一个与政府、市场三足鼎立的社会；认为在工业社会条件下不仅要有市场，有政府，还要有发育良好的社会环境；认为健全的社会是市场经济的基础。这可被称为"社会重建派"。

陆学艺认为，这四种观点都有可取之处，可以看作是社会建设的几个阶段。第一阶段，先从目前人民群众最关心、最直接要求解决的保障和改善民生事业和社会事业做起，从加强和创新社会管理入手，化解社会矛盾，解决社会问题。同时，加强源头治理，标本兼治，尽可能防止和减少社会矛盾与社会问题的产生，使社会更加和谐。

第二阶段，着力推进社会体制改革，创新社会政策，完善社会管理，推进新型的城镇化，拓宽社会流动渠道，培育壮大中产阶层，构建一个合理稳定的社会结构，使之与经济结构相协调。这应是2020年实现的重要任务。

第三阶段，随着社会主义市场经济体制的不断完善，社会建设也不断前进，形成一个与社会主义市场经济体制相适应、与现代经济结构相协调的现代社会结构，为全面协调可持续科学发展创造一个良好的社会环境，也是实现"民主法治、公平正义、诚信友爱、充满活力、安定有序、人与自然和谐相处的社会主义和谐社会"的社会基础。

陆学艺强调，这三个阶段的发展是交叉进行的。目前全国各地积累了很多好的经验，经过一段时间之后，一定会涌现出适合中国国情和中国特色的社会建设理论和实践模式。

三 社会建设的核心任务是调整和优化社会结构

陆学艺认为，在社会建设与管理的理论与实践中，应以调整和优化社会结构作为推进社会建设的重要目标。

他说，所谓社会结构，是指资源与机会在社会成员间的组成方式与关系格局。一个国家或地区最主要和最基本的结构是经济结构和社会结构，这两个结构一定要协调，相辅相成。改革开放 30 多年，我国经济结构已是工业社会的中期水平，但由于资源与机会配置不合理等原因，社会结构还处于工业社会的初级阶段。这是当前产生诸多经济社会矛盾和问题的结构性原因。而社会结构的核心结构，是社会阶层结构。当前，在我国社会阶层结构中，农业劳动者阶层所占规模过大，社会中产阶层规模较小，整个社会阶层结构没有达到现代社会阶层结构所呈现的两头小、中间大的"橄榄型"特征，这就使当前经济社会发展缺乏强有力的结构性支撑。

陆学艺强调，当前开展社会建设的重要任务，是推进社会体制改革，加快社会结构调整步伐，构建与经济结构相适应的现代社会结构。

四　当前推进社会建设和管理应开展的重点工作

陆学艺说，社会建设是一个宏大的系统工程，既要保障改善民生、开展社会事业的建设，又要进行包括社会事业体制在内的社会体制改革和创新；既要加强社会管理、社会安全体制的建设，又要进行社会规范、社会伦理的建设；既要加快收入分配关系的调整，扭转地区、城乡、行业和社会成员之间差距扩大的趋势，又要加快调整社会结构的步伐。陆学艺认为，当前应特别注意推进以下工作。

第一，要大力开展关于社会建设的研讨活动，让人们弄清楚什么是社会建设，为什么要进行社会管理体系建设，以及怎样进行社会建设和管理等重大理论和实践问题，并在全党、全国取得共识。这是因为"十二五"规划建议公布后，许多地方的发展规划强调五年内 GDP 翻一番的目标，但社会建设目标则较空泛。这种现象值得关注。

第二，要从组织上落实。现在，北京、上海、南京等地已组建了社会工作委员会、社会建设工作办公室，并开展了很多工作，但仍局限在开展社会服务、进行城镇管理和引导社会组织发展等几个方面。应组建社会建设委员会，进行宏观统筹、规划、组织、调控、监督等，使各项社会建设事业有序进行。

第三，进行社会体制改革。大力发展社会组织、社会团体、民间组织。

第四，加大投入，使民生事业、社会事业、公共服务方面的工作越做越好，惠及广大民众，共享改革发展成果。

陆学艺最后说，胡锦涛的重要讲话深刻阐述了加强和创新社会管理的重要性和紧迫性。讲话高屋建瓴、内涵丰富，具有很强的思想性、针对性、指导性，对进一步完善中国特色社会主义社会管理体系、实现"十二五"时期经济社会发展目标任务，具有十分重要的意义。我们要认真学习、深刻领会，用讲话精神指导社会建设，一定会走出一条中国特色社会主义的社会管理之路。

加强社会建设与社会管理势在必行*

　　社会建设作为社会主义事业"四位一体"总体布局中的一大建设，是一个宏大的系统工程。既要进行保障改善民生、社会事业的建设，又要进行包括社会事业体制在内的社会体制改革和创新；既要加强社会管理、社会安全体制的建设，又要进行社会伦理、社会规范的建设；既要加快收入分配关系的调整，有效调节过高收入，扭转四种差距扩大的趋势，促进社会公平，又要支持中产阶层的发展壮大，加快调整社会结构的步伐，使之形成与现代经济结构相适应、相协调的现代社会结构。所以，社会建设是一个宏大、艰巨的任务，要有长期奋斗的思想准备。

　　针对我国进入经济社会发展新阶段的国情，我们要坚持以经济建设为中心，重点推进社会建设，进行社会体制改革，创新社会政策，完善社会管理，优化社会结构，使经济社会协调发展，促进社会和谐。现在的问题是如何落实贯彻，使社会建设这个宏大的历史任务，一步步得到实现。

　　进行社会建设与社会管理，当前要尽力做好以下几项工作。第一，要开展关于构建社会主义和谐社会、重点推进社会建设与社会管理的研讨。弄清楚什么是社会建设与社会管理，为什么要进行社会建设与社会管理，怎样进行社会建设与社会管理等重大理论和实践问题，从而取得共识。

　　中央公布"十二五"规划建议之后，近期有 20 多个省区市公布了各自的"十二五"规划建议，有半数的省区市规划中还是提出 5 年内 GDP 翻一番的目标。而关于社会建设和社会管理方面的目标和任务则比较宽泛。要维持经济的高速增长，就必然把弦绷得很紧，钱都投在经济项目上，保障和改善民生的社会建设就不可能得到应有的推进，这是很值得注意的。

　　第二，推进社会建设与社会管理一定要从组织上落实。社会建设事关

---

　　* 本文原载于《学习时报》2011 年 3 月 21 日第 1 版。——编者注

社会主义和谐社会能否构建、全面小康社会能否实现，"十二五"规划建议提出的科学发展这个主题、转变经济发展方式这条主线能否贯彻落实的战略任务，一定要组建一个相应的机构，整合多方面的资源和力量，才能把这件大事办好。现在北京、上海、大庆、南京等地已经组建了社会工作委员会、社会建设工作办公室，已经开展了很多工作，做出了不少成绩，但主要局限在开展社区服务、城镇管理和引导社会组织发展等方面，只是做一个职能部门的业务。要推进社会建设这样一项事关战略大局的工作，就要对整个社会建设进行宏观统筹、规划、组织、调控、监督，整合社会各方面的资源和力量，通过协调使之形成合力，使各项社会建设工作更加有序地进行。

第三，搞好社会建设与社会管理，必须进行社会体制改革。这些年来，我们对于社会体制包括社会事业体制，也进行了改革，有些取得了成功，有些并不成功，有些则还没有破题，整个社会体制还没有按社会主义市场经济体制的要求根本改变过来。所以现在的经济社会运行中，两种体制并行，产生了许许多多的矛盾和问题，社会成本很高。实践证明，现行的社会体制不改革，社会建设就不能顺利进行。当然，进行社会体制改革，难度很大，会触及某些人、某些群体和某些既得利益者，阻力会很大。这实际上又是一场革命。需要审时度势、果断决策、科学策划、周密安排、逐步推行。

第四，推进社会建设与社会管理要有相当的投入。我们应该按照十六届六中全会的《中共中央关于构建社会主义和谐社会若干重大问题的决定》，"完善公共财政制度，逐步实现基本公共服务均等化。健全公共财政体制，调整财政收支结构，把更多财政资金投向公共服务领域，加大财政在教育、卫生、文化、就业再就业服务、社会保障、生态环境、公共基础设施、社会治安等方面的投入。"① 要真正加大对社会建设的投入，使民生事业、社会事业、公共服务方面的工作做得越来越好，惠及大多数、绝大多数的民众，使他们共享改革发展的成果，社会矛盾、社会问题就会逐步减少，社会成本就会大幅降低，这对经济发展是十分有利的。这也是转变经济发展方式的一个重要方面。

第五，要开展社会建设与社会管理考核指标体系的研究。以往对地方

---

① 《中共中央关于构建社会主义和谐社会若干重大问题的决定》，北京：人民出版社，2006年10月，第18~19页。

政府的考核偏重经济指标，主要抓 GDP，在某种程度导致经济社会发展不平衡、不协调。当前，在提高认识的基础上，经过研讨，初步建立社会建设与社会管理的指标。一方面，可以作为进行社会建设和社会管理工作的目标，同时也是考核成绩的指标。这样不仅使地方政府工作绩效考核指标更具全面性、科学性，更重要的是也可以扭转地方政府片面追求 GDP 等经济指标的倾向，实现经济社会协调发展的战略目标。

社会管理是一门学问[*]

一 社会管理研究的兴起

社会管理是一门重要的新兴学科。社会管理这个概念最早是 20 世纪 80 年代由苏联、东欧传过来的，多少带有计划经济的色彩，开始并没有受到政府和学界的关注（整个 80 年代只有 30 多篇论文）。随着改革开放和经济的发展，特别是 1992 年邓小平同志发表南方谈话，党的十四大明确了社会主义市场经济的地位，经济体制改革逐渐深入，经济建设蓬勃发展，社会领域也发生了深刻的变化，社会矛盾、社会问题日益增加。在这样一个经济体制转轨、社会转型的重要时期，党和政府以及学界把社会管理提升到了重要的战略地位，赋予新的含义，使之为社会主义市场经济体制服务。1998 年的《关于国务院机构改革方案的说明》，明确提出政府的基本职能是："宏观调控、社会管理和公共服务。"2002 年党的十六大提出"社会要更加和谐"，再次重申政府的基本职能是"经济调节、市场监管、社会管理和公共服务"。[①] 2004 年党的十六届四中全会，提出要构建社会主义和谐社会的新战略、新思想，同时也提出要"加强社会建设和管理，推进社会管理体制创新。"并要求"深入研究社会管理规律，完善社会管理体系和政策法规，整合社会管理资源，建立健全党委领导、政府负责、社会协同、公

　＊　本文源自《社会建设论》（陆学艺著，北京：社会科学文献出版社，2012 年 3 月），第 265 ~ 268 页。原稿写于 2011 年 5 月 7 日，该文系作者 2011 年 10 月在北京师范大学社会管理研究院成立大会上的演讲稿。——编者注

　①　《中国共产党第十六次全国代表大会文件汇编》，北京：人民出版社，2002 年 11 月，第 18 页，第 27 页。

众参与的社会管理格局。"① 2006 年十六届六中全会强调，"加强社会管理，维护社会稳定，是构建社会主义和谐社会的必然要求，必须创新社会管理体制，整合社会管理资源，提高社会管理水平……服务中实施管理，在管理中体现服务。"② 十七大通过的《中国共产党章程（修正案）》将中国特色社会主义事业总体布局由经济建设、政治建设、文化建设"三位一体"发展为经济建设、政治建设、文化建设、社会建设"四位一体"。报告强调要"加快推进以改善民生为重点的社会建设"，把"完善社会管理"列为社会建设的六大任务之一进行了具体的阐述。③ 十七届五中全会通过的"十二五"规划建议中，再次强调要"加强社会管理能力建设，创新社会管理机制，切实维护社会和谐稳定"④。2011 年春天，党中央专门举办省部级主要领导干部社会管理及其创新专题研讨班，专题研讨"社会管理体制创新"问题，胡锦涛同志讲话指出：要"把社会管理工作摆在更加突出的位置。"⑤

随着我国进入改革发展的关键时期，经济体制深刻变革，社会结构深刻变动，利益关系深刻调整，思想观念深刻变化，这种空前的社会变革，使经济高速发展，社会普遍进步，同时，也必然产生这样那样的社会矛盾和问题。这需要我们加强社会建设和创新社会管理来推进经济社会协调发展，解决好这些社会矛盾和社会问题，乃至能够标本兼治，从源头治理，最大限度地增加积极和谐因素，最大限度抑制和减少这些社会矛盾的产生，促进社会和谐与稳定。

党和政府对社会建设、社会管理的重视和提倡，使社会管理的实践成了各级政府和各个部门关注的焦点，同时使社会管理理论和研究方面也成为学术界探索的热点。特别是 2004 年中央正式提出构建社会主义和谐社会与加强社会建设和管理的文件以后，各地的社会管理实践正在蓬勃展开，有关社会管理研究的论著大量涌现，尤其是近两年见诸报刊的社会管理论文井喷式地增长。据文献检索，1980～2003 年共 312 篇，2004～2009 年为

---

① 《中共中央关于加强党的执政能力建设的决定》，北京：人民出版社，2004 年 9 月，第 25 页。

② 《中共中央关于构建社会主义和谐社会若干重大问题的决定》，北京：人民出版社，2006 年 10 月，第 25 页。

③ 《中国共产党第十七次全国代表大会文件汇编》，北京：人民出版社，2007 年 10 月，第 144 页，第 36 页，第 39 页。

④ 《中国共产党第十七届中央委员会第五次全体会议文件汇编》，北京：人民出版社，2010 年 10 月，第 41 页。

⑤ 《扎扎实实提高社会管理科学化水平 建设中国特色社会主义社会管理体系》，《党建》2011 年第 3 期（2011 年 3 月 1 日），第 7 页。

1249 篇，2010 年仅 11 月前就达 1157 篇。这标志着中国社会学、社会管理学科正在兴起。

二 加强社会管理研究的必要性

社会管理是一门应运而生的新兴学科。恩格斯曾经说过，"社会一旦有技术上的需要，则这种需要就会比十所大学更能把科学推向前进。"[①] 中国目前正处在有利于发展的战略机遇期，同时也是各种社会矛盾、问题的多发期。在这改革和发展的关键时期，需要社会管理的理论和实践的创新。这正是发展社会管理这门学科的大好时机。当然，要创建一门学科，使之逐步臻于完善，需要多方面的努力和长期奋斗，特别需要实践部门进行各种逐步探索和试验，创造出成功的经验。理论工作者要深入实践，追踪这些开拓性的实践，观察分析，总结这些实践和经验，不断地发现新问题，总结新经验，提出新概念，及时写出归纳、总结、分析、评价的研究论著，使之服务于实践，推动社会管理的实践不断前进。还是那句老话：实践、认识、再实践、再认识，循环往复多次，关于社会管理的理论体系就能够建立起来。

社会管理作为一门学科，因为社会需要，受到了党和政府实际工作部门与学术界的青睐，成为社会的热门话题，发展的势头很好，真可以说是方兴未艾。可以预见，将来各地会涌现出一批社会管理工作做得好、实践成功的典型市（县）来，像当年 20 世纪 80 年代搞经济建设那样，会创造出若干个社会建设、社会管理的模式来。与此同时，学术界、理论界会总结实践，写出一批社会管理的论著来，会涌现出若干个社会管理方面的专家来。

从 2004 年中央正式提出"深入研究社会管理规律"的要求，到现在还不到十年，虽然在实践和理论方面都有了很好的成绩，但要把社会管理作为一门学科来建设，还只能说是开了个头。要使社会建设真正成为一门学科，还有很多工作要做。

第一，要建构社会管理的理论体系，要确定社会管理研究的对象，确定社会管理的内涵和外延，确定社会管理研究的领域，确定社会管理研究的边界，也就是要研究社会管理规律体系。

---

① 《马克思恩格斯选集》第 4 卷，北京：人民出版社，1972 年 5 月，第 505 页。

第二，要研究形成社会管理的方式方法。社会管理，说到底是对人的管理和服务。管什么？服务什么？怎么管？怎么管好？怎么服务好？这些问题都要有明确的说法。

第三，十六届四中全会就明确提出，要"建立健全党委领导、政府负责、社会协同、公众参与的社会管理格局"。怎么具体付诸实践，在实际工作中形成这样的社会管理格局？

第四，中国传统文化源远流长，中国古代的社会思想有很多精华，虽然没有"社会建设""社会管理"这些概念，但关于社会管理领域、社会生活管理等方面的思想、理论是有的，应该加以整理和发掘，古为今用，这些可以成为社会管理学说体系的组成部分。

第五，国外并没有"社会管理"这一术语的文献，但欧美等国家是工业化、城市化、现代化社会的先行者，在他们的社会理论中有很多关于调整社会利益关系、进行社会治理、化解社会矛盾、促进社会公平、维护社会稳定等相关的研究成果，我们也可以借鉴和吸收，用他山之石，来构建中国特色的社会管理学科的体系。

要建成一门社会管理的学科，当然还有很多要做的工作，以上五条，列举出来作为说明。

三　社会管理学科将大有可为

北京师范大学首创建立社会管理研究院，专门从事社会管理方面的研究，推进社会管理学科的成长，这本身就是个创举。前面说过，社会管理是一门新兴的学科，社会管理学科适应我们国家正处于改革发展关键时期的需要。这个时期需要社会管理学科的发展，需要它凝聚和培养人才，多出研究成果，用以指导正在全国蓬勃展开的社会管理的实践和探索，使之能更好地协调社会关系，进一步规范社会行为，解决社会问题，化解社会矛盾，促进社会公正，应对社会风险，维护社会秩序，促进社会和谐稳定，为党和国家的社会主义现代化事业营造既有活力，又有秩序的社会环境。与此同时，中国特色的社会管理学科也将在这个实践中成长发展起来。

加强社会管理，等于强化管理权力吗？

——关于"提高社会管理科学化水平"的问与答[*]

问题：加强社会管理，就是要强化管理权力吗？

胡锦涛同志在"七一"重要讲话中强调，要"全面提高社会管理科学化水平"。关于加强社会管理，有的同志设想通过强化管理权力，把经济社会方面乃至社会生活方面的问题统统管起来，消除诸多矛盾，维护社会秩序。这种设想是不合理，也是不妥当的。因为我们国家已经实行了社会主义市场经济体制，经济、社会生活日益多元化、复杂化。这种体制的好处在于社会充满活力、朝气蓬勃，经济社会不断发展，问题在于社会问题、社会矛盾大量增加，这是新阶段、新特点的表现。设想用强化管理权力来抓好、管好、调控好，用权力来包打天下，是不现实的，以往的实践和改革开放以来的实践都不支持这种设想。自党的十六届四中全会提出"构建社会主义和谐社会""社会建设""社会管理"等概念、理论和政策以来，经过几年的探索和研讨，这方面的思路正在逐步完善，实践的效果也是好的。当前的重点是抓好社会管理创新，解决好影响社会和谐稳定的突出问题，使社会既充满活力，又和谐稳定。

---

[*] 本文源自《北京日报》2011年8月8日第18版《理论周刊·学习与答疑》栏目所载《加强社会管理，等于强化管理权力吗？——关于"提高社会管理科学化水平"的问与答》一文，该文为"学习'七一'重要讲话百问百答专题"的答疑部分，其中一组问题分别由几位专家作答。本文仅收录由陆学艺作答的第一个问题"加强社会管理，就是要强化管理权力吗？"——编者注

一部理论联系实际的研究力作[*]

——评《加强和创新社会管理讲座》

当前，加强和创新社会管理已成为各级党委和政府的重要任务。在此背景下，党员干部特别是领导干部加强对社会管理相关知识的学习极为必要。魏礼群主编的《加强和创新社会管理讲座》一书近日由学习出版社出版。该书从我国重要战略机遇期和社会矛盾凸显期的实际出发，从管理理念思路、体制机制、法律政策、方法手段等方面对社会管理进行了研究，读后给人以启发。

面对问题。只有对已经发生变化的国情、社情、民情有正确、科学、完整的理解，才能有针对性地发现问题、解决问题，做好社会管理和服务工作。该书紧密结合国内外形势的新变化、新特点，从全面建设小康社会、促进社会和谐、实现"十二五"时期经济社会各项目标任务出发，较为全面地论述和分析了我国当前的经济社会形势、社会结构变化、人民群众的新期待、社会矛盾和问题等，可以帮助读者充分认识加强和创新社会管理的重大意义，正确看待问题产生的根源和实质，了解加强和创新社会管理的重点任务和需要着力解决的主要问题。

把握规律。社会管理涉及社会各个方面，是一个庞大复杂的系统工程，只有深入研究和掌握社会演变的基本规律，遵循规律做工作，才能取得良好效果。该书从加强和创新社会管理的指导原则、群众工作和社会管理相结合、坚持正确的政治方向、完善社会管理格局等多个方面，研究和阐发了社会管理应当把握的基本规律、工作原则。社会管理是一项直接与群众打交道的工作，工作思路、工作方式、工作成效直接影响党群关系。该书

---

    * 本文原载于《人民日报》2011年11月1日第7版，该文系陆学艺为《加强和创新社会管理讲座》一书撰写的书评。现标题为本书编者根据评论内容修改。——编者注

结合当前群众工作中存在的突出问题，从加强和改进群众工作的途径和方法入手，提出了社会管理和群众工作相结合、全面提高对人的管理和服务水平的基本思路和工作措施。

创新方法。当前的社会矛盾和问题多数是在经济快速发展背景下产生的新矛盾、新问题。矛盾主体所属的社会阶层、社会群体及其个人的状况各不相同，客观上存在经济利益、政治态度、文化程度、思想观念等多方面的差异。因此，解决这些矛盾和问题，必须从实际出发，有针对性地创新社会管理方法。该书从正确处理人民内部矛盾、加强和完善对流动人口与特殊人群的管理和服务、完善基层社会管理和服务体系、加强公共安全体系建设、加强非公经济组织和社会组织管理、加强和改进虚拟社会管理、加强和完善思想道德建设、建立健全应急管理体系、创新社会管理体制机制、完善公共服务、加强以保障和改善民生为重点的社会建设等方面，有针对性地提出了加强和创新社会管理应当采取的方式、方法和步骤。其中既有宏观政策，又有具体措施；既有法规、原则的说明，又有具体操作方法；既有理论说明，也有案例佐证，具有较强的实践参考价值。

信访工作将在社会管理创新中大有作为[*]

    当前，我国正处于经济体制深刻变革、社会结构深刻变动、利益格局深刻调整、思想观念深刻变化的转型期，各种社会矛盾凸显。2011 年 7 月 1 日，中共中央总书记胡锦涛在庆祝中国共产党成立 90 周年大会上发表重要讲话。讲话指出："当代中国正经历着空前广泛的社会变革。这种变革在给我国发展进步带来巨大活力的同时，也必然带来这样那样的矛盾和问题。社会矛盾运动是推动社会发展的基本力量。我们要遵循社会发展规律，主动正视矛盾，妥善处理人民内部矛盾和其他社会矛盾，不断为减少和化解矛盾培植物质基础、增强精神力量、完善政策措施、强化制度保障，最大限度激发社会活力，最大限度增加和谐因素，最大限度减少不和谐因素。要加强和创新社会管理，完善党委领导、政府负责、社会协同、公众参与的社会管理格局，建设中国特色社会主义社会管理体系，全面提高社会管理科学化水平，确保人民安居乐业、社会和谐稳定。"①

    改革开放以来，在经济体制改革、经济高速发展、经济结构变化的推动下，社会结构也发生了深刻的变动。在向现代社会结构变动的过程中，我国社会也涌现出大量的社会矛盾。面对当前世情、国情的发展空前错综复杂的形势，我们需要增强使命感和紧迫感，努力推进社会建设，加强社会管理，化解社会矛盾，优化社会结构，促进经济社会协调发展。

    遵循社会发展规律，主动正视矛盾，需要以改革创新的精神践行科学发展观，认识矛盾并化解矛盾。毛泽东同志曾在《矛盾论》中指出："在复

---

    * 本文源自《信访与社会矛盾问题研究》2011 年第 1 辑（北京：中国民主法制出版社，2011 年 11 月）序二，出版时间：2011 年 11 月 30 日。该文系陆学艺为《信访与社会矛盾问题研究》集刊撰写的序。——编者注

    ① 胡锦涛：《在庆祝中国共产党成立 90 周年大会上的讲话》，《人民日报》2011 年 7 月 2 日，第 2～3 版。

杂的事物的发展过程中，有许多的矛盾存在，其中必有一种是主要的矛盾，由于它的存在和发展规定或影响着其他矛盾的存在和发展。""任何过程如果有多数矛盾存在的话，其中必定有一种是主要的，起着领导的、决定的作用，其他则处于次要和服从的地位。因此，研究任何过程，如果是存在着两个以上矛盾的复杂过程的话，就要用全力找出它的主要矛盾。捉住了这个主要矛盾，一切问题就迎刃而解了。"①

面对现阶段涌现出来的量大面广的社会矛盾和社会问题，第一要弄清楚都是些什么矛盾和问题；第二要弄清楚其中哪些是主要矛盾和矛盾的主要方面；第三要提出解决这些主要矛盾和矛盾的主要方面的方法与策略。

应该从哪些途径来洞察社会矛盾的发生发展和变化呢？渠道当然是多方面的，而信访是当下我们了解社会矛盾的一条有效渠道。信访，是对群众来信来访的简称。具体而言，信访是指公民、法人或者其他组织采用书信、电子邮件、传真、电话、走访等形式，向各级人民政府、县级以上人民政府工作部门反映情况，提出建议、意见或者投诉请求，依法由有关行政机关处理的活动。

信访制度是具有中国特色的社会主义制度体系中体现民主、反映民意、救济权利的一种特殊制度。一方面，信访工作是党和政府密切联系群众的桥梁和纽带，也是各级党委政府自觉接受群众监督的重要途径；另一方面，信访制度既是一种民意表达机制，也是一种民情汇总机制。信访渠道可以折射出政府部门的决策是否科学、政策制定是否完善、政府官员是否依法行政。从和谐社会建设的高度审视信访工作，可以肯定，在改革开放的新时期，信访工作是探索如何加强社会建设、创新社会管理的重要领域。

具体而言，作为一种民意表达机制，我国的信访制度对保障信访渠道畅通进行了明确规定。我国2005年5月1日施行修订的《信访条例》第九条规定："各级人民政府、县级以上人民政府工作部门应当向社会公布信访工作机构的通信地址、电子信箱、投诉电话、信访接待的时间和地点、查询信访事项处理进展及结果的方式等相关事项。"② 由此可见，信访是一个相对开放的民意表达机制，便于人民群众向政府反映问题和诉求。

作为一种民情汇总机制，我国信访制度具有汇总和收集民情、民意的

---

① 《毛泽东选集》第1卷，北京：人民出版社，1991年6月，第320、第322页。

② 国务院法制办公室编《最新领导干部依法行政常用法律法规手册》，北京：中国法制出版社，2011年6月，第408页。

功能。我国 2005 年的《信访条例》第二十九条规定："信访人反映的情况，提出的建议、意见，有利于行政机关改进工作、促进国民经济和社会发展的，有关行政机关应当认真研究论证并积极采纳。"① 一些地方性信访条例对此也有相应的规定。例如，北京市 2006 年 9 月修订的《信访条例》对信访制度汇集民情、分析研究的功能做出了更为具体的表述。该条例第七条规定："国家机关应当将通过信访渠道收集的信息纳入决策评价体系，科学、民主决策，依法履行职责，从源头上预防、化解导致信访事项的社会矛盾和纠纷。"该条例的第十九条规定了信访工作机构应履行的职责，其中就包括"研究、分析信访情况，开展调查研究，及时向有关国家机关提出完善政策和改进工作的建议"。② 从信访事项中，决策机构可以发现一些带有普遍性的问题。如果发现最近一段时间反映某一方面问题的信访量急剧增加，就可做出大致判断，这类问题已经在地方上成为一个突出问题或潜在的矛盾隐患。

将信访情况汇总起来，进行科学的分类和比较，就可以将其作为发现当前社会矛盾总体情况的一个方面的依据。把汇总的这些情况和分析结论提供给相关决策机构，就可为制度化地解决信访问题、化解社会矛盾提供决策参考。

作为首都，北京的信访工作具有很强的政治效应、辐射效应和示范效应。面对新形势和新任务，需要充分认识当前信访形势的严峻性和复杂性，充分认识探索信访规律的重要性和紧迫性，努力推动新时期的信访工作实现战略性转变。

2009 年 11 月 25 日，经市委、市政府批准，北京市信访办在全国率先成立北京市信访矛盾分析研究中心（以下简称"中心"）。中心为中共北京市委、北京市人民政府信访办公室直属事业单位，是全国信访系统中第一个分析和研究通过信访渠道反映出来的社会矛盾和社会问题的专门机构，也是北京市党政机关中唯一利用信访资源从事社会矛盾和社会问题研究的专门机构。

我认为，这家研究中心的成立是一个创举，是一个适应形势需要而做出的重要决定。成立伊始，中心就有着明确的定位，即依托大量翔实的信

---

① 国务院法制办公室编《最新领导干部依法行政常用法律法规手册》，北京：中国法制出版社，2011 年 6 月，第 412 页。

② 法规应用研究中心编《信访条例一本通》，北京：中国法制出版社，2011 年 8 月，第 229、第 231 页。

访数据和资料，汇总情况，分析矛盾，研究问题，查找原因，总结规律，找准对策，还开展了对信访基础理论、信访态势和信访风险评估等重点议题的系列研究，并针对社会热点问题开展快速调查，对信访矛盾和社会问题进行深层次的分析研判，为北京市委市政府的科学决策、推动和谐社会建设提供科学依据。

中心尤其重视对信访工作的理论研究。成立两年来，中心积极与国内高等院校、科研院所和知名专业咨询研究机构结成合作伙伴关系，通过合作调研、共做课题、召开专题研讨会和论坛等形式，共同致力于信访矛盾和社会问题的分析研究。成立两年来，中心开展了一系列课题研究，坚持立足全局、服务政府决策，为我国矛盾和社会问题的化解，提供了崭新的思路和视角。

为了传播有关信访研究的丰硕成果，中心决定出版"信访与社会矛盾问题研究"集刊，这是我国第一本从信访角度研究社会矛盾和社会问题的集刊。集刊将紧扣"信访与社会矛盾问题"这一研究主题，反映学术界和信访工作者丰富、多元、具有创新意义的理论发现和研究探索。

《信访与社会矛盾问题研究》集刊将以"研究社会矛盾，创新工作思路"为宗旨，紧紧围绕信访领域反映出的社会矛盾和社会问题，综合运用社会学、政治学、法学等社会科学的理论视角和研究方法，深度剖析社会问题产生的深层原因，为各级党委和政府提供更具针对性和建设性的决策参考。同时，我们也相信，该集刊的出版将极大地带动基层信访工作和研究的顺利开展。作为全国信访系统第一本专业性理论出版物，集刊的出版，意义十分重大。她既是信访工作者自觉探索社会矛盾问题规律的具体体现，也是信访工作者积极参与社会建设和社会管理、推动社会建设和社会管理创新的重要标志。她构建了一个理论与实践交流的平台，使不同领域的专家学者、社会实务工作者有机会交流、切磋、争论，用实践深化理论，用理论指导实践，不断提高我国社会建设和社会管理的科学化水平。

我认为，在改革开放的新时期，信访工作将在社会建设和社会管理创新中大有作为。我国的许多社会矛盾和社会问题都会在信访领域中有所呈现。主动正视矛盾，理性、客观、自觉地分析信访矛盾，探索信访规律，可以为我国社会建设和社会管理创新拓展新的思路，注入新的活力。

推动社会建设事业，任重而道远。我们相信并期待，《信访与社会矛盾问题研究》集刊将成为推动我国社会建设和社会管理创新，实现社会稳定、社会进步与繁荣的重要见证！

加强城市社会建设和社会管理刻不容缓

——访著名社会学家陆学艺教授*

记者：陆先生，目前我国正处于社会结构的重大变革时期，您近年来十分关注社会结构的研究，请介绍一下您的研究脉络和研究发现好吗？

陆学艺：我们的研究是从社会阶层结构研究开始的。这个研究从 1999 年初开始，共做了三年，参与调研的工作人员有几百人，我们完成了 8 个县市、2 个大型国企、一个乡村社区和一个大学社区的抽样问卷调查、入户访谈，收集了一万多份问卷和近千份访谈记录资料，最后形成了《当代中国社会阶层研究报告》。

在这个报告里，我们提出了以职业分类为基础、以三类资源（组织资源、经济资源、文化资源）占有状况为标准的社会阶层划分方法。根据分析，我们将当今中国的社会群体划分为十个社会阶层，分别是国家与社会管理者、经理人员、私营企业主、专业技术人员、办事人员、个体工商户、商业服务业员工、产业工人、农业劳动者、城乡无业失业半失业者阶层。这十个阶层分成上层、中上层、中中层、中下层和底层五种社会经济地位。由于这种社会阶层划分方法建立在大量调研数据的基础上，与多数群众的基本看法一致，因此有一定的说服力，也在学界引起相当反响。

我们的第二个研究成果是《当代中国社会流动》。我们在大量调查的基础上，梳理了我国 1949 年后的五次大的社会流动，分析了十大社会阶层的来源和流向，以及未来演化趋势，并提出了改革和调整中国社会流动机制的政策建议。这个研究历时两年半。

---

* 本文原载《国家行政学院学报》2011 年第 6 期，发表时间：2011 年 12 月 20 日。该文系该刊特邀记者专访陆学艺的访谈录。该文还收录于论文集《社会建设论》（陆学艺著，北京：社会科学文献出版社，2012 年 3 月），收录时题目改为《关于城市社会管理的几个问题》，内容有删改。——编者注

从 2006 年起，我们开始关心更为复杂的当代中国社会结构研究。该课题研究和写作花费 4 年多时间，直到 2010 年才出版《当代中国社会结构》一书。

记者：这本书研究分析了社会结构的十个方面，可以说是对当代中国的全景式框架描述和脉络扫描。

陆学艺：对。社会结构是社会学研究的核心问题，既是社会静态分析的终点，又是动态分析的起点。19 世纪著名的法国社会学家迪尔凯姆曾说："对社会结构的分析是理解一切社会现象的出发点。"[1]

根据我们的研究，我国社会结构调整大大滞后于经济结构变化，目前，中国经济结构已经达到工业化社会中期阶段，而社会结构还处于工业化社会初期阶段。这是引发诸多社会问题和矛盾的重要根源。

记者：你们的研究分析了我国城乡结构的现状和城市化未来趋势，并认为这是中国发展的"几千年未有之变局"。

陆学艺：改革开放以来，我国的经济建设持续、稳定、快速发展，经济总量跃居世界第二。在三次产业中，第二产业占 46.8%。[2] 中国已是制造业大国、世界工厂，经济已进入工业化社会的中期阶段，可以说已经实现了工业化。

随着工业化的发展，中国的城市化发展也很快。1979 年中国的城镇人口只有 1.85 亿人，城市化率为 18.96%。2000 年，城镇人口为 4.59 亿人，城市化率为 36.2%。进入新世纪后，中国的城市化发展速度大大加快。根据第六次全国人口普查数据，2010 年我国城镇人口达到 66557 万人，十年间城镇人口每年递增 2065 万人，城市化率每年递增 3.7 个百分点，2010 年城市化率达到 49.7%。[3]

可以肯定地说，2011 年我国的城市化率一定会超过 50%，到达了城镇人口超过农村人口的转折点，从此，中国由农村社会转变为城镇社会，真正实现了"几千年未有的大变局"，实现了中国社会结构的大变迁。

记者：那么，如何判断我国未来城市化的发展趋势？

陆学艺：从世界发达国家的经验看，越过 50% 的转折点后，城市化还将高速发展。1945 年二战结束时，欧洲的城市化率就是 50%，50 年后，城

①　参见陆学艺编《当代中国社会结构》，北京：社会科学文献出版社，2010 年 1 月，第 9 页。
②　国家统计局编《中国统计年鉴 2011》，北京：中国统计出版社，2011 年 9 月，第 45 页。
③　国家统计局编《中国统计年鉴 2011》，北京：中国统计出版社，2011 年 9 月，第 93、96 页。

市化率达到 90% 以上。如果没有战争、特大天灾侵扰,中国经济持续发展,2040 年中国的城市化率将达到 70% 以上。中国将真正成为实现工业化、城市化的现代社会。如何实现好城市化,是中国今后几十年的大事,也是世界的大事。

记者: 难怪诺贝尔经济学奖获得者、美国著名经济学家斯蒂格利茨在 21 世纪之初曾经说过,21 世纪人类最大的两件事情,一个是高科技带来的产业革命,另一个就是中国的城市化。但是,从人们的日常感受来看,城市化是一把双刃剑,既带来经济的繁荣,也带来大量社会问题。

陆学艺: 由于各种原因,中国的城市化发展道路很曲折。在 1959~1961 年的"三年困难时期"之后,就把城门关了,严格限制农民转为城市居民。直到 1998 年,才提出"小城镇,大战略"设想,让农民进到小城镇和中小城市,但城门一开,大量人口涌向大城市。正如前述,十多年工夫,每年增加 2000 多万人。现在中国的城镇常住人口超过 6.7 亿人,比欧盟 27 国的总人口还多,是美国总人口的两倍多。

2 亿多农村人口在很短的时间内涌到城里来,一方面,为国家创造了巨大的财富,大大推进了二、三产业的发展,这是中国经济突飞猛进的主要原因之一;另一方面,城市病、特大城市病也集中爆发了,这给城市社会管理提出了很大的挑战。大家都能看到,这些年社会矛盾、社会冲突、社会问题突出了,看病难、上学难、住房难呼声高涨,交通堵塞、资源紧张、环境污染,城乡差别、行业差别扩大,贫富差距扩大,诈骗盗窃增加、社会治安恶化,行贿受贿、贪污腐败、大案要案、刑事犯罪案件大量增加,上访上告、群体性事件频发,劳资关系、干群关系、党群关系相当紧张。

记者: 因为城市化快速发展带来了大量社会问题,所以有一些人提出城市化步伐应该放缓,还有人提出要分析要不要继续搞城市化,甚至有人提出"逆城市化"的思路,要清退一部分进城农民回到农村去。

陆学艺: 面对经济报喜、社会报忧、城市病集中爆发的现状,社会各界有各种不同的评论是正常的。但是应当看到,这些都是我国经济社会高速发展中出现的正常现象,出现一些问题在所难免,应当通过继续深化改革和转变发展方式逐步解决。

中国已经实现了工业化,这是多年来许多仁人志士梦寐以求的理想。中国也一定要实现城市化,这是符合历史潮流、符合社会发展规律的,世界上还没有哪个现代化国家是建立在农村社会基础上的。我们好不容易达到了城市化率 50% 的水平,岂有倒退回去的道理。

我国城市化的高速发展，只是进入工业化中期后社会发展加速的产物，实际上只是弥补了过去几十年严格限制农民进城造成的城市化严重滞后于工业化的不足，带有还账的性质，现在达到的50%的城市化率，是符合经济达到工业化社会中期阶段的水平的，是符合经济社会协调发展要求的，是纠正"经济一条腿长，社会一条腿短"的一个重要方面。这些年城市化高速发展，应该说也是我国经济社会发展取得辉煌成就的重要方面，这是毋庸置疑的。

当然，我们也要高度重视目前快速城市化带来的种种负面现象，包括各种社会矛盾、社会冲突和社会问题。客观地说，所有实现现代化的发达国家，在工业化、城市化过程中，这些问题都是发生或存在过的。几经反复，他们逐渐解决了这些问题，才发展为现代化国家。我们是后来者，我们也会遇到这些问题，也一定能解决这些问题。

记者： 所以，在城市化快速发展的同时，特别是今年①我国城市化率超过50%的临界点后，加强城市社会管理是十分必要的。

陆学艺： 对。十六大以来，党和政府在大规模进行经济建设的同时，很重视研究和解决社会矛盾和社会问题。十六届三中全会提出要贯彻落实科学发展观，其中就有经济社会协调发展的内涵；十六届四中全会提出构建社会主义和谐社会的战略思想，提出要加强社会建设和社会管理，就是要解决好这些问题。这些年来，我们出台了很多社会政策，制定了相应的法规和法律，大量增加人力、物力、财力的投入，目的就是要解决这些问题，治理和遏制城市病的产生和蔓延，而且取得了一定成效。我们相信，这些问题通过正在大力开展的社会建设和社会管理是可以解决的。

从我国社会主义现代化事业长远发展的前景来看，随着经济持续、平稳、较快增长，我国的城市化也一定会持续较快发展，这是不可阻挡的。所以，今后我国的社会建设和社会管理任务是很重要、很艰巨的，既要解决好目前已经产生的社会矛盾、社会冲突和社会问题，又要解决好可能产生的新问题。

记者： 众所周知，根据变化的新形势，党中央非常及时地提出来，在新的历史时期，要加快以保障和改善民生为重点的社会建设，其主要内涵是什么？

陆学艺： 中国的革命与建设是分阶段推进的。在不同的发展阶段，形

---

① 指2011年。——编者注

势变了，就要采取不同的战略和策略。这是我们的基本经验。根据形势的
变化，十七大通过的《中国共产党章程（修正案）》将社会建设同经济建
设、政治建设、文化建设并列，作为中国特色社会主义事业总体布局的重
要组成部分。这体现了我们对社会发展规律、党的执政规律的认识深化和
提高，具有极为重要的现实意义。

在现阶段，社会建设主要有以下几个方面的任务。一是全面发展包括
劳动就业、收入分配、社会保障、住房等民生事业和科研、教育、卫生、
文化、体育在内的社会事业。搞好社会事业、改善民生，就是让全体社会
成员，共享改革发展的成果，这是建设和谐社会的基础性任务。二是加强
社会体制和社会规范的改革与完善。在社会体制方面，就当前来说，应该
建设好中央和地方的体制、城市和乡村的体制、劳动就业体制、收入分配
体制、社会流动体制、社会各阶层利益关系协调体制等。新体制要有新的
社会规范。要建设与工业文明、城市文明相适应的社会规范，建设适应新
社会的伦理道德规范，保持和发扬农业文明中一些具有普遍意义的优秀传
统规范，形成新的中华文明。三是加强和创新社会管理，促进社会安全体
制建设。完善社会管理，保证社会正常有序，维护社会稳定，是构建社会
主义和谐社会的必然要求。要创新社会管理体制，整合社会管理资源，提
高社会管理水平。四是加快调整社会结构。一个国家或地区，最主要和最
基础的是经济结构和社会结构，这两个结构一定要协调，相辅相成。社会
结构的核心是社会阶层结构。社会阶层结构的标志性指标是中等收入者阶
层的比重。2008 年，我国的中等收入者阶层的人数只占总就业人员的 23%，
离现代化国家应有的"两头小、中间大"的橄榄型社会阶层结构还有很大
距离。

记者： 那么，如何理解社会建设和社会管理的关系呢？

陆学艺： 社会管理是社会建设的重要内容，是社会建设的一个组成部
分。另外，我认为，鉴于社会建设的重要性，特别是目前我国社会建设工
作的繁重性，应当考虑将社会建设放在中国特色社会主义事业"四位一位"
的总体布局中的第二位，并通过建立统筹协调性的领导机构、加快顶层设
计、加强人力物力财力配备、形成机制化议事程序等方式，大力加以推进。

记者： 就城市社会管理的视角来看，目前应当做好的重点工作是什么呢？

陆学艺： 目前亟须办好三件大事。一是科学规划构建现代城市社会管
理的框架。二是改革现行的农民工体制，破解城市内部二元结构的难题。
三是加强建设健全的基本公共服务体系。

记者：科学规划现代城市社会管理框架的原因是什么？规划的落脚点是什么？

陆学艺：近年来，我们在四川成都、江苏太仓、福建晋江等地进行了大量的社会建设、社会管理调查研究。我们发现，现行的城市社会管理体系和资源配置方式已经很不适应城市发展的需要。

比如，1998 年，中国有 41608 万城镇人口，城市化率为 33.4%。当年有各类城市 664 个、市辖区 737 个、街道办事处 5732 个。2010 年，我国城镇人口达到 66557 万人，城市率为 49.7%，有各类城市 653 个、市辖区 853 个、街道办事处 6923 个。① 12 年间，城镇人口增加 24949 万人，但城市社会管理机构的相应变动并不大，城市数量还减少了，平均每个街道办事处原来管理 7.26 万人，2010 年平均每个街道管理 9.61 万人。东南沿海诸省市有不少街道要管理十几万人、几十万人，管理百万人以上的街道也有几个。城市的街道相当于农村的乡镇，但其是政府派出的办事机构，只有几十个公职人员，怎么能管理得过来？怎么能提供好的服务？街道下面的社区自治组织，一个社区有几千人，甚至有几万人，怎么能自治得好！城市基层组织管理服务对象如此膨胀，难以管理，这也是中国目前社会矛盾多发、频发的主要原因。

另外，未来我国的城市化还会继续发展，还会有数以千万计的农民进到城里来。所以，我们应当科学规划、合理设置，建设好城市、区、街道、社区的管理架构，搭建好基层社会治理平台，把新进来的居民组织好、安排好、服务好，并使其和老市民融合好，使新老市民都能安居乐业、和谐相处，共建美好家园。这是做好城市社会管理的基础，也是一项重要的基础建设，一定要首先建好。

记者：城市内部二元结构是一个新的概念，它要表达的内容是什么？

陆学艺：所谓城市内部二元结构问题，主要是农民工体制问题。根据有关部门统计，2010 年全国城镇职工 3.35 亿人，是全世界最大的一支工人阶级队伍。其中，离土又离乡的农民工 1.55 亿人，占总数的 46%。农民工已进入工厂、矿山、商店、机关、学校、医院等各个单位，有些行业、企业中，农民工占到 70%~80%。

在改革开放过程中，农民工为中国现代化建设做出了彪炳史册的巨大

---

① 国家统计局编《中国统计年鉴 2011》，北京：中国统计出版社，2011 年 9 月，第 3、93、96 页。

贡献。但在现行体制下，他们与其他劳动者同工不同酬、同工不同权。在就业单位，他们是另类职工；在城市，他们是边缘群体。他们不能公正地享受到改革发展的成果，有的还受到歧视或利益剥夺。这种不合理、不公平、不公正的状况，特别是对于当下以 80 后、90 后为主体的农民工群体来说，已经无法像第一代农民工那样忍耐下去，必然产生诸多矛盾和问题。这是目前劳资纠纷、群体事件、社会治安、刑事犯罪多发频发的根源。为此，应该尽快将解决农民工问题提到重要的议事日程上来。农民工体制不改革好，城市无宁日，国家无宁日。

具体解决思路，就是要进行社会体制改革，破解城市内部二元结构。这就需要超越目前解决农民工就业、住房、劳动保护等小恩小惠式解决问题的理念，从根本上破解现行的农民工体制。要把农民工分期分批逐步转化为正式工人，转化为城市居民，实现城市内部的一体化。这是一项事关全局的重大体制改革。从解决路径上看，事先要做好调查研究，弄清农民工的人数、分布、生产生活状况等各种问题，了解农民工的意愿、希望和要求，在摸清底数的基础上，实事求是地提出解决农民工问题的整体方案、具体政策和实施步骤。

记者：加强基本公共服务体系建设，是近年来党和政府的重点工作，它和加强城市社会管理是什么关系？

陆学艺：履行公共服务职责是现代社会中政府的一项重要职能。为此，要把就业、收入分配、社会保障、公共教育、医疗卫生、住房、交通等保障和改善民生的各项事业办好，推进基本公共服务均等化，使这种广义的社会福利惠及每个城乡居民。

城市社会和农村社会不同。农村社会的生产方式是一家一户的小农经济，生活方式也是一家一户的，但他有家族、宗族、血缘关系的亲族和邻里相助以及村落组织体系的支撑，形成了传统农业社会的生产、生活运行体系。城市社会则不同，生产方式是专业分工越来越细的社会化大生产，生活和生产不在同一个空间，居民个人特别是新来居民进到一个城市举目无亲，如何就业、如何生活，都会遇到困难。如果得不到及时救助，就可能产生社会问题。所以，一定要有政府、社会组织来帮助。现代社会的政府，一定要建立公共服务体系，帮助居民解决生活中的难题。

经过这些年的努力，我国基本公共服务体系已经逐步建立起来，但还需要完善，服务的范围需要扩大，服务的标准需要提高。其中最关键的是要建立现代公共财政体制，使各项公共服务有财力保证。同时，要建设好中央和地方的公共服务管理体制。

记者：您提的三条城市社会管理的建议很有针对性。但城市社会管理千头万绪，工作任务繁杂，如何能够形成机制化的长效推进方式呢？

陆学艺：我建议每年召开一次城市工作会议。改革开放以来，我们形成了每年开一次全国农村工作会议的传统，效果很好，推进了农村的改革和发展。

现在城市化快速发展，半数以上的居民生活在城里，城市工作千头万绪，很多都是新的，有的地方做得很好，有的还在摸索。每年开个会，总结各地、各方面的工作和经验，及时发现和分析新问题、新矛盾，部署下一年、下一阶段的工作任务和工作重点，是很有必要的。

一套为推动信访工作高层次专业人才培养而编写的好教材[*]

中国改革开放 30 多年来，坚持以经济建设为中心，艰苦奋斗、几经曲折，终于基本实现了经济现代化。近年来有关我国经济发展的宏观数据表明，我国的经济结构已经达到了工业社会中期阶段水平。与此同时，我国的社会建设也取得了很大的成就，社会结构发生了深刻的变化。但是，与经济发展相比较，我国的社会建设还相对落后。国内、国外的经验和教训充分说明，经济结构不能孤军独进，社会结构可以稍后于经济结构的变动，但这种滞后有一个合理的限度，超过了这个限度，如果长期滞后，就会影响经济社会的协调发展，影响经济的持续发展，阻碍经济结构持续优化。因此，目前摆在我们面前的首要任务不仅是要促进经济长期、平稳、较快发展，还要兼顾社会的发展与建设。在目前经济快速发展的阶段，重视社会体制改革和社会政策调整，加强社会建设和管理，以此来促进经济社会协调发展，促进社会和谐稳定，使我国顺利进入现代化国家行列，已成为我们的一项紧迫任务。

信访工作是我们党和政府联系群众的桥梁和纽带，是社会建设和社会管理的组成部分，也是我们洞察当前我国社会矛盾复杂变化的一个主要渠道和窗口。

信访制度是在我国革命和建设进程中逐步形成的一项群众工作制度，是国家进行政治、经济和社会管理的重要手段之一，也是公民参与社会治理的一种基本方式。在新的历史时期，信访制度具有多方面的功能：第一，

---

　　* 本文源自《中国信访史研究》（张宗林主编，北京：中国民主法制出版社，2012 年 8 月），第 1~4 页。原稿写于 2012 年 8 月 10 日，系陆学艺为"信访与社会矛盾冲突管理研究生系列教材"作的总序，现标题为本书编者根据总序的内容拟定。——编者注

信访制度有利于密切党和政府与人民群众的血肉联系，有利于发扬"从群众中来，到群众中去"的优良传统；第二，信访制度具有政治、经济和社会信息的汇集功能，是送上门来的"情报"；第三，信访制度具有保障人民群众权利表达和权利救济的功能，第四，信访制度是人民群众的政治参与和监督、纠错机制。

党的十六大以来，信访工作的定位得到进一步明确，即信访工作是党和政府的一项重要工作，是构建社会主义和和谐社会的基础性、重点性工作，是社会建设和社会管理贯穿始终的工作。通过信访工作实践，可以研究当前我国社会转型时期经济、政治、文化、社会等各个方面的形势和存在的问题，为加强社会建设、创新社会管理提供调查政策、改进工作的依据，从而做到多谋民生之利、多解民生之忧，解决好人民最关心、最直接、最现实的利益问题，使改革发展成果更多、更公平地惠及全体人民。

近几年来，北京市信访工作不断创新工作理念，改变传统思维模式，改革传统的工作模式，推动信访工作从过去表层汇总型信访向深层剖析型信访转变，从过去实务操作型信访向理论研究型信访转变，从过去参与保障型信访向决策型信访转变，使首都信访工作发生了重大变化，走在了全国前列。

2009年11月25日，经市委、市政府批准，北京市信访办在全国率先成立北京市信访矛盾分析研究中心。研究中心为中共北京市委、北京市信访办直属事业单位，是全国信访系统中第一个分析和研究通过信访渠道反映出来的社会矛盾和社会问题的专门机构，也是北京市党政机关中唯一利用信访资源从事社会矛盾和社会问题研究的专门机构。我认为，这家研究中心的成立是一个创举，是北京市委、市政府适应新形势需要而做出的一项重要决定。

研究中心成立之后，一方面开展对信访基础理论、信访态势和信访风险评估等重点议题的系列研究，已经有多项成果，产生了良好的社会影响；另一方面，还致力于信访专业人才队伍的培养。

在推动信访工作实现专业化的过程中，信访专业人才的培养尤为关键。加强新时期信访工作人才队伍的建设和培养，是做好新时期信访与社会管理创新工作的重要前提。十六届六中全会通过的《中共中央关于构建社会主义和谐社会若干重大问题的决定》（以下简称《决定》）中有一节提出要"建设宏大的社会工作人才队伍。造就一支结构合理、素质优良的社会工作人才队伍，是构建社会主义和谐社会的迫切需要"。有关方面计算过，如按工业化国家每千人有 1.5～2.0 个社会工作人员计算，中国需要 200 万～270 万社会工作者。这还只是就社会建设和社会管理等几个专门领域说的，如果按十六届六中全会《决定》中讲到的"坚持正确的用人导向，选好配强领导班子，注重培养选拔熟悉社会建设和管理的优秀干部"的要求，缺的社会工作人才就更多了。《决定》还明确指出要"加强专业培训，提高社会工作人员职业素质和专业水平。制定人才培养规划，加快高等院校社会工作人才培养体系建设，抓紧培养大批社会工作急需的各类专门人才。充实公共服务和社会管理部门，配备社会工作专门人员，完善社会工作岗位设置，通过多种渠道吸纳社会工作人才，提高专业化社会服务水平"。①

遵照十六届六中全会《决定》的精神，也结合信访工作急需专门人才的迫切要求，2011 年末，中共北京市委、北京市人民政府信访办公室和北京城市学院研究协商决定，将在北京城市学院开设"信访与社会矛盾冲突管理"研究生班。该研究生班是由国务院学位委员会审定的全国首个信访研究生班，通过全国硕士研究生统一入学考试录取考生。"信访与社会矛盾冲突管理"研究生班的设立是当前加强和创新社会管理工作的重要举措，必将有力推动信访工作向专业化方向迈进，为信访工作培养专业化人才，为提高广大信访干部的能力素质、提升信访工作的质量、更好地研究和化解社会矛盾发挥积极作用。

为了满足"信访与社会矛盾冲突管理"研究生班课程设置的需要，中共北京市委、北京市人民政府信访办公室，北京市信访矛盾分析研究中心和北京城市学院共同约请了社会学、法学、政治学、历史学等方面的专家学者和教学研究人员，共用编写了一套"信访与社会矛盾冲管理研究生系列教材"，具体包括《信访学概论》、《高级信访工作实务》、《中国信访史研究》、《冲突与危机管理》和《信访法制》（上、下）。

信访学是一门实践性很强的学科，必须紧跟信访实践的发展，及时回应信访工作实践层面提出的问题，这正是信访学研究的现实意义。本套教材一方面提供对信访研究的全方位认识，另一方面还与当前新的社会形势相结合，对信访工作进行更深层次的理论探讨，富有强烈的时代特征。相信这套教材对推动信访专业人才队伍培养，实现新时期信访工作科学化、学科化、专业化发展，将发挥重要的指导作用。

---

① 《中共中央关于构建社会主义和谐社会若干重大问题的决定》，北京：人民出版社，2006 年 10 月，第 36、38 页。

信访学科是一门新建的学科，但她是一门适应当今中国经济社会发展需要的学科，是适应我国构建社会主义和谐社会需要应运而生的一门学科。编写的这套"信访与社会矛盾冲突管理研究主系列教材"是创建信访学科的一个重要组成部分。经过各方面的共同努力、辛勤劳动，现在终于出版了，可喜可贺！"凡事开头难"，新编写的这一套教材，肯定还有许多不完善之处，希望各方读者不吝赐教，提出宝贵意见，使这套教材逐步臻于完善。有人说"草鞋没样，越打越像"，随着社会的发展，随着信访工作实践和理论的深入开展，随着信访学科的教学和研究质量不断提高，这套教材一定会逐步完善，越编越好，为新创建的信访学科的成长、发展做出应有的贡献。

前馈控制：人类有史以来的梦想[*]

——《社会管理的前馈控制》评介

前馈控制是现代控制论中的一个科学术语，意思就是超前控制。古代虽没有前馈控制这样一个术语，但其实自从人猿相揖别，人类就梦想着能够对未来进行前馈控制。因此早在5000年前人类就发明了"龟卜"，在3000年前发明了"蓍筮"以及后来的"占星术""周易八卦"等名目繁多的预测术。其目的只有一个，那就是通过预测和预警，实现对未来的前馈控制。所以，前馈控制的梦想如影随形地伴随着人类一路走来，直到今天在现代科学技术的支持下焕发出更加诱人的绚丽色彩。

阎耀军同志可谓对人类这一梦想的矢志不渝的追梦人。6年前阎耀军将《社会预测学基本原理》和《现代实证性社会预警》两本书送给我。我写了书评给予肯定，但同时非常郑重地给他提了一个建议：希望他再向前走一步，即研究社会领域的"预控"问题。因为我觉得预测和预警的目的不是为了满足人们的好奇心，而是为了控制好我们的社会，使社会能够趋利避害、良性运行。如果说我们在经济领域的预测、预警和预控做得还比较好，那么在社会领域则不尽如人意。所以我希望作者能够把他的研究再向前推进一步。阎耀军同志欣然接受了这个建议并付诸实施，几年时间过去，一部《社会管理的前馈控制》书稿摆在我面前，算是对我这个建议的回应。

我认为作者这本书是非常值得肯定的。首先，这本书探讨了一个具有非常重要理论价值和应用价值的问题。众所周知，自20世纪德国社会学家乌尔里希·贝克（Ulrich Beck）提出风险社会理论以来，研究风险的学者日

---

[*] 本文源自《社会管理的前馈控制》（阎耀军著，北京：社会科学文献出版社，2013年6月）一书的卷首语，第1~5页"卷首语"。原稿写于2013年3月，系陆学艺为该书撰写的评介。该文还发表在《理论与现代化》2013年第5期（2013年9月20日）上。二者均在陆学艺先生去世后发表。——编者注

渐增多，而研究如何控制风险的学者却鲜见。从我国的情况来看，随着经济与科技的迅速发展，我国也进入了社会风险高发期，人们对单纯依靠传统反馈控制的方式来进行社会管理，已经越来越力不从心。所以如何加强对社会风险的预测、预警和预控，对潜在的社会风险实施前馈控制管理，是当前社会管理面临的重大问题。作者在他的研究中率先提出在社会管理系统中引入前馈控制机制的观点，并进行了深入系统的理论研究。作者不仅通过前馈控制和反馈控制的比较，揭示了前馈控制在当代社会管理中日益重要的优势和意义，而且系统总结了中国古代和西方近现代以来的"前馈控制"思想和方法，并提出了自己设计的一种适用于社会快速发展状态的前馈控制管理方法和技术——现代社会管理前馈控制的一般模式，以及适用于若干领域的前馈控制操作模式和计算机应用软件。

其次，我们还应当充分肯定作者理论联系实际的学风和跨学科联合攻关的科研方式。社会管理的前馈控制不仅仅是一个理论问题，更是一个极其复杂的实践问题，光靠我们这些搞文科的人是不够的。因为现在是信息社会和网络时代，要想在瞬息万变的社会运行中实现前馈控制，离开了现代科技手段是万万不行的。作者利用在天津工业大学工作的独特优势，与管理工程学科、数学和统计学科、计算机与信息学科的学者们一道，并与政府社会管理部门合作，开发了中国民族关系监测预警信息管理系统、信访问题监测预警信息管理系统、犯罪预测时空定位信息管理系统等多种前馈控制管理工具，投入实际运行得到好评，其中一些软件还获得国家知识产权局认定的软件著作权。从中我们得到的启示是：我国目前教育和科研体制上的文理分开，不仅不应成为科研工作中文理分开的理由，而且在某种意义上应成为文理互补的必需。

最后，应当充分肯定作者提出的大胆设想。作者在深入分析我国社会管理体制"重应急、轻预警"的弊端和造成这一弊端的诸多相互纠结的原因之后，指出防御的根本路径在于实现预测、预警和预控的科学化。在这一认识的基础上，作者借鉴西方发达国家在经济领域研发"政策模拟器"和军事领域搞"作战模拟"的成功经验，大胆提出在社会管理领域开发"社会风险模拟器"的设想。我认为这一设想不仅具有很高的科技含量，而且体现了社会管理要跟上科技进步潮流的大趋势。更重要的是，倘若"社会风险模拟器"真能研发成功，对我国的社会管理将具有重大的应用价值。

当然，由于阎耀军同志的这项研究是拓荒性的，因而其研究也仅仅是初步的，就建立完整的社会风险前馈控制管理系来说，这一研究还处于初级阶段，仅仅是开了个头，还有很长的路要走。因此，我想借此机会呼吁大家都来重视这一方面的研究。其实我们的老祖宗历来就有重视前馈控制的思想，2500 年前老子就说过要"为之于未有，治之于未乱"①。而我们的社会学更不乏重视对社会进行前馈控制的思想传统。孔德（Auguste Comte）就认为社会学的理论目标是发现社会的规律，预测社会现象的发生。应用目标则是将所得到的预测现象发生的原则应用于社会，指导社会活动。② 这里面就蕴含着前馈控制的思想。马克思分析资本主义不能克服周期性经济危机的症结正是在于"对生产自始就不存在有意识的社会调节"③，这是从社会机制上讲前馈控制；《毛泽东选集》第一篇《中国社会各阶级的分析》把应该依靠谁、团结谁、支持谁、反对谁作为革命的首要问题。这是从社会结构分层上讲前馈控制；邓小平说"我们过去发生的各种错误，固然与某些领导人的思想、作风有关，但是组织制度、工作制度方面的问题更重要。这些方面的制度好可以使坏人无法任意横行，制度不好可以使好人无法充分做好事，甚至会走向反面。""不是说个人没有责任，而是说领导制度、组织制度问题更带有根本性、全局性、稳定性和长期性。这种制度问题，关系到党和国家是否改变颜色，必须引起全党的高度重视。"④ 这是从制度安排角度讲前馈控制。既然都意识到前馈控制的重要性，那么就需要大家共同来做好这件事。作者在书中的第五章对实现社会管理前馈控制的困难性进行了详细而深刻的分析，进而在第六章提出从开发"社会风险模拟器"入手来实现预测、预警、预控科学化的大胆设想。当然，这件事情非常难做，但是难做不等于不能做。国外能够把风险模拟应用于经济领域和军事领域，我们为什么不能将其应用于社会管理领域?!

　　每个学者都应该有自己的梦。每个学者的梦都应该是实现"中国梦"的一个组成部分。

---

① 《老子·第六十四章》，参见陈鼓应著《老子注释及评价》，北京：中华书局，1984 年 5 月，第 309 页。
② 参见《中国大百科全书·社会学》，北京：中国大百科全书出版社，1992 年 4 月，第 4 页。
③ 《马克思恩格斯全集》第 32 卷，北京：人民出版社，1975 年 2 月，第 542 页。
④ 《邓小平文选》（1975～1982），北京：人民出版社，1983 年 7 月，第 292 页。

社会现代化

社会建设上不去就不是现代化[*]

从经济方面，中国走上了社会主义市场经济道路之后，这30年成绩巨大，经济总量翻了四番，可以说基本过关了，今后会越走越好，潜力还很大。但是就世界历史看，一个国家要实现现代化，经济当然是基础，经济指标当然是重要的，但仅仅经济发展了还是不够的，经济总量人均达到几千美元，乃至上万美元，社会建设、政治建设上不去，还不是现代化，而且经济也保不住，还有可能倒退。伊朗20世纪70年代、80年代的转变就是如此。特别是苏联，战后的苏联经济建设繁荣，20世纪70~80年代也曾经是欧洲第一，世界第二，人均GDP过万。但它的社会结构没有调整，社会建设没有搞好，不搞政治建设，干部终身制、干部老龄化，与美国搞军备竞赛，结果一场风波苏联就垮了。这是前车之鉴。

从这些年的实践看，中国经济社会发展不平衡、不协调，在2002年就提出发展的低水平、不全面、很不平衡；2003年又提出5个不协调，即城乡、地区、经济、社会等，但为主的是经济社会不协调；2004年中央提出构建社会主义和谐社会和社会建设，这个理念一提出，就得到了全国人民、党内党外的普遍拥护，党中央也顺应民意，2005~2007年，连续讨论了两年多，并且在2006年专门召开十六届六中全会，并就和谐社会建设作出了决定，明确指出要在以经济建设为中心的同时，把和谐社会建设摆到突出的位置上来。各地也这样做了，有了相当的成效。可惜，2008年全球金融风暴一来，为了应对危机的冲击，中央做出了促增长、保民生、保稳定的决定，这是正确的，但一些部门又回到单纯抓GDP上来，把社会建设放到脑后，使有些社会问题更加严重了。

---

　　[*] 本文原载于《北京日报》2010年8月23日第17版《名家茶座》栏目。——编者注

　　还是要重申回到十六届六中全会的《中共中央关于构建社会主义和谐社会若干重大问题的决定》上来，今后中国在一个时期要补社会建设这一课，这个坎不过，中国的现代化是建不成的。要动员全党全国的力量，把社会建设这个重要课题研究好、解决好。

社会建设到底建什么[*]

社会建设到底建什么？简单地说，就是建设社会现代化。新中国成立以来，特别是改革开放 30 多年来，我们基本把经济的现代化建起来了，但是搞现代化，光靠经济现代化远远不够，也不能持久。我们过去讲建设"四化"，是工业现代化、农业现代化、国防现代化、科技现代化。现在我们要实现新的"四个现代化"，就是经济现代化、社会现代化、政治现代化和文化现代化。

关于社会建设的主要内涵和主要任务，现在主要有四种观点。第一种观点认为，社会建设应该以保障和改善民生为重点，加强各项民生事业建设，加大收入分配调节力度，促进社会公平正义，使全体人民走上共同富裕的道路。第二种观点认为社会建设应该加强和创新社会管理，维护社会秩序，规范社会行为，应对社会风险，营造良好的社会环境。第三种观点认为，社会建设是为了应对生产关系和人际关系的重大变化，构建一个与社会主义市场经济体制相适应的社会结构。第四种观点认为，社会建设是要建立一个能够遏制资本、限制权力的社会结构。这四种观点各有侧重，实际上可以看作我国社会建设各个阶段的目标和任务。

---

* 本文源自《半月谈》2011 年第 8 期刊载的《思想引领创新——2011 年中国社会建设创新论坛演讲之理念篇》一文，发表时间：2011 年 4 月 25 日。该文系上述论坛上部分专家的发言摘要，本文仅收录其中陆学艺的发言摘要，并采用陆学艺发言摘要的小标题为题。——编者注

社会建设就是建设社会现代化[*]

党的十六届四中全会有两个理论贡献：一是提出了构建社会主义和谐社会，二是提出了社会建设。前者提出了适合中国国情民意的战略奋斗目标，像当年提出"小康社会"一样，一经提出，就受到全国群众的普遍欢迎，反映了群众对和谐社会的渴求。后者则是为实现社会主义和谐社会服务的，和谐社会要通过社会建设等一系列建设才能实现。

在党中央领导下，全国开展了关于构建社会主义和谐社会与社会建设的实践探索和理论研讨。2007 年，党的十七大通过的《中国共产党章程（修正案）》中，把社会建设列入中国特色社会主义事业总体布局，从原来的"三位一体"扩展为经济建设、政治建设、文化建设、社会建设"四位一体"的总体布局，体现了我们党对社会发展规律、社会主义现代化事业建设规律认识的深化，标志着我国进入了以社会建设为重点的新阶段。

党的十七届五中全会通过的"十二五"规划建议中，特别强调把"保障和改善民生"作为加快转变经济发展方式的根本出发点和落脚点。今年^①初，党中央召开了省部级主要领导干部社会管理及其创新专题研讨班，再次重申了加强社会建设和创新社会管理的重要性和紧迫性。目前，加强社会建设、创新社会管理正在全国蓬勃展开。

在这样一个新阶段开局的时候，对于什么是社会建设、社会建设的主

---

  * 本文原载于《社会学研究》2011 年第 4 期，发表时间：2011 年 7 月 20 日，原稿写于 2011
年 5 月 16 日。该文于 2011 年 10 月 5 日以《社会建设的内涵、主要任务和阶段》为题摘要
刊发于中国社会科学院《要报领导参阅》2011 年第 28 期；2011 年 10 月 20 日为《新华文
摘》2011 年第 20 期转摘。该文还先后为《社会建设论》（陆学艺著，北京：社会科学文献
出版社，2012 年 3 月）、《中国社会建设与社会工作》（陆学艺主编，北京：社会科学文献
出版社，2012 年 6 月）、《中国社会结构与社会建设》（陆学艺著，北京：中国社会科学出
版社，2013 年 8 月）等文集收录。——编者注

  ① 指 2011 年。——编者注

要内涵和主要任务是什么、怎样进行社会建设等问题，很有厘清的必要。

一　社会建设就是建设社会现代化

新中国成立以来，尤其是改革开放以来，我们坚持以经济建设为中心奋斗了30年，干成了一件大事，基本实现了经济现代化。2010年我国的GDP达到了39.8万亿元，总量排位世界第二，制造业总量已经位列世界第一，外贸进出口总量、国家外汇储备均居世界第一。2010年的经济结构中，第一产业占10.2%，第二产业占46.9%，第三产业占43.0%。[①] 我们国家的经济发展已处于工业社会中期阶段，北京、上海等地已经进入工业社会的后期阶段。

与此同时，我国的社会建设也取得了很大的成就，社会结构发生了深刻变化。相比较而言，由于多方面的原因，我们的社会建设还相对滞后，社会结构还相对落后。例如社会结构中的就业结构，1978年的总就业人口中，一产占70.5%，二产占17.3%，三产占12.2%，2009年变化为一产占38.1%，二产占27.8%，三产占34.1%。1978年我国二、三产业职工人数只有11835万人，2009年发展为48287万人，31年增加36452万人，平均每年增加1176万人。二、三产业职工占总就业人口的61.9%，已经是工业社会的就业结构，但农业劳动力仍占38.1%。[②]

社会结构中的城乡结构，1978年我国的城镇人口只有17245万人，城市化率为17.9%。2009年，城镇人口达到62186万人[③]，31年共增加44941万人，平均每年增加1450万人，城市化率达到46.6%（其中有很多是在城镇居住半年以上的农业人口，如按2000年前的统计标准，城市化率只有34%左右）。

社会结构的核心结构是社会阶层结构。1978年是"两个阶级、一个阶层"（工人阶级、农民阶级和知识分子阶层）的结构，现在已转变为由国家与社会管理者、经理人员、私营企业主、专业技术人员、办事人员、个体工商户、商业服务业人员、产业工人、农业劳动者和失业半失业人员等十个社会阶层[④]，

①　国家统计局编《中国统计摘要2011》，北京：中国统计出版社，2011年5月，第22页。
②　国家统计局编《中国统计年鉴2010》，北京：中国统计出版社，2010年9月，第120页。
③　国家统计局编《中国统计摘要2010》，北京：中国统计出版社，2010年5月，第39页。
④　参见陆学艺主编《当代中国社会阶层研究报告》，北京：社会科学文献出版社，2002年1月。

其中中产阶层占 25% 左右①，离工业化中期阶段应有的水平还比较远。

随着我国经济的高速发展，在经济结构变化的推动下，我国的社会结构也发生了深刻的变动，已经是一个工业社会的社会结构。但是，如果按照国际学术界关于工业社会中期阶段的指标衡量，我国现在的就业结构、城乡结构和社会阶层结构还只是工业社会初期阶段的社会结构。同前述，我国已经是工业社会的中期阶段的经济社会结构很不平衡、很不协调。

经济结构和社会结构是一个国家（或地区）最基本、最重要的社会结构，两者互为基础、相互支撑。一般说来，经济结构变动在先，带动影响社会结构的变化；而社会结构调整了，也会促进经济结构的完善和持续变化，所以社会结构与经济结构必须协调，相辅相成。经济结构不能孤军独进，社会结构可以稍后于经济结构变动，但这种滞后有一个合理的限度，超过了这个限度就会阻碍经济结构持续有序的变化，阻碍经济社会的协调发展。

现阶段的经济结构已经是工业社会的中期阶段水平，但社会结构还是工业社会的初期阶段水平，两者存在严重的结构性矛盾。从理论上分析，社会结构严重滞后于经济结构，这两个结构不平衡、不协调、不整合，是中国目前很多经济社会矛盾的主要根源。好比一幢大楼，地基很好，已经是钢筋水泥的，四梁八柱也是钢筋水泥的，但房顶和上层建筑还是木板和塑料的，一有刮风下雨，就会进风漏雨，如遇狂风暴雨就不堪设想了。

很多现代化国家的实践表明，现代化社会是一个完整的系统，不仅要实现经济现代化，而且还必须实现社会现代化、政治现代化和文化现代化。在这四大建设中，经济建设是最重要的，是基础性的，是决定性的，是第一位的。新中国成立 62 年来，特别是改革开放 30 多年来，在中国共产党的领导下，全国各族人民团结奋斗，几经曲折，千辛万苦，终于基本实现了经济现代化、经济结构的现代化，才有了今天的繁荣昌盛、欣欣向荣，这是前所未有的伟大成就，是实现中华民族复兴的希望所在，是建设富强、民主、文明、和谐社会主义现代化国家的基础，这个成就怎么估计都不过分。但是要实现"四位一体"的社会主义现代化事业，仅仅建设经济现代化还远远不够。

经济建设取得一定成绩之后，就应该适时地重点加强社会建设，使经济社会协调发展。由于各种原因，我们在进行社会建设方面是晚了一些，

① 参见陆学艺主编《当代中国社会结构》，北京：社会科学文献出版社，2010 年 1 月。

形成了经济这条腿长、社会这条腿短的尴尬局面，引发了诸多社会矛盾和社会问题。在当前，我们应该抓紧补课，加快社会建设的步伐，推进经济社会协调发展。

重点加强社会建设，这既是"适应国内外形势新变化，顺应各族人民过上更好生活新期待"的需要，也是加快转变经济发展方式，促进经济长期平稳较快发展的需要，是一举托两头的大事。

从长远发展和国际、国内的实践观察，社会建设就是要建设社会现代化。社会建设同建设经济现代化一样，将是一个复杂、艰难的长期历史任务，显然不是 5 年、10 年能够完成的。建设社会现代化，就必须实现民生事业现代化、社会事业现代化（例如教育现代化、科技现代化、医疗卫生现代化等）、社会体制现代化、社会管理现代化、社会组织现代化、社会生活现代化、社会结构现代化等。可见，建设社会现代化，是一个宏大复杂的系统工程。在我们这样一个自然条件、社会历史条件都很不平衡的国家，要建设社会现代化，既要统筹协调好同经济建设、政治建设、文化建设等社会建设系统外的各种关系，也要统筹协调好社会建设系统内各子系统的关系，使之能够全面、平衡、协调、可持续地发展。这是一项非常复杂、艰巨的任务，对此，我们要有足够的认识。

二　社会建设的主要内涵和主要任务

2004 年，党中央提出构建社会主义和谐社会与社会建设这两个新概念、新思想以后，特别是十七大把社会建设列入"四位一体"的社会主义事业总体布局之后，全国各地开展了社会建设、社会管理的实践和探索，各种新的做法、新的试点、新的经验大量涌现。学术理论界也深入实际，调查研究，总结新经验，发现新问题，展开了各种研讨，报刊、媒体也发表了各种文章和信息，议论很多。怎样在现阶段中国国情条件下进行社会建设、创新社会管理，成为大家关心的热点、重点问题。自 2010 年春节以后，各地社会学者，以座谈会、论坛等形式，就现阶段中国的社会建设的内涵和主要任务等问题进行了多次研讨。[①] 汇集会上各方面的意见，关于社会建设

[①] 如 2010 年 9 月，清华大学人文社会学院与北京社会科学联合会在清华大学联合召开了"社会建设圆桌讨论会"。2010 年 12 月，北京工业大学人文社会科学学院在北京工业大学主办了"中国社会建设与社会管理学术研讨会"。

的内涵和主要任务归纳起来，有以下四种主张和观点。

第一种观点，认为社会建设应以保障改善民生为重点，大力推进就业、住房、保障和科技、教育、文化、卫生等各项民生事业和社会事业。建立健全公共服务体系，推进基本公共服务均等化。加快收入分配制度的改革，增加城乡居民收入，调整收入分配关系，完善再分配调节机制，加快扭转城乡、区域、行业和社会成员之间收入差距扩大的趋势并逐步缩小到合理的水平。统筹、兼顾、协调城乡各社会阶层的利益关系，使改革和发展的成果惠及全体人民，走共同富裕的道路。

第二种观点，认为社会建设当前要加强和创新社会管理。应以解决影响社会和谐稳定的突出问题为突破口，提高社会管理科学水平。完善党委领导、政府负责、社会协同、公众参与的社会管理格局，逐步建立健全中国特色社会主义管理体系。通过政府主导、多方参与，规范社会行为、协调社会关系、促进社会认同、秉持社会公正、解决社会问题、化解社会矛盾、维护社会治安、应对社会风险，为经济社会发展创造既有活力又有秩序的基础条件和社会环境，促进社会和谐。

第三种观点，认为之所以要进行社会建设，是因为随着改革开放和经济的发展，我国已经实现了由农业社会向工业社会转型、由计划经济体制向社会主义市场经济体制转轨，人们的生产方式、生活方式、人际关系发生了很大的变化，人们的思想意识、道德观念、价值取向也发生了很大的变化，并由此产生了许多社会矛盾和社会问题，需要加快社会建设步伐，建立新的社会秩序，促进社会进步。同时要进行社会体制改革，创新社会政策，调整和优化社会结构，建立与社会主义市场经济相适应、与经济结构相协调的社会结构；认为社会建设的核心任务就是要构建一个合理的社会结构。

第四种观点，认为社会建设的根本目标是要建立一个能够驾驭市场、制约权力、遏制社会失序的社会主体。在工业社会条件下，不仅要有市场、有政府，还要有发育良好的社会（社会组织）。健全的社会是市场经济的基础。从工业化社会几百年历史看，市场并不是万能的，市场本身有失灵的时候，例如周期性地爆发经济危机，所以，必须有政府适时地加以调控；工业化社会的历史也表明，政府也并不是万能的，也总有失误的时候，所以要有发育良好的、多种形式的、健全的社会组织，也就是要有组织起来的社会，形成市场、政府、社会三足鼎立的格局。在工业化、信息化、社会化大生产的条件下，必须要有发育良好的社会环境，整个经济社会才能健康有序地可持续发展。

上述四种主要观点，代表了现阶段实际工作部门和学术界的主要看法，当然，还有很多不同的主张和看法。例如有人认为社会建设当前应该重视发育社会组织，调动广大群众的积极性，协助政府做好公共服务和社会服务，等等。随着社会建设、社会管理在全国各地蓬勃开展，一定会创造出许多适合国情、各地地情的社会建设、社会管理的经验和模式来，走出一条中国特色社会主义社会建设之路。实践出真知，关于社会建设的主要内涵和主要任务的认识，随着实践的深入，也一定会更加具体、更加丰富，创造出中国特色社会主义社会建设的理论篇章。

三　社会建设的三个阶段

从社会发展规律的视角看，社会建设作为社会主义事业总体布局"四位一体"中的一大建设，要实现的历史任务，宏大而又艰巨，既要进行保障改善民生的各项社会事业建设，又要进行包括社会事业体制在内的社会体制改革的创新；既要加强社会管理、社会安全体制的建设，又要进行社会理念、社会规范的建设；既要加快收入分配关系的调整，有效调节过高收入，扭转四种差距扩大的趋势，促进社会公平正义，又要积极培育中产阶层，促进其发展壮大，加快优化社会结构的步伐，使之形成与经济结构相平衡、协调的社会结构。所以，社会建设将是一个长期的历史过程。

在党中央的领导下，现在全国各地的社会建设、社会管理正在蓬勃展开，未来的发展将会是怎样的状况？前面讲到的四种关于社会建设主要内涵和主要任务的不同观点：有主张搞社会事业建设的，有主张抓社会管理的，有主张搞社会结构的，有主张抓建设社会主体的，等等，虽然各自意见不同，但都是为了搞好社会建设，都讲到了要实现社会建设的某一个方面，都有可取之处。静态地看，这些观点是四种不同的主张；如果动态地看，分析这四种观点所反映的实质内涵，却可以从现代社会发展脉络及其社会结构的视角，看到今后中国社会建设可能经历的三个阶段，这四种不同的观点分别是这三个阶段要实现的不同的重点任务。

鉴于此，我认为，从国内外进行现代化建设的经验和教训看，结合中国目前的基本国情，中国的社会建设未来的发展将经历以下三个阶段。

第一阶段，也就是我们目前正在做的，即先从人民群众最关心、最现实、最紧迫要求解决的保障和改善民生事业、社会事业建设做起，着力解决好就业难、上学难、看病难、社保难、住房难、养老难等基本民生问题；并从加强和创新社会管理入手，解决影响社会和谐稳定的突出问题，化解社会矛盾，解决社会问题，加强源头治理，标本兼治，最大限度地防止和减少社会矛盾的产生，最大限度地增加社会和谐因素，促进社会公平正义。这两个方面的工作，党的十六届四中全会以来，特别是十七大以来，正在大力推进，例如教育和卫生、社会保障等民生、社会事业，都受到高度重视，加大了人力、物力、财力的投入，情况正在好转。政法系统开展了化解社会矛盾、创新社会管理、公正廉洁执法三项重点工作，做出了很大的成绩。近几年，这些工作有序推进，很有成效，是顺民意、得民心的。这两方面的工作，实际也就是上述第一种、第二种观点要解决的问题。"十二五"期间，我们能把保障改善民生事业、社会事业和创新社会管理这两件大事做好了，我们的社会建设就上了一个台阶，经济社会协调发展就前进了一大步，就可以转到社会建设的第二阶段。

第二阶段，要着力推进社会体制改革，创新社会政策，完善社会管理。推进新型的城镇化，破解城乡二元结构，逐步实现城乡一体化。拓宽社会流动渠道，培育和壮大中产阶层，构建一个合理、开放、包容的社会结构，使之与经济结构相协调。

构建一个合理开放的工业社会中期阶段的社会结构，这是社会建设最重要、最核心的任务。我们常说的现在处于改革发展的关键时期。关键时期要做好的关键工作就是要通过社会建设，特别是社会体制改革构建好一个合理的社会结构。要过好社会建设这一关，也可以说是要迈过一个大坎，一些发展中国家过不了这个坎，就危机四起，进不了现代化国家的行列。

中国现行的包括社会事业在内的社会体制，还是在计划经济体制时期形成的。要推进社会建设，就要像 1980 年代以来抓经济建设、先进行经济体制改革一样，一定要进行社会体制改革，包括户籍体制、城乡体制、就业体制、社会保障体制和各项社会事业体制都要逐步进行改革，形成一个与社会主义市场经济体制相适应、相配套的社会体制。如果不进行或延缓社会体制改革，目前这么多的社会矛盾、社会问题就解决不好，也解决不了。社会结构也调整不了，更优化不了。例如，户籍制度再不改革，城乡二元结构就破解不了，"三农"问题、农民工问题就解决不了。城市中的二元结构问题就会越来越严重，也就谈不上城乡一体化。社会主义市场经济体制能长久建立在城乡二元结构的基础上吗？这种在计划经济时期形成的、为计划经济体制服务的户籍制度，如果不改革，不仅社会结构调整优化不了，社会主义市场经济体制也完善不好。

从改革发展的历史过程来观察，中国社会建设的第二阶段也可以看作是社会体制改革的攻坚阶段、决定性的阶段，时间约在"十三五"前后。从现在起，"十二五"期间，已经在进行的社会建设的第一阶段，我们就要为第二个改革阶段的成功做好准备。

第三阶段，社会建设的目标就是实现社会现代化，实现"民主法治、公平正义、诚信友爱、充满活力、安定有序，人与自然和谐相处的社会主义和谐社会"。随着社会主义市场经济体制不断完善，经济建设持续健康较快发展，到 21 世纪中叶，经济达到中等发达国家水平，形成现代型的经济结构。社会建设经过社会体制改革，将加速发展，使社会体制逐步完善，社会管理体系更加健全，社会流动渠道更加畅通，中产阶层更加壮大，社会组织广为发展，社会结构更为优化，形成一个与社会主义市场经济体制相适应、与现代经济结构相协调的现代社会结构，形成一个橄榄型的社会结构，为全面、协调、可持续科学发展提供一个良好的社会环境。

当然，这三个阶段并没有一个截然分开的界线，将会是互有交叉地进行。只是某一阶段凸显某一方面工作的重点。在不同的阶段、不同的地区，针对实际状况将有不同的做法。从 2010 年十七届五中全会以后，各地都在积极推进社会建设和社会管理的工作，创造了很多新的做法、新的经验和新的实践模式。经过一段时间之后，经过各种经验、多种模式的比较和交流，一定会涌现出一批适合中国国情、有中国特色的社会建设的实践模式和相应的中国社会建设的理论体系来。

可以预见，通过这三个阶段，到 2040 年前后，我国将会达到中等发达国家水平，进入现代化国家行列。现在看来，经济建设方面的趋势很好，国内国外的预测都比较乐观，虽然还有一些难题，但我们已经走上了社会主义市场经济这条道路，这些难题是可以解决的。关键是能不能搞好社会建设，能不能过好社会建设这一关，这是我们今后 5 年、10 年、20 年工作的重中之重。搞好社会建设，建设社会现代化，是一个新领域，也是一项新任务，我们还不熟悉，还没有经验，还需要"摸着石头过河"，需要我们一边学习一边做，一边做一边学习。社会建设这项历史任务一定会在我们民族的勤奋实践中，成为中国特色的社会主义现代化的一个重要组成部分。

大力推进社会现代化建设[*]

很多国家实现现代化的实践表明，国家现代化是一个完整的系统，不仅要实现经济现代化，还必须实现社会现代化、政治现代化、文化现代化。目前，我国社会现代化建设的任务更显紧迫。

众所周知，经济建设是最重要的，是基础性的和决定性的。新中国成立 62 年来，特别是改革开放 30 多年来，在中国共产党领导下，全国各族人民团结奋斗，克服重重困难，基本实现了经济现代化。这是前所未有的伟大成就，是实现中华民族伟大复兴的希望所在，是建设繁荣、富强、文明、和谐的社会主义现代化国家的基础。

与此同时，我国的社会建设也取得了不小的成就，社会结构发生了较深刻的变化。但相比较经济建设而言，由于多方面的原因，我们的社会建设还相对滞后，社会结构还不尽合理。

经济结构和社会结构是一个国家（或地区）最基本、最重要的结构，两者互为基础、相互支撑。我国现阶段的经济结构已经是工业社会中期阶段的水平，但社会结构还是工业社会初期的水平，两者存在明显的结构性矛盾。社会结构滞后于经济结构，这两个结构不平衡、不协调，是中国目前很多经济社会矛盾的主要根源。

我们必须进一步明确：要实现"四位一体"的社会主义现代化事业，光建设经济现代化还远远不够，还应该而且必须适时地重点加强社会建设。

加强社会建设、建设社会现代化既是适应国内外形势新变化、顺应各族人民过上更好生活新期待的需要，也是加快转变经济发展方式、促进经济长期平稳较快发展的需要。

建设社会现代化，就必须实现民生事业、社会事业现代化（包括教育

---

* 本文原载于《半月谈》2011 年第 10 期，发表日期为 2011 年 5 月 25 日。——编者注

现代化、科技现代化、医疗卫生现代化、社会保障现代化等）、社会体制现代化、社会管理现代化、社会组织现代化、社会生活现代化、社会观念现代化和社会结构现代化等。

可见，建设社会现代化，是一个宏大复杂的系统工程。在我们这样一个泱泱大国，要建设社会现代化，既要统筹协调好社会建设与经济建设、政治建设、文化建设之间的各种关系，也要统筹协调好系统内各子系统的关系，使之能够全面、平衡、协调、可持续发展。对此，我们必须有清醒的认识和足够的准备。

我认为，社会现代化的建设大致会经历这样三个阶段。当然，这三个阶段不是截然分开的，而是互有交叉地进行的。

第一个阶段就是民生事业、社会事业的现代化建设阶段。这是解决人民群众最关心、最现实、最迫切要求解决的问题，主要体现为先解决看病难、上学难、就业难、住房难等问题。

这个阶段同时要加强和创新社会管理，化解社会矛盾、解决社会问题，必须加强源头治理、标本兼治，最大限度地防止和减少社会矛盾的产生，最大限度地增加社会和谐因素，促进社会公平正义，推进社会发展。

第二个阶段就是着力推进社会体制改革、实现社会体制现代化的阶段。现行的社会体制还是在计划经济体制条件下形成的，要推进社会现代化建设就一定要进行社会体制改革。现在看来不搞社会体制改革，社会建设的动力就会不足。

我们要通过改革不断完善社会政策；要通过改革推进新型的城镇化建设，破解城乡二元结构，逐步实现城乡一体化；要通过拓宽社会流动渠道，培育壮大中产阶层，构建一个合理、开放、包容、渐进的社会结构。

第三个阶段就是基本实现社会现代化建设的阶段。到那时我们经济更加发展，社会建设不断进步，社会体制不断完善，社会组织蓬勃发展，社会管理体系日益完备，并最终形成一个橄榄型的社会结构。这是一个与社会主义市场经济体制相适应，与现代化经济结构相协调的现代化的社会结构。

建设社会现代化必将是一个复杂、艰难的长期历史任务。

进行社会现代化建设，必须进一步提高对社会现代化建设阶段性的认识，必须有计划、有步骤地进行社会体制改革，不能一蹴而就。

进行社会现代化建设，必须要加大各项投入。党的十六大以来，我们加大了在社会建设方面的投入，取得了初步成效。但是，因为历史欠账太多，社会建设亟须更大的投入。今后我们一定要调集各方面的力量，发挥社会主义能办大事、能办成大事的优势，争取有更多、更有效的人、财、物的投入，逐步扭转并改变经济社会发展不平衡的现状，使经济社会协调发展；同时我们还应该加大对社会现代化建设的组织投入。

进行社会现代化建设，还必须要建立科学的指标体系，有科学的考评导向。现在关于社会建设的考评指标已经很多，但至今还没有一个大家都能够认同的科学合理的社会建设指标体系。这需要各方面共同努力制定出一个既符合中国国情，又切实可行的指标体系，形成一个科学的考评导向。

实践出真知，中国特色社会主义现代化建设之路必然要经历不断的探索和实践。关于社会现代化建设各方面的认识，也一定会随着时间的推移变得更加具体、更加丰富。我们坚信，在中国共产党领导下，我们必将实现社会现代化的宏伟目标，谱写出中国特色社会主义社会建设的壮丽篇章。

中国未来 30 年的主要任务是建设社会现代化[*]

现代化是一个国家或地区从传统的农业社会向现代工业社会转变的历史进程。不仅要实现经济现代化，而且要实现社会现代化、政治现代化、文化现代化等。现在，社会建设已在全国各地展开，本文就中国社会建设的动因、现状、目标和发展阶段做一个分析。

一 中国的经济建设已经基本实现现代化，社会建设还相对滞后

新中国建立 62 年以来，特别是改革开放 30 多年来，中国坚持以经济建设为中心，艰苦奋斗、几经曲折，终于基本实现了经济现代化。2010 年，中国的 GDP 达到 39.8 万亿元，按不变价格计算，比 1978 年的 3645 亿元，增长 20.6 倍，年均递增 9.9%。三次产业结构由 1978 年 28.2∶47.9∶23.9 转变为 2010 年的 10.1∶46.8∶43.1[①]。经济结构已经达到工业社会中期阶段水平。

改革开放以来，中国的社会建设也取得了很大成就，社会结构发生了深刻的变化。相比较而言，由于多方面的原因，社会建设还相对落后。以

---

* 本文原载于《信访与社会矛盾问题研究》（辑刊）2011 年第 1 期（2011 年 11 月 30 日），原稿写于 2011 年 7 月 31 日，收录于《中国社会结构与社会建设》（陆学艺著，北京：中国社会科学出版社，2013 年 8 月）。该文还为《中国社会科学报》2012 年 10 月 12 日 A4 版、《传承》2012 年第 21 期（11 月 15 日）、《红旗文摘》2013 年第 3 期（3 月 25 日）等报刊以《社会建设就是建设社会现代化》为题转摘。该文还收录于《中国社会结构与社会建设》（陆学艺著，北京：中国社会科学出版社，2013 年 8 月）。——编者注

① 国家统计局编《中国统计年鉴·2011》，北京：中国统计出版社，2011 年 9 月，第 45 页。

就业结构为例，1978 年的总就业人口中，一产占 70.5%，二产占 17.3%，三产占 12.2%；2009 年变化为一产占 38.1%，二产占 27.8%，三产占 34.1%。1978 年中国的二、三产业职工只有 11835 万人，2009 年发展为 48287 万人①，31 年共增加 36452 万人，平均每年增加 1176 万人（其中约 60% 是农民工），2009 年二、三产业就业人口占总就业人口的 61.9%，已经是工业社会的就业结构，但在农业中就业的劳动力仍占 38.1%。

在城乡结构中，1978 年，中国总人口为 96259 万人，其中城镇人口只有 17245 万人，城市化率只有 17.9%。2009 年总人口达到 133474 万人，31 年纯增 37215 万人，平均每年增加 1200 万人。2009 年的城市化率达到 46.6%，比 1978 年增加 28.7 个百分点，平均每年增加 0.93 个百分点。②

在社会阶层结构中，1978 年是"两个阶级、一个阶层"（工人阶级、农民阶级和知识分子阶层）的结构，现在已转化为由国家与社会管理者阶层、经理人员阶层、私营企业主阶层、科技专业人员阶层、办事人员阶层、个体工商户阶层、商业服务业人员阶层、产业工人阶层、农业劳动者阶层和失业半失业人员阶层等十个阶层，其中中产阶层约为 25%。

改革开放 30 多年来，在经济持续高速发展的推动下，社会大分化和社会大流动（每年有大批农民转化为二、三产业职工），每年有大批农民转为城镇居民，这是中国几千年未有的大变局，社会结构发生了深刻变化，已经由农业国家的社会结构，转型为工业社会的社会结构。中国现在的一切进步皆源于此，都是由这个社会转型派生出来的，当然，中国现在的一切社会矛盾、社会问题也源于此，都是这个社会转型产生的，确切地说，是由这个社会转型还不完善、还未完成引起的。根据国际学术界关于工业社会阶段发展的指标衡量，我国现在的经济结构已经达到工业社会中期阶段的水平，社会结构则还只是工业社会初期阶段的水平。

经济结构与社会结构是一个国家（或地区）最基本、最重要的两个结构，两者互为前提、相互支撑。一般说来，经济结构变动在先，影响带动社会结构变化；而社会结构调整了，也会促进经济结构的优化和持续变化，所以经济结构和社会结构必须平衡、协调，相辅相成。国内、国外的经验和教训说明，经济结构不能孤军独进，社会结构可以稍后于经济结构的变动，但这种滞后有一个合理的限度，超过了这个限度，如果长期滞后，就

① 国家统计局编《中国统计年鉴 2010》，北京：中国统计出版社，2010 年 9 月，第 120 页。
② 国家统计局编《中国统计年鉴 2010》，北京：中国统计出版社，2010 年 9 月，第 95 页。

会阻碍经济结构持续变化，阻碍经济社会的协调发展。

现代化发展过程表明，欧美诸发达国家，在社会转型过程中，经济社会发展也曾长期不平衡、不协调，经过不断的改革、调整，特别是二战以后，这些国家进行社会体制改革，社会政策调整，进行社会治理，才逐步走上了经济社会协调发展的道路。战后发展起来的日本和"亚洲四小龙"，接受发达国家的经验和教训，在经济高速发展的阶段，就比较重视社会体制改革、社会政策的调整，较早地进行"社会建设"，所以，这些国家和地区的社会转型比较平稳，转得比较快，经济社会发展比较平衡、协调，比较顺利地进入了现代化国家的行列。20 世纪 60 年代，如阿根廷等拉美国家，经济发展也很快，盛极一时，但他们没有及时进行社会体制改革，社会结构没有相应调整，致使社会矛盾、社会冲突愈演愈烈，社会动荡不安，严重阻碍经济发展，堕入了所谓的"拉美陷阱"。苏联剧变，一个很重要的原因，也是经济搞上去了，经济总量达到世界第二，军事、科技方面也很强，曾经是超级大国，但他们长期不进行社会体制改革，不搞"社会建设"，社会结构是"两个阶级、一个阶层"的结构，经济社会发展长期不平衡、不协调，最终是垮下来了。这样一个超级大国，轰然倒塌，教训是十分惨痛的。正反两方面的实践证明，一个国家（或地区）的现代化事业是一个整体，经济建设是最主要的，首先要实现经济现代化。但仅仅实现经济现代化是不够的，还必须接着实现社会现代化、政治现代化、文化现代化等，否则，就不能实现现代化，而且经济现代化也有倒退回去的可能。

二　中国进入以社会建设为重点的新阶段

早在 20 世纪 90 年代中后期，经济社会发展不平衡、不协调的问题已经显现。一方面经济建设突飞猛进，成绩斐然，另一方面社会问题、社会矛盾大量增加，负面的消息频传，原因当然是多方面的。从主观层面说，提出经济建设为中心，肯定是正确的，但有些地区、有些部门在执行过程中，做成了 GDP 挂帅，只搞经济建设，牺牲了农村、牺牲了资源和环境，压低了消费和人民生活，非经济方面的建设被搁置一边，导致农村发展落后，导致资源浪费、环境恶化，导致城乡、地区、贫富差距扩大，导致社会矛盾、社会冲突、群体事件频繁发生，社会形势严峻。

进入 21 世纪以来，党和政府高度重视经济社会协调发展的问题。2003年，党中央提出了要贯彻落实科学发展观，强调要以人为本，全面协调可持续发展。2004 年提出要构建社会主义和谐社会，要加强社会建设和社会管理。2007 年中共十七大会议上，在原来经济建设、政治建设、文化建设"三位一体"的社会主义事业总体布局中，加进了社会建设，发展为"四位一体"的总体布局。这个重要内容，写进了修改后的新党章中。这标志着中国的社会主义现代化事业进入以社会建设为重点的新阶段。

2010 年 10 月和 2011 年 3 月，中共十七届五中全会和第十一届全国人民代表大会第四次会议制定并通过了国民经济和社会发展第十二个五年规划的建议，强调今后要以转变经济发展方式为主线，把保障和改善民生作为加快转变经济发展方式的根本出发点和落脚点，要明显加强社会建设，使社会管理体制更加完善，促进社会和谐。

近几年来，特别是 2011 年春季以来，全国各地的社会建设和社会管理工作正在蓬勃展开。例如北京、上海、深圳、大庆、南京等省市组建了社会建设工作委员会或办公室，多数省区市建立了社会建设领导小组，指定有关部门，负责社会建设和管理的调查研究、统筹规划、协调安排、检查监督。

从中央到地方各级政府，大量增加了社会建设和管理的人力、财力、物力的投入，如中央决定把"十二五"经济发展指标定为 7%（"十一五"期间实际增长年均 11.2%），腾出力量，大量增加对科技、教育、卫生、就业、社保、住房等方面的财政投入，重点解决好保障和改善民生问题。出台了教育、医疗卫生的改革、发展方案，解决好群众要求迫切的上学难和看病难问题。提出"十二五"期间要新增城镇二、三产业职工 4500 万人，要建设 4000 万套保障性住房，要建立覆盖城乡的社会保障体系，以解决就业难、住房难、养老难等问题。这些规划都在逐步实施，推进状况良好。

中国目前正处在城市化快速发展的新时期，每年约有 1200 万的农业人口进入城镇，城市化率很快将超过 50%（2015 年城市化率预计将达到 53%~54%）①，成为城市人口为主的国家。各地正在加强对街道、社区、小区体制的改革和完善工作，把新老市民组织好、安排好，提供更好、更方便的公共服务，做好基层社区的治理，促进新老市民的融合，建设互敬互爱、守望相助的和谐社区。成都等市正在进行户籍制度改革的试点，推进城乡

---

① 2010~2015 年各年度城市化率分别为 49.95%、51.27%、52.57%、53.73%、54.77%、56.10%。参见国家统计局编《中国统计年鉴 2016》，北京：中国统计出版社，2016 年 9 月，第 33 页。——编者注

一体化，逐步破除城乡二元结构。

2010 年年初，政府系统开展了"化解社会矛盾、创新社会管理、公正廉洁执法"三项重点工作，一年多来，取得了较好成绩，群体事件、刑事犯罪案件减少，社会治安状况好转，社会更加稳定，正在向构建"源头治理、标本兼治、治本为主"的管理体制发展，尽可能防止和减少社会问题的产生，尽可能化解社会消极因素，尽可能增加社会和谐因素，为经济社会发展创造既有活力又有秩序的社会环境。

总体来说，21 世纪以来，在各方面力量的推动下，中国已进入社会建设为重点的新阶段，社会建设、社会管理已得到各级干部和群众的认同，全国各地各项社会建设和社会管理已经普遍开展起来，并取得了较好的成绩，正在改变经济这条腿长、社会这条腿短的尴尬状况，经济社会发展不平衡、不协调的局面有所缓和。但是，由于社会建设诸方面的欠账太多，社会建设滞后于经济建设的时间太长，积累的问题太多、太复杂，加之我们进行社会建设还缺乏经验、缺乏理论指导，所以，要做好社会建设，任务还是十分艰巨的，还有很多工作要做，已有的一些成绩，只能说是仅仅开了个头。

比照历史，现在的社会建设，就好比 20 世纪 80 年代初期的经济建设一样。经济建设为中心的历史任务提出来了，怎么进行？从何入手？经济体制怎么改革？经济发展如何进行？一系列的问题，开始也都是不明确的，好在中国共产党是一个有丰富实践经验的党，有发动群众、依靠群众的优良传统，靠着敢闯敢试的改革精神"摸着石头过河"，不断探索，不断前进，一步一个脚印，积小胜为大胜，终于把经济建设现代化这件大事办成了。

现在的社会建设，就像当年的经济建设那样。现阶段，中国发展要以社会建设为重点的历史任务已经提出来了，怎么进行？怎么实现？没有现成的答案，要靠我们大家去探索，去实践。好在前 30 年，中国经济建设的巨大成功已经为进行社会建设奠定了十分雄厚的物质基础，好在 30 年经济建设创造了极其成功的经验，可资借鉴，好在前几年在党中央领导下，已经为社会建设开了个好头，方向和任务是明确的。现在的社会建设，就是如何在各地、各部门落实、贯彻的问题。就各地各部门来说，就像 20 世纪 80 年代中期那样，抓住经济建设的核心任务搞工业化，创造了"苏南模式""温州模式""珠江模式""晋江模式"，从而实现了本地的工业化并且由此推动了全国的经济建设。各地各部门将根据中央关于社会建设的指示精神，结合本地的实际，创造出各种进行社会建设的模式来。可以相信，要不了多少年，各种符合社会发展规律又结合本地实际的社会建设的典型经验和好的实践模式就会涌现出来。中国的社会建设也会取得成功的。

三 建设社会现代化，是中国未来 30 年的主要任务

中国进入 21 世纪以来，经济持续高速发展，经济总量不断壮大，经济形势大好，与此同时，社会矛盾、社会冲突凸显。如何保证经济持续、健康、快速发展，如何消解社会矛盾，保持社会稳定，国内、国外有各种议论，下一步是进行社会体制改革，重点推进社会建设，还是进行政治体制改革，重点进行政治体制建设？

党中央全面分析了国内国际的大局，审时度势，2004 年中共十六届四中全会提出构建社会主义和谐社会的战略目标，并提出加强社会建设和管理的任务，很快得到了全国广大干部和群众的热烈响应。从此，社会建设、社会管理就在全国开展起来。

选择社会建设作为下一步发展战略的重点，这既是经济持续发展的需要，可以为经济发展提供教育、人才、科技等方面的支撑，也可以增加国内消费，为经济发展提供越来越大的市场，改变主要依靠出口拉动的局面，使中国成为一个消费型的社会。选择社会建设、进行社会体制改革、创新社会政策、完善社会管理本身也是为了化解目前已经产生的诸多社会矛盾、社会冲突，并从源头防止和减少社会问题的产生，化解消极因素，增加和谐因素，保证国家的长治久安。选择社会建设，改革社会体制，建设与社会主义市场经济体制相适应的社会制度，也是为再下一步进行政治体制改革、进行政治建设做好准备。各国现代化建设的经验和教训都表明，如果没有社会体制改革的社会建设做准备，贸然进行政治体制改革往往是不成功的，苏联剧变就是一个失败的典型。从中国的基本国情出发，事实就是，在经济实现了基本现代化之后，选择社会建设作为下一步发展的战略重点是十分理性的，是符合社会发展规律的，可以预见，中国现代化发展的路径是：第一步，实现经济现代化，使经济持续健康发展；第二步，实现社会现代化；第三步，实现政治现代化；第四步，实现文化现代化，建成富强、民主、文明、和谐的社会主义现代化国家。

社会建设的目标，就是实现社会现代化。社会建设和经济建设一样，是一项宏大、复杂、艰巨的历史任务，显然不是五年、十年能够实现的，需要我们长期努力奋斗才能实现。建设社会现代化，必须实现民生事业现

代化（如建立现代社会保障体系）、社会事业现代化（科技现代化、教育现代化、医疗现代化等）、社会组织现代化、社会管理现代化、社会体制现代化和社会结构现代化等。可见，建设社会现代化是一个浩大、复杂的大系统工程。在我们这样一个自然条件、社会历史条件都很不平衡的大国，要建成社会现代化，既要统筹协调好同经济建设、政治建设、文化建设等的各种关系，其中特别重要的是要安排好同经济建设的关系，又要统筹协调好本系统内各要素之间的关系，使之能够全面、平衡、协调、可持续发展。这是一项史无前例的重要任务，非常复杂、非常艰巨，对此，我们要有充分的认识。

从国际、国内进行现代化建设的经验和教训看，结合中国目前的国情，中国社会建设的发展将经历以下三个阶段。

第一阶段，就是我们现在正在进行的，先从解决好人民群众最关心、最现实、最迫切要求解决的民生问题、社会事业发展问题做起，着力解决就业难、上学难、看病难、社保难、住房难等基本民生问题；并从加强和创新社会管理入手，化解社会矛盾，解决社会问题，妥善处理影响社会稳定的突出问题，确保广大群众安居乐业，促进社会和谐，实现公平、正义，为经济社会发展创造既有活力又有秩序的社会环境。自从十六届四中全会提出构建社会主义和谐社会、加强社会建设以来，特别是十七大提出要加强和改善民生为重点的社会建设以来，这两个方面的工作都受到了各级政府的高度重视，加大了人力、物力、财力的投入，加大了工作力度，已经有了成效，情况正在好转，这是顺民意、得民心的，受到人民群众的欢迎。

"十二五"期间，我们能把保障和改善民生事业、社会事业和创新社会管理这两件大事做好了，就为社会建设奠定了一个良好的基础，开个好头，也是经济社会协调发展前进了一大步，可以顺势转入社会建设的第二阶段。

第二阶段，是全面改革社会体制、大规模推进社会建设的关键阶段。从一定意义上说，第一阶段做的改善民生、社会事业和加强社会管理工作，实际上都有还账、补课的性质。因为过去我们过于偏重经济发展，各种资源都向经济建设集中，影响社会建设的正常、健康发展，导致经济社会发展不平衡、不协调。第一阶段做的两方面工作，弥补了不足，从而为社会体制改革、为大规模推进社会建设准备了基础条件。

从"十三五"开始，要着力进行社会体制改革，创新社会政策，推进新型的城镇化、破解城乡二元结构，逐步实现城乡一体化，拓宽社会流动渠道，大力发展社会组织，培育和壮大中产阶层，构造一个合理、开放和包容的社会结构，使之与经济结构相协调。

中国现行的包括社会事业体制在内的社会体制，还是在计划经济时期形成的，是与计划经济体制相适应的。改革开放之后，多数都经过一定的改革，但改革成功的不多，有的甚至还没有破题。这也是社会建设之所以滞后的一个重要原因。要推进社会建设，创新社会管理，就要像当年推进经济建设，先进行经济体制改革那样，一定要进行社会体制改革。改革社会体制，必须是全方位的，包括户籍制度、城乡体制、就业体制、分配体制和各项社会事业体制都要有计划、有步骤地逐步进行改革，逐步形成一个与社会主义市场经济相适应、相协调的社会体制。

作深层次的观察，我们国家社会主义市场经济体制已经实行十余年，已经成为配置资源和机会的基础性力量，但是社会体制还基本上没有改革，这两种不同的体制的矛盾正是许多社会问题发生，且久解不决的重要原因。我们现在有 120 多万个事业单位，约 4000 万干部职工，这些单位多数还没有进行实质性的改革，"吃大锅饭"的问题并没有完全解决，服务质量不好，效率不高。如果不进行彻底的改革，问题就解决不了。

中国目前正处于改革发展的关键时期，抓好这个时期的关键，是要排除一切阻力进行社会体制改革，进而大规模地推进各项社会建设，再逐步实现社会现代化。在改革发展的关键时期，过好社会体制改革、社会建设这一关。许多发展中国家过不了社会建设这一关，就进不了现代化国家的行列。中国社会建设的第二阶段，是社会体制改革的攻坚阶段，是一个具有决定意义的阶段，时间约在"十三五""十四五"期间。为此，我们从现在起就应该为社会体制改革的成功做准备。

第三阶段，随着社会主义市场经济体制不断完善，中国的经济建设持续健康快速发展，到 21 世纪 40 年代前后，经济将达到中等发达国家水平，形成现代型的经济结构。经过社会体制改革，中国的各项社会建设将加速发展，科学现代化、教育现代化、医疗卫生现代化等社会事业现代化逐步实现，社会组织广为发展，社会管理更加完善，社会流动渠道更加畅通，中产阶层发展壮大成为社会主体，社会结构优化，形成一个与社会主义市场经济体制相适应、与现代型经济结构相协调的现代型社会结构，形成一个橄榄型社会阶层结构的社会，实现社会现代化，为全面、协调、可持续科学发展提供一个良好的社会基础，建成民主法制、公平正义、诚信友爱、充满活力、安定有序的社会主义和谐社会。

当然，这三个阶段并没有一个截然分开的界线，将会是互有交叉地进行，只是某一阶段，重点进行某一方面的建设。在不同的阶段、不同的地区，根据各自的实际情况，将采取不同的建设方法。可以预见，通过这三个阶段，到 21 世纪 40 年代前后，中国将达到中等发达国家水平，进入现代化国家行列，现在看来，经济建设方面的趋势很好，国内外的预测都比较乐观。关键是能不能通过社会体制改革，搞好现在已经开始的社会建设，能不能通过社会建设，实现社会现代化，这将是中国未来 30 年的主要任务。

加强社会建设　实现社会现代化[*]

　　胡锦涛同志在省部级主要领导干部专题研讨班开班式上的重要讲话再次强调了改善民生和加强社会建设问题。社会建设的提出，是党的十六大以来我们党带领全国人民进行中国特色社会主义实践探索和理论创新取得的重要成果；提出社会建设以来，我国社会领域的发展和创新明显加快，保障和改善民生取得显著成就，各项社会事业加快发展，社会管理创新稳步推进。怎样认识社会建设？社会建设的目标是什么？如何深入推进社会建设？日前，记者就这些问题采访了中国社会科学院荣誉学部委员、北京工业大学人文社会科学学院院长陆学艺。

社会建设的目标就是实现社会现代化

　　记者：怎样认识提出社会建设的意义？社会建设的目标是什么？

　　陆学艺：党的十六大以来，我们党高度重视社会建设。党的十六届四中全会有两个重要理论贡献：一是提出构建社会主义和谐社会这个重大战略思想。像当年提出"小康社会"一样，"和谐社会"一经提出就受到人们的强烈关注，得到高度认同。二是提出社会建设这个重要的新概念。它适应了我国工业化、城镇化发展新阶段的需要，把正在进行的社会组织、社会秩序、社会事业等方面的建设明确概括为社会建设，从而使这些工作的地位得到了提高，理论上有了依据，建设的目标更加明确。党的十六届六中全会对构建社会主义和谐社会做了全面部署。党的十七大进一步把中国

---

　　*　本文原载《人民日版》2012年11月5日第7版。该文系《人民日报》记者专访陆学艺的访谈稿。该文还收录于文集《"三农"续论：当代中国农业、农村、农民问题研究》（陆学艺著，重庆：重庆出版社，2013年5月）。——编者注

特色社会主义事业总体布局由经济建设、政治建设、文化建设"三位一体"扩展为包括社会建设在内的"四位一体",有力引导和促进了相关领域的实践发展和理论创新。从构建社会主义和谐社会与社会建设两者的关系来说,实质上前者是战略目标,后者是重要手段,和谐社会要通过社会建设等一系列建设才能实现。

社会建设的目标就是实现社会现代化,建成民主法治、公平正义、诚信友爱、充满活力、安定有序、人与自然和谐相处的社会主义和谐社会。实现社会现代化,包括实现民生事业现代化、社会事业现代化、社会体制现代化、社会管理现代化、社会组织现代化、社会生活现代化、社会结构现代化等,其中社会事业现代化又包括教育现代化、科技现代化、医疗卫生现代化等方面。可见,社会建设是一项长期、复杂的系统工程。在我国这样一个各方面发展很不平衡的国家,要实现社会现代化,既要统筹协调它同经济建设、政治建设、文化建设等社会建设系统外的关系,也要统筹协调社会建设系统内各子系统的关系,使它们能够全面协调可持续发展,把我国建设成为一个富强、民主、文明、和谐的社会主义现代化国家。

加强社会建设是实现科学发展、社会和谐的必然要求

记者： 当前为什么如此强调社会建设？

陆学艺： 强调社会建设,既是顺应人民过上更好生活新期待、改变经济和社会发展不平衡局面的需要,也是加快转变经济发展方式、推动科学发展的需要。

改革开放以来,我们坚持以经济建设为中心,取得了举世瞩目的成就,经济总量跃居世界第二位。2011 年的经济结构中,第一产业占 10.0%,第二产业占 46.6%,第三产业占 43.4%。我国经济发展已处于工业社会中期阶段。与此同时,我国社会建设也取得了很大成就,但与经济建设相比,社会建设还相对滞后,社会结构还相对落后。例如,从就业结构看,2011年二、三产业职工占总就业人口的 65.2%,[①] 已经是工业社会的就业结构,但农业劳动力仍占 34.8%。从城乡结构看,1978～2011 年城市化率从

---

① 国家统计局编《中国统计年鉴 2012》,北京：中国统计出版社,2012 年 9 月,第 45、128 页。

17.9%提高到 51.3% ,①但仍明显落后于同等发展水平的国家。从社会阶层结构看，中产阶层仅占 28%左右。可见，随着我国经济的快速发展，在经济结构变化的推动下，我国社会结构也发生了深刻变动，但现在的就业结构、城乡结构、社会阶层结构等还只是工业社会初期阶段的水平，与我国已处于工业社会中期阶段的经济结构很不平衡、很不协调。

经济结构和社会结构是一个国家或地区最基本、最重要的结构，二者互为基础、相互支撑。一般来说，经济结构变动在先，带动影响社会结构变化；而社会结构的调整进步，也会促进经济结构的完善优化。所以，社会结构与经济结构必须协调共进、相辅相成。社会结构变化可以稍滞后于经济结构，但这种滞后有一个合理的限度，超过这个限度，就会阻碍经济结构的优化调整，阻碍经济社会的协调发展。

目前，社会结构与经济结构不平衡、不协调，是我国很多经济社会矛盾的主要根源。好比一幢大楼，地基很好，是钢筋水泥的，四梁八柱也是钢筋水泥的，但墙壁和房顶还是木板和塑料的，一旦刮风下雨，就会进风漏雨。所以，我们必须贯彻落实中央精神，重点加强社会建设，促进经济社会协调发展，实现科学发展、社会和谐。

从改善民生、创新社会管理入手深入推进社会建设

记者：社会建设庞大复杂、千头万绪，应该循着怎样的路径展开呢？

陆学艺：根据我国的基本国情，结合国内外现代化建设的经验教训，我国社会建设将经历以下三个阶段。

第一阶段，也就是我们现在正在做的，从人民群众最关心、最直接、最现实的保障和改善民生、加强社会事业建设做起，着力解决好就业难、上学难、看病难、住房难、养老难等基本民生问题；从加强和创新社会管理入手，解决影响社会和谐稳定的突出问题，加强源头治理，标本兼治，最大限度地增加社会和谐因素，促进社会公平正义。这两个方面的工作，党的十六大以来正在大力推进，成效明显，顺民意、得民心。"十二五"时期，如果我们能把改善民生、发展社会事业与加强和创新社会管理这两件大事做好了，我国的社会建设就能上一个台阶，经济社会协调发展就能前进一大步。

---

① 国家统计局编《中国统计摘要 2012》，北京：中国统计出版社，2012 年 5 月，第 41 页。

第二阶段，着力推进社会体制改革，推进社会政策创新，完善社会管理。包括推进新型城镇化，破解城乡二元结构，逐步实现城乡发展一体化；拓宽社会流动渠道，培育和壮大中产阶层，构建合理、开放、包容的社会结构。构建合理、开放、包容的工业社会中期阶段的社会结构，是第二阶段社会建设最重要、最核心的任务。这就要求推进社会体制改革，包括户籍体制、城乡体制、就业体制、社会保障体制和各项社会事业体制都要进行改革，努力形成一个与社会主义市场经济体制相适应、相配套的社会体制。

　　第三阶段，随着社会主义市场经济体制不断完善和经济持续快速发展，到 21 世纪中叶我国将达到中等发达国家水平，形成现代经济结构。相应地，社会建设将加速改革发展，社会体制逐步完善，社会管理体系更加健全，社会流动渠道更加畅通，中产阶层更加壮大，社会组织广为发展，社会结构更加优化，形成一个与社会主义市场经济体制相适应、与现代经济结构相协调的现代社会结构。

　　当然，这三个阶段并不是截然分开的，将会互有交叉，只是不同阶段凸显不同方面的工作重点。现在看来，到 21 世纪中叶基本实现现代化，经济建设方面的势头很好，关键在于社会建设。只要有党的坚强领导和全国人民的共同努力，我们就有信心搞好社会建设，保证人民过上更加美好的生活。

分阶段推进社会现代化建设[*]

　　社会建设的本质是建设社会现代化。社会主义现代化建设是一个漫长的历史过程，也是一个阶段接着一个阶段进行重点突破的过程。当经济发展到一定程度的关键时期，就必须通过有规划、有组织的建设行动，实现政治、文化、社会等方面的现代化。建设社会现代化，基本目标有四点，即构建公平合理的社会利益关系、增进社会全体成员共同福祉、优化社会结构、促进社会和谐。

　　现在，中国在经济领域取得了巨大成就，综合国力逐步增强，人民生活水平不断提高，已经达到工业化中期阶段。同时，社会领域也发生了深刻变化，但这种变化表现出与经济发展不协调的特征。社会结构滞后于经济结构，已经成为全面建成小康社会、实现社会主义现代化的短板。综合判断基本国情和当前经济社会发展形势，我国已经处于确立社会建设为战略重点之一的新的历史转折期，条件充分、任务迫切、机遇难得、不可错失。下一阶段，中国应该重点进行社会现代化建设。

　　遵循社会建设原则，积极稳妥推进城镇化。工业化和城镇化是实现现代化的两翼，需要协调推进。值得注意的是，由于各种原因，城镇化建设往往被纳入经济建设范畴，按照市场经济规则行事，没有充分考虑到城镇化的社会属性。大家常说的"经营城市""土地生财""土地财政""城市二元结构"等现象，就是把城镇化、城镇建设作为创造经济效益的表现，如果不和社会建设相协调，就会大量滋生社会矛盾、社会问题和群体事件，加快环境污染、垃圾围城、资源破坏、交通拥堵等"城市病"的蔓延。当前，我国尤其是中西部地区的城镇化还处于加快发展的阶段，应充分做好

---

　　* 本文原载于《四川日报》2013 年 8 月 21 日第 6 版。该文系陆学艺生前应邀为该报撰写。——编者注

社会建设的规划，正确处理好社会建设、城镇建设同经济建设的关系，把功课做到前面。

推进社会建设，必须进行社会体制改革，并从对全局有影响的体制改革开始突破。社会体制改革是社会建设的重要任务，更是社会建设顶层设计的大事。社会体制没有改革好，就不可能真正有效地解决现阶段诸多的社会问题，社会建设也不可能顺利进行。改革过的经济体制与还没有改革成功的社会体制并行，是目前经济社会许多矛盾产生的一个重要原因；经济越发展，社会体制改革跟不上的弊病就会越显现。现在，一些群体性事件在东部较为发达的地区发生较多，原因就是经济发展和社会发展出现了严重不对等。中西部地方这方面问题少一些，主要是经济还处于快速追赶的过程，但也要未雨绸缪，不能等到社会问题大量涌现的时候再补救，那样做的社会成本和经济代价相当大。要把眼光放长远，超前进行一些重大社会体制改革，比如破解城乡二元结构的社会体制。从此入手，取得突破、获得成功，有利于推动其他领域的改革，也将为经济发展注入无穷的动力。

调整优化社会结构，培育造就橄榄型社会结构。构建一个与经济结构相协调的工业社会中期阶段的社会结构，是社会建设最重要、最关键的任务。调整优化社会结构，核心任务是优化社会阶层结构，形成一个"两头小、中间大"的橄榄型社会阶层结构。这个和经济发展水平有一定关系，但又并不具有必然联系。比如，有的发达国家，经济发展水平很高，社会结构却呈倒金字塔型，社会矛盾尖锐。我国中西部地区，在推进经济快速发展的同时应充分借鉴这个教训，真正做到发展成果由人民共享。

推进社会建设，要把握社会现代化发展规律，实施分阶段推进的战略。我认为，就现阶段而言，开展社会建设、实现社会现代化将经历三个阶段。第一阶段，即先从人民群众最关心、最现实、最紧迫要求解决的保障和改善民生事业、社会事业建设做起，通过密切联系群众，着力把群众反映最强烈的就业难、上学难、看病难、住房难、养老难等基本民生问题解决好；并从加强和创新社会管理入手，解决影响社会和谐稳定的突出问题，最大限度地减少社会矛盾的产生，促进社会公平正义。第二阶段，在"十二五"后期和"十三五"期间，着力推进社会体制改革，创新社会政策，完善社会管理，破除城乡二元结构，逐步实现城乡一体化，形成一个与社会主义市场经济体制相适应的社会体制。第三阶段，2020年以后，形成一个与社会主义市场经济体制相适应、与现代经济结构相协调的橄榄型现代社会结构。社会建设分阶段推进，符合中国国情，也是现代化一般规律的表现。